PRÁTICA NO DIREITO DO CONSUMIDOR

O GEN | Grupo Editorial Nacional – maior plataforma editorial brasileira no segmento científico, técnico e profissional – publica conteúdos nas áreas de concursos, ciências jurídicas, humanas, exatas, da saúde e sociais aplicadas, além de prover serviços direcionados à educação continuada.

As editoras que integram o GEN, das mais respeitadas no mercado editorial, construíram catálogos inigualáveis, com obras decisivas para a formação acadêmica e o aperfeiçoamento de várias gerações de profissionais e estudantes, tendo se tornado sinônimo de qualidade e seriedade.

A missão do GEN e dos núcleos de conteúdo que o compõem é prover a melhor informação científica e distribuí-la de maneira flexível e conveniente, a preços justos, gerando benefícios e servindo a autores, docentes, livreiros, funcionários, colaboradores e acionistas.

Nosso comportamento ético incondicional e nossa responsabilidade social e ambiental são reforçados pela natureza educacional de nossa atividade e dão sustentabilidade ao crescimento contínuo e à rentabilidade do grupo.

Gediel Claudino de Araujo Júnior

PRÁTICA NO DIREITO DO CONSUMIDOR

4.ª edição revista, atualizada e ampliada

- O autor deste livro e a editora empenharam seus melhores esforços para assegurar que as informações e os procedimentos apresentados no texto estejam em acordo com os padrões aceitos à época da publicação, e todos os dados foram atualizados pelo autor até a data de fechamento do livro. Entretanto, tendo em conta a evolução das ciências, as atualizações legislativas, as mudanças regulamentares governamentais e o constante fluxo de novas informações sobre os temas que constam do livro, recomendamos enfaticamente que os leitores consultem sempre outras fontes fidedignas, de modo a se certificarem de que as informações contidas no texto estão corretas e de que não houve alterações nas recomendações ou na legislação regulamentadora.

- Fechamento desta edição: *12.01.2023*

- O Autor e a editora se empenharam para citar adequadamente e dar o devido crédito a todos os detentores de direitos autorais de qualquer material utilizado neste livro, dispondo-se a possíveis acertos posteriores caso, inadvertida e involuntariamente, a identificação de algum deles tenha sido omitida.

- **Atendimento ao cliente: (11) 5080-0751 | faleconosco@grupogen.com.br**

- Direitos exclusivos para a língua portuguesa
  Copyright © 2023 by
  Editora Atlas Ltda.
  Uma editora integrante do GEN | Grupo Editorial Nacional
  Travessa do Ouvidor, 11 – Térreo e 6º andar
  Rio de Janeiro – RJ – 20040-040
  www.grupogen.com.br

- Reservados todos os direitos. É proibida a duplicação ou reprodução deste volume, no todo ou em parte, em quaisquer formas ou por quaisquer meios (eletrônico, mecânico, gravação, fotocópia, distribuição pela Internet ou outros), sem permissão, por escrito, da Editora Forense Ltda.

- Capa: Aurélio Corrêa

- **CIP – BRASIL. CATALOGAÇÃO NA FONTE.
  SINDICATO NACIONAL DOS EDITORES DE LIVROS, RJ.**

  A689p

  Araujo Júnior, Gediel Claudino de

  Prática no direito do consumidor / Gediel Claudino de Araujo Júnior. – 4. ed., – Barueri [SP]: Atlas, 2023.

  Inclui bibliografia e índice
  "Material suplementar na plataforma do Gen"
  ISBN 978-65-5977-422-7

  1. Brasil. [Código de defesa do consumidor (1990)]. 2. Defesa do consumidor – Legislação – Brasil. I. Título.

  22-80647   CDU: 34:366.542(81)

  Meri Gleice Rodrigues de Souza – Bibliotecária – CRB-7/6439

Sobre o Autor

Defensor Público do Estado de São Paulo por quase 30 (trinta) anos, Professor de Direito Civil, Processo Civil e Prática Processual Civil, Advogado, Consultor, Escritor e YouTuber, o autor da presente obra é um profissional eclético, com trânsito por várias áreas do direito, fato que valoriza ainda mais a sua longeva experiência, partilhada nos seus livros e cursos. Além desta obra, é autor dos livros: *Prática do recurso de agravo, Prática no Estatuto da Criança e do Adolescente, Prática no direito de família, Prática no processo civil, Prática de recursos no processo civil, Prática de contestação no processo civil, Prática de locação* e *Código de Processo Civil anotado*, todos publicados pelo Grupo Gen | Atlas.

Acompanhe o autor pela Internet:
Instagram: @gedieljr
Facebook: Gediel Claudino de Araujo Junior
YouTube: Gediel Araujo
genJuridico.com.br/gedielclaudinodearaujojunior

Prefácio

Esta obra é fruto de minha experiência profissional, seja como Defensor Público do Estado de São Paulo, onde atuei por quase três décadas nas áreas cível, família e infância e juventude, seja como professor, lecionando nas áreas de Direito Civil, Processo Civil e Prática Processual Civil, seja como Advogado, Consultor e YouTuber.

Meu objetivo não é conceituar, caracterizar ou discutir a teoria dos temas abordados neste livro, embora o faça de forma sucinta, mas principalmente passar uma visão prática, invariavelmente já vivida por mim, que forneça respostas simples e claras às questões mais comuns do dia a dia do profissional do direito. Na busca desse desiderato, procurei organizar conjuntamente as informações, tanto de direito material como de direito processual, de forma a facilitar a consulta e a compreensão dos temas tratados, assim como forneço dezenas de modelos editáveis (peças processuais), com escopo de que o estudante e o profissional possam vislumbrar a realização prática do direito.

Espero, dessa forma, contribuir para facilitar e melhorar o exercício da nossa nobre profissão.

Gediel C. Araujo Jr.

Sumário

Capítulo I – Código de Defesa do Consumidor Anotado.......................... 1

Lei nº 8.078, de 11 de setembro de 1990...................................... 1

  Título I – Dos Direitos do Consumidor.. 1

    Capítulo I – Disposições Gerais.. 1

    Capítulo II – Da Política Nacional de Relações de Consumo............ 7

    Capítulo III – Dos Direitos Básicos do Consumidor........................ 11

    Capítulo IV – Da Qualidade de Produtos e Serviços, da Prevenção e da Reparação dos Danos.. 21

      Seção I – Da Proteção à Saúde e Segurança............................... 21

      Seção II – Da Responsabilidade pelo Fato do Produto e do Serviço... 26

      Seção III – Da Responsabilidade por Vício do Produto e do Serviço... 34

      Seção IV – Da Decadência e da Prescrição................................ 47

      Seção V – Da Desconsideração da Personalidade Jurídica....... 51

Capítulo V – Das Práticas Comerciais 53

    Seção I – Das Disposições Gerais 53

    Seção II – Da Oferta 53

    Seção III – Da Publicidade 62

    Seção IV – Das Práticas Abusivas 65

    Seção V – Da Cobrança de Dívidas 70

    Seção VI – Dos Bancos de Dados e Cadastros de Consumidores ... 72

Capítulo VI – Da Proteção Contratual 75

    Seção I – Disposições Gerais 75

    Seção II – Das Cláusulas Abusivas 80

    Seção III – Dos Contratos de Adesão 87

Capítulo VI-A – Da Prevenção e do Tratamento do Superendivida-
mento (Incluído pela Lei nº 14.181, de 2021) 88

Capítulo VII – Das Sanções Administrativas 96

Título II – Das Infrações Penais 100

Título III – Da Defesa do Consumidor em Juízo 107

Capítulo I – Disposições Gerais 107

Capítulo II – Das Ações Coletivas para a Defesa de Interesses Indi-
viduais Homogêneos 113

Capítulo III – Das Ações de Responsabilidade do Fornecedor de
Produtos e Serviços 118

Capítulo IV – Da Coisa Julgada 120

Capítulo V – Da Conciliação no Superendividamento (Incluído
pela Lei nº 14.181, de 2021) 122

Título IV – Do Sistema Nacional de Defesa do Consumidor 127

Título V – Da Convenção Coletiva de Consumo 129

Título VI – Disposições Finais 130

Capítulo II – Roteiro para Atuação em Ações do Consumidor 133

1. Delimitação 133

2. Da Decadência e da Prescrição 134

3. Do Dano Moral 135

4. Da Petição Inicial 136

5. Legitimidade Passiva 136

6. Base Legal 137

7. Das Provas e da Natureza da Responsabilidade Civil dos Fornece-
dores 137

8. Foro Competente 138

9. Questões a Serem Respondidas pelo Interessado 139

10. Documentos a serem Apresentados 139

11. Valor da Causa 140

12. Despesas 140

13. Procedimento no Código de Processo Civil 140

14. Procedimento no Juizado Especial Cível 142

Capítulo III – Guia Rápido de Prática Forense 143

1. Introdução 143

2. Relacionamento com o Cliente 143

3. Requisitos Legais da Petição Inicial 145

4. Aspectos Práticos da Redação da Petição Inicial 145

5. Da Resposta do Demandado 149

6. Dos Documentos a serem Juntados à Petição Inicial e à Contestação ... 150

7. Das Despesas 151

8. Conhecendo o Procedimento 152

9. Cuidados ao Recorrer 152

Capítulo IV – Procuração *Ad Judicia* (Mandato Judicial) 155

1. Contrato de Mandato 155

2. Mandato Judicial 156

3. Substabelecimento 157

4. Responsabilidade Civil dos Advogados 157

5. Base Legal 157

6. Primeiro Modelo (*procuração* ad judicia, *pessoa jurídica*) 158

7. Segundo Modelo (*procuração* ad judicia, *pessoa física*) 159

8. Terceiro Modelo (*substabelecimento*) 160

9. Quarto Modelo (*petição renunciando ao mandato judicial a pedido*) ... 161

10. Quinto Modelo (*contrato de honorários advocatícios*) 162

Capítulo V – Justiça Gratuita 165

1. Cabimento 165

2. Base Legal 165

3. Quando e Como Pedir 166

4. Impugnação 166

5. Dicas e Observações Gerais 166

6. Modelo 167

Capítulo VI – Modelos 169

1. Ação declaratória de inexistência de débito cumulada com indenização por danos morais (*consumidor impugna cobrança fundamentada em TOI – Termo de Ocorrência e Inspeção, emitido por empresa fornecedora de energia elétrica*) 169

2. Ação declaratória de inexistência de débito cumulada com indenização por danos morais (*plano de saúde se recusa a pagar por exames necessários no tratamento de câncer, levando o hospital a cobrar os custos do paciente*) 177

3. Ação declaratória de inexistência de débito cumulada com indenização por perdas e danos (*cobrança indevida de conta telefônica após o cancelamento da linha*) 183

4. Ação declaratória de inexistência de débito cumulada com indenização por perdas e danos (*compras indevidas com o cartão de crédito*) 185

5. Ação declaratória de inexistência de débito cumulada com indenização por perdas e danos (*emissão não solicitada de cartão de crédito e o seu uso posterior por terceiros em fraude contra o banco*) 188

6. Ação declaratória de inexistência de débito cumulada com indenização por perdas e danos (*saques e débitos indevidos em conta-corrente*) 192

7. Ação declaratória de inexistência de negócio jurídico cumulada com indenização por danos morais (*inexistência de negócio jurídico cumulada com danos morais – telefonia*) 197

8. Ação declaratória de inexistência de negócio jurídico cumulada com indenização por perdas e danos (*empréstimo consignado não solicitado*) 199

9. Ação declaratória de inexistência de negócio jurídico cumulada com indenização por perdas e danos (*plano odontológico contratado de forma fraudulenta, pedido de devolução em dobro dos valores indevidamente debitados na conta-corrente do consumidor, assim como condenação ao pagamento de danos morais*) 202

10. Ação declaratória de nulidade de negócio jurídico cumulada com indenização por danos morais (*contrato bancário – fraude em conta-corrente*) 207

11. Ação declaratória de nulidade de negócio jurídico cumulada com indenização por perdas e danos (*contrato bancário – abertura fraudulenta de conta-corrente*) 210

12. Ação declaratória de nulidade de negócio jurídico cumulada com reparação por perdas e danos (*casal pede anulação de compromisso de compra e venda de um terreno em razão da infração de regras consumeristas ligadas ao direito de informação, boa-fé e transparência*) 212

13. Ação declaratória de nulidade de reajuste de mensalidade de plano de saúde coletivo cumulada com repetição de indébito (*reajuste anual acima do autorizado pela ANS*) 218

14. Ação declaratória de nulidade de reajuste de mensalidade de plano de saúde individual em razão de mudança de faixa etária "sem previsão contratual" (*aumento de 79% em razão de mudança de faixa etária – 66 (sessenta e seis) anos de idade*) 222

15. Ação de indenização por danos morais em razão de "cancelamento de voo" (*demora na prestação de assistência ao passageiro*)............. 226

16. Ação de indenização por perdas e danos em razão de "acidente de consumo" (*consumidor atropela animal em rodovia pedagiada*) 228

17. Ação de indenização por perdas e danos em razão de "acidente de consumo" (*consumidora quebra um dente ao mastigar uma linguiça em razão de objeto estranho*) 232

xiv Prática no Direito do Consumidor • Araujo Júnior

18. Ação de indenização por perdas e danos em razão de "acidente de consumo" (*consumidor sofre acidente automobilístico em estrada pedagiada*) 234

19. Ação de indenização por perdas e danos em razão de "acidente de consumo" (*consumidora sofre queda dentro do supermercado*) 236

20. Ação de indenização por perdas e danos em razão de "acidente de consumo" (*consumidora tem reação alérgica ao usar produto de beleza*).. 240

21. Ação de indenização por perdas e danos em razão de "acidente de consumo" (*explosão de panela de pressão*).. 242

22. Ação de indenização por perdas e danos em razão de "acidente de consumo" (*morte de animal de estimação após banho e tosa*).......... 246

23. Ação de indenização por perdas e danos em razão de "acidente de consumo" (*quebra de aparelho em academia causa ferimento em aluna*)... 249

24. Ação de indenização por perdas e danos em razão de "atraso" excessivo no atendimento (*consulta com hora marcada não realizada*).. 253

25. Ação de indenização por perdas e danos em razão de "cancelamento de voo" (*diante da inércia da companhia aérea, a passageira adquiriu por conta própria bilhete em outra empresa*)..................... 255

26. Ação de indenização por perdas e danos em razão de *overbooking* (*consumidor é proibido de embarcar e não recebe atendimento adequado da companhia aérea*) 258

27. Ação de indenização por perdas e danos em razão de "vício do produto" (*celular novo com defeito oculto que provocou a sua parada total*) 260

28. Ação de indenização por perdas e danos em razão de "vício do produto" (*consumidora encontra fios de cabelo no ovo de chocolate*)... 262

29. Ação de obrigação de entregar documento cumulada com indenização por danos morais (*ex-aluna pede a entrega do histórico escolar*)... 264

30. Ação de obrigação de fazer contra plano de saúde em razão de negativa de cobertura (*cirurgia reparatória pós-bariátrica*)............ 266

31. Ação de obrigação de fazer contra plano de saúde em razão de negativa de cobertura (*continuidade de tratamento – síndrome de Devic e Neuromielite óptica*)... 268

32. Ação de obrigação de fazer contra plano de saúde em razão de negativa de cobertura (*criança autista tem pedido de tratamento que usa o método ABA negado*)... 271

33. Ação de obrigação de fazer contra plano de saúde em razão de negativa de cobertura (*pedido de "fertilização in vitro"*)................. 275

34. Ação de obrigação de fazer cumulada com reparação de danos em face de construtora (*reparação em imóvel em razão de rachaduras e inundação*).. 278

35. Ação de obrigação de fazer cumulada com reparação por perdas e danos contra plano de saúde em razão de negativa de cobertura em situação de emergência (*paciente enfartando*)........................... 280

36. Ação de obrigação de fazer cumulada com reparação por perdas e danos contra plano de saúde em razão de negativa de cobertura (*negativa de fornecimento dos materiais necessários para realização de cirurgia na coluna – hérnia de disco*)...................................... 284

37. Ação de obrigação de fazer cumulada com repetição de indébito e reparação por perdas e danos (*pedido não atendido de transferência para nova residência do serviço de internet fibra*)....................... 289

38. Ação de repactuação de dívidas (*consumidor superendividado apresenta plano de pagamento com escopo de preservar renda que seja bastante para a sua sobrevivência*).. 292

39. Ação de repetição de indébito (*pedido de devolução de valor pago a título de "assessoria técnica imobiliária – SATI"*)......................... 295

40. Ação de repetição de indébito (*pedido de devolução de valores cobrados indevidamente a título de "tarifa de cadastro, avaliação de bens e registro de contrato"*)... 297

41. Ação de rescisão de compromisso de compra e venda cumulada com devolução de valores (*pedido de rescisão e devolução de valores em razão de "desistência" do negócio por parte do consumidor*)....... 301

42. Ação de rescisão de compromisso de compra e venda cumulada com devolução de valores e reparação por perdas e danos (*rescisão de contrato de compra e venda de imóvel na planta por atraso na entrega – justa causa*)... 306

43. Ação de rescisão de contrato cumulada com devolução de valores e reparação por perdas e danos (*empresa de móveis planejados fechou as portas sem cumprir o contrato – ação contra franqueado e franqueador*) 309

44. Ação de rescisão de contrato de compra e venda cumulada com reparação por perdas e danos (*loja não entrega móveis no prazo acordado*) 312

45. Ação estimatória (*pedido de abatimento no valor pago por veículo em razão de adulteração da quilometragem*) 315

46. Ação redibitória cumulada com perdas e danos (*rescisão de contrato de compra e venda de um "aparelho de televisão" em razão de vício oculto não reparado no prazo de trinta dias*) 317

47. Ação redibitória cumulada com perdas e danos (*rescisão de contrato de compra e venda de "veículo zero quilômetro" em razão de vício oculto não reparado no prazo de trinta dias*) 319

Bibliografia 323

Capítulo I
Código de Defesa do Consumidor Anotado

LEI Nº 8.078, DE 11 DE SETEMBRO DE 1990

Dispõe sobre a proteção do consumidor e dá outras providências.

O PRESIDENTE DA REPÚBLICA, faço saber que o Congresso Nacional decreta e eu sanciono a seguinte lei:

TÍTULO I
DOS DIREITOS DO CONSUMIDOR

CAPÍTULO I
DISPOSIÇÕES GERAIS

Art. 1º O presente Código estabelece normas de proteção e defesa do consumidor, de ordem pública e interesse social, nos termos dos arts. 5º, inciso XXXII, 170, inciso V, da Constituição Federal e art. 48 de suas Disposições Transitórias.

REFERÊNCIAS LEGISLATIVAS

- arts. 1º, III; 170, V, CF; art. 48, ADCT.

- art. 5º, XXXII, CF: o Estado promoverá, na forma da lei, a defesa do consumidor.
- art. 90, CDC; art. 15, CPC.

ANOTAÇÕES

- ***Código de Defesa do Consumidor***: com escopo de atender comando previsto na Constituição Federal, o legislador trouxe a lume o CDC, que, aprovado como lei ordinária, disciplina de forma geral e especial todas as relações de consumo, com escopo de proteção e defesa do consumidor.

JURISPRUDÊNCIA

- O Código de Defesa do Consumidor (Lei nº 8.078/90) deu origem a um verdadeiro microssistema de defesa dos direitos do consumidor que visa cumprir duplo mandamento constitucional: promover a defesa dos consumidores (art. 5º, XXXII, CF/88) e observar, como princípio geral da atividade econômica, a necessária defesa dos direitos do consumidor (art. 170, V, CF/88). (TJMG – Apelação Cível 1.0000.19.012600-3/002 – Des.(a) Teresa Cristina da Cunha Peixoto – 8ª Câmara Cível – *DJ* 15/4/2021)

- No âmbito do direito consumerista impera a responsabilidade objetiva, razão pela qual a responsabilidade de indenizar o dano sofrido pelo consumidor poderá ser imputada ao fornecedor, mesmo que não tenha agido culposamente e tampouco tenha se excedido no exercício de seus direitos, bastando, para tanto, que a atividade por ele desenvolvida tenha exposto o consumidor ao risco do dano que veio a se concretizar. (TJMG – Apelação Cível 1.0000.21.053520-9/001 – Des. Adriano de Mesquita Carneiro – 11ª Câmara Cível – *DJ* 7/7/2021)

- No Código de Defesa do Consumidor, a responsabilidade civil é objetiva e solidária (STJ – REsp 1.567.123/RS – Min. Herman Benjamin – T2 – *DJe* 28/8/2020).

- O direito consumerista pode ser utilizado como norma principiológica mesmo que inexista relação de consumo entre as partes litigantes porque as disposições do CDC veiculam cláusulas criadas para proteger o consumidor de práticas abusivas e desleais do fornecedor de serviços, inclusive as que proíbem a propaganda enganosa. (STJ – REsp 1552550/SP – Min. Moura Ribeiro – T3 – *DJe* 22/4/2016)

> **Art. 2º** Consumidor é toda pessoa física ou jurídica que adquire ou utiliza produto ou serviço como destinatário final.
>
> Parágrafo único. Equipara-se a consumidor a coletividade de pessoas, ainda que indetermináveis, que haja intervindo nas relações de consumo.

REFERÊNCIAS LEGISLATIVAS

- arts. 17, 29, 51, I, CDC.

ANOTAÇÕES

- *Conceito de Consumidor*: considerando que as normas consumeristas buscam impedir a exploração econômica do mais fraco pelo mais forte, o legislador considerou, ao definir a pessoa do consumidor, justamente os aspectos econômicos e jurídicos da relação, destacando que se considera consumidor toda pessoa física ou jurídica que "adquire" ou "utiliza" produto ou serviço para atender necessidade própria ou de outrem (destinatário final). Como se percebe, os limites da norma afastam o intermediário, ou seja, aquela pessoa que adquire o produto ou serviço como parte de um ciclo de produção (não é o destinatário final); por exemplo, a pessoa que compra relógios para revendê-los não é consumidor. Nesse caso, a relação jurídica é disciplinada pelo Código Civil e não pelo CDC. Nem sempre é fácil indicar se uma determinada relação jurídica é ou não de natureza consumerista, ficando a decisão, no caso concreto, aos tribunais, que já pacificaram, por exemplo, que o CDC se aplica às instituições financeiras e aos planos de saúde (Súmulas 297 e 608 do STJ).

- *Consumidor por equiparação*: o CDC estende a proteção prevista em suas normas a todas as pessoas que sejam vítimas de um "acidente de consumo" (art. 17), assim como todas aquelas, determináveis ou não, expostas às práticas comerciais nele disciplinadas (art. 29).

JURISPRUDÊNCIA

- Súmula 297 do STJ: O Código de Defesa do Consumidor é aplicável às instituições financeiras.
- Súmula 563 do STJ: O Código de Defesa do Consumidor é aplicável às entidades abertas de previdência complementar, não incidindo nos contratos previdenciários celebrados com entidades fechadas.
- Súmula 602 do STJ: O Código de Defesa do Consumidor é aplicável aos empreendimentos habitacionais promovidos pelas sociedades cooperativas.
- Súmula 608 do STJ: Aplica-se o Código de Defesa do Consumidor aos contratos de plano de saúde, salvo os administrados por entidades de autogestão.
- O Código de Defesa do Consumidor não se aplica no caso em que o produto ou serviço é contratado para implementação de atividade econômica, já que não estaria configurado o destinatário final da relação de consumo (teoria finalista ou subjetiva). Tem-se mitigado a aplicação dessa teoria quando ficar comprovada a condição de hipossuficiência técnica, jurídica ou econômica da pessoa jurídica, o que também não se verifica na questão em tela. (STJ – AgInt nos EDcl no AREsp 1401381/SP – Min. Marco Aurélio Bellizze – T3 – *DJe* 27/6/2019)
- O adquirente de unidade imobiliária, mesmo não sendo o destinatário final do bem e apenas possuindo o intuito de investir ou auferir lucro, poderá encontrar abrigo da legislação consumerista com base na teoria finalista mitigada se tiver agido de boa-fé e não detiver conhecimentos de mercado imobiliário nem *expertise* em incorporação, construção e venda de imóveis, sendo evidente a sua vulnerabilidade. Em outras palavras, o CDC poderá ser utilizado para amparar concretamente o investidor ocasional (figura do consumidor investidor), não abrangendo em seu âmbito de proteção aquele que desenvolve a atividade de investimento de maneira reiterada e profissional. (STJ – REsp 1785802/SP – Min. Ricardo Villas Bôas Cueva – T3 – *DJe* 6/3/2019)

- O agricultor, ao adquirir bem móvel para utilizar em sua atividade produtiva, torna-se destinatário final, aplicando-se, portanto, as normas consumeristas. (STJ – AgInt no AREsp 1311118/RS – Min. Ricardo Villas Bôas Cueva – T3 – *DJe* 26/10/2018)

- A pessoa jurídica, na contratação de negócios jurídicos e empréstimos para fomento da atividade empresarial, não é considerada o destinatário final do serviço. (STJ – AgInt nos EDcl no REsp 1723806/DF – Min. Ricardo Villas Bôas Cueva – T3 – *DJe* 27/9/2018)

- O terceiro na superfície, que suporta o prejuízo causado diretamente por aeronave em voo ou manobra, ou por coisa ou pessoa dela caída ou projetada, equipara-se a consumidor (*bystander*), na medida em que, embora não tenha utilizado o serviço como destinatário final, foi vítima do evento danoso. (STJ – REsp 1678429/SP – Min. Nancy Andrighi – T3 – *DJe* 17/9/2018)

- Para fins de tutela contra acidente de consumo, o CDC amplia o conceito de consumidor para abranger qualquer vítima, mesmo que nunca tenha contratado ou mantido qualquer relação com o fornecedor. (STJ – REsp 1574784/RJ – Min. Nancy Andrighi – T3 – *DJe* 25/6/2018)

- Consumidor, para fins de tutela pelo CDC, é aquele que exaure a função econômica do bem ou serviço, excluindo-o de forma definitiva do mercado de consumo. (STJ – REsp 1341364/SP – Min. Luis Felipe Salomão – T4 – *DJe* 5/6/2018)

- Segundo dispõe o art. 17 do CDC, equipara-se a consumidor toda pessoa que, embora não tendo participado diretamente da relação de consumo, vem a sofrer as consequências do evento danoso (*bystander* ou espectador), dada a potencial gravidade que pode atingir o fato do produto ou do serviço, na modalidade acidente de consumo. (STJ – REsp 1732398/RJ – Min. Marco Aurélio Bellizze – T3 – *DJe* 1/6/2018)

- A jurisprudência desta Corte Superior tem ampliado o conceito de consumidor e adotou o definido pela Teoria Finalista Mista, ou seja, consumidor é todo aquele que possua vulnerabilidade em relação ao fornecedor, seja pessoa física ou jurídica, mesmo que não seja tecnicamente a destinatária final do produto ou serviço, mas se apresenta em situação de fragilidade. (STJ – AgInt no REsp 1719344/RO – Min. Marco Aurélio Bellizze – T3 – *DJe* 18/5/2018)

- Esta Corte Superior consolidou o entendimento no sentido de que no contrato de compra e venda de insumos agrícolas, o produtor rural não pode ser considerado destinatário final, razão pela qual, nesses casos, não incide o Código de Defesa do Consumidor. (STJ – AgInt no REsp 1657303/SP – Min. Marco Buzzi – T4 – *DJe* 18/4/2018)

- A jurisprudência do Superior Tribunal de Justiça é firme no sentido de que a utilização de recursos de financiamento para fomento da atividade agrícola afasta a condição de destinatário final, afastando a incidência do CDC. (STJ – AgRg no REsp 1562552/RS – Min. Lázaro Guimarães – T4 – *DJe* 22/11/2017)

- Aplica-se o Código de Defesa do Consumidor à relação estabelecida entre as partes, na hipótese em que a pessoa jurídica figurar como destinatária final dos produtos e serviços oferecidos, bem como quando ficar demonstrada sua vulnerabilidade em face do contrato. (STJ – AgInt no AREsp 1076242/SP – Min. Antonio Carlos Ferreira – T4 – *DJe* 16/8/2017)

- Em caso de empréstimo bancário feito por empresário ou pessoa jurídica com a finalidade de financiar ações e estratégias empresariais, o empréstimo possui natureza de insumo, não sendo destinatário final e, portanto, não se configurando a relação de consumo. (STJ – REsp 1599042/SP – Min. Luis Felipe Salomão – T4 – *DJe* 9/5/2017)

- A expressão "destinatário final" contida no art. 2º, *caput*, do CDC deve ser interpretada à luz da razão pela qual foi editado o referido diploma, qual seja, proteger o consumidor porque reconhecida sua vulnerabilidade frente ao mercado de consumo. Assim, considera-se consumidor aquele que retira o produto do mercado e o utiliza em proveito próprio. Sob esse enfoque, como regra, não se pode considerar destinatário final para efeito da lei protetiva aquele que, de alguma forma, adquire o produto ou serviço com intuito profissional, com a finalidade de integrá-lo no processo de produção, transformação ou comercialização. (STJ – REsp 1156735/SP – Min. Antonio Carlos Ferreira – T4 – *DJe* 24/3/2017)

- As contratações tanto dos serviços postais como dos serviços de banco postal oferecidos pelos Correios revelam a existência de contrato de consumo, desde que o usuário se qualifique como destinatário final do produto ou serviço (STJ – REsp 1183121/SC – Rel. Min. Luis Felipe Salomão – T4 – *DJe* 7/4/2015)

- Destinatário final, segundo a teoria subjetiva ou finalista, adotada pela Segunda Seção desta Corte Superior, é aquele que ultima a atividade econômica, ou seja, que retira de circulação do mercado o bem ou o serviço para consumi-lo, suprindo uma necessidade ou satisfação própria, não havendo, portanto, a reutilização ou o reingresso dele no processo produtivo. (STJ – REsp 1.352.419/SP – Rel. Min. Ricardo Villas Bôas Cueva – T3 – *DJe* 8/9/2014)

- A relação existente entre distribuidores e revendedores de combustíveis, em regra, não é de consumo, sendo indevida a aplicação de dispositivos do Código de Defesa do Consumidor, especialmente para admitir a postergação do pagamento de mercadorias. (STJ – REsp 782.852/SC – Rel. Min. Luis Felipe Salomão – T4 – *DJe* 29/4/2011)

- Aplicável à hipótese a legislação consumerista. O fato de o recorrido adquirir o veículo para uso comercial – táxi – não afasta a sua condição de hipossuficiente na relação com a empresa-recorrente, ensejando a aplicação das normas protetivas do CDC. (STJ – REsp 575469/RJ – Min. Jorge Scartezzini – T4 – *DJ* 6/12/2004 – p. 325)

> **Art. 3º** Fornecedor é toda pessoa física ou jurídica, pública ou privada, nacional ou estrangeira, bem como os entes despersonalizados, que desenvolvem atividade de produção, montagem, criação, construção, transformação, importação, exportação, distribuição ou comercialização de produtos ou prestação de serviços.
> § 1º Produto é qualquer bem, móvel ou imóvel, material ou imaterial.
> § 2º Serviço é qualquer atividade fornecida no mercado de consumo, mediante remuneração, inclusive as de natureza bancária, financeira, de crédito e securitária, salvo as decorrentes das relações de caráter trabalhista.

REFERÊNCIAS LEGISLATIVAS

- art. 22, CDC; arts. 40 a 84, CC.
- Lei 13.784/2019 (Liberdade Econômica).

- Decreto 9.927/2019 (Comitê para Gestão da Rede Nacional para a Simplificação e da Legalização de Empresas e Negócios – CGSIM).

ANOTAÇÕES

- ***Natureza do termo "fornecedor"***: a definição dada pelo CDC claramente indica que o termo "fornecedor" é gênero do qual o produtor, o fabricante, o construtor, o comerciante, o importador, o distribuidor e o fornecedor de serviços são espécies; a distinção se torna especialmente importante na hora em que o CDC aponta quem são os responsáveis pelos vícios e defeitos dos produtos e serviços perante o consumidor (arts. 12 a 25).

- ***Entes despersonalizados***: a doutrina cita como exemplo de entes despersonalizados a massa falida e as pessoas jurídicas de fato, tais como os vendedores ambulantes, também conhecidos como "camelôs".

- ***Bens móveis e imóveis***: considerados em si mesmos, os bens são móveis ou imóveis, sendo que os primeiros são aqueles suscetíveis de movimento próprio, ou de remoção por força alheia, sem alteração da substância ou da destinação econômico-social (art. 82, CC), enquanto os segundos, ao contrário, são os que não se podem remover. Entre outros, os efeitos práticos da divisão dos bens em móveis e imóveis são: (I) os móveis adquirem-se, em regra, pela simples tradição (art. 1.267, CC), enquanto os imóveis pela transcrição no Registro de Imóveis do título aquisitivo (art. 1.227, CC); (II) os bens móveis podem ser alienados independentemente de outorga uxória, ao passo que os imóveis, salvo no regime de separação de bens, dependem dessa formalidade (art. 1.647, I, CC); (III) os prazos de usucapião de bens móveis são mais curtos do que aqueles previstos para bens imóveis (arts. 1.248 e 1.260, CC); (IV) na transmissão de bens imóveis, seja por ato *inter vivos* ou *causa mortis*, incide o ITBI.

JURISPRUDÊNCIA

- Súmula 297 do STJ: O Código de Defesa do Consumidor é aplicável às instituições financeiras.

- Súmula 563 do STJ: O Código de Defesa do Consumidor é aplicável às entidades abertas de previdência complementar, não incidindo nos contratos previdenciários celebrados com entidades fechadas.

- Súmula 602 do STJ: O Código de Defesa do Consumidor é aplicável aos empreendimentos habitacionais promovidos pelas sociedades cooperativas.

- Súmula 608 do STJ: Aplica-se o Código de Defesa do Consumidor aos contratos de plano de saúde, salvo os administrados por entidades de autogestão.

- Deve-se considerar que as associações de proteção veicular estão enquadradas no conceito de fornecedor, descrito no art. 3º, § 2º, do CDC. Embora sejam aplicáveis as normas consumeristas, a procedência do pedido não é automática, cabendo ao autor o ônus da prova quanto aos fatos constitutivos do seu direito. (TJMG – Apelação Cível 1.0000.21.079981-3/001 – Des.(a) Evangelina Castilho Duarte – 14ª Câmara Cível – *DJ* 24/6/2021)

- A clínica prestadora de serviços de odontologia contratada pelo plano de saúde tem natureza de sociedade anônima e se enquadra no conceito de fornecedor, estando sujeita à legislação consumerista. (TJMG – Agravo de Instrumento-Cv 1.0000.21.016192-3/001 – Des.(a) Claret de Moraes – 10ª Câmara Cível, *DJ* 18/5/2021)

- Os planos e seguros privados de assistência à saúde são regidos pela Lei 9.656/98. Não obstante isso, incidem as regras do Código de Defesa do Consumidor (Súmula 608), pois as operadoras da área que prestam serviços remunerados à população enquadram-se no conceito de fornecedor, existindo, pois, relação de consumo. (STJ – REsp 1561445/SP – Min. Ricardo Villas Bôas Cueva – T3 – *DJe* 16/8/2019)

- Tendo a Corte local concluído que a atividade desenvolvida pela administradora do Shopping e as lojas conveniadas traduzem evidente prática comercial, não há como afastar o enquadramento do CONDOMÍNIO no conceito de fornecedor (art. 3º da Lei 8.078/90) e sua consequente responsabilidade solidária pelo dano causado ao consumidor, porquanto configurada a falha na prestação de serviços. (STJ – AgInt no AREsp 1325551/MT – Min. Moura Ribeiro – T3 – *DJe* 20/3/2019)

- As seguradoras – pessoas jurídicas que desenvolvem atividade de prestação de serviços securitários – encontram-se, incontroversamente, abrangidas pelo conceito de fornecedor previsto no art. 3º do CDC. (STJ – REsp 1091756/MG – Min. Marco Buzzi – S2 – *DJe* 5/2/2018)

- É firme o entendimento desta Corte Superior de que o CDC é aplicável à relação entre concessionário de serviço público e o usuário final. (STJ – AgRg no AREsp 646110/SP – Min. Napoleão Nunes Maia Filho – T1 – *DJe* 8/11/2017)

- Caracteriza-se como de consumo e, portanto, sujeito às disposições do Código de Defesa do Consumidor, o serviço prestado por laboratórios na realização de exames médicos em geral, a exemplo do teste genético para fins de investigação de paternidade. (STJ – REsp 1386129/PR – Min. Nancy Andrighi – T3 – *DJe* 13/10/2017)

- A amplitude do conceito de fornecedor (art. 3º do CDC) tem a finalidade de abranger diversas situações que possam colocar em risco ou, de qualquer forma, prejudicar os consumidores. (STJ – REsp 1637611/RJ – Min. Nancy Andrighi – T3 – *DJe* 25/8/2017)

- A retransmissora, tal qual a emissora, se enquadram ao conceito de fornecedor de serviços, nos moldes do disposto no art. 3º, § 2º, do Código de Defesa do Consumidor. (STJ – REsp 946851/PR – Min. Luis Felipe Salomão – T4 – *DJe* 15/5/2012)

- Nos contratos de compra e venda firmados entre consumidores e anunciantes em jornal, as empresas jornalísticas não se enquadram no conceito de fornecedor, nos termos do art. 3º do CDC. (STJ – REsp 1046241/SC – Min. Nancy Andrighi – T3 – *DJe* 19/8/2010)

CAPÍTULO II
DA POLÍTICA NACIONAL DE RELAÇÕES DE CONSUMO

Art. 4º A Política Nacional das Relações de Consumo tem por objetivo o atendimento das necessidades dos consumidores, o respeito à sua dignidade, saúde e segurança, a proteção de seus interesses econômicos, a melhoria da sua qualidade de vida, bem como a transparência e harmonia das relações de consumo, atendidos os seguintes princípios: (*Caput* do artigo com redação dada pela Lei nº 9.008, de 21.3.1995)

I – reconhecimento da vulnerabilidade do consumidor no mercado de consumo;

II – ação governamental no sentido de proteger efetivamente o consumidor:

a) por iniciativa direta;

b) por incentivos à criação e desenvolvimento de associações representativas;

c) pela presença do Estado no mercado de consumo;

d) pela garantia dos produtos e serviços com padrões adequados de qualidade, segurança, durabilidade e desempenho.

III – harmonização dos interesses dos participantes das relações de consumo e compatibilização da proteção do consumidor com a necessidade de desenvolvimento econômico e tecnológico, de modo a viabilizar os princípios nos quais se funda a ordem econômica (art. 170, da Constituição Federal), sempre com base na boa-fé e equilíbrio nas relações entre consumidores e fornecedores;

IV – educação e informação de fornecedores e consumidores, quanto aos seus direitos e deveres, com vistas à melhoria do mercado de consumo;

V – incentivo à criação pelos fornecedores de meios eficientes de controle de qualidade e segurança de produtos e serviços, assim como de mecanismos alternativos de solução de conflitos de consumo;

VI – coibição e repressão eficientes de todos os abusos praticados no mercado de consumo, inclusive a concorrência desleal e utilização indevida de inventos e criações industriais das marcas e nomes comerciais e signos distintivos, que possam causar prejuízos aos consumidores;

VII – racionalização e melhoria dos serviços públicos;

VIII – estudo constante das modificações do mercado de consumo;

IX – fomento de ações direcionadas à educação financeira e ambiental dos consumidores; (Incluído pela Lei nº 14.181, de 2021)

X – prevenção e tratamento do superendividamento como forma de evitar a exclusão social do consumidor. (Incluído pela Lei nº 14.181, de 2021)

REFERÊNCIAS LEGISLATIVAS

- arts. 6º, 7º, 54, CDC; art. 187, CC.
- Resolução do Conselho Federal de Medicina nº 2.227/2018 (Define e disciplina a telemedicina como forma de prestação de serviços médicos mediados por tecnologias).
- Decreto 10.417/2020 (Institui o Conselho Nacional de Defesa do Consumidor).

ANOTAÇÕES

- *Justificativa*: a necessidade da intervenção do Estado nas relações de consumo vem da compreensão de que o consumidor precisa, depende mesmo, do fornecimento de certos produtos e serviços para a sua subsistência e sobrevivência (não pode ficar sem eles), situação que o deixa extremamente vulnerável em face dos fornecedores, o que justifica a regulamentação dessas relações pelo Estado, o que se faz por meio desta lei e outras ações, algumas apontadas neste artigo.

- **Vulnerabilidade**: dentre os princípios que fundamentam a política nacional das relações de consumo destaco, por sua importância, o da "vulnerabilidade", que confirma o desiquilíbrio natural das relações de consumo, nas quais o consumidor sempre se apresenta como a parte mais fraca, seja pelo aspecto técnico ou pelo econômico.

 JURISPRUDÊNCIA

- O Código de Defesa do Consumidor (Lei nº 8.078/90) deu origem a um verdadeiro microssistema de defesa dos direitos do consumidor que visa cumprir duplo mandamento constitucional: promover a defesa dos consumidores (art. 5º, XXXII, CF/88) e observar, como princípio geral da atividade econômica, a necessária defesa dos direitos do consumidor (art. 170, V, CF/88). (TJMG – Apelação Cível 1.0000.19.012600-3/002 – Des.(a) Teresa Cristina da Cunha Peixoto – 8ª Câmara Cível, *DJ* 15/4/2021)

- Ademais, a proteção contra práticas abusivas, assim como o direito à informação, é direito básico do consumidor, cuja manifesta vulnerabilidade (técnica e informacional) impõe a defesa da qualidade do seu consentimento, bem como a vedação da ofensa ao equilíbrio contratual. (STJ – REsp 1326592/GO – Min. Luis Felipe Salomão – T4 – *DJe* 6/8/2019)

- O art. 4º, II, do CDC estabelece que a Política Nacional das Relações de Consumo implica ação governamental para proteção ao consumidor, sendo que, presumivelmente, as normas municipais que estabelecem tempo máximo de espera em fila têm efeito de coerção, prevendo a respectiva sanção (multa), que caberá ser aplicada pelo órgão de proteção ao consumidor competente, à luz de critérios do regime jurídico de Direito Administrativo. (STJ – REsp 1647452/RO – Min. Luis Felipe Salomão – T4 – *DJe* 28/3/2019)

- Este Tribunal formou jurisprudência no sentido de que a teoria finalista deve ser mitigada nos casos em que a pessoa física ou jurídica, embora não se enquadre nas categorias de fornecedor ou destinatário final do produto, apresenta-se em estado de vulnerabilidade ou hipossuficiência técnica, autorizando a aplicação das normas prevista no CDC. (STJ – AgInt no AREsp 728797/RS – Min. Marco Buzzi – T4 – *DJe* 28/5/2018)

- À luz do princípio da boa-fé objetiva, se a inserção no mercado do produto com vício traz em si, inevitavelmente, um gasto adicional para a cadeia de consumo, esse gasto deve ser tido como ínsito ao risco da atividade, e não pode, em nenhuma hipótese, ser suportado pelo consumidor. Incidência dos princípios que regem a política nacional das relações de consumo, em especial o da vulnerabilidade do consumidor (art. 4º, I, do CDC) e o da garantia de adequação, a cargo do fornecedor (art. 4º, V, do CDC), e observância do direito do consumidor de receber a efetiva reparação de danos patrimoniais sofridos por ele (art. 6º, VI, do CDC). (STJ – REsp 1634851/RJ – Min. Nancy Andrighi – T3 – *DJe* 15/2/2018)

- A ausência de qualquer destaque ou visibilidade, em contrato de adesão, sobre as cláusulas restritivas dos direitos do consumidor, configura afronta ao princípio da transparência (CDC, art. 4º, *caput*) e, na medida em que a ampla informação acerca das regras restritivas e sancionatórias impostas ao consumidor é desconsiderada, a cláusula que prevê o cancelamento antecipado do trecho ainda não utilizado se reveste de caráter abusivo e nulidade, com fundamento no art. 51, inciso XV, do CDC. (STJ – REsp 1595731/RO – Min. Luis Felipe Salomão – T4 – *DJe* 1/2/2018)

- Um dos nortes a guiar a Política Nacional das Relações de Consumo é exatamente o incentivo à criação de mecanismos alternativos de solução de conflitos de consumo (CDC, art. 4º, § 2º), inserido no contexto de facilitação do acesso à Justiça, dando concretude às denominadas "ondas renovatórias do direito" de Mauro Cappelletti. (STJ – REsp 1189050/SP – Min. Luis Felipe Salomão – T4 – *DJe* 14/3/2016)

- A pessoa jurídica adquirente de um produto ou serviço pode ser equiparada à condição de consumidora (art. 29 do CDC), por ostentar, frente ao fornecedor, alguma vulnerabilidade que, frise-se, é o princípio-motor da política nacional das relações de consumo (art. 4º, I, do CDC). (STJ – AgRg no AREsp 735249/SC – Min. Ricardo Villas Bôas Cueva – T3 – *DJe* 4/2/2016)

> **Art. 5º** Para a execução da Política Nacional das Relações de Consumo, contará o poder público com os seguintes instrumentos, entre outros:
>
> I – manutenção de assistência jurídica, integral e gratuita para o consumidor carente;
>
> II – instituição de Promotorias de Justiça de Defesa do Consumidor, no âmbito do Ministério Público;
>
> III – criação de delegacias de polícia especializadas no atendimento de consumidores vítimas de infrações penais de consumo;
>
> IV – criação de Juizados Especiais de Pequenas Causas e Varas Especializadas para a solução de litígios de consumo;
>
> V – concessão de estímulos à criação e desenvolvimento das Associações de Defesa do Consumidor;
>
> VI – instituição de mecanismos de prevenção e tratamento extrajudicial e judicial do superendividamento e de proteção do consumidor pessoa natural; (Incluído pela Lei nº 14.181, de 2021)
>
> VII – instituição de núcleos de conciliação e mediação de conflitos oriundos de superendividamento. (Incluído pela Lei nº 14.181, de 2021)
>
> § 1º (Vetado).
>
> § 2º (Vetado).

REFERÊNCIAS LEGISLATIVAS

- art. 5º, XXXV, LXXIV, CF; arts. 105 e 106, CDC; arts. 3º, § 3º; 139, V; 149, 165 a 175, CPC.
- Lei 9.099/95 (Juizados Especiais).
- Lei Complementar 80/94 (Organiza a Defensoria Pública da União, do Distrito Federal e dos Territórios, além de expedir normas gerais para sua organização nos Estados).
- Resolução do Conselho Nacional de Justiça – CNJ 125/2010 (Métodos adequados de solução de conflitos).

- Lei 13.140/2015 (Mediação).
- Decreto 10.417/2020 (Institui o Conselho Nacional de Defesa do Consumidor).

 ANOTAÇÕES

- ***Execução da política nacional das relações de consumo***: em obediência ao que determina a lei foram criados vários órgãos públicos e privados destinados a desenvolver e fiscalizar as relações de consumo, tais como as Procuradorias de Defesa do Consumidor, os Procons e o IDEC – Instituto Brasileiro de Defesa do Consumidor.

 JURISPRUDÊNCIA

- A presença do Estado *lato sensu* no mercado de consumo é um dos princípios que norteiam a Política Nacional das Relações de Consumo, cabendo aos órgãos públicos, dentre eles o PROCON, no âmbito das respectivas competências, aplicar as sanções administrativas previstas no Código de Defesa do Consumidor. (TJMG – Apelação Cível 1.0024.14.220447-8/002 – Des.(a) Teresa Cristina da Cunha Peixoto – 8ª Câmara Cível – *DJ* 14/6/2021)

- Além disso, o Ministério Público ficou expressamente autorizado a promover a defesa dos interesses coletivos dos consumidores não só em juízo (arts. 81, parágrafo único, c/c art. 82, I, da Lei nº 8.078/90), como também administrativamente, mediante a aplicação das sanções previstas no art. 56 do diploma legal em caso de infração das normas consumeristas, a exemplo da multa (inciso I). (TJMG – Apelação Cível 1.0000.20.582210-9/001 – Des. Bitencourt Marcondes – 19ª Câmara Cível – *DJ* 13/5/2021)

- A jurisprudência do Superior Tribunal de Justiça assentou que as competências dos órgãos de defesa do consumidor e as agências reguladoras não se inviabilizam, tampouco se excluem, antes, se complementam. Nesse sentido, o próprio Estatuto Consumerista previu, no art. 105, a existência de um Sistema Nacional de Defesa do Consumidor (SNDC), integrado por órgãos federais, estaduais, distritais e municipais, bem como de entidades da iniciativa privada de defesa do consumidor. (TJMG – Apelação Cível 1.0000.20.503443-2/001 – Des. Bitencourt Marcondes – 19ª Câmara Cível – *DJ* 21/1/2021)

- A Constituição Federal/88 elegeu a defesa do consumidor como fundamento da ordem econômica pátria, inciso V do art. 170, possibilitando, assim, a criação de autarquias regulatórias como o INMETRO, com competência fiscalizatória das relações de consumo sob aspectos de conformidade e metrologia. (STJ – REsp 1118302/SC – Min. Humberto Martins – T2 – *DJe* 14/10/2009)

CAPÍTULO III
DOS DIREITOS BÁSICOS DO CONSUMIDOR

Art. 6º São direitos básicos do consumidor:

I – a proteção da vida, saúde e segurança contra os riscos provocados por práticas no fornecimento de produtos e serviços considerados perigosos ou nocivos;

II – a educação e divulgação sobre o consumo adequado dos produtos e serviços, asseguradas a liberdade de escolha e a igualdade nas contratações;

III – a informação adequada e clara sobre os diferentes produtos e serviços, com especificação correta de quantidade, características, composição, qualidade, tributos incidentes e preço, bem como sobre os riscos que apresentem; (Inciso com redação dada pela Lei nº 12.741, de 2012)

IV – a proteção contra a publicidade enganosa e abusiva, métodos comerciais coercitivos ou desleais, bem como contra práticas e cláusulas abusivas ou impostas no fornecimento de produtos e serviços;

V – a modificação das cláusulas contratuais que estabeleçam prestações desproporcionais ou sua revisão em razão de fatos supervenientes que as tornem excessivamente onerosas;

VI – a efetiva prevenção e reparação de danos patrimoniais e morais, individuais, coletivos e difusos;

VII – o acesso aos órgãos judiciários e administrativos com vistas à prevenção ou reparação de danos patrimoniais e morais, individuais, coletivos ou difusos, assegurada a proteção jurídica, administrativa e técnica aos necessitados;

VIII – a facilitação da defesa de seus direitos, inclusive com a inversão do ônus da prova, a seu favor, no processo civil, quando, a critério do juiz, for verossímil a alegação ou quando for ele hipossuficiente, segundo as regras ordinárias de experiências;

IX – (Vetado);

X – a adequada e eficaz prestação dos serviços públicos em geral;

XI – a garantia de práticas de crédito responsável, de educação financeira e de prevenção e tratamento de situações de superendividamento, preservado o mínimo existencial, nos termos da regulamentação, por meio da revisão e da repactuação da dívida, entre outras medidas;

XII – a preservação do mínimo existencial, nos termos da regulamentação, na repactuação de dívidas e na concessão de crédito; (Incluído pela Lei nº 14.181, de 2021)

XIII – a informação acerca dos preços dos produtos por unidade de medida, tal como por quilo, por litro, por metro ou por outra unidade, conforme o caso. (Incluído pela Lei nº 14.181, de 2021)

Parágrafo único. A informação de que trata o inciso III do *caput* deste artigo deve ser acessível à pessoa com deficiência, observado o disposto em regulamento. (Parágrafo único incluído pela Lei nº 13.146, de 2015)

REFERÊNCIAS LEGISLATIVAS

- art. 5º, CF; arts. 4º, 8º, 9º, 31, 37, 38, 39, 43, 51 a 53, 54-A a 54-G, 66, 67, 104-A a 104-C, CDC; art. 170, V, CF; art. 187, CC.
- Lei 14.181/2021 – Lei do Superendividamento.

- Lei 14.046/2020 – MP 948/2020 (Dispõe sobre o adiamento e o cancelamento de serviços, de reservas e de eventos dos setores de turismo e de cultura em razão do estado de calamidade pública reconhecido pelo Decreto Legislativo 6, de 20 de março de 2020, e da emergência de saúde pública de importância internacional decorrente da pandemia da Covid-19).
- Lei 14.034/2020 (Dispõe sobre medidas emergenciais para a aviação civil brasileira em razão da pandemia da Covid-19).
- Lei 14.010/2020 (Dispõe sobre o Regime Jurídico Emergencial e Transitório das relações jurídicas de Direito Privado – RJET no período da pandemia da Covid-19 por coronavírus).
- Lei 13.835/2019 (Altera a Lei 10.098, de 19 de dezembro de 2000, para assegurar às pessoas com deficiência visual o direito de receber cartões de crédito e de movimentação de contas bancárias com as informações vertidas em caracteres de identificação tátil em braile).
- Lei 13.460/2017 (Dispõe sobre participação, proteção e defesa dos direitos do usuário dos serviços públicos da administração pública).
- Lei 12.842/2013 (Dispõe sobre o regime de concessão e permissão da prestação de serviços públicos).
- Lei 8.987/1995 (Dispõe sobre o regime de concessão e permissão da prestação de serviços públicos).
- Decreto 11.150/2022 (Regulamenta a preservação e o não comprometimento do mínimo existencial para fins de prevenção, tratamento e conciliação de situações de superendividamento em dívidas de consumo).
- Decreto 11.034/2022 (Estabelece diretrizes e normas sobre o Serviço de Atendimento ao Consumidor – SAC).
- Portaria 16 da Secretaria Nacional do Consumidor, de 2019 (Especifica tipo de prática abusiva contra o consumidor, em consonância com o disposto no inciso IV, art. 39, da Lei 8.078, de 11 de setembro de 1990 – Código de Defesa do Consumidor).
- Resolução do Conselho Federal de Medicina 1.643/2002 (Define e disciplina a prestação de serviços através da telemedicina).

ANOTAÇÕES

- ***Direitos básicos do consumidor***: para não ficar apenas na declaração de intenções, como se vê em muitas outras leis, o legislador resolveu por apontar de forma expressa os principais direitos do consumidor, entre eles: proteção da vida, saúde e segurança; liberdade de escolha; igualdade nas contratações (mesmas condições); direito à informação; proteção contra publicidade enganosa e práticas abusivas; possibilidade de revisão dos contratos que se tornem excessivamente onerosos; reparação de danos materiais e morais; assistência jurídica aos hipossuficientes; inversão do ônus da prova.
- ***Direitos do consumidor durante a pandemia de covid-19***: considerando que as medidas emergenciais adotadas tiveram impacto direto nas relações jurídicas privadas, inclusive as de natureza consumerista, o legislador entendeu necessário a disciplina extraordinária das referidas relações, principalmente no que tange a sua contratação e rescisão, limitando,

mesmo que temporariamente, alguns dos direitos do consumidor. Até o fechamento desta edição, o tema era tratado diretamente pelas Leis 14.010, 14.034 e 14.046/2020, cuja leitura e estudo recomendo, principalmente quando o problema do consumidor envolver o cancelamento ou adiamento de serviços, reservas e eventos.

- *Do superendividamento*: caracterizado como "a impossibilidade manifesta de o consumidor pessoa natural, de boa-fé, pagar a totalidade de suas dívidas de consumo, exigíveis e vincendas, sem comprometer seu mínimo existencial" (art. 54-A, § 1º), a regulamentação do tema no presente código, por meio da Lei 14.181/2021, adveio do aumento considerável de pessoas nesta situação, mormente, mas não só, em razão das medidas emergenciais adotadas durante a pandemia do covid-19. A ideia central das novas normas é trazer uniformidade ao tratamento da questão pelas instituições financeiras, aumentando a educação financeira e a transparência dos contratos e seus custos e abrindo ao consumidor a possibilidade de requerer, como as empresas, uma "recuperação judicial" (arts. 104-A a 104-C).

- *Mínimo existencial*: fixado em R$ 303,00 (trezentos e três reais) pelo Decreto 11.150/2022, cabendo eventual reajuste ao Conselho Monetário Nacional. Registro que a fixação do "mínimo existencial" em valor tão baixo provocou protesto de vários órgãos de proteção do consumidor, sendo que o IDEC e a Associação Nacional das Defensoras e Defensores Públicos já entraram com medidas judiciais junto ao Supremo Tribunal Federal, requerendo a sua revogação.

 JURISPRUDÊNCIA

"Saúde e segurança":

- O direito à alimentação adequada está contemplado no art. 25, da Declaração Universal dos Direitos Humanos, sendo a sua definição ampliada pelo art. 11, do Pacto de Direitos Econômicos, Sociais e Culturais e o Comentário Geral nº 12, da Organização das Nações Unidas, e também está expresso no art. 6º, da Constituição Federal. A ingestão de produto de gênero alimentício impróprio para o consumo, que afeta a saúde e a segurança dos Consumidores, enseja reparação por dano moral, por afronta ao direito fundamental à alimentação saudável, que é inerente ao Princípio da dignidade da pessoa humana, e também por causar transtorno e desgaste psicológico ao ofendido. (TJMG – Apelação Cível 1.0000.20.528644-6/001 – Des. Roberto Vasconcellos – 17ª Câmara Cível – *DJ* 28/1/2021)

- A aquisição de produto de gênero alimentício contendo em seu interior corpo estranho, expondo o consumidor a risco concreto de lesão à sua saúde e segurança, ainda que não ocorra a ingestão de seu conteúdo, dá direito à compensação por dano moral, dada a ofensa ao direito fundamental à alimentação adequada, corolário do princípio da dignidade da pessoa humana. Hipótese em que se caracteriza defeito do produto (art. 12, do CDC), o qual expõe o consumidor a risco concreto de dano à sua saúde e segurança, em clara infringência ao dever legal dirigido ao fornecedor, previsto no art. 8º do CDC. (STJ – REsp 1801593/RS – Min. Nancy Andrighi – T3 – *DJe* 15/8/2019)

- A oferta e a apresentação de produtos ou serviços devem assegurar informações corretas, claras, precisas, ostensivas e em língua portuguesa sobre suas características, qualidades, quantidade, composição, preço, garantia, prazos de validade e origem, entre outros dados, bem como sobre os riscos que apresentam à saúde e segurança dos consumidores (art. 31 do

CDC). A informação deve ser correta (= verdadeira), clara (= de fácil entendimento), precisa (= não prolixa ou escassa), ostensiva (= de fácil constatação ou percepção) e, por óbvio, em língua portuguesa. (STJ – REsp 1758118/SP – Min. Herman Benjamin – T2 – *DJe* 11/3/2019)

- A Corte Especial sedimentou o entendimento de que o fornecedor de alimentos deve complementar a informação-conteúdo "contém glúten" com a informação-advertência de que o glúten é prejudicial à saúde dos consumidores com doença celíaca. (STJ – AgInt no AREsp 1328372/MS – Min. Marco Aurélio Bellizze – T3 – *DJe* 5/11/2018)

"Direito de informação":

- É direito do consumidor a obtenção de informação adequada e clara sobre os diferentes produtos e serviços, com especificação correta de quantidade, características, composição, qualidade, tributos incidentes e preço, bem como sobre os riscos que apresentem (CDC, art. 6º, III). (TJMG – Apelação Cível 1.0000.21.094503-6/001 – Des. Ramom Tácio – 16ª Câmara Cível – *DJ* 30/6/2021)

- O direito de não ser enganado antecede o próprio nascimento do Direito do Consumidor, daí sua centralidade no microssistema do CDC. A oferta, publicitária ou não, deve conter não só informações verídicas, como também não ocultar ou embaralhar as essenciais. Sobre produto ou serviço oferecido, ao fornecedor é lícito dizer o que quiser, para quem quiser, quando e onde desejar e da forma que lhe aprouver, desde que não engane, ora afirmando, ora omitindo (= publicidade enganosa), e, em paralelo, não ataque, direta ou indiretamente, valores caros ao Estado Social de Direito, p. ex., dignidade humana, saúde e segurança, proteção especial de sujeitos e grupos vulneráveis, sustentabilidade ecológica, aparência física das pessoas, igualdade de gênero, raça, origem, crença, orientação sexual (= publicidade abusiva). (STJ – REsp 1539056/MG – Min. Luis Felipe Salomão – T4 – *DJe* 18/5/2021)

- Ademais, a proteção contra práticas abusivas, assim como o direito à informação, é direito básico do consumidor, cuja manifesta vulnerabilidade (técnica e informacional) impõe a defesa da qualidade do seu consentimento, bem como a vedação da ofensa ao equilíbrio contratual. (STJ – REsp 1326592/GO – Min. Luis Felipe Salomão – T4 – *DJe* 6/8/2019)

- O dever de informação a cargo do fornecedor de serviço, nos termos do art. 14 do CDC, diz respeito aos riscos que razoavelmente se esperam do serviço oferecido; no caso, possíveis riscos a que se expõe um paciente ao realizar determinado exame de imagem. (STJ – REsp 1441463/RJ – Min. Maria Isabel Gallotti – T4 – *DJe* 15/3/2019)

- A oferta e a apresentação de produtos ou serviços devem assegurar informações corretas, claras, precisas, ostensivas e em língua portuguesa sobre suas características, qualidades, quantidade, composição, preço, garantia, prazos de validade e origem, entre outros dados, bem como sobre os riscos que apresentam à saúde e segurança dos consumidores (art. 31 do CDC). (STJ – REsp 1758118/SP – Min. Herman Benjamin – T2 – *DJe* 11/3/2019)

- A comissão de corretagem é devida, desde que seja respeitado o direito de informação do consumidor, acerca de sua exigibilidade e de seu valor. E em relação à cláusula que impõe o repasse para o consumidor dos custos de serviço de assessoria técnico-imobiliária, ela é sempre considerada nula e abusiva (art. 51, IV, do CDC). (STJ – AgInt no AgInt no AREsp 903601/SP – Min. Luis Felipe Salomão – T4 – *DJe* 21/9/2018)

- Inexistente legislação específica para regulamentar o dever de informação, é o Código de Defesa do Consumidor o diploma que desempenha essa função, tornando bastante rigorosos os deveres de informar com clareza, lealdade e exatidão (art. 6º, III, art. 8º, art. 9º). (STJ – REsp 1540580/DF – Min. Lázaro Guimarães – T4 – *DJe* 4/9/2018)

- Mesmo sendo válida a cláusula de tolerância para o atraso na entrega da unidade habitacional em construção com prazo determinado de até 180 (cento e oitenta) dias, o incorporador deve observar o dever de informar e os demais princípios da legislação consumerista, cientificando claramente o adquirente, inclusive em ofertas, informes e peças publicitárias, do prazo de prorrogação, cujo descumprimento implicará responsabilidade civil. Igualmente, durante a execução do contrato, deverá notificar o consumidor acerca do uso de tal cláusula juntamente com a sua justificação, primando pelo direito à informação. (STJ – REsp 1582318/RJ – Min. Ricardo Villas Bôas Cueva – T3 – *DJe* 21/9/2017)

- A partir da interpretação do art. 39 do CDC, considera-se prática abusiva tanto o cancelamento de voos sem razões técnicas ou de segurança inequívocas como o descumprimento do dever de informar o consumidor, por escrito e justificadamente, quando tais cancelamentos vierem a ocorrer. (STJ – REsp 1469087/AC – Min. Humberto Martins – T2 – *DJe* 17/11/2016)

- O consumidor tem, como direito básico, o de informação expressa e adequada sobre o produto ou o serviço que deseja adquirir ou contratar, sendo proibida a publicidade enganosa, capaz de induzir em erro o consumidor (arts. 31 e 37 do CDC). (STJ – AgInt no AREsp 838346/SP – Min. Humberto Martins – T2 – *DJe* 19/4/2016)

- Todo prestador de serviços tem o dever de oferecer informações de forma clara e objetiva, de modo que o consumidor possa manifestar sua vontade livremente. (STJ – REsp 1554448/PE – Min. João Otávio de Noronha – T3 – *DJe* 26/2/2016)

"Publicidade enganosa":

- Considera-se publicidade enganosa, de acordo do § 1º, do art. 37, do CDC, aquela que contém informação inteira ou parcialmente falsa, ou que omite informações relevantes sobre o produto ou serviço, capaz de induzir a erro o consumidor a respeito da natureza, características, qualidade, quantidade, propriedades, origem, preço e quaisquer outros dados sobre produtos e serviços. (TJMG – Apelação Cível 1.0000.21.070770-9/001 – Des. Marco Aurelio Ferenzini – 14ª Câmara Cível – *DJ* 1/7/2021)

- Ressalte-se que, nos termos do art. 38 do CDC, o ônus da prova da veracidade e correção da informação ou comunicação publicitárias cabe a quem as patrocina, ou seja, trata-se de inversão *ope legis*, da qual, de acordo com o Tribunal de origem, no caso em apreço, não se desincumbiram os fornecedores, que "deixaram de comprovar a existência da veracidade e correção da informação". (STJ – REsp 1539056/MG – Min. Luis Felipe Salomão – T4 – *DJe* 18/5/2021)

- A propaganda enganosa, em regra, trata-se de vício de qualidade que diminui o valor do bem durável, conforme previsto no art. 18 do CDC, integrante da Seção III do capítulo IV, sujeitando-se ao prazo decadencial de 90 dias, previsto no inciso II do art. 26 do CDC. (TJMG – Agravo de Instrumento-Cv 1.0000.20.449075-9/001 – Des.(a) Claret de Moraes – 10ª Câmara Cível – *DJ* 17/11/2020)

- No que diz respeito à publicidade enganosa por omissão, a indução a engano decorre da circunstância de o fornecedor negligenciar algum dado essencial sobre o produto ou serviço por ele comercializado, induzindo o consumidor à contratação por meio de erro, por não ter consciência sobre elemento que, se conhecido, prejudicaria sua vontade em concretizar a transação. (STJ – REsp 1540566/SC – Min. Nancy Andrighi – T3 – *DJe* 18/9/2018)

- O princípio da transparência (art. 6º, III, do CDC) somente será efetivamente cumprido pelo fornecedor quando a informação publicitária for prestada ao consumidor de forma adequada, clara e especificada, a fim de garantir-lhe o exercício do consentimento informado ou vontade qualificada. (STJ – REsp 1540566/SC – Min. Nancy Andrighi – T3 – *DJe* 18/9/2018)

- Se a informação se refere a dados essenciais capazes de onerar o consumidor ou restringir seus direitos, deve integrar o próprio anúncio/contrato, de forma clara, precisa e ostensiva, nos termos do art. 31 do CDC, sob pena de configurar publicidade enganosa por omissão. (STJ – REsp 1342571/MG – Min. Marco Buzzi – T4 – *DJe* 16/2/2017)

- Constitui publicidade enganosa o lançamento de um novo modelo de veículo, totalmente remodelado, no mesmo ano em que já fora comercializado modelo anterior, ambos noticiados como o modelo do ano seguinte. (STJ – REsp 871172/SE – Min. Maria Isabel Gallotti – T4 – *DJe* 24/8/2016)

- O consumidor tem, como direito básico, o de informação expressa e adequada sobre o produto ou o serviço que deseja adquirir ou contratar, sendo proibida a publicidade enganosa, capaz de induzir em erro o consumidor (arts. 31 e 37 do CDC). (STJ – AgInt no AREsp 838346/SP – Min. Humberto Martins – T2 – *DJe* 19/4/2016)

"Cláusulas abusivas":

- São aplicáveis aos contratos bancários celebrados com instituições financeiras as regras do Código de Defesa do Consumidor para afastar as eventuais cláusulas abusivas. As instituições financeiras não estão sujeitas à limitação dos juros previstas na Lei de Usura, tampouco induz abusividade, por si só, a estipulação de juros remuneratórios superiores a 12% (doze por cento) ao ano. (TJMG – Apelação Cível 1.0000.21.099277-2/001 – Des.(a) Jaqueline Calábria Albuquerque – 10ª Câmara Cível – *DJ* 29/6/2021)

- Admite-se a revisão contratual para exclusão das cláusulas abusivas. Inexiste abusividade quando a taxa de juros remuneratórios incidente não supera em 50% a média praticada pelo mercado, divulgada pelo BACEN para a modalidade de contrato em questão. (TJMG – Apelação Cível 1.0000.21.048508-2/001 – Des. Manoel dos Reis Morais – 20ª Câmara Cível – *DJ* 26/5/2021)

- A boa-fé objetiva é uma norma de conduta que impõe a cooperação entre os contratantes em vista da plena satisfação das pretensões que servem de ensejo ao acordo de vontades que dá origem à avença, sendo tratada, de forma expressa, no CDC, no reconhecimento do direito dos consumidores de proteção contra métodos comerciais coercitivos ou desleais bem como práticas e cláusulas abusivas ou impostas no fornecimento de produtos ou serviços (art. 6º, IV, do CDC). (STJ – REsp 1737428/RS – Min. Nancy Andrighi – T3 – *DJe* 15/3/2019)

- À luz do Código de Defesa do Consumidor, devem ser reputadas como abusivas as cláusulas que nitidamente afetam de maneira significativa a própria essência do contrato, impondo restrições ou limitações aos procedimentos médicos, fonoaudiológicos e hospitalares (v.g. limitação do tempo de internação, número de sessões de fonoaudiologia, entre outros) prescritos para doenças cobertas nos contratos de assistência e seguro de saúde dos contratantes. (STJ – AgInt no AREsp 1219394/BA – Min. Raul Araújo – T4 – *DJe* 19/2/2019)

- Nas relações jurídicas regidas pelo Código de Defesa do Consumidor, há a mitigação do princípio do *pacta sunt servanda*, podendo haver a declaração de nulidade de cláusulas contratuais que coloquem o consumidor em desvantagem (aplicação do art. 51 do CDC), como se apresenta. (STJ – AgInt no AREsp 1347862/SC – Min. Marco Aurélio Bellizze – T3 – *DJe* 14/2/2019)

- Nesse panorama, sobressai o direito básico do consumidor à proteção contra práticas e cláusulas abusivas, que consubstanciem prestações desproporcionais, cuja adequação deve ser realizada pelo Judiciário, a fim de garantir o equilíbrio contratual entre as partes, afastando-se o ônus excessivo e o enriquecimento sem causa porventura detectado (arts. 6º, incisos IV e V, e 51, § 2º, do CDC), providência concretizadora do princípio constitucional de defesa do consumidor, sem olvidar, contudo, o princípio da conservação dos contratos. (STJ – REsp 1362084/RJ – Min. Luis Felipe Salomão – T4 – *DJe* 1/8/2017)

"Inversão do ônus da prova":

- A jurisprudência desta Corte é no sentido de que a inversão do ônus da prova prevista no art. 6º, VIII, do CDC, é regra de instrução e não regra de julgamento, motivo pelo qual a decisão judicial que a determina deve ocorrer antes da etapa instrutória, ou quando proferida em momento posterior, garantir a parte a quem foi imposto o ônus a oportunidade de apresentar suas provas. Precedentes. (STJ – REsp 1286273/SP – Min. Marco Buzzi – T4 – *DJe* 22/6/2021)

- A inversão do ônus da prova é técnica que prestigia o princípio da igualdade entre as partes, sendo cabível em favor do consumidor ainda na fase instrutória, quando forem verossímeis as suas alegações ou quando for ele hipossuficiente na relação, nos termos do art. 6º, VIII, do CDC. (TJMG – Agravo de Instrumento-Cv 1.0000.20.014070-5/001 – Des. Marco Aurélio Ferrara Marcolino (JD Convocado) – 15ª Câmara Cível – *DJ* 13/8/2020)

- De toda a sorte, ninguém duvida que, no mercado brasileiro de consumo de telefonia, os consumidores, em particular as pessoas físicas, encarnam, como regra, a posição de sujeito "hipossuficiente", na exata acepção do art. 6º, VII, do Código de Defesa do Consumidor. São dezenas de milhões de pobres, trabalhadores urbanos e rurais, pessoas humildes, que dependem absolutamente de serviços de telefonia, sobretudo de celular pós-pago. Por outro lado, não são poucos os casos em que, indo além das "regras ordinárias de experiência", a "verossimilhança" (CDC, art. 6º, VIII) das alegações do consumidor mostra-se tão manifesta, de conhecimento público, que atrai *status* jurídico de fatos notórios, os quais "não dependem de prova" (art. 374, I, do Código de Processo Civil). Tal notoriedade transmuda a inversão do ônus da prova de *ope judicis* para *ope legis*, decorrência da própria lógica do nosso sistema processual (princípio *notoria non egent probatione*). (STJ – REsp 1790814/PA – Min. Herman Benjamin – T2 – *DJe* 19/6/2019)

- A jurisprudência do Superior Tribunal de Justiça tem albergado a inversão do ônus da prova nas demandas propostas por condomínios contra construtoras/incorporadoras, em defesa dos interesses de condôminos, com fundamento no art. 6º, VIII, do CDC ou mediante aplicação da teoria da distribuição dinâmica do ônus da prova de que trata o art. 373, § 1º, do CPC/2015. (STJ – AgInt no AREsp 1293126/DF – Min. Ricardo Villas Bôas Cueva – T3 – *DJe* 14/12/2018)

- O Código de Defesa do Consumidor, com o objetivo de facilitar a defesa, em juízo, dos direitos dos consumidores-vítimas dos acidentes de consumo, conferindo-lhes maior proteção, estabeleceu hipótese legal de inversão do ônus da prova, determinando que cabe ao fornecedor, no desiderato de se eximir de responsabilidade, comprovar alguma das excludentes previstas no § 3º do art. 14 do CDC, ou seja, que o defeito inexiste ou que o dano resulta de culpa exclusiva do consumidor ou de terceiro. (STJ – REsp 1734099/MG – Min. Nancy Andrighi – T3 – *DJe* 7/12/2018)

- A responsabilidade subjetiva do médico (CDC, art. 14, § 4º) não exclui a possibilidade de inversão do ônus da prova, se presentes os requisitos do art. 6º, VIII, do CDC, devendo o profissional demonstrar ter agido com respeito às orientações técnicas aplicáveis. (STJ – REsp 1540580/DF – Min. Luis Felipe Salomão – T4 – *DJe* 4/9/2018)

- A inversão do ônus da prova não dispensa a comprovação mínima, pela parte autora, dos fatos constitutivos do seu direito. (STJ – AgInt no REsp 1717781/RO – Min. Marco Aurélio Bellizze – T3 – *DJe* 15/6/2018)

- É entendimento pacificado no STJ que a inversão do ônus da prova é faculdade conferida ao magistrado, não um dever, e fica a critério da autoridade judicial conceder tal inversão quando for verossímil a alegação do consumidor ou quando for ele hipossuficiente. (STJ – AgInt no REsp 1569566/MT – Min. Herman Benjamin – T2 – *DJe* 27/4/2017)

"**Superendividamento**":

- A Lei do Superendividamento foi editada com o objetivo de promover o acesso dos consumidores superendividados à Justiça, o que evidencia a necessidade de que o procedimento seja realizado perante o Juizado Especial, que em razão do seu caráter mais simples e célere, acaba atraindo com mais facilidade o consumidor. (TJMG – Conflito de Competência 1.0000.22.146822-6/000 – Relator Des. Marco Aurelio Ferenzini – 14ª Câmara Cível – *DJ* 1/9/2022)

- O procedimento de repactuação de dívidas, disciplinado pelos arts. 54-A, 104-A e 104-B, do CDC, há de ser instaurado por meio de demanda autônoma (ação de repactuação de dívidas), por meio da qual serão convocados todos os credores do consumidor superendividado, para tomar ciência do plano de repactuação elaborado pelo próprio consumidor, no qual serão consignadas as propostas de dilação de prazo de pagamento das parcelas, redução de encargos, suspensão das ações judiciais em curso, etc. (TJMG – Agravo de Instrumento-Cv 1.0000.22.069768-4/001 – Relatora Des.(a) Lílian Maciel – 20ª Câmara Cível – *DJ* 6/7/2022)

Art. 7º Os direitos previstos neste Código não excluem outros decorrentes de tratados ou convenções internacionais de que o Brasil seja signatário, da legislação interna ordinária, de regulamentos expedidos pelas autoridades administrativas competentes, bem como dos que derivem dos princípios gerais do direito, analogia, costumes e equidade.

Parágrafo único. Tendo mais de um autor a ofensa, todos responderão solidariamente pela reparação dos danos previstos nas normas de consumo.

REFERÊNCIAS LEGISLATIVAS

- art. 5º, §§ 2º e 3º, CF; arts. 12, 14, 18, 19, 25, §§ 1º e 2º, 28, § 3º, 34, CDC; arts. 264, 265, 942, CC.

ANOTAÇÕES

- **Direito do consumidor**: o excesso de zelo do legislador o levou, a meu ver, a normatizar o que não era preciso; claro que as normas previstas numa lei não afastam aquelas previstas em outras, salvo no caso de serem com elas incompatíveis, inclusive os tratados e normas internacionais de que o Brasil seja signatário. Já o estabelecimento da responsabilidade solidária indicada no parágrafo único aparece aqui como princípio aplicável a todas as relações consumeristas, sendo expressamente detalhada no *caput* dos arts. 18, 19 e 34, nos parágrafos primeiro e segundo do art. 25, e no parágrafo terceiro do art. 28.

- **Responsabilidade solidária**: ensina a doutrina que obrigação solidária é aquela em que o devedor pode optar por cobrar a totalidade do débito de todos os coobrigados ou, se preferir, de apenas um deles (a escolha é exclusiva do credor, neste caso, o consumidor), que, no caso de que efetue o pagamento, se sub-roga em relação aos demais coobrigados. Lembro que o CDC veda a denunciação da lide (art. 88).

JURISPRUDÊNCIA

- Quando a promessa de compra e venda de imóvel é contratada no âmbito de uma relação consumerista, a corretora que atuou como parceira comercial do promitente vendedor é considerada integrante da cadeia de consumo, logo, por força dos art. 7º, e art. 25, § 1º, do CDC, responde solidariamente pelas perdas e danos do promissário comprador decorrentes da rescisão por culpa do promitente vendedor. (TJMG – Apelação Cível 1.0000.21.082229-2/001 – Des. Adriano de Mesquita Carneiro – 11ª Câmara Cível – *DJ* 7/7/2021)

- Em se tratando de demanda indenizatória versando alegação de erro médico, manejada em desfavor do profissional de saúde e das entidades hospitalares cuja escolha decorreu da filiação da autora ao plano de saúde, deve ser acolhido o pedido de chamamento ao processo operadora do plano, no caso vertente a UNIMED-Uberlândia, haja vista a evidente aparência de responsabilidade solidária entre todos os envolvidos na cadeia de prestação do serviço, nos termos do CDC. (TJMG – Agravo de Instrumento-Cv 1.0000.21.096275-9/001 – Des. José Eustáquio Lucas Pereira – 18ª Câmara Cível – *DJ* 6/7/2021)

- A Instituição financeira que disponibiliza crédito no mercado de consumo e que, para viabilizar sua atividade e aumentar seus lucros, outorga a empresas terceirizadas (correspondentes bancários) permissão para captar clientes, atuar em seu nome e sob sua bandeira, incute no consumidor a impressão de estar contratando com o próprio Banco, não podendo eximir-se de responder pelos danos e riscos decorrentes da atividade, pois se trata de responsabilidade objetiva e solidária, nos termos do CDC. (TJMG – Apelação Cível 1.0000.20.058459-7/001 – Des. José Marcos Vieira – 16ª Câmara Cível – *DJ* 30/6/2021)

- A jurisprudência do STJ tem se manifestado no sentido de que a responsabilidade no sistema do CDC é solidária, mais ainda no comércio eletrônico, onde o consumidor não tem contato físico com os fornecedores. Precedentes. (STJ – AgInt nos EDcl no REsp 1760965/SC – Min. Benedito Gonçalves – T1 – *DJe* 23/6/2021)

- Quando o serviço de transporte aéreo é contratado de forma indivisa, todas as companhias aéreas que operaram trechos da viagem respondem solidariamente pelos danos sofridos pelo consumidor, por força dos art. 7º, e art. 25, § 1º, do CDC. (TJMG – Apelação Cível 1.0000.21.072249-2/001 – Des. Adriano de Mesquita Carneiro – 11ª Câmara Cível – *DJ* 23/6/2021)

- A responsabilidade solidária dos fornecedores, oriunda do CDC, visa proteção dos consumidores, ou seja, da parte hipossuficiente na relação de consumo. Dessa forma, a escolha do fornecedor que irá figurar no polo passivo da demanda, fica a critério do consumidor. (TJMG – Apelação Cível 1.0000.20.505847-2/004 – Des.(a) Cláudia Maia – 14ª Câmara Cível – *DJ* 17/6/2021)

CAPÍTULO IV
DA QUALIDADE DE PRODUTOS E SERVIÇOS, DA PREVENÇÃO E DA REPARAÇÃO DOS DANOS

Seção I
Da Proteção à Saúde e Segurança

Art. 8º Os produtos e serviços colocados no mercado de consumo não acarretarão riscos à saúde ou segurança dos consumidores, exceto os considerados normais e previsíveis em decorrência de sua natureza e fruição, obrigando-se os fornecedores, em qualquer hipótese, a dar as informações necessárias e adequadas a seu respeito.

§ 1º Em se tratando de produto industrial, ao fabricante cabe prestar as informações a que se refere este artigo, através de impressos apropriados que devam acompanhar o produto. (Parágrafo único transformado em § 1º, pela Lei nº 13.486, de 2017)

§ 2º O fornecedor deverá higienizar os equipamentos e utensílios utilizados no fornecimento de produtos ou serviços, ou colocados à disposição do consumidor, e informar, de maneira ostensiva e adequada, quando for o caso, sobre o risco de contaminação. (Parágrafo incluído pela Lei nº 13.486, de 2017)

REFERÊNCIAS LEGISLATIVAS

- arts. 6º, I, 9º, 10, 12 a 25, 63, 66, CDC.

ANOTAÇÕES

- ***Risco normal e previsível***: a grande maioria dos produtos e serviços tem potencial para acarretar riscos à saúde ou segurança dos consumidores (v.g., fogões, carros, liquidificadores, cigarros, bebidas, academias, cabeleireiros, brinquedos, motos, bicicletas, aluguel de patinetes, armas etc.), mas estes riscos são, na maioria dos casos, inerentes à natureza do bem e previsíveis diante do senso comum. Cabe ao fornecedor prestar as informações necessárias para o correto uso do bem, assim como garantir que os equipamentos e utensílios estejam preparados e prontos para o uso; em outros casos, cabe ao próprio Poder Público autorizar e fiscalizar o uso de certos bens como, por exemplo, acontece com os carros e as armas.

 ## JURISPRUDÊNCIA

- A ingestão de produto de gênero alimentício impróprio para o consumo, que afeta a saúde e a segurança dos Consumidores, enseja reparação por dano moral, por afronta ao direito fundamental à alimentação saudável, que é inerente ao Princípio da dignidade da pessoa humana, e também por causar transtorno e desgaste psicológico ao ofendido. (TJMG – Apelação Cível 1.0000.20.528644-6/001 – Des. Roberto Vasconcellos – 17ª Câmara Cível – DJ 28/1/2021)

- O consumidor tem o direito de ser informado no rótulo dos produtos alimentícios da existência de variação de 20% nos valores nutricionais, principalmente porque existe norma da Anvisa permitindo essa tolerância. (STJ – REsp 1.537.571/SP – Min. Herman Benjamin – T2 – DJe 20/8/2020)

- O fornecedor de produto de consumo, ao descumprir a obrigação de dar as informações necessárias e adequadas a respeito do produto viciado que lhe foi devolvido pelo consumidor para averiguações (CDC, art. 8º), deixa de comprovar a qualidade do seu produto. (TJMG – Apelação Cível 1.0280.14.002480-1/003 – Des. José Flávio de Almeida – 12ª Câmara Cível – DJ 20/5/2020)

- A aquisição de produto de gênero alimentício contendo em seu interior corpo estranho, expondo o consumidor a risco concreto de lesão à sua saúde e segurança, ainda que não ocorra a ingestão de seu conteúdo, dá direito à compensação por dano moral, dada a ofensa ao direito fundamental à alimentação adequada, corolário do princípio da dignidade da pessoa humana. Hipótese em que se caracteriza defeito do produto (art. 12 do CDC), o qual expõe o consumidor a risco concreto de dano à sua saúde e segurança, em clara infringência ao dever legal dirigido ao fornecedor, previsto no art. 8º do CDC. (STJ – REsp 1801593/RS – Min. Nancy Andrighi – T3 – DJe 15/8/2019)

- Os produtos e serviços, colocados no mercado de consumo, não podem acarretar riscos à saúde ou à segurança dos consumidores, exceto os considerados normais e previsíveis em decorrência de sua natureza e fruição, obrigando-se os fornecedores, em qualquer hipótese, a dar as informações necessárias e adequadas a seu respeito (art. 8º do CDC). (STJ – REsp 1378284/PB – Min. Luis Felipe Salomão – T4 – DJe 7/3/2018)

- O fato da utilização do *air bag*, como mecanismo de segurança de periculosidade inerente, não autoriza que as montadoras de veículos se eximam da responsabilidade em ressarcir danos fora da normalidade do "uso e os riscos que razoavelmente dele se esperam" (art. 12, § 1º, II do CDC). (STJ – REsp 1656614/SC – Min. Nancy Andrighi – T3 – DJe 2/6/2017)

- Em se tratando de produto de periculosidade inerente, cujos riscos são normais à sua natureza (medicamento com contraindicações) e previsíveis (na medida em que o consumidor é deles expressamente advertido), eventual dano por ele causado ao consumidor não enseja a responsabilização do fornecedor, pois, de produto defeituoso, não se cuida. (STJ – REsp 1599405/SP – Min. Marco Aurélio Bellizze – T3 – DJe 17/4/2017)

- O fornecedor de serviços que causem riscos, normais e previsíveis, aos consumidores, tem o dever de dar as informações necessárias e adequadas a seu respeito, ou seja, acerca da natureza e fruição dos serviços, considerando, para tanto, o conhecimento do homem médio, consumidor-padrão. (STJ – REsp 1003893/RJ – Min. Massami Uyeda – T3 – DJe 8/9/2010)
- O cigarro é um produto de periculosidade inerente e não um produto defeituoso, nos termos do que preceitua o Código de Defesa do Consumidor, pois o defeito a que alude o Diploma consubstancia-se em falha que se desvia da normalidade, capaz de gerar uma frustração no consumidor ao não experimentar a segurança que ordinariamente se espera do produto ou serviço. (STJ – REsp 1.113.804/RS – Rel. Min. Luis Felipe Salomão – DJe 24/6/2010)

> **Art. 9º** O fornecedor de produtos e serviços potencialmente nocivos ou perigosos à saúde ou segurança deverá informar, de maneira ostensiva e adequada, a respeito da sua nocividade ou periculosidade, sem prejuízo da adoção de outras medidas cabíveis em cada caso concreto.

REFERÊNCIAS LEGISLATIVAS

- arts. 6º, I, 8º, 10, 63, 66, CDC.
- Portaria do Ministério da Justiça e Segurança Pública 618, de 2019 (Disciplina o procedimento de comunicação da nocividade ou periculosidade de produtos e serviços após sua colocação no mercado de consumo, previsto nos §§ 1º e 2º do art. 10 da Lei 8.078, de 11 de setembro de 1990).

ANOTAÇÕES

- ***Produtos e serviços potencialmente nocivos ou perigosos à saúde***: considerando a total impossibilidade de apresentar parâmetros para o julgamento da qualidade de um produto ou serviço em particular, afinal o número destes é incontável e estão sempre em constante mudança, o legislador foi vago quanto ao tema da sua nocividade e/ou periculosidade, deixando às autoridades competentes a avaliação no caso concreto. Muitos bens e serviços têm disciplina própria na legislação, com regras e normas que devem ser observadas pelos fornecedores, contudo, mesmo que assim não seja, cabe a eles o dever de informação com escopo de garantir a saúde e a segurança dos consumidores.

JURISPRUDÊNCIA

- É direito do consumidor a obtenção de informação adequada e clara sobre os diferentes produtos e serviços, com especificação correta de quantidade, características, composição, qualidade, tributos incidentes e preço, bem como sobre os riscos que apresentem (CDC, art. 6º, III). (TJMG – Apelação Cível 1.0000.21.094503-6/001 – Des. Ramom Tácio – 16ª Câmara Cível – DJ 30/6/2021)

- O direito de não ser enganado antecede o próprio nascimento do Direito do Consumidor, daí sua centralidade no microssistema do CDC. A oferta, publicitária ou não, deve conter não só informações verídicas, como também não ocultar ou embaralhar as essenciais. Sobre produto ou serviço oferecido, ao fornecedor é lícito dizer o que quiser, para quem quiser, quando e onde desejar e da forma que lhe aprouver, desde que não engane, ora afirmando, ora omitindo (= publicidade enganosa), e, em paralelo, não ataque, direta ou indiretamente, valores caros ao Estado Social de Direito, p. ex., dignidade humana, saúde e segurança, proteção especial de sujeitos e grupos vulneráveis, sustentabilidade ecológica, aparência física das pessoas, igualdade de gênero, raça, origem, crença, orientação sexual (= publicidade abusiva). (STJ – REsp 1539056/MG – Min. Luis Felipe Salomão – T4 – *DJe* 18/5/2021)

- Não pode o fornecedor que descumpre o disposto no artigo 9º do CDC apontar culpa exclusiva e/ou culpa concorrente do consumidor, por transportar inadequadamente o cilindro de CO_2 dentro do seu automóvel, se não prestou informações ostensivas e adequadas acerca da forma segura de armazenar e transportar o produto. (TJMG – Apelação Cível 1.0000.20.474427-0/001 – Des. Luiz Artur Hilário – 9ª Câmara Cível – *DJ* 23/9/2020)

- O fornecedor de serviços que causem riscos, normais e previsíveis, aos consumidores, tem o dever de dar as informações necessárias e adequadas a seu respeito, ou seja, acerca da natureza e fruição dos serviços, considerando, para tanto, o conhecimento do homem médio, consumidor-padrão. (STJ – REsp 1003893/RJ – Min. Massami Uyeda – T3 – *DJe* 8/9/2010)

> **Art. 10.** O fornecedor não poderá colocar no mercado de consumo produto ou serviço que sabe ou deveria saber apresentar alto grau de nocividade ou periculosidade à saúde ou segurança.
>
> § 1º O fornecedor de produtos e serviços que, posteriormente à sua introdução no mercado de consumo, tiver conhecimento da periculosidade que apresentem, deverá comunicar o fato imediatamente às autoridades competentes e aos consumidores, mediante anúncios publicitários.
>
> § 2º Os anúncios publicitários a que se refere o parágrafo anterior serão veiculados na imprensa, rádio e televisão, às expensas do fornecedor do produto ou serviço.
>
> § 3º Sempre que tiverem conhecimento de periculosidade de produtos ou serviços à saúde ou segurança dos consumidores, a União, os Estados, o Distrito Federal e os Municípios deverão informá-los a respeito.

REFERÊNCIAS LEGISLATIVAS

- arts. 6º, I, 8º, 9º, 18, § 6º, 64, CDC.
- Portaria conjunta do Ministério da Justiça e Segurança Pública 3, de 2019 (Disciplina o procedimento de chamamento dos consumidores – *recall*, para substituição ou reparo de veículos que forem considerados nocivos ou perigosos após a sua introdução no mercado de consumo).

 **ANOTAÇÕES**

- ***Chamamento dos consumidores – recall:*** muito comum naqueles casos em que a produção do bem é feita "em massa" ou "em série", o chamamento dos consumidores previsto no § 1º busca prevenir eventual acidente de consumo. Esta atividade é regulada por portaria do Ministério da Justiça.

 JURISPRUDÊNCIA

- Apelação cível. Multa aplicada pelo Procon por violação ao art. 10, § 1º, do CDC, por delonga excessiva entre o conhecimento da periculosidade do produto e a comunicação às autoridades competentes e aos consumidores. Ausência de vícios formais no processo administrativo. *Recall* que não se confunde com a comunicação exigida pela norma em debate. Providências distintas, devendo a comunicação ocorrer de forma breve, o que não se observou nos autos, posto que realizada 97 dias após o conhecimento do defeito, em conjunto com o chamamento dos consumidores. Delonga na aquisição das peças importadas, imposta por condições alheias à vontade da autora, que não se presta a justificar a inexistência de pronta comunicação acerca do risco observado. Reduzida quantidade de consumidores e improbabilidade do risco que não afastam o comando do art. 10, § 1º, do CDC, que se refere unicamente ao grau de nocividade do produto. Autora que, sendo representante oficial da Ferrari no Brasil, se equipara ao fornecedor, conforme art. 3º, *caput*, do CDC, respondendo mesmo em caso de veículos importados de forma independente. Falha que, embora não se encontre na fabricação do veículo, mas seja advinda de eventual reparo incorreto realizado por oficinas mecânicas não autorizadas, que não desvirtua a ciência acerca da existência de periculosidade, sobretudo considerada sua potencial gravidade, capaz de ocasionar o incêndio do veículo. Recurso da autora desprovido. (TJSP – Apelação Cível 1044441-31.2016.8.26.0053 – Rel. Luciana Bresciani – 2ª Câmara de Direito Público – Foro Central – Fazenda Pública/Acidentes – 1ª Vara de Fazenda Pública – *DJ* 26/7/2021)
- Se o consumidor adquire veículo zero quilômetro e esse, por defeito de fabricação, o qual é, inclusive, objeto de *recall*, causa-lhe dano, deve o fornecedor indenizar os prejuízos decorrentes. (TJMG – Apelação Cível 1.0209.10.006300-4/001 – Des. Amauri Pinto Ferreira – 17ª Câmara Cível – *DJ* 4/3/2021)
- O consumidor que adquire um veículo fabricado por uma montadora tradicional possui a legítima expectativa de que o bem seja confiável e funcione perfeitamente, não apresente problemas dissociados de sua regular utilização e nem falhas que coloquem em risco sua segurança e das demais pessoas. Constatando-se que a fabricante do veículo, a despeito do lançamento da campanha de "recall", não apresentou justificativa para a desinstalação do equipamento de segurança ("airbag") e para a demora excessiva na substituição da peça, além do fato de que o conserto só foi efetuado após o ajuizamento de ação judicial, é de se reconhecer a ocorrência de danos morais pela exposição do consumidor a risco acentuado e desídia na solução do problema. (TJMG – Apelação Cível 1.0000.20.482692-9/001 – Des. Manoel dos Reis Morais – 20ª Câmara Cível – *DJ* 30/9/2020)

- REEXAME NECESSÁRIO – EMBARGOS À EXECUÇÃO – Auto de infração e imposição de multa – PROCON – *Recall* de 157 veículos da marca Hyundai – Demora na comunicação que deveria ser imediata – Ausência de divulgação por meio do rádio e da televisão – Multa fixada em R$ 31.205,88 – Base de cálculo: faturamento médio da empresa nos três meses anteriores ao cometimento da infração, conforme Portaria Normativa Procon 06, de 14/6/2000 – Sentença mantida – Reexame necessário não provido. (TJSP – Remessa Necessária Cível 0158475-02.2010.8.26.0100 – Rel. Maurício Fiorito – 3ª Câmara de Direito Público – Foro das Execuções Fiscais Estaduais – Vara das Execuções Fiscais Estaduais – j. 8/10/2019 – Data de Registro: 10/10/2019)

- A jurisprudência do Superior Tribunal de Justiça entende que há necessidade de realização de exame pericial nos produtos pretensamente impróprios, a fim de que seja comprovada a sua real nocividade para consumo humano, sob pena de inaceitável responsabilidade penal objetiva. (STJ – RHC 69.692/SC – Rel. Min. Rogerio Schietti Cruz – T6 – *DJe* 13/6/2017)

Art. 11. (Vetado).

Art. 11-A. (Vetado na Lei 13.425, de 2017)

Seção II
Da Responsabilidade pelo Fato do Produto e do Serviço

Art. 12. O fabricante, o produtor, o construtor, nacional ou estrangeiro, e o importador respondem, independentemente da existência de culpa, pela reparação dos danos causados aos consumidores por defeitos decorrentes de projeto, fabricação, construção, montagem, fórmulas, manipulação, apresentação ou acondicionamento de seus produtos, bem como por informações insuficientes ou inadequadas sobre sua utilização e riscos.

§ 1º O produto é defeituoso quando não oferece a segurança que dele legitimamente se espera, levando-se em consideração as circunstâncias relevantes, entre as quais:

I – sua apresentação;

II – o uso e os riscos que razoavelmente dele se esperam;

III – a época em que foi colocado em circulação.

§ 2º O produto não é considerado defeituoso pelo fato de outro de melhor qualidade ter sido colocado no mercado.

§ 3º O fabricante, o construtor, o produtor ou importador só não será responsabilizado quando provar:

I – que não colocou o produto no mercado;

II – que, embora haja colocado o produto no mercado, o defeito inexiste;

III – a culpa exclusiva do consumidor ou de terceiro.

REFERÊNCIAS LEGISLATIVAS

- art. 37, § 6º, CF; arts. 6º, 7º, parágrafo único, 8º, 23, 25, 29, 30, 31, 34, CDC; arts. 186 a 188, 389, 441 a 446, 927 a 943, CC.

ANOTAÇÕES

- ***Do fato do produto e do serviço***: a ideia é responsabilizar os fornecedores indicados por qualquer acontecimento ligado ao produto e/ou serviço comercializado que cause dano ao consumidor.
- ***Vícios e defeitos***: primeiro há que se observar que o legislador tentou criar uma distinção entre os termos "vícios" e "defeitos" (fatos do produto ou serviço), de forma um tanto quanto confusa em minha opinião; veja, ele trata nos arts. 12 a 14 do que chamou de "defeitos", atribuindo expressamente aos indicados a responsabilidade objetiva por estes; já nos arts. 18 a 20, o legislador trata dos "vícios"; embora não faça ressalva expressa quanto ao tipo de responsabilidade do fornecedor, a doutrina observa que o sistema geral do CDC quanto ao tema é justamente o da responsabilidade objetiva, ou seja, também, nestes casos, a natureza da responsabilidade é objetiva, cabendo ao consumidor provar o seu dano e o nexo de causalidade, desde que não seja concedida a inversão do ônus da prova. No geral, os vícios, que podem ser aparentes ou ocultos, são problemas que impactam na quantidade e/ou na qualidade dos produtos e serviços, fazendo com que estes não funcionem como se espera, ou que não tenham a aparência prometida, ou ainda que não tenham a quantidade, produtividade e/ou características anunciadas. O "defeito", que pressupõe a existência de algum vício, atinge de forma mais contundente o consumidor, normalmente causando um "acidente de consumo". Veja-se o seguinte exemplo: dois consumidores compram um pacote de linguiça, o primeiro verifica que existe um corpo estranho dentro da linguiça e evita o seu consumo (neste caso, temos apenas um produto viciado); já o segundo não percebe o vício, frita a sua linguiça e come, sendo que durante a mastigação morde o objeto estranho, quebrando um de seus dentes. Neste caso, o acidente de consumo indica que o produto estava defeituoso; ou seja, o legislador chama de defeito o vício que provoca o acidente de consumo.
- ***Responsabilidade civil***: obrigação imposta a uma pessoa no sentido de reparar eventuais danos causados a outra em razão de atos ilícitos que tenha praticado (fato próprio), ou por atos praticados por pessoas ou coisas que estejam legalmente sob sua responsabilidade.
- ***Perdas e danos***: pode ser de natureza material e/ou moral e abrangem o dano emergente e o lucro cessante, isto é, tudo o que a vítima efetivamente perdeu mais tudo o que ela deixou razoavelmente de ganhar. Lembro que o CDC garante ao consumidor o direito à reparação total dos seus prejuízos (art. 6º, VI).
- ***Pressupostos da responsabilidade civil***: no geral são quatro: ação ou omissão do agente, culpa do agente, relação de causalidade, dano experimentado pela vítima.
- ***Responsabilidade objetiva***: diz-se objetiva a responsabilidade que prescinde da demonstração de que o agente agiu com culpa (teoria do risco). O CDC adota, no geral, este tipo de responsabilidade do fornecedor, isso, é claro, não dispensa o consumidor de provar o seu

dano e o nexo de causalidade, salvo se quanto a estes o juiz conceder a inversão do ônus da prova (art. 6º, VIII).

- **Atribuição de responsabilidade**: ao apontar individualmente os responsáveis pelos defeitos do produto (acidente de consumo), o legislador indica que somente contra estes pode o consumidor ajuizar ação de indenização por perdas e danos (legitimidade passiva).

- **Excludentes da responsabilidade**: ao indicar as hipóteses de excludentes da responsabilidade no § 3º, o legislador ressalta a sua taxatividade ao usar o advérbio "só", assim como inverte o ônus da prova ao indicar que cabe ao fabricante, ao construtor, ao produtor ou importador "provar" a ocorrência eventual de alguma das citadas situações. Veja que nem mesmo a ocorrência de caso fortuito ou força maior tem o condão de afastar a responsabilidade prevista neste artigo.

JURISPRUDÊNCIA

- No âmbito do direito consumerista, por força dos arts. 12 e 14, do CDC, impera a responsabilidade objetiva, que prescinde, para sua concretização, da análise de culpa. Nessa espécie de responsabilidade civil, o ato ilícito (culposo ou emulativo) é excluído do rol de requisitos do dever de indenizar, dando lugar ao risco da atividade. (TJMG – Apelação Cível 1.0000.20.593489-6/001 – Des. Adriano de Mesquita Carneiro – 11ª Câmara Cível – *DJ* 24/2/2021)

- A aquisição de produto de gênero alimentício contendo em seu interior corpo estranho, expondo o consumidor à risco concreto de lesão à sua saúde e segurança, ainda que não ocorra a ingestão de seu conteúdo, dá direito à compensação por dano moral, dada a ofensa ao direito fundamental à alimentação adequada, corolário do princípio da dignidade da pessoa humana. Precedentes. (STJ – REsp 1.876.046/PR – Min. Nancy Andrighi – T3 – *DJe* 7/8/2020)

- O entendimento do STJ é de que a responsabilidade entre a concessionária e a fabricante de veículos por defeitos no automóvel – **vício do produto** – é solidária. Precedente. (STJ – AgInt no REsp 1540388/SC – Min. Antonio Carlos Ferreira – T4 – *DJe* 10/6/2019)

- Dessa maneira, demonstrando o consumidor, na ação por si ajuizada, que o dano sofrido decorreu do produto colocado no mercado pelo fornecedor, a esse último compete comprovar, por prova cabal, que o evento danoso não derivou de defeito do produto, mas de outros fatores. (STJ – REsp 1715505/MG – Min. Nancy Andrighi – T3 – *DJe* 23/3/2018)

- O Código de Defesa do Consumidor acolheu a teoria do risco do empreendimento (ou da atividade) segundo a qual o fornecedor responde objetivamente por todos os danos causados ao consumidor pelo produto ou serviço que se revele defeituoso (ou com a pecha de defeituoso, em que o fornecedor não se desonera do ônus de comprovar que seu produto não ostenta o defeito a ele imputado), na medida em que a atividade econômica é desenvolvida, precipuamente, em seu benefício, devendo, pois, arcar com os riscos "de consumo" dela advindos. (STJ – REsp 1599405/SP – Min. Marco Aurélio Bellizze – T3 – *DJe* 17/4/2017)

- Hipótese em que se caracteriza defeito do produto (art. 12 do CDC), o qual expõe o consumidor a risco concreto de dano à sua saúde e segurança, em clara infringência ao dever legal dirigido ao fornecedor, previsto no art. 8º do CDC, ensejando a reparação por danos patrimoniais e morais (art. 6º do CDC). (STJ – AgRg no REsp 1454255/PB – Min. Nancy Andrighi – T3 – *DJe* 1/9/2014)

Art. 13. O comerciante é igualmente responsável, nos termos do artigo anterior, quando:

I – o fabricante, o construtor, o produtor ou o importador não puderem ser identificados;

II – o produto for fornecido sem identificação clara do seu fabricante, produtor, construtor ou importador;

III – não conservar adequadamente os produtos perecíveis.

Parágrafo único. Aquele que efetivar o pagamento ao prejudicado poderá exercer o direito de regresso contra os demais responsáveis, segundo sua participação na causação do evento danoso.

REFERÊNCIAS LEGISLATIVAS

- arts. 6º, 12, 18, 23, 88, CDC.

ANOTAÇÕES

- **Da responsabilidade do comerciante**: participante da relação de consumo, onde exerce atos de intermediação com intuito de lucro, o comerciante se sujeita ao mesmo sistema de responsabilidade, embora, nos termos do presente artigo, mais restrita, ou seja, de natureza subsidiária, visto que sua obrigação primária é mais no sentido de certifique-se que os produtos que eventualmente venha a negociar estejam adequadamente conservados e que o seu fabricante, construtor, produtor ou importador estejam devidamente e corretamente identificados.

JURISPRUDÊNCIA

- Na hipótese de reparação por fato do produto a responsabilidade do comerciante é subsidiária, nos moldes do art. 12 e 13 do CDC, não podendo ele ser responsabilizado diretamente pela ocorrência de fato do produto, quando identificado o fabricante. (TJMG – Apelação Cível 1.0000.20.566237-2/001 – Des.(a) Lílian Maciel – 20ª Câmara Cível – *DJ* 14/4/2021)

- A jurisprudência do Superior Tribunal de Justiça é firme ao reconhecer que o art. 88 do CDC não tem sua aplicação limitada à hipótese de responsabilidade do comerciante, prevista no art. 13 do CDC, aplicando-se de forma ampla às demais controvérsias que versem sobre acidentes de consumo. O conflito aparente de normas entre o art. 88 do CDC e o art. 125 do CPC/2015 deve ser resolvido pelo princípio da especialidade, prevalecendo a regra especial prevista no CDC. (TJMG – Agravo de Instrumento-Cv 1.0000.20.495245-1/001 – Des.(a) Mônica Libânio – 11ª Câmara Cível – *DJ* 15/10/2020)

- A responsabilidade do comerciante por fato do produto é subsidiária, e, portanto, somente responde pelos danos causados nas hipóteses previstas no art. 13 do CDC. (TJMG – Apelação Cível 1.0105.10.008871-2/001 – Des. Manoel dos Reis Morais – 10ª Câmara Cível – *DJ* 21/5/2019)

> **Art. 14.** O fornecedor de serviços responde, independentemente da existência de culpa, pela reparação dos danos causados aos consumidores por defeitos relativos à prestação dos serviços, bem como por informações insuficientes ou inadequadas sobre sua fruição e riscos.
>
> § 1º O serviço é defeituoso quando não fornece a segurança que o consumidor dele pode esperar, levando-se em consideração as circunstâncias relevantes, entre as quais:
>
> I – o modo de seu fornecimento;
>
> II – o resultado e os riscos que razoavelmente dele se esperam;
>
> III – a época em que foi fornecido.
>
> § 2º O serviço não é considerado defeituoso pela adoção de novas técnicas.
>
> § 3º O fornecedor de serviços só não será responsabilizado quando provar:
>
> I – que, tendo prestado o serviço, o defeito inexiste;
>
> II – a culpa exclusiva do consumidor ou de terceiro.
>
> § 4º A responsabilidade pessoal dos profissionais liberais será apurada mediante a verificação de culpa.

REFERÊNCIAS LEGISLATIVAS

- arts. 6º, 7º, parágrafo único, 8º, 9º, 12, 20, 21, 22, 23, 25, 39, VI, 40, 42, CDC; art. 32, Lei 8.906/94-EA.
- Lei 14.046/2020 – MP 948/2020 (Dispõe sobre o adiamento e o cancelamento de serviços, de reservas e de eventos dos setores de turismo e de cultura em razão do estado de calamidade pública reconhecido pelo Decreto Legislativo 6, de 20 de março de 2020, e da emergência de saúde pública de importância internacional decorrente da pandemia da Covid-19).
- Lei 14.034/2020 (Dispõe sobre medidas emergenciais para a aviação civil brasileira em razão da pandemia da Covid-19).
- Lei 14.010/2020 (Dispõe sobre o Regime Jurídico Emergencial e Transitório das relações jurídicas de Direito Privado – RJET no período da pandemia da Covid-19 por coronavírus).

ANOTAÇÕES

- ***Fornecedor de serviços***: na verdade o legislador indica neste caso os "prestadores" de serviços.
- ***Responsabilidade civil sobre defeitos na prestação de serviços***: sobre o tema, remetemos o leitor aos nossos comentários lançados no art. 12, aplicáveis igualmente ao presente artigo, seja quanto à atribuição de responsabilidade ou quanto à sua exclusão.
- ***Responsabilidade pessoal dos profissionais liberais***: única exceção ao sistema de responsabilidade objetiva adotado pelo CDC, a norma informa que a responsabilidade destes profissionais deve ser apurada mediante a verificação de culpa pelo evento danoso, mas isso não significa que o ônus da prova cai todo necessariamente sobre o consumidor, visto que diante do fato

concreto o juiz pode conceder a inversão do ônus da prova, determinando, por exemplo, que o profissional demonstre ter agido com respeito às orientações técnicas aplicáveis.

- **Responsabilidade pelo cancelamento de serviços, reservas e eventos durante o estado de calamidade pública em razão da Covid-19**: considerando a grave crise socioeconômica causada pelo coronavírus, o legislador, por meio da Lei 14.046/2020, estabeleceu que o prestador de serviços que se veja obrigado a cancelar ou adiar eventos não é obrigado a reembolsar de imediato os valores pagos pelo consumidor desde que assegure: I – a remarcação dos serviços, das reservas e dos eventos adiados; ou II – a disponibilização de crédito para uso ou abatimento na compra de outros serviços, reservas e eventos disponíveis nas respectivas empresas. Já o cancelamento ou suspensão de serviços não disciplinados pela referida lei, como é o caso, por exemplo, das academias, devem ser negociados caso a caso, devendo o consumidor que se sentir prejudicado procurar os serviços de proteção ao consumidor ou mesmo a Justiça.

JURISPRUDÊNCIA

- Súmula 479 do STJ: As instituições financeiras respondem objetivamente pelos danos gerados por fortuito interno relativo a fraudes e delitos praticados por terceiros no âmbito de operações bancárias.
- Configura serviço defeituoso o fato de a seguradora ter rejeitado o pagamento da indenização decorrente da perda total do automóvel e determinado que sua oficina credenciada promovesse a simples recuperação do salvado. (TJMG – Apelação Cível 1.0000.21.084062-5/001 – Des. Marcos Lincoln – 11ª Câmara Cível – *DJ* 28/6/2021)
- No âmbito do direito consumerista, por força dos arts. 12 e 14, do CDC, impera a responsabilidade objetiva, que prescinde, para sua concretização, da análise de culpa. Nessa espécie de responsabilidade civil, o ato ilícito (culposo ou emulativo) é excluído do rol de requisitos do dever de indenizar, dando lugar ao risco da atividade. (TJMG – Apelação Cível 1.0000.20.593489-6/001 – Des. Adriano de Mesquita Carneiro – 11ª Câmara Cível – *DJ* 24/2/2021)
- A suspensão da cobrança de parcelas futuras não equivale de modo algum, como pretende fazer crer a recorrente, à necessidade de restituição imediata de valores a recorrida, esta sim que se revelaria de fato indevida, de rigor que se conclua que não deve ser aplicada a hipótese dos autos, ao menos por ora, e em sede de cognição sumária, o quanto vem disposto pelo art. 2º da MP nº 948/2020. (TJSP – Agrv. nº 2172101-14.2020.8.26.0000 – Rel. Simões de Vergueiro – 16ª Câmara de Direito Privado – *DJ* 27/8/2020)
- A jurisprudência desta Corte está firmada no sentido de que a operadora do plano de saúde, na qualidade de fornecedora de serviços, é solidariamente responsável perante o consumidor pelos danos causados por profissional conveniado. (STJ – AgInt no AREsp 1.416.077/RJ – Min. Paulo de Tarso Sanseverino – T3 – *DJe* 21/8/2020)
- AGRAVO DE INSTRUMENTO – Ação de rescisão contratual cumulada com devolução de valores pagos – Decisão que indeferiu pedido de tutela de urgência para suspensão das parcelas vincendas do contrato – Pacote turístico – Alegação de perda de emprego decorrente da Covid-19 – Se preenchidos os requisitos autorizadores da concessão da tutela de urgência (art. 300 do NCPC), é medida de rigor o seu deferimento – Decisão modificada. Recurso provido. (TJSP – Agrv. 2172306-43.2020.8.26.0000 – Rel. José Wagner de Oliveira Melatto Peixoto – 37ª Câmara de Direito Privado – *DJ* 31/7/2020)

- Agravo de Instrumento. Venda de pacote de viagem. Cancelamento da reserva em decorrência da pandemia da Covid-19. Autores que postulam a restituição integral dos valores pagos. Impossibilidade. A tutela só se concede quando houver elementos que evidenciem a probabilidade do direito e o perigo de dano ou o risco ao resultado útil do processo, nos exatos termos do art. 300 do CPC/2015, o que não ocorreu na espécie. Decisão reformada. Tutela provisória indeferida. Recurso provido. (TJSP – Agrv. 2129966-84.2020.8.26.0000 – Rel. Ruy Coppola – 32ª Câmara de Direito Privado – *DJ* 22/7/2020)

- Hipótese emergencial de saúde pública que autoriza provisoriamente o diferimento da execução da obrigação cível enquanto pendente a pandemia. (STJ – HC 574.495/SP – Min. Ricardo Villas Bôas Cueva – T3 – *DJe* 1/6/2020)

- A responsabilidade objetiva para o prestador de serviço, prevista no art. 14 do CDC, na hipótese de tratar-se de hospital, limita-se aos serviços relacionados ao estabelecimento empresarial, tais como estadia do paciente (internação e alimentação), instalações, equipamentos e serviços auxiliares (enfermagem, exames, radiologia). (STJ – REsp 1769520/SP – Min. Nancy Andrighi – T3 – *DJe* 24/5/2019)

- O dever de informação a cargo do fornecedor de serviço, nos termos do art. 14 do CDC, diz respeito aos riscos que razoavelmente se esperam do serviço oferecido; no caso, possíveis riscos a que se expõe um paciente ao realizar determinado exame de imagem. (STJ – REsp 1441463/RJ – Min. Maria Isabel Gallotti – T4 – *DJe* 15/3/2019)

- O entendimento desta Corte Superior é de que a responsabilidade do fornecedor por danos causados aos consumidores por defeitos na prestação do serviço de energia elétrica é objetiva. (STJ – AgInt no AREsp 1337558/GO – Min. Raul Araújo – T4 – *DJe* 20/2/2019)

- O fortuito interno, assim entendido como o fato imprevisível e, por isso, inevitável ocorrido no momento da fabricação do produto ou da realização do serviço, não exclui a responsabilidade do fornecedor porque faz parte da sua atividade, ligando-se aos riscos do empreendimento. (STJ – AgInt nos EDcl no AREsp 1257856/RS – Min. Ricardo Villas Bôas Cueva – T3 – *DJe* 21/9/2018)

- A responsabilidade subjetiva do médico (CDC, art. 14, § 4º) não exclui a possibilidade de inversão do ônus da prova, se presentes os requisitos do art. 6º, VIII, do CDC, devendo o profissional demonstrar ter agido com respeito às orientações técnicas aplicáveis. (STJ – REsp 1540580/DF – Min. Luis Felipe Salomão – T4 – *DJe* 4/9/2018)

- Nos termos do *caput* do art. 14 do CDC, o fornecedor de serviços responde, independentemente da existência de culpa, pela reparação dos danos causados aos consumidores por defeitos relativos à prestação dos serviços. Cuida-se, portanto, de hipótese de responsabilidade civil objetiva, baseada na teoria do risco da atividade, que alcança todos os agentes econômicos que participaram da colocação do serviço no mercado de consumo, ressalvados os profissionais liberais, dos quais se exige a verificação da culpa. (STJ – REsp 1378284/PB – Min. Luis Felipe Salomão – T4 – *DJe* 7/3/2018)

- À luz do art. 14, *caput* e § 1º, do CDC, o fornecedor responde de forma objetiva, ou seja, independentemente de culpa, pelos danos causados por defeito na prestação do serviço, que se considera defeituoso quando não fornece a segurança que o consumidor dele pode esperar. (STJ – REsp 1386129/PR – Min. Nancy Andrighi – T3 – *DJe* 13/10/2017)

- Considera-se o serviço como defeituoso quando não fornece a segurança que o consumidor dele pode esperar, levando-se em consideração as circunstâncias relevantes, entre as quais o modo de seu fornecimento, o resultado e os riscos que razoavelmente dele se esperam, a época em que foi fornecido (art. 14, § 1º, do CDC). (STJ – REsp 1645786/PR – Min. Nancy Andrighi – T3 – *DJe* 26/5/2017)

- A legislação não forneceu um conceito preciso de defeito, que tenha abrangência para a totalidade das situações possíveis na vida social, tendo optado por uma cláusula geral em cujo núcleo está a expressão "segurança legitimamente esperada", cuja ausência caracteriza um produto ou serviço como defeituoso. A expressão "segurança legitimamente esperada" constitui um conceito jurídico indeterminado, que deve ser concretizado pelo juiz. (STJ – AgInt no AgRg no AREsp 801993/SP – Min. Paulo de Tarso Sanseverino – T3 – *DJe* 9/9/2016)

- Responsabilidade objetiva dos fornecedores de serviços médico-hospitalares, independentemente de culpa dos médicos, com base no art. 14 do Código de Defesa do Consumidor. Precedentes. (STJ – AgInt no REsp 1544093/DF – Min. Paulo de Tarso Sanseverino – T3 – *DJe* 16/8/2016)

- Em relação ao dever de indenizar e à possibilidade da condenação do dano moral, o presente feito conduz à adoção da teoria do risco do negócio/empreendimento, ancorada no art. 14 do CDC, segundo o qual todo aquele que se disponha a exercer alguma atividade no mercado de consumo tem o dever de responder pelos eventuais vícios ou defeitos dos bens e serviços fornecidos, independentemente de culpa. (STJ – AgRg no AREsp 543437/RJ – Min. Raul Araújo – T4 – *DJe* 13/2/2015)

- O ônus da prova da inexistência de defeito na prestação dos serviços médicos é do hospital recorrente por imposição legal (inversão "ope legis"). Inteligência do art. 14, § 3º, I, do CDC. (STJ – REsp 1331628/DF – Min. Paulo de Tarso Sanseverino – T3 – *DJe* 12/9/2013)

> Art. 15. (Vetado).
>
> Art. 16. (Vetado).
>
> Art. 17. Para os efeitos desta Seção, equiparam-se aos consumidores todas as vítimas do evento.

REFERÊNCIAS LEGISLATIVAS

- arts. 2º, 6º, 29, CDC.
- Decreto 9.960/2019 (Institui a Comissão de Estudos Permanentes de Acidentes de Consumo).

ANOTAÇÕES

- ***Consumidores por equiparação – "bystander"***: são todas aquelas pessoas que, embora não tenham participado diretamente da relação de consumo, sofrem as consequências do evento danoso; ou seja, as "vítimas do evento" podem ser quaisquer pessoas que de alguma forma são atingidas pelo acidente de consumo, assim considerado o evento desencadeado por algum vício do produto. Por exemplo: uma pessoa compra um bolo num supermercado para comemorar o aniversário do filho; o bolo é servido na festa para várias crianças que, algum tempo depois de consumi-lo, passam mal e são internadas em razão de intoxicação alimentar. Todas essas crianças são consumidoras por equiparação, nos termos deste artigo.

 JURISPRUDÊNCIA

- Em caso de vício do produto ou serviço (arts. 18 a 25 do CDC), não incide o art. 17 do CDC, porquanto a Lei restringiu a sua aplicação às hipóteses previstas nos arts. 12 a 16 do CDC. (STJ – REsp 1.967.728/SP – Mina. Nancy Andrighi – T3 – *DJe* 25/3/2022)
- Aquele que utilizou o produto defeituoso, ainda que adquirido por terceiros, tem legitimidade ativa para pleitear em juízo a reparação pelos danos morais decorrentes dos supostos defeitos apresentados no produto. Equiparam-se aos consumidores todas as vítimas do evento causado por defeito do produto. Ditames do art. 17 do CDC. (TJMG – Apelação Cível 1.0000.21.005656-0/001 – Des.(a) Evangelina Castilho Duarte – 14ª Câmara Cível – *DJ* 10/6/2021)
- Em se tratando de acidente de trânsito envolvendo concessionária de serviço público e terceiro, este será considerado consumidor por equiparação, nos termos do artigo 17 do Código de Defesa do Consumidor. (TJMG – Agravo de Instrumento-Cv 1.0000.18.096304-3/002 – Des. Márcio Idalmo Santos Miranda – 9ª Câmara Cível – *DJ* 4/5/2021)
- Para fins de tutela contra acidente de consumo, o CDC amplia o conceito de consumidor para abranger qualquer vítima, mesmo que nunca tenha contratado ou mantido qualquer relação com o fornecedor. (STJ – REsp 1574784/RJ – Min. Nancy Andrighi – T3 – *DJe* 25/6/2018)
- Segundo dispõe o art. 17 do CDC, equipara-se a consumidor toda pessoa que, embora não tendo participado diretamente da relação de consumo, vem a sofrer as consequências do evento danoso (*bystander* ou espectador), dada a potencial gravidade que pode atingir o fato do produto ou do serviço, na modalidade acidente de consumo. (STJ – REsp 1732398/RJ – Min. Marco Aurélio Bellizze – T3 – *DJe* 1/6/2018)

Seção III
Da Responsabilidade por Vício do Produto e do Serviço

Art. 18. Os fornecedores de produtos de consumo duráveis ou não duráveis respondem solidariamente pelos vícios de qualidade ou quantidade que os tornem impróprios ou inadequados ao consumo a que se destinam ou lhes diminuam o valor, assim como por aqueles decorrentes da disparidade, com a indicações constantes do recipiente, da embalagem, rotulagem ou mensagem publicitária, respeitadas as variações decorrentes de sua natureza, podendo o consumidor exigir a substituição das partes viciadas.

§ 1º Não sendo o vício sanado no prazo máximo de trinta dias, pode o consumidor exigir, alternativamente e à sua escolha:

I – a substituição do produto por outro da mesma espécie, em perfeitas condições de uso;

II – a restituição imediata da quantia paga, monetariamente atualizada, sem prejuízo de eventuais perdas e danos;

III – o abatimento proporcional do preço.

§ 2º Poderão as partes convencionar a redução ou ampliação do prazo previsto no parágrafo anterior, não podendo ser inferior a sete nem superior a cento e oitenta dias. Nos contratos de adesão, a cláusula de prazo deverá ser convencionada em separado, por meio de manifestação expressa do consumidor.

§ 3º O consumidor poderá fazer uso imediato das alternativas do § 1º deste artigo sempre que, em razão da extensão do vício, a substituição das partes viciadas puder comprometer a qualidade ou características do produto, diminuir-lhe o valor ou se tratar de produto essencial.

§ 4º Tendo o consumidor optado pela alternativa do inciso I do § 1º deste artigo, e não sendo possível a substituição do bem, poderá haver substituição por outro de espécie, marca ou modelo diversos, mediante complementação ou restituição de eventual diferença de preço, sem prejuízo do disposto nos incisos II e III do § 1º deste artigo.

§ 5º No caso de fornecimento de produtos in natura, será responsável perante o consumidor o fornecedor imediato, exceto quando identificado claramente seu produtor.

§ 6º São impróprios ao uso e consumo:

I – os produtos cujos prazos de validade estejam vencidos;

II – os produtos deteriorados, alterados, adulterados, avariados, falsificados, corrompidos, fraudados, nocivos à vida ou à saúde, perigosos ou, ainda, aqueles em desacordo com as normas regulamentares de fabricação, distribuição ou apresentação;

III – os produtos que, por qualquer motivo, se revelem inadequados ao fim a que se destinam.

REFERÊNCIAS LEGISLATIVAS

- arts. 3º, 17, 19, 23, 25, 26, 34, 50, 66, 84, CDC; arts. 132, 275 a 285, CC.
- Decreto 9.875/2019 (Dispõe sobre o Conselho Nacional de Combate à Pirataria e aos Delitos contra a Propriedade Intelectual).

ANOTAÇÕES

- **Vícios e defeitos**: primeiro há que se observar que o legislador tentou criar uma distinção entre os termos "vícios" e "defeitos" (fatos do produto ou serviço), de forma um tanto quanto confusa em minha opinião; veja, ele trata nos arts. 12 a 14 do que chamou de "defeitos", atribuindo expressamente aos indicados a responsabilidade objetiva por estes; já nos arts. 18 a 20, o legislador trata dos "vícios"; embora não faça ressalva expressa quanto ao tipo de responsabilidade do fornecedor, a doutrina observa que o sistema geral do CDC quanto ao tema é justamente o da responsabilidade objetiva, ou seja, também nestes casos a natureza da responsabilidade é objetiva, cabendo ao consumidor provar o seu dano e o nexo de causalidade, desde que não seja concedida a inversão do ônus da prova. No geral, os vícios, que podem ser aparentes ou ocultos, são problemas que impactam na quantidade e/ou na qualidade dos produtos e serviços, fazendo com que estes não funcionem como se espera, ou que não tenham a aparência prometida, ou ainda que não tenham a quantidade, produtividade e/ou características anunciadas. O "defeito", que pressupõe a existência de algum vício, atinge de forma mais contundente o consumidor, normalmente causando um "acidente de consumo". Veja-se o seguinte exemplo: dois consumidores compram um pacote de linguiça, o primeiro verifica que existe um corpo estranho dentro da linguiça e evita o seu consumo (neste caso, temos apenas um produto viciado); já o segundo não percebe o vício, frita a sua linguiça e come, sendo que durante a mastigação morde o objeto estranho, quebrando um de seus dentes. Neste caso, o acidente de consumo indica que o produto estava defeituoso; ou seja, o legislador chama de defeito o vício que provoca o acidente de consumo.

- *Responsável perante o consumidor*: ao contrário do que acontece no art. 12 (responsabilidade pelos defeitos), em que o legislador aponta os responsáveis (fabricante, produtor, construtor, importador), aqui o responsável é o "fornecedor", ou seja, respondem solidariamente por eventuais vícios do produto todos aqueles que participaram da cadeia de consumo (produção, importação e comercialização), cabendo ao consumidor a escolha de quem acionar judicialmente (um, alguns ou todos).

- *Responsabilidade solidária*: ensina a doutrina que obrigação solidária é aquela em que o devedor pode optar por cobrar a totalidade do débito de todos os coobrigados ou, se preferir, de apenas um deles (a escolha é exclusiva do credor, neste caso, o consumidor), que, no caso de que efetue o pagamento, se sub-roga em relação aos demais coobrigados. Lembro que o CDC veda a denunciação da lide (art. 88).

JURISPRUDÊNCIA

- Súmula 479 do STJ: As instituições financeiras respondem objetivamente pelos danos gerados por fortuito interno relativo a fraudes e delitos praticados por terceiros no âmbito de operações bancárias.

- A jurisprudência do STJ tem se manifestado no sentido de que a responsabilidade no sistema do CDC é solidária, mais ainda no comércio eletrônico, onde o consumidor não tem contato físico com os fornecedores. Precedentes. (STJ – AgInt nos EDcl no REsp 1760965/SC – Min. Benedito Gonçalves – T1 – *DJe* 23/6/2021)

- Procede o pedido de reparação pecuniária baseado em dano moral e material experimentado por consumidor, motivado na manifestação de defeito em produto por ele adquirido, não reparado a tempo e modo, submetendo-o a uma situação de *via crucis* que sobeja os meros transtornos e aborrecimentos. Inexiste critério objetivo para a estipulação do valor da indenização por danos morais, pelo que incumbe ao julgador arbitrá-lo, de forma prudente, com observância dos princípios da razoabilidade e da proporcionalidade e atento às circunstâncias do caso concreto. A indenização por danos morais deve ter caráter reparatório, sem ensejar enriquecimento sem causa, representando, ao ofendido, uma compensação justa pelo sofrimento experimentado, e, ao ofensor, um desestímulo à reiteração do ato lesivo. (TJMG – Apelação Cível 1.0512.18.004364-2/002 – Des. Márcio Idalmo Santos Miranda – 9ª Câmara Cível – *DJ* 22/6/2021)

- A responsabilidade solidária dos fornecedores, oriunda do CDC, visa proteção dos consumidores, ou seja, da parte hipossuficiente na relação de consumo. Dessa forma, a escolha do fornecedor que irá figurar no polo passivo da demanda, fica a critério do consumidor. (TJMG – Apelação Cível 1.0000.20.505847-2/004 – Des.(a) Cláudia Maia – 14ª Câmara Cível – *DJ* 17/6/2021)

- A ingestão de produto de gênero alimentício impróprio para o consumo, que afeta a saúde e a segurança dos Consumidores, enseja reparação por dano moral, por afronta ao direito fundamental à alimentação saudável, que é inerente ao Princípio da dignidade da pessoa humana, e também por causar transtorno e desgaste psicológico ao ofendido. (TJMG – Apelação Cível 1.0000.20.528644-6/001 – Des. Roberto Vasconcellos – 17ª Câmara Cível – *DJ* 28/1/2021)

- No Código de Defesa do Consumidor, a responsabilidade civil é objetiva e solidária. (STJ – REsp 1.567.123/RS – Min. Herman Benjamin – T2 – *DJe* 28/8/2020)

- Os fornecedores de produtos de consumo não duráveis respondem solidariamente pelos vícios de qualidade que os tornem impróprios ou inadequados ao consumo a que se destinam. São impróprios ao uso e consumo os produtos deteriorados, alterados, adulterados, avariados, falsificados, corrompidos, fraudados, nocivos à vida ou à saúde, perigosos ou, ainda, aqueles em desacordo com as normas regulamentares de fabricação, distribuição ou apresentação, bem assim os produtos que, por qualquer motivo, se revelem inadequados ao fim a que se destinam (CDC, art. 18, *caput* e § 6º). (TJMG – Apelação Cível 1.0280.14.002480-1/003 – Des. José Flávio de Almeida – 12ª Câmara Cível – *DJ* 20/5/2020)

- O fabricante responde solidariamente com o fornecedor por vícios do produto ou do serviço. Precedentes. (STJ – AgInt no REsp 1734125/SC – Min. Moura Ribeiro – T3 – *DJe* 21/8/2019)

- Segundo orientação jurisprudencial desta Corte, conforme disposto no art. 18, § 1º, do CDC, no caso de o vício de qualidade não ser sanado no prazo de 30 (trinta) dias, cabe ao consumidor, independentemente de justificativa, optar pela substituição do bem, pela restituição do preço, ou pelo abatimento proporcional. Precedente. (STJ – AgInt no REsp 1540388/SC – Min. Antonio Carlos Ferreira – T4 – *DJe* 10/6/2019)

- A regra do art. 18 do CDC induz à conclusão de que a reclamação direcionada a qualquer dos fornecedores é ato capaz de obstar o prazo decadencial previsto no art. 26 em face de toda a cadeia, porque é a demonstração inequívoca da intenção do consumidor de ver sanado o vício, sob pena de exercer seu direito de exigir a adoção das medidas previstas no § 1º daquele dispositivo legal. (STJ – REsp 1734541/SE – Min. Nancy Andrighi – T3 – *DJe* 22/11/2018)

- A constatação de defeito em veículo zero quilômetro revela hipótese de vício do produto e impõe a responsabilização solidária de todos os integrantes da cadeia de fornecimento, conforme preceitua o art. 18, *caput*, do CDC, no caso o fornecedor direto (concessionária vendedora) e o indireto (importadora do veículo chinês). (STJ – AgInt no AREsp 1146222/RS – Min. Lázaro Guimarães – T4 – *DJe* 5/9/2018)

- O acórdão recorrido amolda-se à jurisprudência desta Corte, segundo a qual a responsabilidade do fornecedor e do fabricante, nos casos em que comprovado o vício do produto, é solidária. Precedentes. (STJ – AgInt no AREsp 1106893/SP – Min. Marco Buzzi – T4 – *DJe* 17/4/2018)

- Os integrantes da cadeia de consumo, em ação indenizatória consumerista, também são responsáveis pelos danos gerados ao consumidor, não cabendo a alegação de que o dano foi gerado por culpa exclusiva de um dos seus integrantes. (STJ – AgRg no AREsp 207.708/ SP – Rel. Min. Marco Buzzi – T4 – DJe 3/10/2013)

> **Art. 19.** Os fornecedores respondem solidariamente pelos vícios de quantidade do produto sempre que, respeitadas as variações decorrentes de sua natureza, seu conteúdo líquido for inferior às indicações constantes do recipiente, da embalagem, rotulagem ou de mensagem publicitária, podendo o consumidor exigir, alternativamente e à sua escolha:
>
> I – o abatimento proporcional do preço;
>
> II – complementação do peso ou medida;
>
> III – a substituição do produto por outro da mesma espécie, marca ou modelo, sem os aludidos vícios;
>
> IV – a restituição imediata da quantia paga, monetariamente atualizada, sem prejuízo de eventuais perdas e danos.
>
> § 1º Aplica-se a este artigo o disposto no § 4º do artigo anterior.
>
> § 2º O fornecedor imediato será responsável quando fizer a pesagem ou a medição e o instrumento utilizado não estiver aferido segundo os padrões oficiais.

REFERÊNCIAS LEGISLATIVAS

- arts. 6º, 18, 31, 47, 66, CDC; arts. 132, 275 a 285, CC.

ANOTAÇÕES

- **Delimitação**: enquanto o art. 18 cuida dos "vícios de qualidade", este artigo disciplina os chamados "vícios de quantidade" (medidas em geral), que se caracteriza quando o fornecedor entrega menos do que efetivamente foi adquirido pelo consumidor.
- **Responsabilidade solidária**: ensina a doutrina que obrigação solidária é aquela em que o devedor pode optar por cobrar a totalidade do débito de todos os coobrigados ou, se preferir, de apenas um deles (a escolha é exclusiva do credor, neste caso, o consumidor), que, no caso de que efetue o pagamento, se sub-roga em relação aos demais coobrigados. Lembro que o CDC veda a denunciação da lide (art. 88).

JURISPRUDÊNCIA

- A Lei 8.078/90, cumprindo seu mister constitucional de defesa do consumidor, conferiu relevância significativa aos princípios da confiança, da boa-fé, da transparência e da equidade nas relações consumeristas, salvaguardando, assim, os direitos básicos de informação adequada e de livre escolha da parte vulnerável, o que, inclusive, ensejou a criminalização da "omissão de informação relevante sobre a natureza, característica, qualidade, quantidade, segurança, desempenho, durabilidade, preço ou garantia de produtos ou serviços" (*caput* do art. 66 do CDC). (STJ – REsp 1326592/GO – Min. Luis Felipe Salomão – T4 – *DJe* 6/8/2019)

- Nos casos em que houver vício de qualidade ou quantidade que torne o produto impróprio ou inadequado ao consumo a que se destina ou lhe diminua o valor, o consumidor pode exigir a substituição das partes viciadas. Não sendo o vício sanado no prazo máximo de trinta dias, pode o consumidor exigir, alternativamente e à sua escolha: (I) a substituição do produto por outro da mesma espécie, em perfeitas condições de uso; (II) a restituição imediata da quantia paga, monetariamente atualizada, sem prejuízo de eventuais perdas e danos; (III) o abatimento proporcional do preço. (STJ – AgInt no AREsp 1420668/SP – Min. Raul Araújo – T4 – *DJe* 14/6/2019)

- A oferta e a apresentação de produtos ou serviços devem assegurar informações corretas, claras, precisas, ostensivas e em língua portuguesa sobre suas características, qualidades, quantidade, composição, preço, garantia, prazos de validade e origem, entre outros dados, bem como sobre os riscos que apresentam à saúde e segurança dos consumidores (art. 31 do CDC). (STJ – REsp 1758118/SP – Min. Herman Benjamin – T2 – *DJe* 11/3/2019)

- Sendo aparente o vício de quantidade de produto perecível adquirido pela consumidora, aplica-se o prazo decadencial do art. 26, I, do CDC para o pleito ressarcitório. (TJMG – Apelação Cível 1.0145.15.040089-6/001 – Des. Sérgio André da Fonseca Xavier – 18ª Câmara Cível – *DJ* 6/2/2018)

Art. 20. O fornecedor de serviços responde pelos vícios de qualidade que os tornem impróprios ao consumo ou lhes diminuam o valor, assim como por aqueles decorrentes da disparidade com as indicações constantes da oferta ou mensagem publicitária, podendo o consumidor exigir, alternativamente e à sua escolha:

I – a reexecução dos serviços, sem custo adicional e quando cabível;

II – a restituição imediata da quantia paga, monetariamente atualizada, sem prejuízo de eventuais perdas e danos;

III – o abatimento proporcional do preço.

§ 1º A reexecução dos serviços poderá ser confiada a terceiros devidamente capacitados, por conta e risco do fornecedor.

§ 2º São impróprios os serviços que se mostrem inadequados para os fins que razoavelmente deles se esperam, bem como aqueles que não atendam as normas regulamentares de prestabilidade.

REFERÊNCIAS LEGISLATIVAS

- arts. 3º, 14, 17, 19, 21, 23, 25, 26, 34, 50, 66, 84, CDC; arts. 275 a 285, CC; arts. 536, 537, CPC.

- Lei 14.046/2020 – MP 948/2020 (Dispõe sobre o adiamento e o cancelamento de serviços, de reservas e de eventos dos setores de turismo e de cultura em razão do estado de calamidade pública reconhecido pelo Decreto Legislativo 6, de 20 de março de 2020, e da emergência de saúde pública de importância internacional decorrente da pandemia da Covid-19).
- Lei 14.034/2020 (Dispõe sobre medidas emergenciais para a aviação civil brasileira em razão da pandemia da Covid-19).
- Lei 14.010/2020 (Dispõe sobre o Regime Jurídico Emergencial e Transitório das relações jurídicas de Direito Privado – RJET no período da pandemia da Covid-19 por coronavírus).

ANOTAÇÕES

- ***Fornecedor de serviços***: na verdade, o legislador indica neste caso os "prestadores" de serviços.
- ***Vícios do serviço***: em geral os vícios, que podem ser aparentes ou ocultos, são problemas que impactam na quantidade e/ou na qualidade do serviço, fazendo com estes não funcionem como se espera, ou que não tenham a aparência prometida, ou ainda que não tenham a quantidade, produtividade e/ou características anunciadas.

JURISPRUDÊNCIA

- Súmula 479 do STJ: As instituições financeiras respondem objetivamente pelos danos gerados por fortuito interno relativo a fraudes e delitos praticados por terceiros no âmbito de operações bancárias.
- Súmula 595 do STJ: As instituições de ensino superior respondem objetivamente pelos danos suportados pelo aluno/consumidor pela realização de curso não reconhecido pelo Ministério da Educação, sobre o qual não lhe tenha sido dada prévia e adequada informação.
- Configura serviço defeituoso o fato de a seguradora ter rejeitado o pagamento da indenização decorrente da perda total do automóvel e determinado que sua oficina credenciada promovesse a simples recuperação do salvado. (TJMG – Apelação Cível 1.0000.21.084062-5/001 – Des. Marcos Lincoln – 11ª Câmara Cível – *DJ* 28/6/2021)
- Demonstrado o vício de qualidade do serviço, é legítima a pretensão do consumidor de obter a restituição integral da quantia paga ao prestador, com fulcro no art. 20, II, do CDC. O vício de qualidade do serviço autoriza o consumidor a optar pela reexecução sem custo adicional (art. 20, I, CDC) ou pela restituição da quantia paga (art. 20, II, CDC), destarte, tendo optado pela restituição da quantia paga, cabe a ele arcar com os custos da reexecução do serviço por terceiro. (TJMG – Apelação Cível 1.0000.21.063297-2/001 – Des. Adriano de Mesquita Carneiro – 11ª Câmara Cível – *DJ* 26/5/2021)
- É de 90 (noventa) dias o prazo para o consumidor reclamar por vícios aparentes ou de fácil constatação no imóvel por si adquirido, contado a partir da efetiva entrega do bem (art. 26, II e § 1º, do CDC). No referido prazo decadencial, pode o consumidor exigir qualquer das alternativas previstas no art. 20 do CDC, a saber: a reexecução dos serviços, a restituição imediata da quantia paga ou o abatimento proporcional do preço. Cuida-se de verdadeiro direito

potestativo do consumidor, cuja tutela se dá mediante as denominadas ações constitutivas, positivas ou negativas. (STJ – REsp 1721694/SP – Min. Nancy Andrighi – T3 – *DJe* 5/9/2019)

Art. 21. No fornecimento de serviços que tenham por objetivo a reparação de qualquer produto considerar-se-á implícita a obrigação do fornecedor de empregar componentes de reposição originais adequados e novos, ou que mantenham as especificações técnicas do fabricante, salvo, quanto a estes últimos, autorização em contrário do consumidor.

REFERÊNCIAS LEGISLATIVAS

- arts. 14, 20, 32, 39, VI, 40, 51, I, 70, CDC.

ANOTAÇÕES

- *Fornecedor de serviços*: na verdade, o legislador indica neste caso os "prestadores" de serviços que fazem consertos.

- *Componentes originais*: por questões de segurança, o legislador preferiu estabelecer a obrigação do prestador de serviço de usar componentes de reposição originais e novos, ou seja, aqueles fornecidos ou indicados pelo próprio fabricante do produto. Não se trata de obrigar o prestador de serviço a simplesmente usar peças de qualidade e novas, visto que no caso concreto pode haver outros fornecedores até com maior qualidade intrínseca, mas de impor a ele a obrigação, salvo autorização do próprio consumidor, de usar componentes de reposição originais e novos, assim considerados, como se disse, aqueles fornecidos ou indicados pelo próprio fabricante. Somente desta forma pode o consumidor ter a expectativa de ver o seu bem funcionando novamente como prometido pelo fabricante.

- *Autorização*: a norma não exige forma especial para eventual "autorização" do consumidor, mas é prudente que o prestador de serviços solicite a concordância expressa dele, ao menos por meio da oposição de seu "ok" e firma no orçamento.

JURISPRUDÊNCIA

- Depreende-se do art. 21 do CDC que o emprego de peça não original configura vício de qualidade no serviço de reparação do produto, a não ser que o consumidor tenha autorizado o uso de tal componente. Incumbe ao prestador de serviço o ônus de comprovar que o emprego da peça não original foi previamente autorizado pelo consumidor. (TJMG – Apelação Cível 1.0000.21.063297-2/001 – Des. Adriano de Mesquita Carneiro – 11ª Câmara Cível – *DJ* 26/5/2021)

- Prestação de serviços. Substituição de bandejas dianteiras de veículo. Pretensão indenizatória julgada parcialmente procedente. Cerceamento de defesa não caracterizado. Venda de componentes não originais de fábrica. Fato incontroverso. Ciência à consumidora não demonstrada. Responsabilidade pela diferença entre a quantia paga e o valor dos componentes originais de fábrica reconhecida. Dano moral caracterizado. Indenização reduzida de R$ 5.000,00 para R$ 3.000,00. Apelação parcialmente provida. (TJSP – Apelação Cível 1018307-18.2019.8.26.0002 – Rel. Sá Duarte – 33ª Câmara de Direito Privado – Foro Regional II – Santo Amaro – 6ª Vara Cível – *DJ* 3/5/2021)

> **Art. 22.** Os órgãos públicos, por si ou suas empresas, concessionárias, permissionárias ou sob qualquer outra forma de empreendimento, são obrigados a fornecer serviços adequados, eficientes, seguros e, quanto aos essenciais, contínuos.
>
> Parágrafo único. Nos casos de descumprimento, total ou parcial, das obrigações referidas neste artigo, serão as pessoas jurídicas compelidas a cumpri-las e a reparar os danos causados, na forma prevista neste código.

 REFERÊNCIAS LEGISLATIVAS

- art. 37, CF.
- art. 175. CF: Incumbe ao Poder Público, na forma da lei, diretamente ou sob regime de concessão ou permissão, sempre através de licitação, a prestação de serviços públicos. Parágrafo único. A lei disporá sobre: I – o regime das empresas concessionárias e permissionárias de serviços públicos, o caráter especial de seu contrato e de sua prorrogação, bem como as condições de caducidade, fiscalização e rescisão da concessão ou permissão; II – os direitos dos usuários; III – política tarifária; IV – a obrigação de manter serviço adequado.
- arts. 3º, 14, 20, 42, CDC; arts. 41, 42, 43, CC; art. 10, Lei 7.783/89; Lei 8.987/95 (dispõe sobre o regime de concessão e permissão da prestação de serviços públicos).
- Lei 13.460/2017 (Dispõe sobre participação, proteção e defesa dos direitos do usuário dos serviços públicos da administração pública).
- Lei 7.783/1989 (Dispõe sobre o exercício do direito de greve).

 ANOTAÇÕES

- ***Serviços públicos***: o § 2º do art. 3º desta lei informa que "serviço é qualquer atividade fornecida no mercado de consumo, mediante remuneração, inclusive as de natureza bancária, financeira, de crédito e securitária, salvo as decorrentes das relações de caráter trabalhista"; de outro lado, são considerados públicos todos os serviços prestados diretamente ou sob regime de concessão ou permissão pelo Poder Público.
- ***Aplicação das normas consumeristas aos serviços públicos***: considerando a natureza protecionista das normas previstas neste código, o legislador achou por bem deixar expresso

no presente artigo sua aplicação aos prestadores de serviços públicos, assim como a sua sujeição ao sistema de responsabilidade aqui estabelecido.

- **Serviços essenciais**: ensina a doutrina que, em sua essência, todos os serviços públicos, sob um ponto de vista ou outro, são por natureza essenciais (daí serem oferecidos pelo Estado), contudo nem todos são urgentes (a sua não prestação traz imediatos e graves prejuízos ao consumidor). A Lei 7.783/1989, que dispõe sobre o exercício do direito de greve, estabelece em seu art. 10 que são considerados, entre outros, serviços ou atividades essenciais: I – tratamento e abastecimento de água; produção e distribuição de energia elétrica, gás e combustíveis; II – assistência médica e hospitalar; III – distribuição e comercialização de medicamentos e alimentos; IV – funerários; V – transporte coletivo; VI – captação e tratamento de esgoto e lixo; VII – telecomunicações; VIII – guarda, uso e controle de substâncias radioativas, equipamentos e materiais nucleares; IX – processamento de dados ligados a serviços essenciais; X – controle de tráfego aéreo e navegação aérea; XI – compensação bancária (confira a lista completa diretamente junto ao referido artigo).

- **Interrupção dos serviços essenciais**: não obstante a presente norma estabeleça que os serviços essenciais devam ser "contínuos", ou seja, não podem sofrer corte ou descontinuidade, a jurisprudência tem dado legitimidade à autorização prevista no art. 6º, § 3º, da Lei 8.987/1995: "§ 3º Não se caracteriza como descontinuidade do serviço a sua interrupção em situação de emergência ou após prévio aviso, quando: I – motivada por razões de ordem técnica ou de segurança das instalações; e, II – por inadimplemento do usuário, considerado o interesse da coletividade".

JURISPRUDÊNCIA

- Ação de indenização por danos morais. Prestação de serviços. Fornecimento de energia elétrica. Interrupção indevida. Sentença de procedência. Apelação da ré, que insiste no decreto de improcedência, sob a argumentação de regularidade do corte no fornecimento da energia elétrica por ter sido detectada a religação da unidade consumidora à revelia da Distribuidora, negando a ocorrência do prejuízo moral reconhecido na sentença, com pedido subsidiário de redução do "quantum" indenizatório arbitrado. Exame: Relação contratual havida entre as partes que tem natureza de consumo, sujeita às normas do Código de Defesa do Consumidor, que preveem a aplicação da inversão do ônus da prova em favor do consumidor para a facilitação da defesa. Ausência de prova quanto à regularidade do corte do serviço essencial. Suspensão indevida do fornecimento da energia elétrica que perdurou por cinco (5) dias. Dano moral indenizável bem configurado, mas que comporta redução para R$ 5.000,00, ante as circunstâncias específicas do caso concreto e os parâmetros da razoabilidade e da proporcionalidade. Sentença parcialmente reformada. Recurso parcialmente provido. (TJSP – Apelação Cível 1037603-50.2019.8.26.0576 – Rel. Daise Fajardo Nogueira Jacot – 27ª Câmara de Direito Privado – Foro de São José do Rio Preto – 5ª Vara Cível – *DJ* 8/7/2021)

- O STJ considera possível a interrupção do serviço essencial na recuperação de consumo por fraude do consumidor no aparelho medidor, bem como no inadimplemento por 90 (noventa) dias antes da constatação da fraude, devendo ser o corte efetuado 90 (noventa) dais após o vencimento do débito. (TJMG – Apelação Cível 1.0000.18.018056-4/002 – Des. Renato Dresch – 4ª Câmara Cível – *DJ* 18/3/2021)

- A responsabilidade das concessionárias pelo funcionamento dos serviços públicos decorre do fato do serviço, motivo pelo qual devem indenizar os danos dele oriundos, independentemente da existência de culpa *lato sensu*, bastando, para tanto, a comprovação: a) da conduta comissiva ou omissiva danosa; b) do dano causado; c) do nexo etiológico entre este e aquela; e, d) inexistência de causa excludente da responsabilidade (culpa exclusiva do consumidor ou de terceiro). Teoria do Risco Administrativo. Inteligência dos arts. 37, § 6º, da CF/1988, 14, § 3º, inciso II, e 22, parágrafo único, do CDC. (TJMG – Apelação Cível 1.0487.17.002140-5/002 – Des.(a) Ana Paula Caixeta – 4ª Câmara Cível – *DJ* 18/2/2021)

- Afigura-se lícito o corte no fornecimento de água, em caso de inadimplemento da fatura vencida há menos de seis meses, comprovada a prévia comunicação ao usuário por 4 (quatro) vezes, sendo a última a menos de um mês da interrupção. (TJMG – Apelação Cível 1.0000.20.561528-9/001 – Des. Dárcio Lopardi Mendes – 4ª Câmara Cível – *DJ* 3/12/2020)

- Possível a suspensão do fornecimento de água em decorrência do inadimplemento das contas emitidas mensalmente, e desde que haja prévia notificação do devedor, em observância ao disposto no art. 42 do CDC, bem como aos princípios da razoabilidade e proporcionalidade. (TJMG – Apelação Cível 1.0000.18.113442-0/001 – Des. Dárcio Lopardi Mendes – 4ª Câmara Cível – *DJ* 31/1/2019)

- Atinente aos arts. 6º, § 3º, II, da Lei 8.987/95 e 40, V, da Lei 11.445/2007, o STJ pacificou entendimento de que corte de fornecimento de água pressupõe inadimplência de conta regular, relativa ao mês do consumo, sendo inviável, pois, a suspensão do abastecimento em razão de débitos antigos, devendo a companhia utilizar-se dos meios ordinários de cobrança, não se admitindo nenhuma espécie de constrangimento ou ameaça ao consumidor, nos termos do art. 42 do CDC. (STJ –, REsp 1663459/RJ – Min. Herman Benjamin – T2 – *DJe* 10/5/2017)

- O transporte aéreo é serviço essencial e, como tal, pressupõe continuidade. Difícil imaginar, atualmente, serviço mais "essencial" do que o transporte aéreo, sobretudo em regiões remotas do Brasil. Consoante o art. 22, *caput* e parágrafo único, do CDC, a prestação de serviços públicos, ainda que por pessoa jurídica de direito privado, envolve dever de fornecimento de serviços com adequação, eficiência, segurança e, se essenciais, continuidade, sob pena de ser o prestador compelido a bem cumpri-lo e a reparar os danos advindos do descumprimento total ou parcial. (STJ – REsp 1469087/AC – Min. Humberto Martins – T2 – *DJe* 17/11/2016)

- A relação entre concessionária de serviço público e o usuário final, para o fornecimento de serviços públicos essenciais, tais como água e energia, é consumerista, sendo cabível a aplicação do Código de Defesa do Consumidor. (STJ – AgRg no AREsp 354.991/RJ – Rel. Min. Mauro Campbell Marques – T2 – *DJe* 11/9/2013)

> **Art. 23.** A ignorância do fornecedor sobre os vícios de qualidade por inadequação dos produtos e serviços não o exime de responsabilidade.

REFERÊNCIAS LEGISLATIVAS

- arts. 12, 14, 18, 20, CDC.

ANOTAÇÕES

- **Natureza da responsabilidade do fornecedor**: já registramos que o CDC adotou de forma geral a teoria da responsabilidade objetiva, onde, como se sabe, o fornecedor responde pelos danos do consumidor tenha ou não culpa pelo evento danoso. Daí que não faz diferença se ele ignora, ou não, os vícios de qualidade dos produtos ou serviços, visto que deve responder por eles (teoria do risco), conforme as alternativas oferecidas pela lei (arts. 18 e 20).

- **Responsabilidade objetiva**: diz-se objetiva a responsabilidade que prescinde da demonstração de que o agente agiu com culpa (teoria do risco). O CDC adota, no geral, esse tipo de responsabilidade do fornecedor, isso, é claro, não dispensa o consumidor de provar o seu dano e o nexo de causalidade, salvo se quanto a estes o juiz conceder a inversão do ônus da prova (art. 6º, VIII).

JURISPRUDÊNCIA

- No âmbito do direito consumerista impera a responsabilidade objetiva, razão pela qual a responsabilidade de indenizar o dano sofrido pelo consumidor poderá ser imputada ao fornecedor, mesmo que não tenha agido culposamente e tampouco tenha se excedido no exercício de seus direitos, bastando, para tanto, que a atividade por ele desenvolvida tenha exposto o consumidor ao risco do dano que veio a se concretizar. (TJMG – Apelação Cível 1.0000.21.053520-9/001 – Des. Adriano de Mesquita Carneiro – 11ª Câmara Cível – *DJ* 7/7/2021)

- No Código de Defesa do Consumidor, a responsabilidade civil é objetiva e solidária. (STJ – REsp 1.567.123/RS – Min. Herman Benjamin – T2 – *DJe* 28/8/2020)

- Segundo orientação jurisprudencial desta Corte, conforme disposto no art. 18, § 1º, do CDC, no caso de o vício de qualidade não ser sanado no prazo de 30 (trinta) dias, cabe ao consumidor, independentemente de justificativa, optar pela substituição do bem, pela restituição do preço, ou pelo abatimento proporcional. Precedente. (STJ – AgInt no REsp 1540388/SC – Min. Antonio Carlos Ferreira – T4 – *DJe* 10/6/2019)

> **Art. 24.** A garantia legal de adequação do produto ou serviço independe de termo expresso, vedada a exoneração contratual do fornecedor.

REFERÊNCIAS LEGISLATIVAS

- art. 4º, II, *d*, 8º, 26, 50, CDC.

ANOTAÇÕES

- **Garantia legal de adequação**: consiste na obrigação do fornecedor de entregar ao consumidor produto e/ou serviço que atenda as expectativas normais do consumidor quanto à sua qualidade, segurança e durabilidade, exatamente como prometido na oferta. Os produtos e/ou serviços devem ser fornecidos "sem vícios" e nenhuma cláusula contratual pode exonerar o fornecedor desta obrigação.

JURISPRUDÊNCIA

- O infortúnio suportado pela autora ultrapassou os limites da razoabilidade, porquanto não deve ser considerado mero aborrecimento, mas, sim, lesão ao direito do consumidor, evidenciada pela frustração da legítima expectativa de qualidade e durabilidade de produto essencial colocado em circulação no mercado. (TJMG – Apelação Cível 1.0000.20.589628-5/001 – Des.(a) Shirley Fenzi Bertão – 11ª Câmara Cível – *DJ* 10/2/2021)

- Todos os que participam da introdução do produto ou serviço no mercado respondem solidariamente por eventual vício do produto ou de adequação, ou seja, imputa-se a toda cadeia de fornecimento a responsabilidade pela garantia de qualidade e adequação do referido produto ou serviço (arts. 14 e 18 do CDC). (TJMG – Apelação Cível 1.0637.15.006260-1/001 – Des.(a) Mônica Libânio – 11ª Câmara Cível – *DJ* 28/8/2019)

- A garantia legal de adequação de produtos e serviços é direito potestativo do consumidor, assegurado em lei de ordem pública (arts. 1º, 24 e 25 do Código de Defesa do Consumidor). (STJ – REsp 1161941/DF – Min. Ricardo Villas Bôas Cueva – T3 – *DJe* 14/11/2013)

> **Art. 25.** É vedada a estipulação contratual de cláusula que impossibilite, exonere ou atenue a obrigação de indenizar prevista nesta e nas seções anteriores.
>
> § 1º Havendo mais de um responsável pela causação do dano, todos responderão solidariamente pela reparação prevista nesta e nas seções anteriores.
>
> § 2º Sendo o dano causado por componente ou peça incorporada ao produto ou serviço, são responsáveis solidários seu fabricante, construtor ou importador e o que realizou a incorporação.

REFERÊNCIAS LEGISLATIVAS

- arts. 7º, parágrafo único, 12, 14, 18, 20, 51, I, CDC.

ANOTAÇÕES

- *Responsabilidade solidária*: ensina a doutrina que obrigação solidária é aquela em que o devedor pode optar por cobrar a totalidade do débito de todos os coobrigados ou, se preferir, de apenas um deles (a escolha é exclusiva do credor, neste caso, o consumidor), que, no caso de que efetue o pagamento, se sub-roga em relação aos demais coobrigados. Lembro que o CDC veda a denunciação da lide (art. 88).

JURISPRUDÊNCIA

* Quando a promessa de compra e venda de imóvel é contratada no âmbito de uma relação consumerista, a corretora que atuou como parceira comercial do promitente vendedor é considerada integrante da cadeia de consumo, logo, por força dos art. 7º, e art. 25, § 1º, do CDC, responde solidariamente pelas perdas e danos do promissário comprador decorrentes da rescisão por culpa do promitente vendedor. (TJMG – Apelação Cível 1.0000.21.082229-2/001 – Des. Adriano de Mesquita Carneiro – 11ª Câmara Cível – *DJ* 7/7/2021)
* Quando o serviço de transporte aéreo é contratado de forma indivisa, todas as companhias aéreas que operaram trechos da viagem respondem solidariamente pelos danos sofridos pelo consumidor, por força dos art. 7º, e art. 25, § 1º, do CDC. (TJMG – Apelação Cível 1.0000.21.072249-2/001 – Des. Adriano de Mesquita Carneiro – 11ª Câmara Cível – *DJ* 23/6/2021)

Seção IV
Da Decadência e da Prescrição

Art. 26. O direito de reclamar pelos vícios aparentes ou de fácil constatação caduca em:

I – trinta dias, tratando-se de fornecimento de serviço e de produtos não duráveis;

II – noventa dias, tratando-se de fornecimento de serviço e de produtos duráveis.

§ 1º Inicia-se a contagem do prazo decadencial a partir da entrega efetiva do produto ou do término da execução dos serviços.

§ 2º Obstam a decadência:

I – a reclamação comprovadamente formulada pelo consumidor perante o fornecedor de produtos e serviços até a resposta negativa correspondente, que deve ser transmitida de forma inequívoca;

II – (Vetado).

III – a instauração de inquérito civil, até seu encerramento.

§ 3º Tratando-se de vício oculto, o prazo decadencial inicia-se no momento em que ficar evidenciado o defeito.

REFERÊNCIAS LEGISLATIVAS

* arts. 18, 20, 27, 50, CDC; arts. 207 a 211, CC.

ANOTAÇÕES

* ***Decadência***: é a perda do direito pela falta de seu exercício dentro do prazo prefixado. Normalmente, o prazo decadencial corre inexoravelmente contra todos, não se suspendendo ou

interrompendo; neste aspecto, o legislador inovou, apontando duas situações que obstam a decadência no § 2º. Os prazos decadenciais são de 30 (trinta) dias para reclamar pelos vícios aparentes ou de fácil constatação, quanto ao fornecimento de serviço ou produtos não duráveis, e de 90 (noventa) dias, quanto ao fornecimento de serviço ou produtos duráveis, sendo que a "reclamação comprovadamente formulada" pelo consumidor obsta a ocorrência da decadência até que este receba a resposta negativa correspondente.

- *Aplicação dos prazos decadenciais*: o prazo decadencial só se aplica quando a pretensão do consumidor for uma das opções oferecidas no § 1º do art. 18 do CDC, quanto aos produtos, ou uma das opções do art. 20 do mesmo diploma quanto aos serviços. No caso de a pretensão do consumidor ser de natureza indenizatória, ou seja, a de ser ressarcido por eventual prejuízo decorrente de vício e/ou defeito do produto ou serviço, não há incidência do prazo decadencial, mas sim do prazo prescricional. Nesse diapasão, informa o art. 27 do CDC que a pretensão indenizatória do consumidor prescreve no prazo de 5 (cinco) anos.

- *Produtos e serviços duráveis e não duráveis*: produtos duráveis são aqueles que não se extinguem ou desaparecem de imediato com o uso (por exemplo: celulares, roupas, televisões, móveis, livros, veículos etc.); já os serviços duráveis são aqueles que têm uma continuidade no tempo ou que deixam um resultado que permanece (por exemplo: conserto de um carro, serviços de um pedreiro, serviços de um dentista, serviços de um plano de saúde, serviços escolares, serviços bancários etc.). De outro lado, produtos "não duráveis" são aqueles que acabam com o uso ou consumo (por exemplo: alimentos e bebidas); já os serviços não duráveis são aqueles que acabam uma vez prestados (por exemplo: uma corrida de táxi ou de Uber, um espetáculo, como um teatro ou um show, uma passagem de trem, ônibus ou avião etc.).

JURISPRUDÊNCIA

- Súmula 477 do STJ: A decadência do art. 26 do CDC não é aplicável à prestação de contas para obter esclarecimentos sobre cobrança de taxas, tarifas e encargos bancários.
- A propaganda enganosa, em regra, trata-se de vício de qualidade que diminui o valor do bem durável, conforme previsto no art. 18 do CDC, integrante da Seção III do capítulo IV, sujeitando-se ao prazo decadencial de 90 dias, previsto no inciso II do art. 26 do CDC. (TJMG – Agravo de Instrumento-Cv 1.0000.20.449075-9/001 – Des.(a) Claret de Moraes – 10ª Câmara Cível – *DJ* 17/11/2020)
- É de 90 (noventa) dias o prazo para o consumidor reclamar por vícios aparentes ou de fácil constatação no imóvel por si adquirido, contado a partir da efetiva entrega do bem (art. 26, II e § 1º, do CDC). No referido prazo decadencial, pode o consumidor exigir qualquer das alternativas previstas no art. 20 do CDC, a saber: a reexecução dos serviços, a restituição imediata da quantia paga ou o abatimento proporcional do preço. Cuida-se de verdadeiro direito potestativo do consumidor, cuja tutela se dá mediante as denominadas ações constitutivas, positivas ou negativas. (STJ – REsp 1721694/SP – Min. Nancy Andrighi – T3 – *DJe* 5/9/2019)
- Em caso de a pretensão do consumidor ser de natureza indenizatória (isto é, de ser ressarcido pelo prejuízo decorrente dos vícios do imóvel), não há incidência de prazo decadencial. A ação, tipicamente condenatória, sujeita-se a prazo de prescrição. (STJ – AgInt no AREsp 1315509/PR – Min. Ricardo Villas Bôas Cueva – T3 – *DJe* 27/8/2019)

- O início do prazo prescricional, com base na teoria da *actio nata*, não se dá necessariamente quando da ocorrência da lesão, mas sim no momento em que o titular do direito subjetivo violado obtém plena ciência da ofensa e de sua extensão. Precedentes. (STJ – AgInt no AREsp 1311258/RJ – Min. Moura Ribeiro – T3 – *DJe* 13/12/2018)

- A regra do art. 18 do CDC induz à conclusão de que a reclamação direcionada a qualquer dos fornecedores é ato capaz de obstar o prazo decadencial previsto no art. 26 em face de toda a cadeia, porque é a demonstração inequívoca da intenção do consumidor de ver sanado o vício, sob pena de exercer seu direito de exigir a adoção das medidas previstas no § 1º daquele dispositivo legal. (STJ – REsp 1734541/SE – Min. Nancy Andrighi – T3 – *DJe* 22/11/2018)

- A regra extraída do art. 50 do CDC, a partir de uma interpretação teleológica e sistemática da lei consumerista, é a da não sobreposição das garantias legal e contratual. (STJ – REsp 1734541/SE – Min. Nancy Andrighi – T3 – *DJe* 22/11/2018)

- A garantia contratual, enquanto ato de mera liberalidade do fornecedor, implica o reconhecimento de um prazo mínimo de vida útil do bem, de modo que, se o vício oculto se revela neste período, surge para o consumidor a faculdade de acioná-la, segundo os termos do contrato, sem que contra ele corra o prazo decadencial do art. 26 do CDC. (STJ – REsp 1734541/SE – Min. Nancy Andrighi – T3 – *DJe* 22/11/2018)

- Segundo a jurisprudência desta Corte, se o produto apresenta vício quanto à quantidade ou qualidade, ou que lhe diminua o valor, estar-se-á diante de vício aparente ou de fácil constatação, de acordo com o art. 26 do Código Consumerista. (STJ – REsp 1488239/PR – Min. Ricardo Villas Bôas Cueva – T3 – *DJe* 7/3/2016)

- Não há falar em decadência pelo transcurso do prazo nonagesimal de que trata o art. 26, inciso II, do CDC, quando a causa de pedir eleita pela parte autora desborda da simples pretensão de reclamar da existência de vício do produto, consubstanciando, em verdade, pleito de reparação por danos materiais e morais decorrentes da prática de ilícito civil. (STJ – AgRg no REsp 1544621/SP – Rel. Min. Ricardo Villas Bôas Cueva – T3 – *DJe* 10/11/2015)

- O termo inicial do prazo decadencial para reclamar contra vício do produto (art. 26 do CDC) em veículo automotor é a data da sua ciência. (STJ – REsp 1264715/PR – Min. João Otávio de Noronha – T3 – *DJe* 26/3/2015)

- O bem durável é aquele fabricado para servir durante determinado transcurso temporal, que variará conforme a qualidade da mercadoria, os cuidados que lhe são emprestados pelo usuário, o grau de utilização e o meio ambiente no qual inserido. Por outro lado, os produtos "não duráveis" extinguem-se em um único ato de consumo, porquanto imediato o seu desgaste. (STJ – REsp 1161941/DF – Min. Ricardo Villas Bôas Cueva – T3 – *DJe* 14/11/2013)

Art. 27. Prescreve em cinco anos a pretensão à reparação pelos danos causados por fato do produto ou do serviço prevista na Seção II deste Capítulo, iniciando-se a contagem do prazo a partir do conhecimento do dano e de sua autoria.

Parágrafo único. (Vetado).

REFERÊNCIAS LEGISLATIVAS

- arts. 6º, 7º, 12 a 17, CDC; arts. 189 a 206, CC.

ANOTAÇÕES

- *Prescrição*: é a perda da faculdade que a pessoa tem de fazer valer seu direito por meio da tutela jurisdicional, em razão de não ter procurado o Poder Judiciário dentro do prazo previsto em lei.

- *Aplicação dos prazos previstos no Código Civil*: a fixação de prazo prescricional neste artigo não afasta necessariamente os prazos previstos no CC quando sejam mais favoráveis ao consumidor (art. 7º do CDC). É o que a doutrina moderna chama de "diálogo das fontes", ou seja, havendo duas normas que regem o mesmo fato, o julgador deve usar aquela que melhor realiza a justiça no caso concreto.

JURISPRUDÊNCIA

- Súmula 194 do STJ: Prescreve em vinte anos a ação para obter, do construtor, indenização por defeitos da obra.

- A pretensão de indenização por danos morais e materiais decorrentes de publicidade enganosa prescreve no prazo quinquenal estampado no art. 27, do Código de Defesa do Consumidor. (TJMG – Apelação Cível 1.0000.20.530372-0/001 – Des. Adriano de Mesquita Carneiro – 11ª Câmara Cível – *DJ* 2/12/2020)

- A jurisprudência do Superior Tribunal de Justiça é no sentido de que, em se tratando de pretensão de repetição de indébito decorrente de descontos indevidos, por falta de contratação de empréstimo com a instituição financeira, ou seja, em decorrência de defeito do serviço bancário, aplica-se o prazo prescricional do art. 27 do CDC. (STJ – AgInt no AREsp 1412088/MS – Min. Raul Araújo – T4 – *DJe* 12/9/2019)

- À falta de prazo específico no CDC que regule a pretensão de indenização por inadimplemento contratual, deve incidir o prazo geral decenal previsto no art. 205 do CC/2002, o qual corresponde ao prazo vintenário de que trata a Súmula 194/STJ, aprovada ainda na vigência do Código Civil de 1916 ("Prescreve em vinte anos a ação para obter, do construtor, indenização por defeitos na obra"). (STJ – REsp 1721694/SP – Min. Nancy Andrighi – T3 – *DJe* 5/9/2019)

- O Tribunal *a quo* dirimiu a controvérsia em conformidade com a orientação firmada nesta Corte, no sentido de que, para a contagem do prazo prescricional quinquenal previsto no art. 27 do CDC, o termo inicial a ser observado é a data em que ocorreu a lesão ou pagamento, o que, no caso dos autos, se deu com o último desconto do mútuo da conta do benefício da parte autora. (STJ – AgInt no AREsp 1448283/MS – Min. Moura Ribeiro – T3 – *DJe* 28/8/2019)

- A ocorrência de defeito do serviço faz incidir a prescrição quinquenal quanto à pretensão dirigida contra a instituição financeira (art. 27 do CDC). (STJ – AgInt no AREsp 1.173.934/SP – Rel. Min. Ricardo Villas Bôas Cueva – T3 – *DJe* 21/9/2018)

- O vício do produto é aquele que afeta apenas a sua funcionalidade ou a do serviço, sujeitando-se ao prazo decadencial do art. 26 do Código de Defesa do Consumidor – CDC. Quando esse vício for grave a ponto de repercutir sobre o patrimônio material ou moral do consumidor, a hipótese será de responsabilidade pelo fato do produto, observando-se, assim, o prazo prescricional quinquenal do art. 27 do referido diploma legal. (STJ – REsp 1176323/SP – Min. Ricardo Villas Bôas Cueva – T3 – *DJe* 16/3/2015)

Seção V
Da Desconsideração da Personalidade Jurídica

Art. 28. O juiz poderá desconsiderar a personalidade jurídica da sociedade quando, em detrimento do consumidor, houver abuso de direito, excesso de poder, infração da lei, fato ou ato ilícito ou violação dos estatutos ou contrato social. A desconsideração também será efetivada quando houver falência, estado de insolvência, encerramento ou inatividade da pessoa jurídica provocados por má administração.

§ 1º (Vetado).

§ 2º As sociedades integrantes dos grupos societários e as sociedades controladas são subsidiariamente responsáveis pelas obrigações decorrentes deste Código.

§ 3º As sociedades consorciadas são solidariamente responsáveis pelas obrigações decorrentes deste Código.

§ 4º As sociedades coligadas só responderão por culpa.

§ 5º Também poderá ser desconsiderada a pessoa jurídica sempre que sua personalidade for, de alguma forma, obstáculo ao ressarcimento de prejuízos causados aos consumidores.

REFERÊNCIAS LEGISLATIVAS

- art. 28, CDC; arts. 40 a 78, CC; arts. 133 a 137, 178, 1.062, CPC.

ANOTAÇÕES

- ***Desconsideração da personalidade jurídica***: consiste na possibilidade de o credor da pessoa moral alcançar, sob certas circunstâncias, os bens particulares dos sócios ou administradores, com escopo de obter satisfação para o seu crédito. No geral, a jurisprudência tem sido no sentido de exigir que o interessado demonstre, ao requerer a desconsideração, que a pessoa jurídica foi usada pelos sócios e/ou administradores de forma fraudulenta ou abusiva, com escopo da prática de atos ilícitos. Não basta, portanto, que não sejam localizados bens em nome da pessoa jurídica.

- ***Como requerer***: o interessado pode requerer a desconsideração da pessoa jurídica por meio de simples petição intermediária, sem qualquer requisito específico, endereçando-a ao próprio juiz da causa. Na petição, o interessado deve justificar as razões do seu pedido, conforme as possibilidades indicadas no art. 50 do Código Civil e neste artigo, juntando, é claro, os documentos tendentes a provar suas alegações ou, quando o caso, requerendo a produção de provas (por exemplo: expedição de ofício, acesso a dados bancários, depoimento de testemunhas etc.).

- **Responsabilidade solidária**: ensina a doutrina que obrigação solidária é aquela em que o devedor pode optar por cobrar a totalidade do débito de todos os coobrigados ou, se preferir, de apenas um deles (a escolha é exclusiva do credor, neste caso, o consumidor), que, no caso de que efetue o pagamento, se sub-roga em relação aos demais coobrigados. Lembro que o CDC veda a denunciação da lide (art. 88).

JURISPRUDÊNCIA

- Em se tratando de relação de consumo, o juiz poderá desconsiderar a personalidade jurídica da sociedade quando, em detrimento do consumidor, houver abuso de direito, excesso de poder, infração da lei, fato ou ato ilícito ou violação dos estatutos ou contrato social. (TJMG – Apelação Cível 1.0000.21.038210-7/001 – Des. José Américo Martins da Costa – 15ª Câmara Cível – *DJ* 2/7/2021)

- Para fins de aplicação da Teoria Menor da desconsideração da personalidade jurídica (art. 28, § 5º, do CDC), basta que o consumidor demonstre o estado de insolvência do fornecedor ou o fato de a personalidade jurídica representar um obstáculo ao ressarcimento dos prejuízos causados. (STJ – REsp 1862557/DF – Min. Ricardo Villas Bôas Cueva – T3 – *DJe* 21/6/2021)

- Para que seja possível a desconsideração da personalidade jurídica, com base na teoria menor prevista no Código de Proteção e Defesa do Consumidor, mostra necessária a demonstração do estado de insolvência ou encerramento da pessoa jurídica decorrente de má administração. (TJMG – Agravo de Instrumento-Cv 1.0000.20.023925-9/001 – Des. Márcio Idalmo Santos Miranda – 9ª Câmara Cível – *DJ* 19/5/2021)

- Não obstante, é certo que, por se tratar de exceção à regra geral, a previsão de solidariedade contida no art. 28, § 3º, do CDC deve ser interpretada restritivamente, de maneira a abarcar apenas as obrigações resultantes do objeto do consórcio, e não quaisquer obrigações assumidas pelas consorciadas em suas atividades empresariais. (STJ – REsp 1635637/RJ – Min. Nancy Andrighi – T3 – *DJe* 21/9/2018)

- O art. 50 do CC, que adota a teoria maior e permite a responsabilização do administrador não sócio, não pode ser analisado em conjunto com o § 5º do art. 28 do CDC, que adota a teoria menor, pois este exclui a necessidade de preenchimento dos requisitos previstos no *caput* do art. 28 do CDC, permitindo a desconsideração da personalidade jurídica, por exemplo, pelo simples inadimplemento ou pela ausência de bens suficientes para a satisfação do débito. Microssistemas independentes. (STJ – REsp 1658648/SP – Min. Moura Ribeiro – T3 – *DJe* 20/11/2017)

- No contexto das relações de consumo, em atenção ao art. 28, § 5º, do CDC, os credores não negociais da pessoa jurídica podem ter acesso ao patrimônio dos sócios, mediante a aplicação da *disregard doctrine*, bastando a caracterização da dificuldade de reparação dos prejuízos sofridos em face da insolvência da sociedade empresária. (STJ – REsp 737.000/MG – Rel. Min. Paulo de Tarso Sanseverino – T3 – *DJe* 12/9/2011)

CAPÍTULO V
DAS PRÁTICAS COMERCIAIS

Seção I
Das Disposições Gerais

Art. 29. Para os fins deste Capítulo e do seguinte, equiparam-se aos consumidores todas as pessoas determináveis ou não, expostas às práticas nele previstas.

REFERÊNCIAS LEGISLATIVAS

- arts. 2º, 17, 81, 82, I, CDC.

ANOTAÇÕES

- *Consumidores por equiparação*: a presente norma estende o conceito de "consumidor" a todos, determináveis ou não, que sejam expostos às práticas comerciais e contratuais reguladas por este código. Este entendimento permite, inclusive, que o Ministério Público atue preventivamente em defesa desta coletividade (arts. 81 e 82, I), com escopo de prevenir que eventuais danos venham a se concretizar, como, por exemplo, no caso de propaganda enganosa.

JURISPRUDÊNCIA

- O direito consumerista é aplicável aos casos em que a parte é exposta a práticas comerciais do fornecedor, mesmo não havendo relação contratual entre eles, *ex vi* do art. 29, do CDC, que institui a figura do consumidor por equiparação. (TJMG – Apelação Cível 1.0000.21.103018-4/001 – Des. Adriano de Mesquita Carneiro – 11ª Câmara Cível – *DJ* 14/7/2021)

- Para fins de tutela contra acidente de consumo, o CDC amplia o conceito de consumidor para abranger qualquer vítima, mesmo que nunca tenha contratado ou mantido qualquer relação com o fornecedor. (STJ – REsp 1574784/RJ – Min. Nancy Andrighi – T3 – *DJe* 25/6/2018)

Seção II
Da Oferta

Art. 30. Toda informação ou publicidade, suficientemente precisa, veiculada por qualquer forma ou meio de comunicação com relação a produtos e serviços oferecidos ou apresentados, obriga o fornecedor que a fizer veicular ou dela se utilizar e integra o contrato que vier a ser celebrado.

REFERÊNCIAS LEGISLATIVAS

- arts. 6º, III, IV, 10, 31, 35, 36 a 38, 48, 49, 67, CDC; arts. 427 a 435, CC.
- Lei 14.046/2020 – MP 948/2020 (Dispõe sobre o adiamento e o cancelamento de serviços, de reservas e de eventos dos setores de turismo e de cultura em razão do estado de calamidade pública reconhecido pelo Decreto Legislativo 6, de 20 de março de 2020, e da emergência de saúde pública de importância internacional decorrente da pandemia da Covid-19).
- Lei 14.034/2020 (Dispõe sobre medidas emergenciais para a aviação civil brasileira em razão da pandemia da Covid-19).
- Lei 14.010/2020 (Dispõe sobre o Regime Jurídico Emergencial e Transitório das relações jurídicas de Direito Privado – RJET no período da pandemia da Covid-19 por coronavírus).

ANOTAÇÕES

- *Vinculação*: considerando o evidente peso que a publicidade tem na conclusão do contrato entre o fornecedor e o consumidor (normalmente este se decide após ponderar os aspectos da oferta vinculada), o legislador faz constar nesta norma que toda informação ou publicidade, "suficientemente precisa" (art. 31), integra o próprio contrato (as características, a duração, o preço e outros detalhes prometidos devem ser cumpridos – obrigam o fornecedor). Lembro, por fim, que constitui crime "fazer ou promover publicidade que sabe ou deveria saber ser enganosa ou abusiva", com pena de detenção de três meses a um ano e multa (art. 67).
- *Publicidade X Informação*: não é apenas a "publicidade" que vincula o fornecedor; na verdade, a norma menciona ainda que toda "informação", suficientemente precisa (art. 31), passada para o consumidor integra o contrato, vinculando o fornecedor. Como é cediço, é muito comum que os representantes do fornecedor (funcionários, vendedores, prepostos etc.) ofereçam condições ainda mais especiais do que aquelas vinculadas em publicidade para tentar convencer o consumidor a concluir o negócio (*v.g.*, o vendedor que promete uma condição especial no caso de compra ou o gerente que fala em uma taxa menor para a contratação do empréstimo).
- *Suficientemente precisa*: a expressão não indica uma "condição" de validade da oferta, no sentido de que, se a informação ou a publicidade não for suficientemente precisa, não vincula a oferta; indica, ao contrário, apenas uma obrigação do fornecedor, no sentido de que toda informação ou publicidade deve ser "precisa", se não o for já estará infringindo as normas consumeristas. Com efeito, o art. 31 declara que a oferta deve assegurar informações "corretas, claras, precisas, ostensivas e em língua portuguesa". Ofertas dúbias, confusas, deverão ser interpretadas a favor do consumidor.

JURISPRUDÊNCIA

- O direito de não ser enganado antecede o próprio nascimento do Direito do Consumidor, daí sua centralidade no microssistema do CDC. A oferta, publicitária ou não, deve conter não só informações verídicas, como também não ocultar ou embaralhar as essenciais. Sobre produto ou serviço oferecido, ao fornecedor é lícito dizer o que quiser, para quem quiser, quando e onde desejar e da forma que lhe aprouver, desde que não engane, ora afirmando, ora omitindo (= publicidade enganosa), e, em paralelo, não ataque, direta ou indiretamente, valores caros ao Estado Social de Direito, p. ex., dignidade humana, saúde e segurança, proteção especial de sujeitos e grupos vulneráveis, sustentabilidade ecológica, aparência física das pessoas, igualdade de gênero, raça, origem, crença, orientação sexual (= publicidade abusiva). (STJ – REsp 1539056/MG – Min. Luis Felipe Salomão – T4 – *DJe* 18/5/2021)

- Como os processos de publicidade e de oferta ao público possuem importância decisiva no escoamento da produção em um mercado de consumo em massa, conforme dispõe o art. 30 do CDC, a informação contida na própria oferta é essencial à validade do conteúdo da formação da manifestação de vontade do consumidor e configura proposta, integrando efetiva e atualmente o contrato posteriormente celebrado com o fornecedor. (STJ – REsp 1872048/RS – Min. Nancy Andrighi – T3 – *DJe* 1/3/2021)

- O fornecedor está vinculado à oferta que veicula, devendo cumpri-la em seus exatos termos, nos termos do art. 30 do CDC. (TJMG – Apelação Cível 1.0702.13.042800-7/001 – Des. José Eustáquio Lucas Pereira – 18ª Câmara Cível – *DJ* 11/5/2021)

- A vinculação da oferta dialoga com a principiologia consumerista, notadamente com a boa-fé, tendo em vista que o consumidor, diante de informações de preços e condições, cria a legítima expectativa de que adquirirá produto ou bem em condições mais vantajosas. (TJMG – Apelação Cível 1.0148.15.001940-1/001 – Des. José Marcos Vieira – 16ª Câmara Cível – *DJ* 3/2/2021)

- O Código de Defesa do Consumidor prevê hipóteses em que haverá efetiva obrigação de o fornecedor celebrar contrato, a exemplo do princípio da vinculação da oferta (art. 30 e 35, I, do CDC), bem assim da vedação de recusa de atendimento à demanda do consumidor, conforme disponibilidade de estoque e em conformidade com usos e costumes (art. 39, II, CDC). Assim, a liberdade de contratar encontra limite em casos em que a própria lei dispõe ser obrigatório o fornecimento do bem ou do serviço. (TJMG – Apelação Cível 1.0000.20.073343-4/001 – Des. José Marcos Vieira – 16ª Câmara Cível – *DJ* 21/10/2020)

- A malha aérea concedida pela ANAC é oferta que vincula a concessionária a prestar o serviço nos termos dos arts. 30 e 31 do CDC. Independentemente da maior ou menor demanda, a oferta obriga o fornecedor a cumprir o que ofereceu, a agir com transparência e a informar adequadamente o consumidor. Descumprida a oferta, a concessionária viola os direitos não apenas dos consumidores concretamente lesados, mas de toda a coletividade a quem se ofertou o serviço, dando ensejo à reparação de danos materiais e morais (inclusive, coletivos). (STJ – REsp 1469087/AC – Min. Humberto Martins – T2 – *DJe* 17/11/2016)

- Na hipótese, inequívoco o caráter vinculativo da oferta, integrando o contrato, de modo que o fornecedor de produtos ou serviços se responsabiliza também pelas expectativas que a publicidade venha a despertar no consumidor, mormente quando veicula informação de produto ou serviço com a chancela de determinada marca, sendo a materialização do princípio da boa-fé objetiva, exigindo do anunciante os deveres anexos de lealdade, confiança, cooperação, proteção e informação, sob pena de responsabilidade. (STJ – REsp 1365609/SP – Min. Luis Felipe Salomão – T4 – *DJe* 25/5/2015)

> **Art. 31.** A oferta e apresentação de produtos ou serviços devem assegurar informações corretas, claras, precisas, ostensivas e em língua portuguesa sobre suas características, qualidades, quantidade, composição, preço, garantia, prazos de validade e origem, entre outros dados, bem como sobre os riscos que apresentam à saúde e segurança dos consumidores.
>
> Parágrafo único. As informações de que trata este artigo, nos produtos refrigerados oferecidos ao consumidor, serão gravadas de forma indelével. (Parágrafo único incluído pela Lei nº 11.989, de 2009)

REFERÊNCIAS LEGISLATIVAS

- arts. 6º, III, IV, 10, 36 a 38, 46, 54, §§ 3º e 4º, 66, CDC.

ANOTAÇÕES

- **Informações sobre produtos e serviços**: o consumo consciente pressupõe que o consumidor tenha acesso a "informações corretas, claras, precisas, ostensivas e em língua portuguesa", somente assim ele realmente poderá decidir de forma livre; estas informações podem ser fornecidas antes da contratação, por meio, por exemplo, de publicidade ou na própria embalagem, ou mesmo no momento da efetivação do contrato (arts. 46, 54, §§ 3º e 4º).

JURISPRUDÊNCIA

- A oferta e apresentação de produtos ou serviços devem assegurar informações corretas, claras, precisas, ostensivas e em língua portuguesa sobre suas características, qualidades, quantidade, composição, preço, garantia, prazos de validade e origem, entre outros dados, bem como sobre os riscos que apresentam à saúde e segurança dos consumidores (CDC, art. 31). (TJMG – Apelação Cível 1.0000.21.094503-6/001 – Des. Ramom Tácio – 16ª Câmara Cível – *DJ* 30/6/2021)

- O direito de não ser enganado antecede o próprio nascimento do Direito do Consumidor, daí sua centralidade no microssistema do CDC. A oferta, publicitária ou não, deve conter não só informações verídicas, como também não ocultar ou embaralhar as essenciais. Sobre produto ou serviço oferecido, ao fornecedor é lícito dizer o que quiser, para quem quiser, quando e onde desejar e da forma que lhe aprouver, desde que não engane, ora afirmando, ora omitindo (= publicidade enganosa), e, em paralelo, não ataque, direta ou indiretamente, valores caros ao Estado Social de Direito, p. ex., dignidade humana, saúde e segurança, proteção especial de sujeitos e grupos vulneráveis, sustentabilidade ecológica, aparência física das pessoas, igualdade de gênero, raça, origem, crença, orientação sexual (= publicidade abusiva). (STJ – REsp 1539056/MG – Min. Luis Felipe Salomão – T4 – *DJe* 18/5/2021)

- No mercado de consumo, juros embutidos ou disfarçados configuram uma das mais comuns, graves e nocivas modalidades de oferta enganosa. Tipificam publicidade enganosa nas esferas administrativa, civil e penal expressões do tipo "sem juros" ou falta de indicação clara e precisa dos juros, taxas e encargos cobrados. Conforme o art. 52, *caput*, do Código de Defesa do Consumidor, a informação prévia e adequada – sobre, entre outros, preço, número e periodicidade das prestações, montante dos juros e da taxa efetiva anual e valor total a pagar, com e sem financiamento – precisa constar obrigatoriamente da oferta, publicitária ou não, que envolva parcelamento ou financiamento de produtos e serviços de consumo. Não preenche o requisito da adequação estampar a informação em pé de página, com letras diminutas, na lateral, ou por ressalvas em multiplicidade de asteriscos, ou, ainda, em mensagem oral relâmpago ininteligível. (STJ – REsp 1539056/MG – Min. Luis Felipe Salomão – T4 – *DJe* 18/5/2021)

- A Lei 8.078/90, cumprindo seu mister constitucional de defesa do consumidor, conferiu relevância significativa aos princípios da confiança, da boa-fé, da transparência e da equidade nas relações consumeristas, salvaguardando, assim, os direitos básicos de informação adequada e de livre escolha da parte vulnerável, o que, inclusive, ensejou a criminalização da "omissão de informação relevante sobre a natureza, característica, qualidade, quantidade, segurança, desempenho, durabilidade, preço ou garantia de produtos ou serviços" (*caput* do art. 66 do CDC). (STJ – REsp 1326592/GO – Min. Luis Felipe Salomão – T4 – *DJe* 6/8/2019)

- O CDC traz, entre os direitos básicos do consumidor, a "informação adequada e clara sobre os diferentes produtos e serviços, com especificação correta de quantidade, características, composição, qualidade e preço, bem como sobre os riscos que apresentam" (art. 6º, inciso III). A oferta e a apresentação de produtos ou serviços devem assegurar informações corretas, claras, precisas, ostensivas e em língua portuguesa sobre suas características, qualidades, quantidade, composição, preço, garantia, prazos de validade e origem, entre outros dados, bem como sobre os riscos que apresentam à saúde e segurança dos consumidores (art. 31 do CDC). A informação deve ser correta (= verdadeira), clara (= de fácil entendimento), precisa (= não prolixa ou escassa), ostensiva (= de fácil constatação ou percepção) e, por óbvio, em língua portuguesa. (STJ – REsp 1758118/SP – Min. Herman Benjamin – T2 – *DJe* 11/3/2019)

- Se a informação se refere a dados essenciais capazes de onerar o consumidor ou restringir seus direitos, deve integrar o próprio anúncio/contrato, de forma clara, precisa e ostensiva, nos termos do artigo 31 do CDC, sob pena de configurar publicidade enganosa por omissão. Precedentes. (STJ – REsp 1342571/MG – Min. Marco Buzzi – T4 – *DJe* 16/2/2017)

- O consumidor tem, como direito básico, o de informação expressa e adequada sobre o produto ou o serviço que deseja adquirir ou contratar, sendo proibida a publicidade enganosa, capaz de induzir em erro o consumidor (arts. 31 e 37 do CDC). (STJ – AgInt no AREsp 838346/SP – Min. Humberto Martins – T2 – *DJe* 19/4/2016)

> **Art. 32.** Os fabricantes e importadores deverão assegurar a oferta de componentes e peças de reposição enquanto não cessar a fabricação ou importação do produto.
>
> Parágrafo único. Cessadas a produção ou importação, a oferta deverá ser mantida por período razoável de tempo, na forma da lei.

REFERÊNCIAS LEGISLATIVAS

- arts. 12, 18, § 1º, 21, 25, § 2º, CDC.

 **ANOTAÇÕES**

- **Oferta de componentes e peças de reposição**: a garantia expressa nesta norma tem alcance menor, a meu ver, do que deveria, visto que impôs uma obrigação sem parâmetros claros, deixando o consumidor à mercê dos fabricantes e importadores. Veja-se, por exemplo, o caso dos carros importados: o consumidor desse tipo de bem acaba na dependência do importador para obter peças de reposição; tal dependência acaba por criar a favor do fornecedor uma reserva de mercado, possibilitando a ele impor o preço de revenda das peças (todos sabem o alto custo desses bens, o que desvaloriza muito os carros importados, causando graves prejuízos ao consumidor). Como disse, a obrigação imposta neste artigo deveria trazer parâmetros mais claros com escopo de se evitar abusos, afinal, como se sabe, o consumidor está sempre em desvantagem.

 JURISPRUDÊNCIA

- A permanência do veículo na oficina por prazo excessivo, até a constatação da indisponibilidade no mercado de peças de reposição, culminando com a conclusão de perda total do bem, impõe danos morais ao consumidor, que extrapolam os limites do mero aborrecimento. (TJMG – Apelação Cível 1.0000.20.592411-1/001 – Des. Valdez Leite Machado – 14ª Câmara Cível – *DJ* 8/4/2021)
- Descumprindo a fabricante o dever legal que lhe é imposto – assegurar a oferta de componentes e peças de reposição (art. 32, do CDC) – mister reconhecer sua responsabilidade pelos danos causados ao consumidor. (TJMG – Apelação Cível 1.0000.20.564430-5/001 – Des. José Marcos Vieira – 16ª Câmara Cível – *DJ* 17/3/2021)
- Para a disponibilização de peças, imposta pelo art. 32, do Código de Defesa do Consumidor, deve ser observado o prazo estabelecido no seu art. 18, § 1º, como parâmetro temporal para o cumprimento da obrigação. O fornecedor que disponibiliza os seus produtos no mercado, não só está obrigado a manter assistência técnica e componentes de reposição, como também a fazê-lo em tempo aceitável, sob pena de violação da proteção estipulada pelas normas consumeristas. (TJMG – Apelação Cível 1.0000.20.481156-6/001 – Des. Baeta Neves – 17ª Câmara Cível – *DJ* 11/2/2021)

> **Art. 33.** Em caso de oferta ou venda por telefone ou reembolso postal, deve constar o nome do fabricante e endereço na embalagem, publicidade e em todos os impressos utilizados na transação comercial.
>
> Parágrafo único. É proibida a publicidade de bens e serviços por telefone, quando a chamada for onerosa ao consumidor que a origina. (Parágrafo único incluído pela Lei nº 11.800, de 2008).

 REFERÊNCIAS LEGISLATIVAS

- arts. 6º, III, IV, 10, 30, 31, 49, 66, CDC.

ANOTAÇÕES

- **Vendas por telefone ou reembolso**: buscando mais uma vez proteger o consumidor, o legislador entendeu ser necessária a disciplina específica desta prática comercial, com escopo de assegurar ao comprador a possibilidade de conhecer o fabricante do produto que está adquirindo. Lembrando que o art. 31 já estabelece, de forma geral, que a oferta e a apresentação de produtos ou serviços devem observar "informações corretas, claras, precisas, ostensivas e em língua portuguesa". Registre-se, ademais, que a aquisição de produtos e serviços por telefone, reembolso postal, internet, ou outra forma não presencial possibilita ao consumidor desistir do contrato no prazo de 7 (sete) dias a contar de sua assinatura ou do ato de recebimento (art. 49).

JURISPRUDÊNCIA

- O artigo 49 do CDC normativa o direito potestativo do consumidor quanto à prerrogativa de, sem ônus algum, desistir do contrato de consumo por ele entabulado, no prazo de 7 (sete) dias contatados de sua assinatura ou do ato do recebimento do produto ou serviço, sempre que a contratação ocorrer fora do estabelecimento comercial, especialmente por telefone ou em domicílio. Não obstante, a manifestação de arrependimento também deve ser exercida na forma indicada pelo contrato para tanto, sob pena de não ser considerada eficaz. (TJMG – Apelação Cível 1.0000.21.032784-7/001 – Des. Márcio Idalmo Santos Miranda – 9ª Câmara Cível – *DJ* 30/6/2021)

- Apelação. Compra e venda por telefone. Produto (cinta modeladora) adquirida por pessoa idosa devido a indicação para "auxiliar a proteger e firmar a coluna". Ação declaratória de inexigibilidade de débito c./c. rescisão contratual e indenização por danos morais. Sentença de parcial procedência. Apelo da autora para fixação de danos morais. Empresa que não prestou as devidas informações sobre os produtos e preços, em especial a consumidora idosa. Enviado "kit" com produtos adicionais. Valor do produto abusivo, sendo enviado duas cintas, uma por R$ 2.472,12 e outra por R$ 0,01. Preço médio de mercado inferior a 90% do valor cobrado. Site da empresa que não informa valores e condições de pagamento. Violação aos arts. 39, IV e V, e 46 do CDC. Lançadas mais duas cobranças em cartão de crédito da consumidora de compras não efetuadas. Idosa que solicitou o cancelamento da venda, mas não teve a cobrança cessada e os valores pagos restituídos. Cobranças que atingiam 45% de seus rendimentos. Valor da compra cancelada estornado no cartão após o ingresso da ação. Outras duas cobranças indevidas cessadas após oito meses por força de liminar. Danos morais configurados. Problema de fácil solução pela empresa, que deu causa a todo o desgaste da consumidora idosa, retirando sua paz e tranquilidade. Sentimentos de impotência, frustração e indignação, que extrapolam o mero dissabor e ensejam condenação pecuniária. Perda do tempo útil. Desvio produtivo do consumidor. Sentença parcialmente reformada. Recurso parcialmente provido. (TJSP – Apelação Cível 1000720-02.2019.8.26.0028 – Rel. L. G. Costa Wagner – 34ª Câmara de Direito Privado – Foro de Aparecida – 1ª Vara – *DJ* 14/9/2020)

Art. 34. O fornecedor do produto ou serviço é solidariamente responsável pelos atos de seus prepostos ou representantes autônomos.

REFERÊNCIAS LEGISLATIVAS

- arts. 7º, parágrafo único, 18, CDC.

ANOTAÇÕES

- **Responsabilidade solidária**: ensina a doutrina que obrigação solidária é aquela em que o devedor pode optar por cobrar a totalidade do débito de todos os coobrigados ou, se preferir, de apenas um deles (a escolha é exclusiva do credor, neste caso, o consumidor), que, no caso de que efetue o pagamento, se sub-roga em relação aos demais coobrigados. Lembro que o CDC veda a denunciação da lide (art. 88).

JURISPRUDÊNCIA

- A jurisprudência do STJ tem se manifestado no sentido de que a responsabilidade no sistema do CDC é solidária, mais ainda no comércio eletrônico, onde o consumidor não tem contato físico com os fornecedores. Precedentes. (STJ – AgInt nos EDcl no REsp 1760965/SC – Min. Benedito Gonçalves – T1 – *DJe* 23/6/2021)

- A responsabilidade solidária dos fornecedores, oriunda do CDC, visa proteção dos consumidores, ou seja, da parte hipossuficiente na relação de consumo. Dessa forma, a escolha do fornecedor que irá figurar no polo passivo da demanda, fica a critério do consumidor. (TJMG – Apelação Cível 1.0000.20.505847-2/004 – Des.(a) Cláudia Maia – 14ª Câmara Cível – *DJ* 17/6/2021)

- Logo, para fins legais, consoante dispõe o art. 34 do CDC e por força da teoria de aparência e da teoria da confiança, a Sony Brasil inclui-se no rol de fornecedores e, portanto, na cadeia de solidariedade prevista no art. 18 do CDC. Daí sua responsabilidade por vício de qualidade ou de quantidade em produtos que ostentem a mesma marca, obrigação genérica que inclui a de prestar assistência técnica – de início, não custa lembrar, foi esse o único pleito (modesto, legítimo e compreensível) do consumidor lesado. (STJ – REsp 1709539/MG – Min. Herman Benjamin – T2 – *DJe* 5/12/2018)

- O acórdão recorrido amolda-se à jurisprudência desta Corte, segundo a qual a responsabilidade do fornecedor e do fabricante, nos casos em que comprovado o vício do produto, é solidária. Precedentes. (STJ – AgInt no AREsp 1106893/SP – Min. Marco Buzzi – T4 – *DJe* 17/4/2018)

> **Art. 35.** Se o fornecedor de produtos ou serviços recusar cumprimento à oferta, apresentação ou publicidade, o consumidor poderá, alternativamente e à sua livre escolha:
>
> I – exigir o cumprimento forçado da obrigação, nos termos da oferta, apresentação ou publicidade;
>
> II – aceitar outro produto ou prestação de serviço equivalente;
>
> III – rescindir o contrato, com direito à restituição de quantia eventualmente antecipada, monetariamente atualizada, e a perdas e danos.

REFERÊNCIAS LEGISLATIVAS

- arts. 6º, 30, 48, 84, CDC.

ANOTAÇÕES

- ***Descumprimento da oferta***: qualquer que seja a opção do consumidor, entre aquelas oferecidas pela norma, é claro, deve manifestá-la preferencialmente por escrito ao fornecedor, concedendo um prazo razoável para execução (cinco dias, por exemplo), com escopo de que tenha um comprovante. Não sendo atendido o pedido, o consumidor deve procurar a justiça.

- ***Princípio da preservação dos negócios jurídicos***: consagrado nos arts. 48 e 84 deste Código, esse princípio indica que o juiz deve conceder a tutela específica da obrigação ou determinar providências que assegurem o resultado prático equivalente ao do adimplemento; a resolução do litígio em perdas e danos deve ser, salvo opção do próprio consumidor, a última alternativa a ser adotada.

JURISPRUDÊNCIA

- Constitui infração consumerista o descumprimento de oferta, apresentação ou publicidade veiculada pelo fornecedor de produtos e serviços, podendo o consumidor, dentre outras hipóteses, exigir o cumprimento forçado da obrigação, nos termos da peça publicitária. Inteligência do art. 35 do Código de Defesa do Consumidor. (TJMG – Apelação Cível 1.0000.20.072357-5/002 – Des.(a) Ana Paula Caixeta – 4ª Câmara Cível – *DJ* 29/7/2021)

- A recusa ao cumprimento da oferta confere ao consumidor a prerrogativa de optar, alternativamente e à sua livre escolha, pelo cumprimento forçado da obrigação, por aceitar outro produto equivalente ou rescindir o contrato, com direito à restituição da quantia eventualmente antecipada, monetariamente atualizada, sem prejuízo das perdas e danos (art. 35, do CDC). Segundo entende o Superior Tribunal de Justiça, "a impossibilidade do cumprimento da obrigação de entregar coisa, no contrato de compra e venda, que é consensual, deve ser restringida exclusivamente à inexistência absoluta do produto, na hipótese em que não há estoque e não haverá mais, pois aquela espécie, marca e modelo não é mais fabricada" (REsp 1872048/RS). (TJMG – Agravo de Instrumento-Cv 1.0000.20.598094-9/001 – Des.(a) Juliana Campos Horta – 12ª Câmara Cível – *DJ* 28/4/2021)

- Como se infere do art. 35 do CDC, a recusa à oferta oferece ao consumidor a prerrogativa de optar, alternativamente e a sua livre escolha, pelo cumprimento forçado da obrigação, aceitar outro produto, ou rescindir o contrato, com direito à restituição de quantia eventualmente antecipada, monetariamente atualizada, somada a perdas e danos. (STJ – REsp 1872048/RS – Min. Nancy Andrighi – T3 – *DJe* 1/3/2021)

- O Código de Defesa do Consumidor prevê hipóteses em que haverá efetiva obrigação de o fornecedor celebrar contrato, a exemplo do princípio da vinculação da oferta (art. 30 e 35, I, do CDC), bem assim da vedação de recusa de atendimento à demanda do consumidor, conforme disponibilidade de estoque e em conformidade com usos e costumes (art. 39, II, CDC). Assim, a liberdade de contratar encontra limite em casos em que a própria lei dispõe ser obrigatório o fornecimento do bem ou do serviço. (TJMG – Apelação Cível 1.0000.20.073343-4/001 – Des. José Marcos Vieira – 16ª Câmara Cível – *DJ* 21/10/2020)

Seção III
Da Publicidade

Art. 36. A publicidade deve ser veiculada de tal forma que o consumidor, fácil e imediatamente, a identifique como tal.

Parágrafo único. O fornecedor, na publicidade de seus produtos ou serviços, manterá, em seu poder, para informação dos legítimos interessados, os dados fáticos, técnicos e científicos que dão sustentação à mensagem.

REFERÊNCIAS LEGISLATIVAS

- arts. 22, XXIX, CF.
- art. 220, § 4º, CF: "a propaganda comercial de tabaco, bebidas alcoólicas, agrotóxicos, medicamentos e terapias estará sujeita a restrições legais, nos termos do inciso II do parágrafo anterior, e conterá, sempre que necessário, advertência sobre os malefícios decorrentes de seu uso".
- arts. 6º, III, 30, 31, 37, 38, 67, 68, do CDC; art. 253, do ECA; Lei 9.294/96 (dispõe sobre as restrições ao uso e à propaganda de produtos fumígenos, bebidas alcoólicas, medicamentos, terapias e defensivos agrícolas); CBAP – Código Brasileiro de Autorregulamentação Publicitária, editado em 5/5/1980.

ANOTAÇÕES

- ***Publicidade***: ela nos cerca e, sob muitos aspectos, nos controla (sociedade de consumo), daí a necessidade da sua regulamentação, com escopo de impor parâmetros que protejam o consumidor. O fornecedor não está obrigado a anunciar, mas se decide fazê-lo deve usar de "informações corretas, claras, precisas, ostensivas e em língua portuguesa sobre suas características, qualidades, quantidade, composição, preço, garantia, prazos de validade e origem, entre outros dados, bem como sobre os riscos que apresentam à saúde e segurança dos consumidores" (art. 31). Lembro que constitui crime o fornecedor fazer ou promover publicidade que sabe ou deveria saber ser enganosa ou abusiva, assim este promover publicidade que sabe ou deveria saber ser capaz de induzir o consumidor a se comportar de forma prejudicial ou perigosa a sua saúde ou segurança (arts. 67 e 68).
- ***Publicidade ostensiva***: a mensagem publicitária só é permitida quando o consumidor puder, imediatamente e de forma fácil, identificá-la como tal, ficando, portanto, proibida aquela que for clandestina, subliminar, disfarçada, por exemplo, de informação. No caso em que a publi-

cidade seja feita por meio de *merchandising*, como, por exemplo, o uso de produtos ou serviços em novelas, seriados e filmes, o consumidor deve ser alertado antecipadamente sobre o fato.

JURISPRUDÊNCIA

- A teor dos artigos 36 e 37, do CDC, nítida a ilicitude da propaganda veiculada. A uma, porque feriu o princípio da identificação da publicidade. A duas, porque revelou-se enganosa, induzindo o consumidor a erro porquanto se adotasse a conduta indicada pela publicidade, independente das consequências, teria condições de obter sucesso em sua vida. (STJ – REsp 1867627 – Decisão Monocrática – Min. Regina Helena Costa – *DT* 20.11.2020)
- A responsabilidade pela qualidade do produto ou serviço anunciado ao consumidor é do fornecedor respectivo, assim conceituado nos termos do art. 3º da Lei 8.078/90, não se estendendo à empresa de comunicação que veicula a propaganda por meio de apresentador durante programa de televisão, denominada "publicidade de palco". (STJ – REsp 1157228/RS – Min. Aldir Passarinho Junior – T4 – *DJe* 27/4/2011)

> **Art. 37.** É proibida toda publicidade enganosa ou abusiva.
> § 1º É enganosa qualquer modalidade de informação ou comunicação de caráter publicitário, inteira ou parcialmente falsa, ou, por qualquer outro modo, mesmo por omissão, capaz de induzir em erro o consumidor a respeito da natureza, características, qualidade, quantidade, propriedades, origem, preço e quaisquer outros dados sobre produtos e serviços.
> § 2º É abusiva, dentre outras a publicidade discriminatória de qualquer natureza, a que incite à violência, explore o medo ou a superstição, se aproveite da deficiência de julgamento e experiência da criança, desrespeita valores ambientais, ou que seja capaz de induzir o consumidor a se comportar de forma prejudicial ou perigosa à sua saúde ou segurança.
> § 3º Para os efeitos deste Código, a publicidade é enganosa por omissão quando deixar de informar sobre dado essencial do produto ou serviço.
> § 4º (Vetado).

REFERÊNCIAS LEGISLATIVAS

- arts. 6º, 8º, 31, 36, 38, 67, 68, CDC; CBAP – Código Brasileiro de Autorregulamentação Publicitária, editado em 5/5/1980.

ANOTAÇÕES

- ***Publicidade enganosa e/ou abusiva***: o legislador foi detalhista ao indicar o que seja "publicidade enganosa e/ou abusiva", buscando efetivamente proteger o consumidor contra anúncios recheados de mentiras, meias verdades, preconceituosos, que incitem à violência e que se aproveitem das suas fraquezas e limites.

JURISPRUDÊNCIA

- Considera-se publicidade enganosa, de acordo do § 1º, do art. 37, do CDC, aquela que contém informação inteira ou parcialmente falsa, ou que omite informações relevantes sobre o produto ou serviço, capaz de induzir a erro o consumidor a respeito da natureza, características, qualidade, quantidade, propriedades, origem, preço e quaisquer outros dados sobre produtos e serviços. (TJMG – Apelação Cível 1.0000.21.070770-9/001 – Des. Marco Aurelio Ferenzini – 14ª Câmara Cível – *DJ* 1/7/2021)

- A teor dos artigos 36 e 37, do CDC, nítida a ilicitude da propaganda veiculada. A uma, porque feriu o princípio da identificação da publicidade. A duas, porque revelou-se enganosa, induzindo o consumidor a erro porquanto se adotasse a conduta indicada pela publicidade, independente das consequências, teria condições de obter sucesso em sua vida. (STJ – REsp 1867627 – Decisão Monocrática – Min. Regina Helena Costa – *DT* 20/11/2020)

- O dever de indenizar exsurge como decorrência do próprio ato ilícito (publicidade enganosa), em afronta às disposições contidas no Código de Defesa do Consumidor, diante da omissão ao consumidor de informação essencial e determinante para aquisição do produto, sobretudo quando consideradas as limitações pessoais ou prescrições médicas, em relação a determinados grupos de indivíduos que são atraídos pela taxação "sem álcool", iludidos de que o consumo da bebida não tem contraindicação. (STJ, AgInt no REsp 1278613/RS, Min. Lázaro Guimarães, T4, *DJe* 26/9/2018)

- No que diz respeito à publicidade enganosa por omissão, a indução a engano decorre da circunstância de o fornecedor negligenciar algum dado essencial sobre o produto ou serviço por ele comercializado, induzindo o consumidor à contratação por meio de erro, por não ter consciência sobre elemento que, se conhecido, prejudicaria sua vontade em concretizar a transação. (STJ – REsp 1540566/SC – Min. Nancy Andrighi – T3 – *DJe* 18/9/2018)

- Se a informação se refere a dados essenciais capazes de onerar o consumidor ou restringir seus direitos, deve integrar o próprio anúncio/contrato, de forma clara, precisa e ostensiva, nos termos do art. 31 do CDC, sob pena de configurar publicidade enganosa por omissão. (STJ – REsp 1342571/MG – Min. Marco Buzzi – T4 – *DJe* 16/2/2017)

- Constitui publicidade enganosa o lançamento de um novo modelo de veículo, totalmente remodelado, no mesmo ano em que já fora comercializado modelo anterior, ambos noticiados como o modelo do ano seguinte. (STJ – REsp 871172/SE – Min. Maria Isabel Gallotti – T4 – *DJe* 24/8/2016)

- A teor dos arts. 36 e 37 do CDC, nítida a ilicitude da propaganda veiculada. A uma, porque feriu o princípio da identificação da publicidade. A duas, porque revelou-se enganosa, induzindo o consumidor a erro porquanto se adotasse a conduta indicada pela publicidade, independentemente das consequências, teria condições de obter sucesso em sua vida. (STJ – REsp 1101949/DF – Min. Marco Buzzi – T4 – *DJe* 30/5/2016)

- O consumidor tem, como direito básico, o de informação expressa e adequada sobre o produto ou o serviço que deseja adquirir ou contratar, sendo proibida a publicidade enganosa, capaz de induzir em erro o consumidor (arts. 31 e 37 do CDC). (STJ – AgInt no AREsp 838346/SP – Min. Humberto Martins – T2 – *DJe* 19/4/2016)

Art. 38. O ônus da prova da veracidade e correção da informação ou comunicação publicitária cabe a quem as patrocina.

REFERÊNCIAS LEGISLATIVAS

- arts. 6º, VIII, 36, 37, 69, CDC.

ANOTAÇÕES

- *Ônus da prova*: a norma não deixa margem para qualquer dúvida, havendo qualquer questionamento sobre eventual abusividade ou enganosidade do anúncio, caberá ao anunciante provar a correção e veracidade das informações veiculadas.

JURISPRUDÊNCIA

- Ressalte-se que, nos termos do art. 38 do CDC, o ônus da prova da veracidade e correção da informação ou comunicação publicitárias cabe a quem as patrocina, ou seja, trata-se de inversão *ope legis*, da qual, de acordo com o Tribunal de origem, no caso em apreço, não se desincumbiram os fornecedores, que "deixaram de comprovar a existência da veracidade e correção da informação". (STJ – REsp 1539056/MG – Min. Luis Felipe Salomão – T4 – *DJe* 18/5/2021)

- É válida a multa aplicada em procedimento administrativo em que o fornecedor do produto não prova a correção da informação que patrocina, ônus que lhe incumbe o Código de Defesa do Consumidor (CDC, art. 38). (TJMG – Apelação Cível 1.0000.19.158504-1/001 – Des. Oliveira Firmo – 7ª Câmara Cível – *DJ* 13/10/2020)

- É objetiva a responsabilidade civil dos fornecedores por falha na prestação de serviços, assim como por eventual violação às normas consumeristas relativas à oferta e à publicidade (arts. 30 a 38 do CDC), bastando ao consumidor demonstrar a ocorrência dos danos alegados e do nexo de causalidade. (TJMG – Apelação Cível 1.0024.14.259693-1/001 – Des. Maurício Pinto Ferreira – 10ª Câmara Cível – *DJ* 19/3/2019)

Seção IV
Das Práticas Abusivas

Art. 39. É vedado ao fornecedor de produtos ou serviços, dentre outras práticas abusivas: (*Caput* com redação dada pela Lei nº 8.884, de 11.6.1994)

I – condicionar o fornecimento de produto ou de serviço ao fornecimento de outro produto ou serviço, bem como, sem justa causa, a limites quantitativos;

II – recusar atendimento às demandas dos consumidores, na exata medida de suas disponibilidades de estoque, e, ainda, de conformidade com os usos e costumes;

III – enviar ou entregar ao consumidor, sem solicitação prévia, qualquer produto, ou fornecer qualquer serviço;

IV – prevalecer-se da fraqueza ou ignorância do consumidor, tendo em vista sua idade, saúde, conhecimento ou condição social, para impingir-lhe seus produtos ou serviços;

V – exigir do consumidor vantagem manifestamente excessiva;

VI – executar serviços sem a prévia elaboração de orçamento e autorização expressa do consumidor, ressalvadas as decorrentes de práticas anteriores entre as partes;

VII – repassar informação depreciativa, referente a ato praticado pelo consumidor no exercício de seus direitos;

VIII – colocar, no mercado de consumo, qualquer produto ou serviço em desacordo com as normas expedidas pelos órgãos oficiais competentes ou, se normas específicas não existirem, pela Associação Brasileira de Normas Técnicas ou outra entidade credenciada pelo Conselho Nacional de Metrologia, Normalização e Qualidade Industrial (Conmetro);

IX – recusar a venda de bens ou a prestação de serviços, diretamente a quem se disponha a adquiri-los mediante pronto pagamento, ressalvados os casos de intermediação regulados em leis especiais; (Inciso com redação dada pela Lei nº 8.884, de 11.6.1994)

X – elevar sem justa causa o preço de produtos ou serviços. (Incluído pela Lei nº 8.884, de 11.6.1994)

XI – Dispositivo incluído pela MPV nº 1.890-67, de 22.10.1999, transformado em inciso XIII, quando da conversão na Lei nº 9.870, de 23.11.1999.

XII – deixar de estipular prazo para o cumprimento de sua obrigação ou deixar a fixação de seu termo inicial a seu exclusivo critério. (Inciso incluído pela Lei nº 9.008, de 21.3.1995)

XIII – aplicar fórmula ou índice de reajuste diverso do legal ou contratualmente estabelecido. (Inciso incluído pela Lei nº 9.870, de 23.11.1999)

XIV – permitir o ingresso em estabelecimentos comerciais ou de serviços de um número maior de consumidores que o fixado pela autoridade administrativa como máximo. (Inciso incluído pela Lei nº 13.425, de 2017)

Parágrafo único. Os serviços prestados e os produtos remetidos ou entregues ao consumidor, na hipótese prevista no inciso III, equiparam-se às amostras grátis, inexistindo obrigação de pagamento.

REFERÊNCIAS LEGISLATIVAS

- arts. 6º, 37, 40, 41, 42, 43, 51, IV, 53, 71, CDC; art. 187, CC.
- Lei 14.046/2020 – MP 948/2020 (Dispõe sobre o adiamento e o cancelamento de serviços, de reservas e de eventos dos setores de turismo e de cultura em razão do estado de calamidade

pública reconhecido pelo Decreto Legislativo 6, de 20 de março de 2020, e da emergência de saúde pública de importância internacional decorrente da pandemia da Covid-19).

- Lei 14.034/2020 (Dispõe sobre medidas emergenciais para a aviação civil brasileira em razão da pandemia da Covid-19).

- Lei 14.010/2020 (Dispõe sobre o Regime Jurídico Emergencial e Transitório das relações jurídicas de Direito Privado – RJET no período da pandemia da Covid-19 por coronavírus).

ANOTAÇÕES

- **Práticas abusivas**: são medidas tomadas pelos fornecedores de produtos ou serviços que ofendem direta ou indiretamente os diretos do consumidor, daí a classificação como "abusivas". O rol apresentado neste artigo é apenas exemplificativo; ou seja, não engloba todas as práticas abusivas dos fornecedores.

JURISPRUDÊNCIA

- Súmula 532 do STJ: Constitui prática comercial abusiva o envio de cartão de crédito sem prévia e expressa solicitação do consumidor, configurando-se ato ilícito indenizável e sujeito à aplicação de multa administrativa.

- Apelação. Compra e venda por telefone. Produto (cinta modeladora) adquirida por pessoa idosa devido a indicação para "auxiliar a proteger e firmar a coluna". Ação declaratória de inexigibilidade de débito c./c. rescisão contratual e indenização por danos morais. Sentença de parcial procedência. Apelo da autora para fixação de danos morais. Empresa que não prestou as devidas informações sobre os produtos e preços, em especial a consumidora idosa. Enviado "kit" com produtos adicionais. Valor do produto abusivo, sendo enviado duas cintas, uma por R$ 2.472,12 e outra por R$ 0,01. Preço médio de mercado inferior a 90% do valor cobrado. Site da empresa que não informa valores e condições de pagamento. Violação aos arts. 39, IV e V, e 46 do CDC. Lançadas mais duas cobranças em cartão de crédito da consumidora de compras não efetuadas. Idosa que solicitou o cancelamento da venda, mas não teve a cobrança cessada e os valores pagos restituídos. Cobranças que atingiam 45% de seus rendimentos. Valor da compra cancelada estornado no cartão após o ingresso da ação. Outras duas cobranças indevidas cessadas após oito meses por força de liminar. Danos morais configurados. Problema de fácil solução pela empresa, que deu causa a todo o desgaste da consumidora idosa, retirando sua paz e tranquilidade. Sentimentos de impotência, frustração e indignação, que extrapolam o mero dissabor e ensejam condenação pecuniária. Perda do tempo útil. Desvio produtivo do consumidor. Sentença parcialmente reformada. Recurso parcialmente provido. (TJSP – Apelação Cível 1000720-02.2019.8.26.0028 – Rel. L. G. Costa Wagner – 34ª Câmara de Direito Privado – Foro de Aparecida – 1ª Vara – *DJ* 14/9/2020)

- Ademais, a proteção contra práticas abusivas, assim como o direito à informação, é direito básico do consumidor, cuja manifesta vulnerabilidade (técnica e informacional) impõe a defesa da qualidade do seu consentimento, bem como a vedação da ofensa ao equilíbrio contratual. (STJ – REsp 1326592/GO – Min. Luis Felipe Salomão – T4 – *DJe* 6/8/2019)

- O CDC adotou formas abertas e conceitos indeterminados para definir as práticas e cláusulas abusivas, encarregando o magistrado da tarefa de examinar, em cada hipótese concreta, a efetiva ocorrência de referidas práticas ilegais. (STJ – REsp 1737428/RS – Min. Nancy Andrighi – T3 – *DJe* 15/3/2019)

- Apesar da inegável importância do dever de informação, como elemento indispensável na oferta de serviços no mercado de consumo, certo é que sua invocação não pode subverter a relação para impor vantagem oportunista de quem consome o serviço prestado pelo fornecedor. Inadmissível, portanto, o propósito do consumidor de equiparar o serviço médico-hospitalar de emergência como oferta grátis do hospital. (STJ – REsp 1578474/SP – Min. Nancy Andrighi – T3 – *DJe* 13/12/2018)

- Dentre os diversos mecanismos de proteção ao consumidor estabelecidos pela lei, a fim de equalizar a relação faticamente desigual em comparação ao fornecedor, destacam-se os arts. 39 e 51 do CDC, que, com base nos princípios da função social do contrato e da boa-fé objetiva, estabelecem, em rol exemplificativo, as hipóteses, respectivamente, das chamadas práticas abusivas, vedadas pelo ordenamento jurídico, e das cláusulas abusivas, consideradas nulas de pleno direito em contratos de consumo, configurando nítida mitigação da força obrigatória dos contratos (*pacta sunt servanda*). (STJ – REsp 1699780/SP – Min. Marco Aurélio Bellizze – T3 – *DJe* 17/9/2018)

- A partir da interpretação do art. 39 do CDC, considera-se prática abusiva tanto o cancelamento de voos sem razões técnicas ou de segurança inequívocas como o descumprimento do dever de informar o consumidor, por escrito e justificadamente, quando tais cancelamentos vierem a ocorrer. (STJ – REsp 1469087/AC – Min. Humberto Martins – T2 – *DJe* 17/11/2016)

- Prática abusiva (*lato sensu*) é aquela que contraria as regras mercadológicas de boa e leal conduta com os consumidores, sendo, de rigor, sua prevenção, reparação e repressão. O Código de Defesa do Consumidor traz rol meramente exemplificativo de práticas abusivas (art. 39), cabendo ao juiz identificar, no caso concreto, hipóteses de violação dos princípios que orientam o microssistema. (STJ – REsp 1539165/MG – Min. Humberto Martins – T2 – *DJe* 16/11/2016)

- A inserção de cláusula de renúncia em declaração de saúde é abusiva por induzir o segurado a abrir mão do direito ao exercício livre da opção de ser orientado por um médico por ocasião do preenchimento daquela declaração, notadamente porque se trata de documento que tem o condão de viabilizar futura negativa de cobertura de procedimento ou tratamento. (STJ – REsp 1554448/PE – Min. João Otávio de Noronha – T3 – *DJe* 26/2/2016)

- A diferenciação entre o pagamento em dinheiro, cheque ou cartão de crédito caracteriza prática abusiva no mercado de consumo, nociva ao equilíbrio contratual. Exegese do art. 39, V e X, do CDC. (STJ – REsp 1479039/MG – Min. Humberto Martins – T2 – *DJe* 16/10/2015)

"Venda casada"

- Uma das formas de violação da boa-fé objetiva é a **venda casada** (*tying arrangement*), que consiste no prejuízo à liberdade de escolha do consumidor decorrente do condicionamento, subordinação e vinculação da aquisição de um produto ou serviço (principal – "tying") à concomitante aquisição de outro (secundário – "tied"), quando o propósito do consumidor é, unicamente, o de obter o produto ou serviço principal. (STJ – REsp 1737428/RS – Min. Nancy Andrighi – T3 – *DJe* 15/3/2019)

- A venda casada "às avessas", indireta ou dissimulada consiste em se admitir uma conduta de consumo intimamente relacionada a um produto ou serviço, mas cujo exercício é restringido à única opção oferecida pelo próprio fornecedor, limitando, assim, a liberdade de escolha do consumidor. Precedentes. (STJ – REsp 1737428/RS – Min. Nancy Andrighi – T3 – *DJe* 15/3/2019)

- A venda casada ocorre em virtude do condicionamento a uma única escolha, a apenas uma alternativa, já que não é conferido ao consumidor usufruir de outro produto senão aquele alienado pelo fornecedor. Ao compelir o consumidor a comprar dentro do próprio cinema todo e qualquer produto alimentício, o estabelecimento dissimula uma venda casada (art. 39, I, do CDC), limitando a liberdade de escolha do consumidor (art. 6º, II, do CDC), o que revela prática abusiva. (STJ – REsp 1331948/SP – Min. Ricardo Villas Bôas Cueva – T3 – *DJe* 5/9/2016)

Art. 40. O fornecedor de serviço será obrigado a entregar ao consumidor orçamento prévio discriminando o valor da mão de obra, dos materiais e equipamentos a serem empregados, as condições de pagamento, bem como as datas de início e término dos serviços.

§ 1º Salvo estipulação em contrário, o valor orçado terá validade pelo prazo de dez dias, contado de seu recebimento pelo consumidor.

§ 2º Uma vez aprovado pelo consumidor, o orçamento obriga os contraentes e somente pode ser alterado mediante livre negociação das partes.

§ 3º O consumidor não responde por quaisquer ônus ou acréscimos decorrentes da contratação de serviços de terceiros não previstos no orçamento prévio.

REFERÊNCIAS LEGISLATIVAS

- arts. 6º, III, 21, 30, 31, 39, VI, 70, CDC; arts. 132, 619, CC.

JURISPRUDÊNCIA

- Em atendimentos de urgência e emergência, exigir do hospital a apresentação de orçamento prévio – com descrição minuciosa do valor da mão de obra, dos materiais e equipamentos a serem empregados, as condições de pagamento, bem como as datas de início e término dos serviços – implica a inviabilidade da prestação do próprio serviço ao paciente, pois a dinâmica indispensável ao diagnóstico e resposta ao problema de saúde nessas circunstâncias impede a sua exaustiva discriminação prévia. (STJ – REsp 1578474/SP – Min. Nancy Andrighi – T3 – *DJe* 13/12/2018)

> **Art. 41.** No caso de fornecimento de produtos ou de serviços sujeitos ao regime de controle ou de tabelamento de preços, os fornecedores deverão respeitar os limites oficiais sob pena de não o fazendo, responderem pela restituição da quantia recebida em excesso, monetariamente atualizada, podendo o consumidor exigir à sua escolha, o desfazimento do negócio, sem prejuízo de outras sanções cabíveis.

REFERÊNCIAS LEGISLATIVAS

- arts. 30, 31, 35, I, CDC.

Seção V
Da Cobrança de Dívidas

> **Art. 42.** Na cobrança de débitos, o consumidor inadimplente não será exposto a ridículo, nem será submetido a qualquer tipo de constrangimento ou ameaça.
>
> Parágrafo único. O consumidor cobrado em quantia indevida tem direito à repetição do indébito, por valor igual ao dobro do que pagou em excesso, acrescido de correção monetária e juros legais, salvo hipótese de engano justificável.

REFERÊNCIAS LEGISLATIVAS

- arts. 6º, IV, VI, 39, 43, 71, CDC; arts. 188, I, 205, 206, 940, CC.

ANOTAÇÕES

- ***Cobrança abusiva***: por óbvio que o fornecedor tem o direito de cobrar aquilo que lhe é devido, o que o CDC proíbe é o uso de métodos abusivos que atinjam a integridade e a honra do consumidor. As ações vedadas ficam mais claras no *caput* do art. 71: "*utilizar, na cobrança de dívidas, de ameaça, coação, constrangimento físico ou moral, afirmações falsas incorretas ou enganosas ou de qualquer outro procedimento que exponha o consumidor, injustificadamente, a ridículo ou interfira com seu trabalho, descanso ou lazer*".
- ***Repetição do indébito em dobro***: a fim de poder requerer a devolução em dobro do que lhe foi cobrado é necessário que a cobrança seja indevida e que o consumidor tenha efetivado o pagamento (cartão de crédito, débito em conta etc.).

JURISPRUDÊNCIA

- O consumidor cobrado em quantia indevida tem direito à repetição do indébito, por valor igual ao dobro do que pagou em excesso, acrescido de correção monetária e juros legais, salvo hipótese de engano justificável (CDC, art. 42). (TJMG – Apelação Cível 1.0000.20.469203-2/001 – Des. Ramom Tácio – 16ª Câmara Cível – *DJ* 5/5/2021)

- A repetição do indébito prevista no art. 42, parágrafo único, do CDC somente é devida quando comprovada a má-fé do fornecedor; em não comprovada a má-fé, é devida a restituição simples. (STJ – AgInt nos EDcl no REsp 1316734/RS – Rel. Min. Luis Felipe Salomão – T4 – *DJe* 19/5/2017)

- Nos casos de cobrança indevida de tarifas, por se tratar de relação consumerista, aplica-se o parágrafo único do art. 42 do CDC, cuja finalidade é evitar a inclusão de cláusulas abusivas que permitam que o fornecedor se utilize de métodos escusos e constrangedores de cobrança. A quantia paga em excesso deve, portanto, ser restituída em dobro, salvo quando caracterizado engano justificável da concessionária na cobrança indevida. (STJ – AgRg no AREsp 327606/RJ – Min. Napoleão Nunes Maia Filho – T1 – *DJe* 5/4/2017)

- Esta Corte firmou o entendimento de que nas ações de repetição de indébito de valores cobrados indevidamente referentes a serviços não contratados, movidas contra empresa de telefonia, o prazo prescricional a ser aplicado é o trienal previsto no art. 206, § 3º, V, do CC. (STJ – AgRg no AREsp 749015/RS – Min. Moura Ribeiro – T3 – *DJe* 1/7/2016)

- Não configura engano justificável a cobrança de tarifa referente a esgoto, se não foi prestado pela concessionária o serviço público, razão pela qual os valores indevidamente cobrados ao usuário devem ser restituídos em dobro. (STJ – AgRg no AREsp 62613/RJ – Min. Humberto Martins – T2 – *DJe* 14/12/2011)

- É inviável a suspensão do fornecimento de energia elétrica em razão de cobrança de débitos pretéritos. Exegese dos arts. 42 do CDC e 6º, § 3º, I e II, da Lei 8.987/95. (STJ – EREsp 1069215/RS – Min. Herman Benjamin – S1 – *DJe* 1/2/2011)

- É indevido o corte do fornecimento de água nos casos em que se trata de cobrança de débitos antigos e consolidados, os quais devem ser reivindicados pelas concessionárias por meio das vias ordinárias de cobrança, sob pena de infringir-se o disposto no art. 42 do Código de Defesa do Consumidor. (STJ – AgRg no REsp 1074977/RJ – Min. Castro Meira – T2 – *DJe* 14/10/2009)

> **Art. 42-A.** Em todos os documentos de cobrança de débitos apresentados ao consumidor, deverão constar o nome, o endereço e o número de inscrição no Cadastro de Pessoas Físicas – CPF ou no Cadastro Nacional de Pessoa Jurídica – CNPJ do fornecedor do produto ou serviço correspondente. (Artigo incluído pela Lei nº 12.039, de 2009)

REFERÊNCIAS LEGISLATIVAS

- arts. 6º, III, 42, 71, CDC.

Seção VI
Dos Bancos de Dados e Cadastros de Consumidores

Art. 43. O consumidor, sem prejuízo do disposto no art. 86, terá acesso às informações existentes em cadastros, fichas, registros e dados pessoais e de consumo arquivados sobre ele, bem como sobre as suas respectivas fontes.

§ 1º Os cadastros e dados de consumidores devem ser objetivos, claros, verdadeiros e em linguagem de fácil compreensão, não podendo conter informações negativas referentes a período superior a cinco anos.

§ 2º A abertura de cadastro, ficha, registro e dados pessoais e de consumo deverá ser comunicada por escrito ao consumidor, quando não solicitada por ele.

§ 3º O consumidor, sempre que encontrar inexatidão nos seus dados e cadastros, poderá exigir sua imediata correção, devendo o arquivista, no prazo de cinco dias úteis, comunicar a alteração aos eventuais destinatários das informações incorretas.

§ 4º Os bancos de dados e cadastros relativos a consumidores, os serviços de proteção ao crédito e congêneres são considerados entidades de caráter público.

§ 5º Consumada a prescrição relativa à cobrança de débitos do consumidor, não serão fornecidas, pelos respectivos Sistemas de Proteção ao Crédito, quaisquer informações que possam impedir ou dificultar novo acesso ao crédito junto aos fornecedores.

§ 6º Todas as informações de que trata o *caput* deste artigo devem ser disponibilizadas em formatos acessíveis, inclusive para a pessoa com deficiência, mediante solicitação do consumidor. (Parágrafo incluído pela Lei nº 13.146, de 2015)

REFERÊNCIAS LEGISLATIVAS

- art. 5º, LXXII e LXXIX, da CF; arts. 6º, III, 42, 72, 73, CDC; arts. 205, 206, CC.
- Lei 13.853/2019 (Altera a Lei 13.709, de 14 de agosto de 2018, para dispor sobre a proteção de dados pessoais e para criar a Autoridade Nacional de Proteção de Dados; e dá outras providências).
- Lei 13.709/2018 (Lei Geral de Proteção de Dados Pessoais – LGPD).
- Decreto 9.936/2019 (Regulamenta a Lei 12.414, de 9 de junho de 2011, que disciplina a formação e a consulta a bancos de dados com informações de adimplemento, de pessoas naturais ou de pessoas jurídicas, para a formação de histórico de crédito).

ANOTAÇÕES

- ***Serviços de proteção ao crédito***: a norma garante ao consumidor acesso a todo e qualquer banco de danos sobre ele, seja público ou privado; os mais conhecidos e mencionados são o SPC – Serviço de Proteção ao Crédito, ligado à Associação Comercial de Lojistas, SCPC – Serviço Central de Proteção ao Crédito da Associação Comercial de São Paulo e a SERASA

EXPERIAN, ligada ao setor bancário; assim como determina que estes órgãos providenciem a "prévia" notificação do consumidor quando receberem pedido de abertura de cadastro (anotação negativa). A obrigação de notificar previamente o consumidor também existe no caso de importação de dados do CCF – Cadastro de Emitentes de Cheques sem Fundos do Banco Central do Brasil.

JURISPRUDÊNCIA

- Súmula 323 do STJ: A inscrição do nome do devedor pode ser mantida nos serviços de proteção ao crédito até o prazo máximo de cinco anos, independentemente da prescrição da execução.

- Súmula 359 do STJ: Cabe ao órgão mantenedor do Cadastro de Proteção ao Crédito a notificação do devedor antes de proceder à inscrição.

- Súmula 385 do STJ: Da anotação irregular em cadastro de proteção ao crédito, não cabe indenização por dano moral, quando preexistente legítima inscrição, ressalvado o direito ao cancelamento.

- Súmula 404 do STJ: É dispensável o aviso de recebimento (AR) na carta de comunicação ao consumidor sobre a negativação de seu nome em bancos de dados e cadastros.

- Súmula 548 do STJ: Incumbe ao credor a exclusão do registro da dívida em nome do devedor no cadastro de inadimplentes no prazo de cinco dias úteis, a partir do integral e efetivo pagamento do débito.

- Súmula 550 do STJ: A utilização de escore de crédito, método estatístico de avaliação de risco que não constitui banco de dados, dispensa o consentimento do consumidor, que terá o direito de solicitar esclarecimentos sobre as informações pessoais valoradas e as fontes dos dados considerados no respectivo cálculo.

- Súmula 572 do STJ: O Banco do Brasil, na condição de gestor do Cadastro de Emitentes de Cheques sem Fundos (CCF), não tem a responsabilidade de notificar previamente o devedor acerca da sua inscrição no aludido cadastro, tampouco legitimidade passiva para as ações de reparação de danos fundadas na ausência de prévia comunicação.

- Tratando-se de fato negativo, compete à entidade arquivista ré demonstrar que notificou o consumidor. (TJMG – Apelação Cível 1.0000.21.045362-7/001 – Des.(a) Lílian Maciel – 20ª Câmara Cível – *DJ* 21/7/2021)

- A jurisprudência do STJ orienta no sentido de que o cadastro de emitentes de cheques sem fundos (CCF) mantido pelo Banco Central do Brasil é de consulta restrita, não podendo ser equiparado a dados públicos, como os oriundos dos cartórios de protesto de títulos e de distribuição de processos judiciais. A ausência de prévia comunicação ao consumidor da inscrição do seu nome em cadastros de proteção ao crédito, prevista no art. 43, § 2º, do CDC, é suficiente para caracterizar o dano moral, ensejando o direito à respectiva compensação, salvo quando preexista inscrição desabonadora regularmente realizada (Súm. 385/STJ). (STJ – REsp 1578448/SP – Min. Nancy Andrighi – T3 – *DJe* 12/4/2019)

- A jurisprudência do STJ concilia e harmoniza os prazos do § 1º com o do § 5º do art. 43 do CDC, para estabelecer que a manutenção da inscrição negativa nos cadastros de proteção ao crédito respeita a exigibilidade do débito inadimplido, tendo, para tanto, um limite máximo de cinco anos que pode ser, todavia, restringido, se for menor o prazo prescricional para a cobrança do crédito. (STJ – REsp 1630659/DF – Min. Nancy Andrighi – T3 – *DJe* 21/9/2018)

- Em razão do respeito à exigibilidade do crédito e ao princípio da veracidade da informação, o termo inicial do limite temporal de cinco anos em que a dívida pode ser inscrita no banco de dados de inadimplência é contado do primeiro dia seguinte à data de vencimento da dívida. (STJ – REsp 1630889/DF – Min. Nancy Andrighi – T3 – *DJe* 21/9/2018)

- A notificação prévia de que trata o art. 43, § 2º, do CDC, considera-se cumprida pelo órgão de manutenção do cadastro com o simples envio da correspondência ao endereço fornecido pelo credor. (STJ – AgRg no AREsp 245.667/PR – Rel. Min. Antonio Carlos Ferreira – *DJe* 23/4/2013)

- Para adimplemento, pelos cadastros de inadimplência, da obrigação consubstanciada no art. 43, § 2º, do CDC, basta que comprovem a postagem, ao consumidor, da correspondência, notificando-o quanto à inscrição de seu nome no respectivo cadastro, sendo desnecessário aviso de recebimento. A postagem deverá ser dirigida ao endereço fornecido pelo credor. (STJ – REsp 1.083.291/RS – Rel. Min. Nancy Andrighi – S2 – T3 – *DJe* 20/10/2009)

- Os órgãos mantenedores de cadastros possuem legitimidade passiva para as ações que buscam a reparação dos danos morais e materiais decorrentes da inscrição, sem prévia notificação, do nome de devedor em seus cadastros restritivos, inclusive quando os dados utilizados para a negativação são oriundos do **CCF** do Banco Central ou de outros cadastros mantidos por entidades diversas. (STJ – REsp n. 1.061.134/RS – submetido ao rito do art. 543-C do CPC/73 – Rel. Min. Nancy Andrighi – S2 – j. 10/12/2008 – *DJe* 1º/4/2009)

Art. 44. Os órgãos públicos de defesa do consumidor manterão cadastros atualizados de reclamações fundamentadas contra fornecedores de produtos e serviços, devendo divulgá-lo pública e anualmente. A divulgação indicará se a reclamação foi atendida ou não pelo fornecedor.

§ 1º É facultado o acesso às informações lá constantes para orientação e consulta por qualquer interessado.

§ 2º Aplicam-se a este artigo, no que couber, as mesmas regras enunciadas no artigo anterior e as do parágrafo único do art. 22 deste Código.

REFERÊNCIAS LEGISLATIVAS

- arts. 4º, 5º, 22, parágrafo único, 43, CDC.

Art. 45. (Vetado).

CAPÍTULO VI
DA PROTEÇÃO CONTRATUAL

Seção I
Disposições Gerais

Art. 46. Os contratos que regulam as relações de consumo não obrigarão os consumidores, se não lhes for dada a oportunidade de tomar conhecimento prévio de seu conteúdo, ou se os respectivos instrumentos forem redigidos de modo a dificultar a compreensão de seu sentido e alcance.

REFERÊNCIAS LEGISLATIVAS

- arts. 4º, III, 6º, V, 30, 31, 32, 51, 52, 54, 54-B, CDC.

ANOTAÇÕES

- *Dirigismo contratual*: considerando os aspectos relevantes da relação de consumo, o Estado entendeu necessário interferir na liberdade das partes de contratar, impondo, como no caso do presente artigo, regras que ficam acima da vontade das partes, se apresentando como verdadeiro pressuposto de validade do contrato. O fundamento é a primazia pela "boa-fé" (art. 4º, III), buscando-se garantir o equilíbrio das relações de consumo.

- *Conhecimento prévio como condição de validade*: inicialmente, há que se destacar que é obrigação do fornecedor certificar-se de que o consumidor realmente tomou conhecimento "prévio" do conteúdo do contrato (arts. 52, 54 e 54-B); para tanto, não basta que apresente o contrato a ele, aconselhando-o que o leia; deve, isso sim, apontar no referido contrato cada um dos direitos do consumidor e principalmente cada uma das suas obrigações, explicando o conteúdo técnico e esclarecendo dúvidas que eventualmente este tenha. O fornecedor deve fazer isso em defesa própria, visto que a validade do contrato depende diretamente de ser capaz de provar, no caso de ser questionado judicialmente, que assim agiu (art. 6º, VIII).

JURISPRUDÊNCIA

- O art. 46, da Lei 8.078/90, adota o princípio da transparência contratual, obrigando os fornecedores de serviços a dar conhecimento prévio e inequívoco aos consumidores sobre o conteúdo dos contratos firmados. Inexistindo exclusão expressa, no contrato firmado entre as partes, do tratamento prescrito pelo médico do autor, a operadora de plano de saúde deve arcar com os custos do procedimento. o rol de procedimentos e eventos elaborado pela ANS – Agência Nacional de Saúde estabelece a cobertura mínima obrigatória pelos planos de saúde, mas não exclui a prestação de cobertura assistencial adequada às necessidades de saúde dos pacientes de acordo com a indicação do médico responsável e perspectiva de eficácia do tratamento da doença. (TJMG – Apelação Cível 1.0024.11.342494-9/001 – Des. (a) Evangelina Castilho Duarte – 14ª Câmara Cível – *DJ* 15/7/2021)

- As cláusulas contratuais são interpretadas de maneira mais favorável ao consumidor e, quando restritivas, são interpretadas contra aquele que as estipulou, a ele impondo-se provar ter dado conhecimento prévio e inequívoco ao consumidor. (TJMG – Apelação Cível 1.0000.21.079981-3/001 – Des.(a) Evangelina Castilho Duarte – 14ª Câmara Cível – *DJ* 24/6/2021)

- Ao contrato de plano de saúde, que é de adesão, são aplicáveis as normas do Código de Defesa do Consumidor, que adota, em seu art. 46, o princípio da transparência contratual, obrigando os fornecedores de serviços a dar conhecimento prévio e inequívoco aos consumidores sobre o conteúdo ajustado. Não havendo provas da ciência do usuário quanto à pactuação do reajuste das mensalidades por mudança de faixa etária, deve ser vedada a sua implementação. (TJMG – Apelação Cível 1.0000.21.067205-1/001 – Des.(a) Evangelina Castilho Duarte – 14ª Câmara Cível – *DJ* 17/6/2021)

- Nas relações de consumo, o consumidor só se vincula às disposições contratuais em que, previamente, lhe é dada a oportunidade de prévio conhecimento, nos termos do Código de Defesa do Consumidor. A existência de cláusula contratual excluindo a cobertura, para ser válida entre as partes, necessitaria do conhecimento prévio do segurado no momento da contratação, o que não foi observado na espécie. (STJ – AgInt no AgInt no REsp 1754047/DF – Min. Raul Araújo – T4 – *DJe* 22/3/2021)

- Ao contrato de seguro, que é de adesão, são aplicáveis as normas do Código de Defesa do Consumidor, que adota, em seu art. 46, o princípio da transparência contratual, obrigando os fornecedores de serviços a dar conhecimento prévio e inequívoco aos consumidores sobre o conteúdo ajustado. (TJMG – Apelação Cível 1.0704.13.002869-6/003 – Des.(a) Evangelina Castilho Duarte – 14ª Câmara Cível – *DJ* 4/2/2021)

- No âmbito dos contratos que regulam as relações de consumo, o consumidor só se vincula às disposições neles inseridas se lhe for dada a oportunidade de conhecimento prévio do seu conteúdo (CDC, art. 46), especialmente no que diz respeito a cláusulas que importem restrição de direitos (STJ – REsp 1.660.164/SP – Rel. Min. Marco Aurélio Bellizze – T3 – *DJe* 23/10/2017)

Art. 47. As cláusulas contratuais serão interpretadas de maneira mais favorável ao consumidor.

REFERÊNCIAS LEGISLATIVAS

- art. 170, V, CF; arts. 4º, I, 6º, 46, 50, 51, 54, CDC.

ANOTAÇÕES

- ***Interpretação dos contratos de consumo***: todas as normas consumeristas fundamentalmente procuram proteger o consumidor, considerando a sua evidente vulnerabilidade diante do sistema de produção em massa; assim, não poderia ser outra a orientação de como devem ser interpretadas as cláusulas contratuais, aqui entendidas como qualquer pacto (verbal ou escrito) estabelecido entre um fornecedor e o consumidor, senão de maneira mais favorável a este último, afinal, todos sabemos que isonomia é justamente tratar desigualmente os desiguais.

 JURISPRUDÊNCIA

- O Plano de Saúde não pode se negar a cobrir o medicamento solicitado pelo médico da paciente/segurada sob a alegação de que não está regulamentado pela ANS, por ser a interpretação literal da norma prejudicial à consumidora (art. 47, CDC), porque o rol estabelecido pelo aludido órgão regulador é meramente exemplificativo e, ainda, por ser o bem jurídico tutelado a própria vida da consumidora e da criança que está sendo por ela gerada. (TJMG – Agravo de Instrumento-Cv 1.0000.21.007777-2/001 – Des.(a) Aparecida Grossi – 17ª Câmara Cível – *DJ* 8/7/2021)

- As cláusulas contratuais são interpretadas de maneira mais favorável ao consumidor e, quando restritivas, são interpretadas contra aquele que as estipulou, a ele impondo-se provar ter dado conhecimento prévio e inequívoco ao consumidor. (TJMG – Apelação Cível 1.0000.21.079981-3/001 – Des.(a) Evangelina Castilho Duarte – 14ª Câmara Cível – *DJ* 24/6/2021)

- Conforme o entendimento do art. 47 do Código de Defesa do Consumidor, as cláusulas contratuais devem ser interpretadas de maneira mais favorável ao consumidor. As operadoras de planos de saúde podem limitar as doenças cobertas, observado o rol editado pela ANS, mas não podem limitar os procedimentos necessários para o respectivo tratamento. (TJMG – Apelação Cível 1.0000.16.097234-5/002 – Des. Antônio Bispo – Rel. para o acórdão Des. José Américo Martins da Costa – 15ª Câmara Cível – *DJ* 17/6/2021)

- Ao interpretar o contrato de seguro de forma desfavorável ao consumidor, o acórdão vergastado acabou por ofender o art. 47 do Código de Defesa do Consumidor, revestindo-se de ilegalidade, visto que negou o direito dos herdeiros beneficiários à indenização contratualmente estabelecida. (STJ – REsp 1726225/RJ – Min. Moura Ribeiro – T3 – *DJe* 24/9/2018)

- A jurisprudência desta Corte é de que as cláusulas contratuais devem ser interpretadas da maneira mais favorável ao consumidor (art. 47 do CDC), devendo observar o direito de informação, mediante redação clara, expressa e em destaque das cláusulas limitativas de direitos. (STJ – AgInt no AREsp 1023073/RJ – Min. Antonio Carlos Ferreira – T4 – *DJe* 5/9/2017)

- A falta de clareza e dubiedade das cláusulas impõem ao julgador uma interpretação favorável ao consumidor (art. 47 do CDC), parte hipossuficiente por presunção legal, bem como a nulidade de cláusulas que atenuem a responsabilidade do fornecedor, ou redundem em renúncia ou disposição de direitos pelo consumidor (art. 51, I, do CDC), ou desvirtuem direitos fundamentais inerentes à natureza do contrato (art. 51, § 1º, II, do CDC). (STJ – AgRg no REsp 1331935/SP – Rel. Min. Ricardo Villas Bôas Cueva – T3 – *DJe* 10/10/2013)

> **Art. 48.** As declarações de vontade constantes de escritos particulares, recibos e pré-contratos relativos às relações de consumo vinculam o fornecedor, ensejando inclusive execução específica, nos termos do art. 84 e parágrafos.

REFERÊNCIAS LEGISLATIVAS

- arts. 30, 35, 84, CDC.

ANOTAÇÕES

- *Cumprimento da oferta*: a ideia da norma é no sentido de que a manifestação de vontade de contratar do fornecedor, por qualquer meio (escritos particulares, recibos, pré-contratos etc.), o vincula à oferta, possibilitando inclusive que o consumidor busque a execução específica por meio da ação de obrigação de fazer (art. 84).

JURISPRUDÊNCIA

- O CDC consagrou expressamente, em seus arts. 48 e 84, o princípio da preservação dos negócios jurídicos, segundo o qual se pode determinar qualquer providência a fim de que seja assegurado o resultado prático equivalente ao adimplemento da obrigação de fazer, razão pela qual a solução de extinção do contrato e sua conversão em perdas e danos é a *ultima ratio*, o último caminho a ser percorrido. (STJ – REsp 1872048/RS – Min. Nancy Andrighi – T3 – *DJe* 1/3/2021)

- Nos termos do art. 48 do CDC, a proposta de contrato obriga o proponente. (TJMG – Apelação Cível 1.0209.13.005641-6/001 – Des. Sérgio André da Fonseca Xavier – 18ª Câmara Cível – *DJ* 22/8/2017)

> **Art. 49.** O consumidor pode desistir do contrato, no prazo de 7 dias a contar de sua assinatura ou do ato de recebimento do produto ou serviço, sempre que a contratação de fornecimento de produtos e serviços ocorrer fora do estabelecimento comercial, especialmente por telefone ou a domicílio.
>
> Parágrafo único. Se o consumidor exercitar o direito de arrependimento previsto neste artigo, os valores eventualmente pagos, a qualquer título, durante o prazo de reflexão, serão devolvidos, de imediato, monetariamente atualizados.

REFERÊNCIAS LEGISLATIVAS

- art. 6º, CDC; art. 132, CC.

ANOTAÇÕES

- *Prazo de arrependimento*: considerando que as compras feitas fora do estabelecimento comercial, ou seja, pela internet, pelo telefone, por mala direta ou a domicílio (por exemplo), podem ser feitas por impulso ou sem que o consumidor possa avaliar com cuidado as qualidades e as funcionalidades do produto ou serviço, o legislador resolveu lhe conceder um prazo para "reflexão", dentro do qual lhe é lícito "desistir" da compra de forma imotivada (sem ter que declarar as suas razões). O consumidor deve manifestar a sua vontade de forma expressa, não se exigindo qualquer forma especial, mas lembrando-se que no caso de litígio pode se exigir a sua prova.

JURISPRUDÊNCIA

- O artigo 49 do CDC normativa o direito potestativo do consumidor quanto à prerrogativa de, sem ônus algum, desistir do contrato de consumo por ele entabulado, no prazo de 7 (sete) dias contatados de sua assinatura ou do ato do recebimento do produto ou serviço, sempre que a contratação ocorrer fora do estabelecimento comercial, especialmente por telefone ou em domicílio. Não obstante, a manifestação de arrependimento também deve ser exercida na forma indicada pelo contrato para tanto, sob pena de não ser considerada eficaz. (TJMG – Apelação Cível 1.0000.21.032784-7/001 – Des. Márcio Idalmo Santos Miranda – 9ª Câmara Cível – *DJ* 30/6/2021)

- Conforme o disposto no art. 49 do Código de Defesa do Consumidor, quando o contrato de consumo for concluído fora do estabelecimento comercial, o consumidor tem o direito de desistir do negócio em 7 (sete) dias, sem nenhuma motivação. (STJ – AgRg no Ag 1388017/RS – Min. Ricardo Villas Bôas Cueva – T3 – *DJe* 14/10/2013)

- Exercido o direito de arrependimento, o parágrafo único do art. 49 do CDC especifica que o consumidor terá de volta, imediatamente e monetariamente atualizados, todos os valores eventualmente pagos, a qualquer título, durante o prazo de reflexão, entendendo-se incluídos nestes valores todas as despesas com o serviço postal para a devolução do produto, quantia esta que não pode ser repassada ao consumidor. (STJ – REsp 1340604/RJ – Min. Mauro Campbell Marques – T2 – *DJe* 22/8/2013)

Art. 50. A garantia contratual é complementar à legal e será conferida mediante termo escrito.

Parágrafo único. O termo de garantia ou equivalente deve ser padronizado e esclarecer, de maneira adequada em que consiste a mesma garantia, bem como a forma, o prazo e o lugar em que pode ser exercitada e os ônus a cargo do consumidor, devendo ser-lhe entregue, devidamente preenchido pelo fornecedor, no ato do fornecimento, acompanhado de manual de instrução, de instalação e uso do produto em linguagem didática, com ilustrações.

REFERÊNCIAS LEGISLATIVAS

- arts. 6º, III, 18, § 1º, 24, 26, 46, CDC.

ANOTAÇÕES

- **Garantias**: há três tipos de garantias, a legal, a contratual e a estendida; a garantia legal é aquela prevista no art. 26 do CDC, sendo de 30 (trinta) dias para produtos e serviços não duráveis, como alimentos, por exemplo, e de 90 (noventa) dias para produtos e serviços duráveis, como uma televisão, por exemplo; já a garantia contratual é aquela oferecida voluntariamente pelo próprio fornecedor como forma de atrair o consumidor, normalmente é de 9 (nove) meses ou 1 (um) ano; já a garantia estendida é normalmente vendida pelo comerciante, sem qualquer vínculo com o fabricante. O Idec informa que em poucos casos ela representa uma real vantagem para o consumidor.

JURISPRUDÊNCIA

- A regra extraída do art. 50 do CDC, a partir de uma interpretação teleológica e sistemática da lei consumerista, é a da não sobreposição das garantias legal e contratual. A garantia contratual, enquanto ato de mera liberalidade do fornecedor, implica o reconhecimento de um prazo mínimo de vida útil do bem, de modo que, se o vício oculto se revela neste período, surge para o consumidor a faculdade de acioná-la, segundo os termos do contrato, sem que contra ele corra o prazo decadencial do art. 26 do CDC; ou de exercer seu direito à garantia legal, com base no art. 18, § 1º, do CDC, no prazo do art. 26 do CDC. (STJ – REsp 1734541/SE – Min. Nancy Andrighi – T3 – *DJe* 22/11/2018)

Seção II
Das Cláusulas Abusivas

Art. 51. São nulas de pleno direito, entre outras, as cláusulas contratuais relativas ao fornecimento de produtos e serviços que:

I – impossibilitem, exonerem ou atenuem a responsabilidade do fornecedor por vícios de qualquer natureza dos produtos e serviços ou impliquem renúncia ou disposição de direitos. Nas relações de consumo entre o fornecedor e o consumidor pessoa jurídica, a indenização poderá ser limitada, em situações justificáveis;

II – subtraiam ao consumidor a opção de reembolso da quantia já paga, nos casos previstos neste Código;

III – transfiram responsabilidades a terceiros;

IV – estabeleçam obrigações consideradas iníquas, abusivas, que coloquem o consumidor em desvantagem exagerada, ou sejam incompatíveis com a boa-fé ou a equidade;

V – (Vetado);

VI – estabeleçam inversão do ônus da prova em prejuízo do consumidor;

VII – determinem a utilização compulsória de arbitragem;

VIII – imponham representante para concluir ou realizar outro negócio jurídico pelo consumidor;

IX – deixem ao fornecedor a opção de concluir ou não o contrato, embora obrigando o consumidor;

X – permitam ao fornecedor, direta ou indiretamente, variação do preço de maneira unilateral;

XI – autorizem o fornecedor a cancelar o contrato unilateralmente, sem que igual direito seja conferido ao consumidor;

XII – obriguem o consumidor a ressarcir os custos de cobrança de sua obrigação, sem que igual direito lhe seja conferido contra o fornecedor;

XIII – autorizem o fornecedor a modificar unilateralmente o conteúdo ou a qualidade do contrato, após sua celebração;

XIV – infrinjam ou possibilitem a violação de normas ambientais;

XV – estejam em desacordo com o sistema de proteção ao consumidor;

XVI – possibilitem a renúncia do direito de indenização por benfeitorias necessárias;

XVII – condicionem ou limitem de qualquer forma o acesso aos órgãos do Poder Judiciário; (Incluído pela Lei nº 14.181, de 2021)

XVIII – estabeleçam prazos de carência em caso de impontualidade das prestações mensais ou impeçam o restabelecimento integral dos direitos do consumidor e de seus meios de pagamento a partir da purgação da mora ou do acordo com os credores; (Incluído pela Lei nº 14.181, de 2021)

XIX – (Vetado). (Incluído pela Lei nº 14.181, de 2021)

§ 1º Presume-se exagerada, entre outros casos, a vantagem que:

I – ofende os princípios fundamentais do sistema jurídico a que pertence;

II – restringe direitos ou obrigações fundamentais inerentes à natureza do contrato, de tal modo a ameaçar seu objeto ou equilíbrio contratual;

III – se mostra excessivamente onerosa para o consumidor, considerando-se a natureza e conteúdo do contrato, o interesse das partes e outras circunstâncias peculiares ao caso.

§ 2º A nulidade de uma cláusula contratual abusiva não invalida o contrato, exceto quando de sua ausência, apesar dos esforços de integração, decorrer ônus excessivo a qualquer das partes.

§ 3º (Vetado).

§ 4º É facultado a qualquer consumidor ou entidade que o represente requerer ao Ministério Público que ajuíze a competente ação para ser declarada a nulidade de cláusula contratual que contrarie o disposto neste Código ou de qualquer forma não assegure o justo equilíbrio entre direitos e obrigações das partes.

REFERÊNCIAS LEGISLATIVAS

- arts. 2º, 4º, III, IV, 25, 39, 54, CDC; arts. 166, 167, CC.
- Lei 14.046/2020 – MP 948/2020 (Dispõe sobre o adiamento e o cancelamento de serviços, de reservas e de eventos dos setores de turismo e de cultura em razão do estado de calamidade pública reconhecido pelo Decreto Legislativo 6, de 20 de março de 2020, e da emergência de saúde pública de importância internacional decorrente da pandemia da Covid-19).
- Lei 14.034/2020 (Dispõe sobre medidas emergenciais para a aviação civil brasileira em razão da pandemia da Covid-19).
- Lei 14.010/2020 (Dispõe sobre o Regime Jurídico Emergencial e Transitório das relações jurídicas de Direito Privado – RJET no período da pandemia da Covid-19 por coronavírus).

ANOTAÇÕES

- *Nulidade absoluta – características*: não pode ser suprida, é de ordem pública e, de regra, não prescreve.

JURISPRUDÊNCIA

- Súmula 302 do STJ: É abusiva a cláusula contratual de plano de saúde que limita no tempo a internação hospitalar do segurado.
- Súmula 381 do STJ: Nos contratos bancários, é vedado ao julgador conhecer, de ofício, da abusividade das cláusulas.
- Súmula 473 do STJ: O mutuário do SFH não pode ser compelido a contratar o seguro habitacional obrigatório com a instituição financeira mutuante ou com a seguradora por ela indicada.
- São aplicáveis aos contratos bancários celebrados com instituições financeiras as regras do Código de Defesa do Consumidor para afastar as eventuais cláusulas abusivas. As instituições financeiras não estão sujeitas à limitação dos juros previstas na Lei de Usura, tampouco induz abusividade, por si só, a estipulação de juros remuneratórios superiores a 12% (doze por cento) ao ano. (TJMG – Apelação Cível 1.0000.21.099277-2/001 – Des.(a) Jaqueline Calábria Albuquerque – 10ª Câmara Cível – *DJ* 29/6/2021)
- Admite-se a revisão contratual para exclusão das cláusulas abusivas. Inexiste abusividade quando a taxa de juros remuneratórios incidente não supera em 50% a média praticada pelo mercado, divulgada pelo BACEN para a modalidade de contrato em questão. (TJMG – Apelação Cível 1.0000.21.048508-2/001 – Des. Manoel dos Reis Morais – 20ª Câmara Cível – *DJ* 26/5/2021)
- A nulidade de uma cláusula contratual abusiva não invalida o contrato, exceto quando de sua ausência, apesar dos esforços de integração, decorrer ônus excessivo a qualquer das

partes (CDC, art. 51, § 2º). (TJMG – Apelação Cível 1.0000.20.527206-5/001 – Des. Ramom Tácio – 16ª Câmara Cível – *DJ* 9/12/2020)

- É pacífica a jurisprudência da Segunda Seção no sentido de reconhecer a existência do dano moral nas hipóteses de recusa injustificada pela operadora de plano de saúde, em autorizar tratamento a que estivesse legal ou contratualmente obrigada, por configurar comportamento abusivo. (STJ – AgInt no AREsp 1497053/RJ – Min. Luis Felipe Salomão – T4 – *DJe* 24/9/2019)

- O CDC adotou formas abertas e conceitos indeterminados para definir as práticas e cláusulas abusivas, encarregando o magistrado da tarefa de examinar, em cada hipótese concreta, a efetiva ocorrência de referidas práticas ilegais. (STJ – REsp 1737428/RS – Min. Nancy Andrighi – T3 – *DJe* 15/3/2019)

- À luz do Código de Defesa do Consumidor, devem ser reputadas como abusivas as cláusulas que nitidamente afetam de maneira significativa a própria essência do contrato, impondo restrições ou limitações aos procedimentos médicos, fonoaudiológicos e hospitalares (v.g., limitação do tempo de internação, número de sessões de fonoaudiologia, entre outros) prescritos para doenças cobertas nos contratos de assistência e seguro de saúde dos contratantes. (STJ – AgInt no AREsp 1219394/BA – Min. Raul Araújo – T4 – *DJe* 19/2/2019)

- Nas relações jurídicas regidas pelo Código de Defesa do Consumidor, há a mitigação do princípio do *pacta sunt servanda*, podendo haver a declaração de nulidade de cláusulas contratuais que coloquem o consumidor em desvantagem (aplicação do art. 51 do CDC), como se apresenta. (STJ – AgInt no AREsp 1347862/SC – Min. Marco Aurélio Bellizze – T3 – *DJe* 14/2/2019)

- A comissão de corretagem é devida, desde que seja respeitado o direito de informação do consumidor, acerca de sua exigibilidade e de seu valor. E em relação à cláusula que impõe o repasse para o consumidor dos custos de serviço de assessoria técnico-imobiliária, ela é sempre considerada nula e abusiva (art. 51, IV, do CDC). (STJ – AgInt no AgInt no AREsp 903601/SP – Min. Luis Felipe Salomão – T4 – *DJe* 21/9/2018)

- É direito básico do consumidor a proteção contra práticas e cláusulas abusivas, que consubstanciem prestações desproporcionais, cuja adequação deve ser realizada pelo Judiciário, a fim de evitar a lesão, o abuso do direito, as iniquidades e o lucro arbitrário. (STJ – REsp 1580278/SP – Min. Nancy Andrighi – T3 – *DJe* 3/9/2018)

- Nesse panorama, sobressai o direito básico do consumidor à proteção contra práticas e cláusulas abusivas, que consubstanciem prestações desproporcionais, cuja adequação deve ser realizada pelo Judiciário, a fim de garantir o equilíbrio contratual entre as partes, afastando-se o ônus excessivo e o enriquecimento sem causa porventura detectado (arts. 6º, incisos IV e V, e 51, § 2º, do CDC), providência concretizadora do princípio constitucional de defesa do consumidor, sem olvidar, contudo, o princípio da conservação dos contratos. (STJ – REsp 1362084/RJ – Min. Luis Felipe Salomão – T4 – *DJe* 1/8/2017)

- A jurisprudência desta Corte é no sentido de que a cláusula contratual que prevê prazo de carência para utilização dos serviços prestados pelo plano de saúde não é considerada abusiva, desde que não obste a cobertura do segurado em casos de emergência ou urgência, como na hipótese dos autos. (STJ – AgInt no AREsp 1013781/RJ – Min. Raul Araújo – T4 – *DJe* 4/5/2017)

- Independentemente do número de consumidores lesados ou do abuso de poder econômico pelo fornecedor, a presença da cláusula abusiva no contrato é, por si só, reprovável, pois contrária à ordem econômica e às relações de consumo. O Código de Defesa do Consumidor elenca as cláusulas abusivas de modo não taxativo (art. 51), o que admite o enquadramento de outras abusividades que atentem contra o equilíbrio entre as partes. (STJ – REsp 1539165/ MG – Min. Humberto Martins – T2 – *DJe* 16/11/2016)

> **Art. 52.** No fornecimento de produtos ou serviços que envolva outorga de crédito ou concessão de financiamento ao consumidor, o fornecedor deverá, entre outros requisitos, informá-lo prévia e adequadamente sobre:
>
> I – preço do produto ou serviço em moeda corrente nacional;
>
> II – montante dos juros de mora e da taxa efetiva anual de juros;
>
> III – acréscimos legalmente previstos;
>
> IV – número e periodicidade das prestações;
>
> V – soma total a pagar, com e sem financiamento.
>
> § 1º As multas de mora decorrentes do inadimplemento de obrigações no seu termo não poderão ser superiores a dois por cento do valor da prestação. (Redação dada pela Lei nº 9.298, de 1º.8.1996)
>
> § 2º É assegurado ao consumidor a liquidação antecipada do débito, total ou parcialmente, mediante redução proporcional dos juros e demais acréscimos.
>
> § 3º (Vetado).

REFERÊNCIAS LEGISLATIVAS

- arts. 6º, V, 30, 31, 32, 46, 51, 54, 54-B, CDC; arts. 406, 407, 591, CC; art. 161, § 1º, CTN; arts. 4º, 9º, Lei 4.595/64.

ANOTAÇÕES

- ***Transparência***: com o fim de possibilitar ao consumidor entender todos os aspectos envolvidos na tomada de crédito (compra a prazo), o legislador achou por bem reforçar a transparência do negócio, impondo ao fornecedor uma série de obrigações (ver ainda art. 54-B), que, se cumpridas, permitiram ao consumidor entender todo o custo e extensão da obrigação por assumir, o que pode ser fundamental para sua tomada de decisão (comprar à vista; comprar a prazo; não comprar; não tomar o crédito). Informações que devem ser passadas ao consumidor de forma adequada, ou seja, em linguagem que ele possa entender (neste aspecto, o fornecedor deve considerar o nível econômico, social e intelectual do cliente), e previamente ao fechamento do contrato. O não atendimento das normas coloca em risco todo o negócio, que fica sujeito à rescisão justificada, com perdas e danos a favor do consumidor.

JURISPRUDÊNCIA

- De acordo com o Código de Defesa do Consumidor, é ônus do fornecedor bem informar o consumidor antes de formalizar qualquer avença, obrigação associada ao princípio da transparência que obriga o fornecedor a prestar informação clara e correta sobre o produto a ser vendido ou sobre o serviço a ser prestado. (TJMG – Apelação Cível 1.0000.21.027012-0/001 – Des.(a) Cláudia Maia – 14ª Câmara Cível – *DJ* 8/7/2021)

- No mercado de consumo, juros embutidos ou disfarçados configuram uma das mais comuns, graves e nocivas modalidades de oferta enganosa. Tipificam publicidade enganosa nas esferas administrativa, civil e penal expressões do tipo "sem juros" ou falta de indicação clara e precisa dos juros, taxas e encargos cobrados. Conforme o art. 52, *caput*, do Código de Defesa do Consumidor, a informação prévia e adequada – sobre, entre outros, preço, número e periodicidade das prestações, montante dos juros e da taxa efetiva anual e valor total a pagar, com e sem financiamento – precisa constar obrigatoriamente da oferta, publicitária ou não, que envolva parcelamento ou financiamento de produtos e serviços de consumo. Não preenche o requisito da adequação estampar a informação em pé de página, com letras diminutas, na lateral, ou por ressalvas em multiplicidade de asteriscos, ou, ainda, em mensagem oral relâmpago ininteligível. (STJ – REsp 1539056/MG – Min. Luis Felipe Salomão – T4 – *DJe* 18/5/2021)

- Constatada a falta de informação clara e precisa no contrato, que pode levar o consumidor ao erro, a nulidade é medida que se impõe, devendo as partes retornarem ao estado anterior. (TJMG – Apelação Cível 1.0313.10.007168-4/002 – Des. Antônio Bispo – 15ª Câmara Cível – *DJ* 17/9/2020)

- A prática de publicidade enganosa, seja pela existência de abusividades contratuais, falta de informações precisas sobre os benefícios e serviços disponibilizados, condições, ônus do programa, taxas adicionais, além da pressão dos vendedores para que o negócio fosse firmado de imediato, configura clara ofensa aos princípios da transparência, informação e boa-fé objetiva que regem as relações de consumo primordialmente na fase pré-contratual, afetando, assim, a própria essência do negócio jurídico entabulado. (TJMG – Apelação Cível 1.0000.20.001987-5/001 – Des. Amorim Siqueira – 9ª Câmara Cível – *DJ* 2/6/2020)

Art. 53. Nos contratos de compra e venda de móveis ou imóveis mediante pagamento em prestações, bem como nas alienações fiduciárias em garantia, consideram-se nulas de pleno direito as cláusulas que estabeleçam a perda total das prestações pagas em benefício do credor que, em razão do inadimplemento, pleitear a resolução do contrato e a retomada do produto alienado.

§ 1º (Vetado).

§ 2º Nos contratos do sistema de consórcio de produtos duráveis, a compensação ou a restituição das parcelas quitadas, na forma deste artigo, terá descontada, além da vantagem econômica auferida com a fruição, os prejuízos que o desistente ou inadimplente causar ao grupo.

§ 3º Os contratos de que trata o *caput* deste artigo serão expressos em moeda corrente nacional.

REFERÊNCIAS LEGISLATIVAS

- arts. 6º, III, V, 28, § 3º, 46, 47, 51, CDC; art. 413, CC; art. 1º, Decreto-lei 911/69.

 JURISPRUDÊNCIA

- Súmula 35 do STJ: Incide correção monetária sobre as prestações pagas, quando de sua restituição, em virtude da retirada ou exclusão do participante de plano de consórcio.

- Súmula 543 do STJ: Na hipótese de resolução de contrato de promessa de compra e venda de imóvel submetido ao Código de Defesa do Consumidor, deve ocorrer a imediata restituição das parcelas pagas pelo promitente comprador – integralmente, em caso de culpa exclusiva do promitente vendedor/construtor, ou parcialmente, caso tenha sido o comprador quem deu causa ao desfazimento.

- Uma vez rescindido o contrato, cabe ao desistente o recebimento do que pagou, com os valores devidamente corrigidos desde o desembolso, descontada a taxa de administração, de seguro e taxa de adesão de forma proporcional ao período que participou do grupo. Em caso de exclusão de participante do grupo de consórcio por desistência, é devida a retenção da cláusula penal (art. 53, § 2º, CDC). (TJMG – Apelação Cível 1.0000.20.462799-6/001 – Des.(a) Cláudia Maia – 14ª Câmara Cível – *DJ* 19/11/2020)

- No tocante à cláusula penal fixada no contrato, nas hipóteses de rescisão de promessa de compra e venda de imóvel por inadimplemento do comprador, que o percentual de retenção pelo vendedor pode ser de até 25% do total da quantia paga. (STJ – AgInt no AREsp 1387317/SP – Min. Raul Araújo – T4 – *DJe* 15/6/2020)

- No caso de descumprimento do prazo para a entrega do imóvel, incluído o período de tolerância, o prejuízo do comprador é presumido, consistente na injusta privação do uso do bem, a ensejar o pagamento de indenização, na forma de aluguel mensal, com base no valor locatício de imóvel assemelhado, com termo final na data da disponibilização da posse direta ao adquirente da unidade autônoma. (STJ – REsp 1729593/SP – Min. Marco Aurélio Bellizze – S2 – *DJe* 27/9/2019)

- Nas hipóteses de rescisão de contrato de promessa de compra e venda por iniciativa do comprador, deve ser observada a flutuação do percentual de retenção pelo vendedor entre 10% (dez por cento) e 25% (vinte e cinco por cento) do total da quantia paga, conforme as particularidades do caso concreto. (STJ – AgInt no REsp 1809838/SP – Min. Marco Buzzi – T4 – *DJe* 30/8/2019)

- Nos contratos de alienação fiduciária em garantia de bens imóveis, a quitação da dívida deve ocorrer nos termos dos arts. 26 e 27 da Lei 9.514/97, afastando-se a regra genérica e anterior prevista no art. 53 do Código de Defesa do Consumidor. (STJ – AgInt no REsp 1750435/DF – Min. Marco Aurélio Bellizze – T3 – *DJe* 22/11/2018)

Seção III
Dos Contratos de Adesão

Art. 54. Contrato de adesão é aquele cujas cláusulas tenham sido aprovadas pela autoridade competente ou estabelecidas unilateralmente pelo fornecedor de produtos ou serviços, sem que o consumidor possa discutir ou modificar substancialmente seu conteúdo.

§ 1º A inserção de cláusula no formulário não desfigura a natureza de adesão do contrato.

§ 2º Nos contratos de adesão admite-se cláusula resolutória, desde que a alternativa, cabendo a escolha ao consumidor, ressalvando-se o disposto no § 2º do artigo anterior.

§ 3º Os contratos de adesão escritos serão redigidos em termos claros e com caracteres ostensivos e legíveis, cujo tamanho da fonte não será inferior ao corpo doze, de modo a facilitar sua compreensão pelo consumidor. (Parágrafo com redação dada pela Lei nº 11.785, de 2008)

§ 4º As cláusulas que implicarem limitação de direito do consumidor deverão ser redigidas com destaque, permitindo sua imediata e fácil compreensão.

§ 5º (Vetado).

REFERÊNCIAS LEGISLATIVAS

- arts. 4º, 6º, III, 46, 47, 51, CDC.

JURISPRUDÊNCIA

- É inválida a rescisão unilateral imotivada pela operadora do plano de saúde no caso de contrato coletivo empresarial que possua menos de 30 (trinta) beneficiários em virtude da vulnerabilidade da empresa estipulante. (STJ – AgInt no REsp 1771253/SP – Min. Ricardo Villas Bôas Cueva – T3 – *DJe* 21/11/2019)

- Ainda que admitida a possibilidade de o contrato de plano de saúde conter cláusulas limitativas dos direitos do consumidor (desde que escritas com destaque, permitindo imediata e fácil compreensão, nos termos do § 4º do art. 54 do Código de Defesa do Consumidor), revela-se abusivo o preceito excludente do custeio dos meios e materiais necessários ao melhor desempenho do tratamento clínico ou do procedimento cirúrgico voltado à cura de doença coberta. (STJ – AgInt no AREsp 1497053/RJ – Min. Luis Felipe Salomão – T4 – *DJe* 24/9/2019)

- A Segunda Seção desta Corte possui entendimento pacífico no sentido de que a cláusula de eleição de foro inserta em contrato de adesão é, em princípio, válida e eficaz, salvo se verificada a hipossuficiência do aderente, inviabilizando, por conseguinte, seu acesso ao Poder Judiciário. Precedentes. (STJ – AgInt no AREsp 253506/PR – Min. Marco Buzzi – T4 – *DJe* 29/10/2018)

- Não se aplica aos informes publicitários a regra do art. 54, § 3º, do Código de Defesa do Consumidor, proibitiva do uso de fonte inferior ao corpo doze, a qual se dirige apenas ao próprio instrumento contratual de adesão. (STJ – AgInt no AREsp 1074382/RJ – Min. Luis Felipe Salomão – T4 – *DJe* 24/10/2018)

- O Tribunal de origem adotou posicionamento consentâneo com a jurisprudência desta egrégia Corte, que se orienta no sentido de considerar que, em se tratando de contrato de adesão submetido às regras do CDC, a interpretação de suas cláusulas deve ser feita da maneira mais favorável ao consumidor bem como devem ser consideradas abusivas as cláusulas que visam restringir procedimentos médicos. (STJ – AgInt no AREsp 1247880/MS – Min. Lázaro Guimarães – T4 – *DJe* 24/8/2018)

- A ausência de qualquer destaque ou visibilidade, em contrato de adesão, sobre as cláusulas restritivas dos direitos do consumidor, configura afronta ao princípio da transparência (CDC, art. 4º, *caput*) e, na medida em que a ampla informação acerca das regras restritivas e sancionatórias impostas ao consumidor é desconsiderada, a cláusula que prevê o cancelamento antecipado do trecho ainda não utilizado se reveste de caráter abusivo e nulidade, com fundamento no art. 51, inciso XV, do CDC. (STJ – REsp 1595731/RO – Min. Luis Felipe Salomão – T4 – *DJe* 1/2/2018)

- No caso concreto, surge incontroverso que o documento que integra o contrato de seguro de vida não foi apresentado por ocasião da contratação, além do que a cláusula restritiva constou tão somente do "manual do segurado", enviado após a assinatura da proposta. Portanto, configurada a violação ao art. 54, § 4º, do CDC. (STJ – REsp 1219406/MG – Min. Luis Felipe Salomão – T4 – *DJe* 18/2/2011)

CAPÍTULO VI-A
DA PREVENÇÃO E DO TRATAMENTO DO SUPERENDIVIDAMENTO
(INCLUÍDO PELA LEI Nº 14.181, DE 2021)

Art. 54-A. Este Capítulo dispõe sobre a prevenção do superendividamento da pessoa natural, sobre o crédito responsável e sobre a educação financeira do consumidor. (Incluído pela Lei nº 14.181, de 2021)

§ 1º Entende-se por superendividamento a impossibilidade manifesta de o consumidor pessoa natural, de boa-fé, pagar a totalidade de suas dívidas de consumo, exigíveis e vincendas, sem comprometer seu mínimo existencial, nos termos da regulamentação. (Incluído pela Lei nº 14.181, de 2021)

§ 2º As dívidas referidas no § 1º deste artigo englobam quaisquer compromissos financeiros assumidos decorrentes de relação de consumo, inclusive operações de crédito, compras a prazo e serviços de prestação continuada. (Incluído pela Lei nº 14.181, de 2021)

§ 3º O disposto neste Capítulo não se aplica ao consumidor cujas dívidas tenham sido contraídas mediante fraude ou má-fé, sejam oriundas de contratos celebrados dolosamente com o propósito de não realizar o pagamento ou decorram da aquisição ou contratação de produtos e serviços de luxo de alto valor. (Incluído pela Lei nº 14.181, de 2021)

REFERÊNCIAS LEGISLATIVAS

- arts. 5º, VI, VII, 6º, XI, XII, 104-A a 104-C, CDC; art. 833, CPC; arts. 2º, 6º, CC; Decreto 11.150/2022.

 ANOTAÇÕES

- *Do superendividamento*: vivemos conectados, observando e sendo observados; nas redes sociais, nossos pares estão sempre viajando, passeando, comprando, almoçando ou jantando em lugares interessantes. Esta nova "proximidade" gera um desejo de consumo quase que incontrolável, piorando em muito aquilo que, na verdade, sempre foi um problema da sociedade moderna, qual seja, o consumo que vai além da capacidade de pagamento. A crise financeira advinda das medidas emergenciais adotadas em razão da pandemia do coronavírus precipitou a regulamentação do tema no presente código.

- *Conceito de superendividamento*: quanto aos limites estabelecidos pela norma (§ 1º), deve-se destacar a restrição no sentido de que a regulamentação se aplica apenas às pessoas naturais, assim como exclusão das dívidas contraídas mediante fraude ou má-fé (§ 3º).

- *Do crédito*: segundo a FEBRABAN, "crédito é o meio que permite realizar a compra de mercadorias, serviços ou dinheiro através de pagamentos futuros". São modalidades de crédito, entre outros: cheque especial; cartão de crédito; financiamento; crédito consignado; empréstimo pessoal; crédito direto ao consumidor.

- *Mínimo existencial*: lembrando que, entre outros, os vencimentos, os subsídios, os soldos, os salários, as remunerações, os proventos de aposentadoria são impenhoráveis (art. 833, CPC), entendo que a ideia por traz da referência a um "mínimo existencial" é estabelecer parâmetros para um eventual acordo sobre a quitação do débito. O Decreto 11.150/2022 fixou seu valor em R$ 303,00 (trezentos e três reais), cabendo eventual reajuste ao Conselho Monetário Nacional. Registro que a fixação do "mínimo existencial" em valor tão baixo provocou protesto de vários órgãos de proteção do consumidor, sendo que o IDEC e a Associação Nacional das Defensoras e Defensores Públicos já entraram com medidas judiciais junto ao Supremo Tribunal Federal requerendo a sua revogação.

 JURISPRUDÊNCIA

- O procedimento de repactuação de dívidas, disciplinado pelos arts. 54-A, 104-A e 104-B do CDC, há de ser instaurado por meio de demanda autônoma (ação de repactuação de dívidas), por meio da qual serão convocados todos os credores do consumidor superendividado, para tomar ciência do plano de repactuação elaborado pelo próprio consumidor, no qual serão consignadas as propostas de dilação de prazo de pagamento das parcelas, redução de encargos, suspensão das ações judiciais em curso etc. (TJMG – Agravo de Instrumento-Cv 1.0000.22.069768-4/001 – Relatora Des.(a) Lílian Maciel – 20ª Câmara Cível – *DJ* 6/7/2022)

- A impenhorabilidade absoluta acabou sendo relativizada para o pagamento de dívida de natureza não alimentar quando a constrição não implicar em violação à dignidade do devedor e de sua família, desde, ainda, que limitada ao percentual de 30% dos seus rendimentos líquidos, preservando-se o mínimo essencial à sua subsistência. (TJMG – Agravo de Instrumento-Cv 1.0000.20.599435-3/001 – Des. José Eustáquio Lucas Pereira – 18ª Câmara Cível – *DJ* 9/3/2021)

- Necessário *distinguishing* do caso concreto para acolher o pedido de limitação dos descontos na conta bancária onde recebido o BPC, de modo a não privar o idoso de grande parcela do benefício que, já de início, era integralmente destinado à satisfação do mínimo existencial. Ponderação entre o princípio da autonomia da vontade privada e o princípio da dignidade da pessoa humana. Consoante o disposto no art. 3º da Resolução BACEN nº 3.695, de 26/03/2009 (atual art. 6º da Resolução BACEN nº 4.771, de 23/12/2019), a autorização de desconto de prestações em conta-corrente é revogável. Assim, não há razoabilidade em se negar o pedido do correntista para a limitação dos descontos ao percentual de 30% do valor recebido a título de BPC; afinal, o que é válido para o mais, deve necessariamente sê-lo para o menos (*a maiori, ad minus*). (STJ – REsp 1834231/MG – Min. Nancy Andrighi – T3 – *DJe* 18/12/2020)

- A interpretação dos preceitos legais deve ser feita a partir da Constituição da República, que veda a supressão injustificada de qualquer direito fundamental. A impenhorabilidade de salários, vencimentos, proventos etc. tem por fundamento a proteção à dignidade do devedor, com a manutenção do mínimo existencial e de um padrão de vida digno em favor de si e de seus dependentes. Por outro lado, o credor tem direito ao recebimento de tutela jurisdicional capaz de dar efetividade, na medida do possível e do proporcional, a seus direitos materiais. (STJ – EREsp 1582475/MG – Min. Benedito Gonçalves – Corte Especial – *DJe* 16/10/2018)

- Consoante disposto no art. 833, do Código de Processo Civil de 2015, são impenhoráveis os salários, exceto para pagar dívida referente à pensão alimentícia. Não havendo anuência da parte executada quanto à constrição de 30% de seus rendimentos, e não sendo a dívida cobrada de natureza alimentar, devem ser preservados os salários porventura recebidos. Eventual penhora deve contar com prévia ponderação acerca da reserva do mínimo essencial à dignidade e sobrevivência do devedor. (TJMG – Agravo de Instrumento-Cv 1.0024.11.177224-0/001 – Des. Márcio Idalmo Santos Miranda – 9ª Câmara Cível – *DJ* 30/5/2018)

Art. 54-B. No fornecimento de crédito e na venda a prazo, além das informações obrigatórias previstas no art. 52 deste Código e na legislação aplicável à matéria, o fornecedor ou o intermediário deverá informar o consumidor, prévia e adequadamente, no momento da oferta, sobre: (Incluído pela Lei nº 14.181, de 2021)

I – o custo efetivo total e a descrição dos elementos que o compõem; (Incluído pela Lei nº 14.181, de 2021)

II – a taxa efetiva mensal de juros, bem como a taxa dos juros de mora e o total de encargos, de qualquer natureza, previstos para o atraso no pagamento; (Incluído pela Lei nº 14.181, de 2021)

III – o montante das prestações e o prazo de validade da oferta, que deve ser, no mínimo, de 2 (dois) dias; (Incluído pela Lei nº 14.181, de 2021)

IV – o nome e o endereço, inclusive o eletrônico, do fornecedor; (Incluído pela Lei nº 14.181, de 2021)

V – o direito do consumidor à liquidação antecipada e não onerosa do débito, nos termos do § 2º do art. 52 deste Código e da regulamentação em vigor. (Incluído pela Lei nº 14.181, de 2021)

§ 1º As informações referidas no art. 52 deste Código e no *caput* deste artigo devem constar de forma clara e resumida do próprio contrato, da fatura ou de instrumento apartado, de fácil acesso ao consumidor. (Incluído pela Lei nº 14.181, de 2021)

§ 2º Para efeitos deste Código, o custo efetivo total da operação de crédito ao consumidor consistirá em taxa percentual anual e compreenderá todos os valores cobrados do consumidor, sem prejuízo do cálculo padronizado pela autoridade reguladora do sistema financeiro. (Incluído pela Lei nº 14.181, de 2021)

§ 3º Sem prejuízo do disposto no art. 37 deste Código, a oferta de crédito ao consumidor e a oferta de venda a prazo, ou a fatura mensal, conforme o caso, devem indicar, no mínimo, o custo efetivo total, o agente financiador e a soma total a pagar, com e sem financiamento. (Incluído pela Lei nº 14.181, de 2021)

REFERÊNCIAS LEGISLATIVAS

- arts. 6º, III, 31, 37, 46, 52, 54-C, 54-D, 54-F, CDC.

ANOTAÇÕES

- *Transparência*: com o fim de possibilitar ao consumidor entender todos os aspectos envolvidos na tomada de crédito (compra a prazo), o legislador achou por bem reforçar a transparência do negócio, impondo ao fornecedor uma série de obrigações adicionais, além daquelas que já constam no art. 52, que, se cumpridas, permitiram ao consumidor entender todo o custo e extensão da obrigação por assumir, o que pode ser fundamental para sua tomada de decisão (comprar à vista; comprar a prazo; não comprar; não tomar o crédito). Informações que devem ser passadas ao consumidor de forma adequada, ou seja, em linguagem que ele possa entender (neste aspecto, o fornecedor deve considerar o nível econômico, social e intelectual do cliente), e previamente ao fechamento do contrato. O não atendimento das normas coloca em risco todo o negócio, que fica sujeito à rescisão justificada, com perdas e danos a favor do consumidor (art. 46).

JURISPRUDÊNCIA

- Bem móvel. Compra e venda de eletrodoméstico. Rescisão contratual. Venda mediante financiamento, com contrato de garantia estendida e seguro de vida. Relação de consumo. Idosa. Ultravulnerabilidade. Direito fundamental de proteção ao consumidor e princípio da ordem econômica. Abusividade. Dever de informação. Boa-fé contratual. Rescisão contratual. Possibilidade. Necessidade de retorno das partes ao estado anterior à contratação. Dano moral não caracterizado. Apelação parcialmente provida. (TJSP – Apelação Cível

1001466-65.2020.8.26.0081 – Rel. Sá Moreira de Oliveira – 33ª Câmara de Direito Privado – Foro de Adamantina – 3ª Vara – *DJ* 21/5/2021)

- Constatada a falta de informação clara e precisa no contrato, que pode levar o consumidor ao erro, a nulidade é medida que se impõe, devendo as partes retornarem ao estado anterior. (TJMG – Apelação Cível 1.0313.10.007168-4/002 – Des. Antônio Bispo – 15ª Câmara Cível – *DJ* 17/9/2020)

- A prática de publicidade enganosa, seja pela existência de abusividades contratuais, falta de informações precisas sobre os benefícios e serviços disponibilizados, condições, ônus do programa, taxas adicionais, além da pressão dos vendedores para que o negócio fosse firmado de imediato, configura clara ofensa aos princípios da transparência, informação e boa-fé objetiva que regem as relações de consumo primordialmente na fase pré-contratual, afetando, assim, a própria essência do negócio jurídico entabulado. (TJMG – Apelação Cível 1.0000.20.001987-5/001 – Des. Amorim Siqueira – 9ª Câmara Cível – *DJ* 2/6/2020)

> **Art. 54-C.** É vedado, expressa ou implicitamente, na oferta de crédito ao consumidor, publicitária ou não: (Incluído pela Lei nº 14.181, de 2021)
>
> I – (Vetado);
>
> II – indicar que a operação de crédito poderá ser concluída sem consulta a serviços de proteção ao crédito ou sem avaliação da situação financeira do consumidor; (Incluído pela Lei nº 14.181, de 2021)
>
> III – ocultar ou dificultar a compreensão sobre os ônus e os riscos da contratação do crédito ou da venda a prazo; (Incluído pela Lei nº 14.181, de 2021)
>
> IV – assediar ou pressionar o consumidor para contratar o fornecimento de produto, serviço ou crédito, principalmente se se tratar de consumidor idoso, analfabeto, doente ou em estado de vulnerabilidade agravada ou se a contratação envolver prêmio; (Incluído pela Lei nº 14.181, de 2021)
>
> V – condicionar o atendimento de pretensões do consumidor ou o início de tratativas à renúncia ou à desistência de demandas judiciais, ao pagamento de honorários advocatícios ou a depósitos judiciais. (Incluído pela Lei nº 14.181, de 2021)
>
> Parágrafo único. (Vetado).

REFERÊNCIAS LEGISLATIVAS

- arts. 6º, III, 31, 37, 46, 51, 52, 54-B, 54-D, CDC.

ANOTAÇÕES

- *Limites*: o acirramento da concorrência entre empresas financeiras tem levado algumas delas a oferecer crédito a consumidores que já estão em situação de inadimplência; o que a princípio pode parecer uma saída para o devedor, na grande maioria dos casos este acaba ainda mais endividado. Outras empresas ainda se valem da situação de vulnerabilidade do consumidor, mormente idosos, para levá-los a assumir compromissos que não entendem e que muitas vezes nem mesmo precisam. A vedação expressa que se faz neste artigo fornece base legal para que os consumidores busquem a nulidade de eventuais negócios, assim como indenização por perdas e danos.

 JURISPRUDÊNCIA

- Consoante precedentes jurisprudenciais, é nula a contratação de empréstimo consignado por analfabeto quando não formalizado por escritura pública ou não contiver assinatura a rogo de procurador regularmente constituído por instrumento público. A efetivação de descontos indevidos na conta do consumidor idoso e analfabeto gera danos morais indenizáveis. (TJMG – Apelação Cível 1.0000.21.077741-3/001 – Des. Marcos Lincoln – 11ª Câmara Cível – *DJ* 10/6/2021)

- Por ser o consumidor idoso a parte mais vulnerável na relação contratual estabelecida com a instituição financeira, à luz das normas do CDC, essa deve prestar informações adequadas e claras acerca do empréstimo contratado por aquele, principalmente através da formalização do contrato, visando a assegurar o equilíbrio da relação jurídica. (TJMG – Apelação Cível 1.0000.20.569306-2/001 – Des.(a) Aparecida Grossi – 17ª Câmara Cível – *DJ* 6/5/2021)

- Código de Defesa do Consumidor impõe ao fornecedor a adoção de um dever de conduta, ou de comportamento positivo, de informar o consumidor a respeito das características, componentes e riscos inerentes ao produto ou serviço. Informação adequada implica em correção, clareza, precisão e ostensividade, sendo o silêncio, total ou parcial, do fornecedor, a respeito da utilização do serviço, uma violação do princípio da transparência que rege as relações de consumo. A indução do consumidor idoso em erro, por acreditar que estava contratando empréstimo consignado, quando, na realidade, se tratava da contratação via cartão de crédito, viola os princípios da probidade e boa-fé contratual. (TJMG – Apelação Cível 1.0000.21.006390-5/001 – Des.(a) Estevão Lucchesi – 14ª Câmara Cível – *DJ* 11/3/2021)

Art. 54-D. Na oferta de crédito, previamente à contratação, o fornecedor ou o intermediário deverá, entre outras condutas: (Incluído pela Lei nº 14.181, de 2021)

I – informar e esclarecer adequadamente o consumidor, considerada sua idade, sobre a natureza e a modalidade do crédito oferecido, sobre todos os custos incidentes, observado o disposto nos arts. 52 e 54-B deste Código, e sobre as consequências genéricas e específicas do inadimplemento; (Incluído pela Lei nº 14.181, de 2021)

II – avaliar, de forma responsável, as condições de crédito do consumidor, mediante análise das informações disponíveis em bancos de dados de proteção ao crédito, observado o disposto neste Código e na legislação sobre proteção de dados; (Incluído pela Lei nº 14.181, de 2021)

III – informar a identidade do agente financiador e entregar ao consumidor, ao garante e a outros coobrigados cópia do contrato de crédito. (Incluído pela Lei nº 14.181, de 2021)

> Parágrafo único. O descumprimento de qualquer dos deveres previstos no *caput* deste artigo e nos arts. 52 e 54-C deste Código poderá acarretar judicialmente a redução dos juros, dos encargos ou de qualquer acréscimo ao principal e a dilação do prazo de pagamento previsto no contrato original, conforme a gravidade da conduta do fornecedor e as possibilidades financeiras do consumidor, sem prejuízo de outras sanções e de indenização por perdas e danos, patrimoniais e morais, ao consumidor. (Incluído pela Lei nº 14.181, de 2021)

REFERÊNCIAS LEGISLATIVAS

- arts. 6º, III, 31, 37, 46, 52, 54-B, CDC.

JURISPRUDÊNCIA

- De acordo com o Código de Defesa do Consumidor, é ônus do fornecedor bem informar o consumidor antes de formalizar qualquer avença, obrigação associada ao princípio da transparência que obriga o fornecedor a prestar informação clara e correta sobre o produto a ser vendido ou sobre o serviço a ser prestado. (TJMG – Apelação Cível 1.0000.21.027012-0/001 – Des.(a) Cláudia Maia – 14ª Câmara Cível – *DJ* 8/7/2021)

- Por ser o consumidor idoso a parte mais vulnerável na relação contratual estabelecida com a instituição financeira, à luz das normas do CDC, essa deve prestar informações adequadas e claras acerca do empréstimo contratado por aquele, principalmente através da formalização do contrato, visando a assegurar o equilíbrio da relação jurídica. (TJMG – Apelação Cível 1.0000.20.569306-2/001 – Des.(a) Aparecida Grossi – 17ª Câmara Cível – *DJ* 6/5/2021)

- Código de Defesa do Consumidor impõe ao fornecedor a adoção de um dever de conduta, ou de comportamento positivo, de informar o consumidor a respeito das características, componentes e riscos inerentes ao produto ou serviço. Informação adequada implica em correção, clareza, precisão e ostensividade, sendo o silêncio, total ou parcial, do fornecedor, a respeito da utilização do serviço, uma violação do princípio da transparência que rege as relações de consumo. A indução do consumidor idoso em erro, por acreditar que estava contratando empréstimo consignado, quando, na realidade, se tratava da contratação via cartão de crédito, viola os princípios da probidade e boa-fé contratual. (TJMG – Apelação Cível 1.0000.21.006390-5/001 – Des.(a) Estevão Lucchesi – 14ª Câmara Cível – *DJ* 11/3/2021)

> **Art. 54-E.** (Vetado). (Incluído pela Lei nº 14.181, de 2021)
> **Art. 54-F.** São conexos, coligados ou interdependentes, entre outros, o contrato principal de fornecimento de produto ou serviço e os contratos acessórios de crédito que lhe garantam o financiamento quando o fornecedor de crédito: (Incluído pela Lei nº 14.181, de 2021)

I – recorrer aos serviços do fornecedor de produto ou serviço para a preparação ou a conclusão do contrato de crédito; (Incluído pela Lei nº 14.181, de 2021)

II – oferecer o crédito no local da atividade empresarial do fornecedor de produto ou serviço financiado ou onde o contrato principal for celebrado. (Incluído pela Lei nº 14.181, de 2021)

§ 1º O exercício do direito de arrependimento nas hipóteses previstas neste Código, no contrato principal ou no contrato de crédito, implica a resolução de pleno direito do contrato que lhe seja conexo. (Incluído pela Lei nº 14.181, de 2021)

§ 2º Nos casos dos incisos I e II do *caput* deste artigo, se houver inexecução de qualquer das obrigações e deveres do fornecedor de produto ou serviço, o consumidor poderá requerer a rescisão do contrato não cumprido contra o fornecedor do crédito. (Incluído pela Lei nº 14.181, de 2021)

§ 3º O direito previsto no § 2º deste artigo caberá igualmente ao consumidor: (Incluído pela Lei nº 14.181, de 2021)

I – contra o portador de cheque pós-datado emitido para aquisição de produto ou serviço a prazo; (Incluído pela Lei nº 14.181, de 2021)

II – contra o administrador ou o emitente de cartão de crédito ou similar quando o cartão de crédito ou similar e o produto ou serviço forem fornecidos pelo mesmo fornecedor ou por entidades pertencentes a um mesmo grupo econômico. (Incluído pela Lei nº 14.181, de 2021)

§ 4º A invalidade ou a ineficácia do contrato principal implicará, de pleno direito, a do contrato de crédito que lhe seja conexo, nos termos do *caput* deste artigo, ressalvado ao fornecedor do crédito o direito de obter do fornecedor do produto ou serviço a devolução dos valores entregues, inclusive relativamente a tributos. (Incluído pela Lei nº 14.181, de 2021)

REFERÊNCIAS LEGISLATIVAS

- arts. 14, 18, 51, 52, 54-B, CDC; art. 92, CC.

Art. 54-G. Sem prejuízo do disposto no art. 39 deste Código e na legislação aplicável à matéria, é vedado ao fornecedor de produto ou serviço que envolva crédito, entre outras condutas: (Incluído pela Lei nº 14.181, de 2021)

I – realizar ou proceder à cobrança ou ao débito em conta de qualquer quantia que houver sido contestada pelo consumidor em compra realizada com cartão de crédito ou similar, enquanto não for adequadamente solucionada a controvérsia, desde que o consumidor haja notificado a administradora do cartão com antecedência de pelo menos 10 (dez) dias contados da data de vencimento da fatura, vedada a manutenção do valor na fatura seguinte e assegurado ao consumidor o direito de deduzir do total da fatura o valor em disputa e efetuar o pagamento da parte não contestada, podendo o emissor lançar como crédito em confiança o valor idêntico ao da transação contestada que tenha sido cobrada, enquanto não encerrada a apuração da contestação; (Incluído pela Lei nº 14.181, de 2021)

II – recusar ou não entregar ao consumidor, ao garante e aos outros coobrigados cópia da minuta do contrato principal de consumo ou do contrato de crédito, em papel ou outro suporte duradouro, disponível e acessível, e, após a conclusão, cópia do contrato; (Incluído pela Lei nº 14.181, de 2021)

III – impedir ou dificultar, em caso de utilização fraudulenta do cartão de crédito ou similar, que o consumidor peça e obtenha, quando aplicável, a anulação ou o imediato bloqueio do pagamento, ou ainda a restituição dos valores indevidamente recebidos. (Incluído pela Lei nº 14.181, de 2021)

§ 1º Sem prejuízo do dever de informação e esclarecimento do consumidor e de entrega da minuta do contrato, no empréstimo cuja liquidação seja feita mediante consignação em folha de pagamento, a formalização e a entrega da cópia do contrato ou do instrumento de contratação ocorrerão após o fornecedor do crédito obter da fonte pagadora a indicação sobre a existência de margem consignável. (Incluído pela Lei nº 14.181, de 2021)

§ 2º Nos contratos de adesão, o fornecedor deve prestar ao consumidor, previamente, as informações de que tratam o art. 52 e o *caput* do art. 54-B deste Código, além de outras porventura determinadas na legislação em vigor, e fica obrigado a entregar ao consumidor cópia do contrato, após a sua conclusão. (Incluído pela Lei nº 14.181, de 2021)

REFERÊNCIAS LEGISLATIVAS

- arts. 14, § 3º, 39, 54, 54-B, CDC; art. 396, CPC.

JURISPRUDÊNCIA

- Súmula 479 do STJ: As instituições financeiras respondem objetivamente pelos danos gerados por fortuito interno relativo a fraudes e delitos praticados por terceiros no âmbito de operações bancárias.

- Se o consumidor contribuiu, determinantemente, com sua letárgica reação, para a constituição do alegado prejuízo, deixando de solicitar, imediatamente, o bloqueio de cartão de crédito que afirma ter sido clonado, tão logo noticiado o possível engodo, permitindo que as compras ditas desautorizadas perdurassem por meses, incide a excludente de responsabilidade civil do fornecedor prevista no artigo 14, § 3º, inciso II do CDC. (TJMG – Apelação Cível 1.0000.21.007879-6/001 – Des. Márcio Idalmo Santos Miranda – 9ª Câmara Cível – *DJ* 8/6/2021)

CAPÍTULO VII
DAS SANÇÕES ADMINISTRATIVAS

Art. 55. A União, os Estados e o Distrito Federal, em caráter concorrente e nas suas respectivas áreas de atuação administrativa, baixarão normas relativas à produção, industrialização, distribuição e consumo de produtos e serviços.

§ 1º A União, os Estados, o Distrito Federal e os Municípios fiscalizarão e controlarão a produção, industrialização, distribuição, a publicidade de produtos e serviços e o mercado de consumo, no interesse da preservação da vida, da saúde, da segurança, da informação e do bem-estar do consumidor, baixando as normas que se fizerem necessárias.

§ 2º (Vetado).

§ 3º Os órgãos federais, estaduais, do Distrito Federal e municipais com atribuições para fiscalizar e controlar o mercado de consumo manterão comissões permanentes para elaboração, revisão e atualização das normas referidas no § 1º, sendo obrigatória a participação dos consumidores e fornecedores.

§ 4º Os órgãos oficiais poderão expedir notificações aos fornecedores para que, sob pena de desobediência, prestem informações sobre questões de interesse do consumidor, resguardado o segredo industrial.

REFERÊNCIAS LEGISLATIVAS

- arts. 21, 22, 23, 24, 30, II, CF; arts. 4º, 5º, 56 a 60, CDC.
- Lei 13.819/2019 (Institui a Política Nacional de Prevenção da Automutilação e do Suicídio, a ser implementada pela União, em cooperação com os Estados, o Distrito Federal e os Municípios; e altera a Lei 9.656, de 3 de junho de 1998).

JURISPRUDÊNCIA

- Com efeito, o Superior Tribunal de Justiça consolidou o entendimento no sentido de que constitui atribuição do Procon a análise de contratos e a aplicação de multas e outras penalidades, nos termos dos arts. 56 e 57 do CDC e 18 e 22 do Decreto 2.181/97. (STJ – REsp 1652614/GO – Min. Herman Benjamin – T2 – DJe 27/4/2017)
- Dispõe o art. 55, § 4º, do Código de Defesa do Consumidor (CDC), que "Os órgãos oficiais poderão expedir notificações aos fornecedores para que, sob pena de desobediência, prestem informações sobre questões de interesse do consumidor, resguardado o segredo industrial". Assim, a recusa do fornecedor em prestar informações pode ensejar o crime de desobediência, além de sujeitá-lo às demais sanções administrativas previstas no próprio art. 55, sistemática seguida pelo art. 33, § 2º, do Decreto 2.181/97. (STJ – REsp 1120310/RN – Min. Herman Benjamin – DJe 14/9/2010)

Art. 56. As infrações das normas de defesa do consumidor ficam sujeitas, conforme o caso, às seguintes sanções administrativas, sem prejuízo das de natureza civil, penal e das definidas em normas específicas:

I – multa;

II – apreensão do produto;

III – inutilização do produto;

IV – cassação do registro do produto junto ao órgão competente;
V – proibição de fabricação do produto;
VI – suspensão de fornecimento de produtos ou serviço;
VII – suspensão temporária de atividade;
VIII – revogação de concessão ou permissão de uso;
IX – cassação de licença do estabelecimento ou de atividade;
X – interdição, total ou parcial, de estabelecimento, de obra ou de atividade;
XI – intervenção administrativa;
XII – imposição de contrapropaganda.
Parágrafo único. As sanções previstas neste artigo serão aplicadas pela autoridade administrativa, no âmbito de sua atribuição, podendo ser aplicadas cumulativamente, inclusive por medida cautelar, antecedente ou incidente de procedimento administrativo.

REFERÊNCIAS LEGISLATIVAS

- arts. 4º, 5º, 55, 57 a 60, CDC.
- Lei 14.046/2020 – MP 948/2020 (Dispõe sobre o adiamento e o cancelamento de serviços, de reservas e de eventos dos setores de turismo e de cultura em razão do estado de calamidade pública reconhecido pelo Decreto Legislativo 6, de 20 de março de 2020, e da emergência de saúde pública de importância internacional decorrente da pandemia da Covid-19).
- Lei 14.034/2020 (Dispõe sobre medidas emergenciais para a aviação civil brasileira em razão da pandemia da Covid-19).
- Lei 14.010/2020 (Dispõe sobre o Regime Jurídico Emergencial e Transitório das relações jurídicas de Direito Privado – RJET no período da pandemia da Covid-19 por coronavírus).

Art. 57. A pena de multa, graduada de acordo com a gravidade da infração, a vantagem auferida e a condição econômica do fornecedor, será aplicada mediante procedimento administrativo, revertendo para o Fundo de que trata a Lei nº 7.347, de 24 de julho de 1985, os valores cabíveis à União, ou para os Fundos estaduais ou municipais de proteção ao consumidor nos demais casos. (*Caput* com redação dada pela Lei nº 8.656, de 21.5.1993)

Parágrafo único. A multa será em montante não inferior a duzentas e não superior a três milhões de vezes o valor da Unidade Fiscal de Referência (Ufir), ou índice equivalente que venha a substituí-lo. (Parágrafo acrescentado pela Lei nº 8.703, de 6.9.1993)

REFERÊNCIAS LEGISLATIVAS

- arts. 4º, 5º, 55, 56, CDC.

- Decreto 2.181/97 (Dispõe sobre a organização do Sistema Nacional de Defesa do Consumidor – SNDC, estabelece as normas gerais das sanções administrativas previstas na Lei 8.078, de 11 de setembro de 1990, revoga do Decreto 861, de 9 de julho de 1993, e dá outras providências).

JURISPRUDÊNCIA

- Não há falar-se em incompetência do PROCON para aplicação de multa em decorrência de reclamação individual, porquanto a sanção administrativa prevista no art. 57 do CDC tem arrimo no poder de polícia, cujo exercício se legitima mesmo que inexistente pluralidade de vítimas. (TJMG – Apelação Cível 1.0000.20.055228-9/002 – Des. Bitencourt Marcondes – 19ª Câmara Cível – *DJ* 1/7/2021)

- Nos termos do artigo 57 do Código de Defesa do Consumidor, a aplicação de multa deve observar a gravidade da conduta, a vantagem auferida e a condição econômica do fornecedor, pautando-se nos princípios da razoabilidade e da proporcionalidade. (TJMG – Apelação Cível 1.0000.19.045360-5/008 – Des.(a) Luzia Divina de Paula Peixôto (JD Convocada) – 3ª Câmara Cível – *DJ* 24/6/2021)

- A sanção administrativa prevista no art. 57 do Código de Defesa do Consumidor é legitimada pelo poder de polícia – atividade administrativa de ordenação – que o Procon detém para cominar multas relacionadas à transgressão dos preceitos da Lei 8.078/90. (STJ – AgRg no AREsp 476062/SP – Min. Og Fernandes – T2 – *DJe* 28/4/2014)

> **Art. 58.** As penas de apreensão, de inutilização de produtos, de proibição de fabricação de produtos, de suspensão do fornecimento de produto ou serviço, de cassação do registro do produto e revogação da concessão ou permissão de uso serão aplicadas pela administração, mediante procedimento administrativo, assegurada ampla defesa, quando forem constatados vícios de quantidade ou de qualidade por inadequação ou insegurança do produto ou serviço.

REFERÊNCIAS LEGISLATIVAS

- arts. 4º, 5º, 55, 56, CDC.
- Decreto 2.181/97 (Dispõe sobre a organização do Sistema Nacional de Defesa do Consumidor – SNDC, estabelece as normas gerais das sanções administrativas previstas na Lei 8.078, de 11 de setembro de 1990, revoga do Decreto 861, de 9 de julho de 1993, e dá outras providências).

> **Art. 59.** As penas de cassação de alvará de licença, de interdição e de suspensão temporária da atividade, bem como a de intervenção administrativa, serão aplicadas mediante procedimento administrativo, assegurada ampla defesa, quando o forne-

cedor reincidir na prática das infrações de maior gravidade previstas neste Código e na legislação de consumo.

§ 1º A pena de cassação da concessão será aplicada à concessionária de serviço público, quando violar obrigação legal ou contratual.

§ 2º A pena de intervenção administrativa será aplicada sempre que as circunstâncias de fato desaconselharem a cassação de licença, a interdição ou suspensão da atividade.

§ 3º Pendendo ação judicial na qual se discuta a imposição de penalidade administrativa, não haverá reincidência até o trânsito em julgado da sentença.

 REFERÊNCIAS LEGISLATIVAS

- arts. 4º, 5º, 55, 56, CDC.
- Decreto 2.181/97 (Dispõe sobre a organização do Sistema Nacional de Defesa do Consumidor – SNDC, estabelece as normas gerais das sanções administrativas previstas na Lei 8.078, de 11 de setembro de 1990, revoga do Decreto 861, de 9 de julho de 1993, e dá outras providências).

Art. 60. A imposição de contrapropaganda será cominada quando o fornecedor incorrer na prática de publicidade enganosa ou abusiva, nos termos do art. 36 e seus parágrafos, sempre às expensas do infrator.

§ 1º A contrapropaganda será divulgada pelo responsável da mesma forma, frequência e dimensão e, preferencialmente no mesmo veículo, local, espaço e horário, de forma capaz de desfazer o malefício da publicidade enganosa ou abusiva.

§ 2º (Vetado).

§ 3º (Vetado).

 REFERÊNCIAS LEGISLATIVAS

- arts. 4º, 5º, 36, 55, 56, CDC.

TÍTULO II
DAS INFRAÇÕES PENAIS

Art. 61. Constituem crimes contra as relações de consumo previstas neste código, sem prejuízo do disposto no Código Penal e leis especiais, as condutas tipificadas nos artigos seguintes.

REFERÊNCIAS LEGISLATIVAS

- arts. 63 a 74, CDC; arts. 1º, 100, CP.
- art. 7º, Lei 8.137/90 (Crimes contra a ordem tributária).
- arts. 61, 76, 89, Lei 9.099/95 (Juizados Especiais).

 ANOTAÇÕES

- *Crime*: conduta, positiva ou negativa, que reproduz e se adéqua a um modelo definido em lei ("fato típico"), de natureza antijurídica e penalmente reprovável.

> **Art. 62.** (Vetado).
> **Art. 63.** Omitir dizeres ou sinais ostensivos sobre a nocividade ou periculosidade de produtos, nas embalagens, nos invólucros, recipientes ou publicidade:
> Pena – Detenção de seis meses a dois anos e multa.
> § 1º Incorrerá nas mesmas penas quem deixar de alertar, mediante recomendações escritas ostensivas, sobre a periculosidade do serviço a ser prestado.
> § 2º Se o crime é culposo:
> Pena – Detenção de um a seis meses ou multa.

 REFERÊNCIAS LEGISLATIVAS

- arts. 6º, I, 8º, 9º, 64, CDC; art. 18, CP.

> **Art. 64.** Deixar de comunicar à autoridade competente e aos consumidores a nocividade ou periculosidade de produtos cujo conhecimento seja posterior à sua colocação no mercado:
> Pena – Detenção de seis meses a dois anos e multa.
> Parágrafo único. Incorrerá nas mesmas penas quem deixar de retirar do mercado, imediatamente quando determinado pela autoridade competente, os produtos nocivos ou perigosos, na forma deste artigo.

 REFERÊNCIAS LEGISLATIVAS

- arts. 6º, I, 10, 63, CDC; art. 132, CP.

Art. 65. Executar serviço de alto grau de periculosidade, contrariando determinação de autoridade competente:

Pena – Detenção de seis meses a dois anos e multa.

§ 1º As penas deste artigo são aplicáveis sem prejuízo das correspondentes à lesão corporal e à morte. (Primitivo parágrafo único renumerado pela Lei nº 13.425, de 2017)

§ 2º A prática do disposto no inciso XIV do art. 39 desta Lei também caracteriza o crime previsto no *caput* deste artigo. (Parágrafo incluído pela Lei nº 13.425, de 2017)

REFERÊNCIAS LEGISLATIVAS

- arts. 20, 21, 23, 39, XIV, CDC; arts. 69, 70, CP.

Art. 66. Fazer afirmação falsa ou enganosa, ou omitir informação relevante sobre a natureza, característica, qualidade, quantidade, segurança, desempenho, durabilidade, preço ou garantia de produtos ou serviços:

Pena – Detenção de três meses a um ano e multa.

§ 1º Incorrerá nas mesmas penas quem patrocinar a oferta.

§ 2º Se o crime é culposo.

Pena – Detenção de um a seis meses ou multa.

REFERÊNCIAS LEGISLATIVAS

- arts. 6º, III, 30, 31, CDC; art. 18, CP.

JURISPRUDÊNCIA

- Os objetos jurídicos tutelados em ambos os crimes (de publicidade enganosa ou abusiva e de fraude em oferta) são os direitos do consumidor, de livre escolha e de informação adequada, considerada a relevância social da garantia do respeito aos princípios da confiança, da boa-fé, da transparência e da equidade nas relações consumeristas. (STJ – REsp 1487046/MT – Min. Luis Felipe Salomão – T4 – *DJe* 16/5/2017)

- No tocante à possível ocorrência da prescrição quanto ao crime previsto no art. 66 do CDC, o *writ* improcede. Como prevê o art. 109, inciso V, do CP, o prazo prescricional para o referido delito é de quatro anos, ainda não transcorridos, já que o crime foi cometido em setembro de 1997 (c.f. Boletim de Ocorrência, às fls. 14). (STJ – HC 11912/SP – Min. Jorge Scartezzini – T5 – *DJ* 20/8/2001 – p. 496)

Art. 67. Fazer ou promover publicidade que sabe ou deveria saber ser enganosa ou abusiva:
Pena – Detenção de três meses a um ano e multa.
Parágrafo único. (Vetado).

REFERÊNCIAS LEGISLATIVAS

- arts. 6º, III, 37, 68, CDC.
- art. 7º, VII, Lei 8.137/90 (Crimes contra a ordem tributária).

Art. 68. Fazer ou promover publicidade que sabe ou deveria saber ser capaz de induzir o consumidor a se comportar de forma prejudicial ou perigosa a sua saúde ou segurança:
Pena – Detenção de seis meses a dois anos e multa:
Parágrafo único. (Vetado).

REFERÊNCIAS LEGISLATIVAS

- arts. 6º, III, 10, 37, 67, CDC.
- art. 7º, VII, Lei 8.137/90 (Crimes contra a ordem tributária).

Art. 69. Deixar de organizar dados fáticos, técnicos e científicos que dão base à publicidade:
Pena – Detenção de um a seis meses ou multa.

REFERÊNCIAS LEGISLATIVAS

- arts. 6º, III, 36, parágrafo único, CDC.

Art. 70. Empregar na reparação de produtos, peça ou componentes de reposição usados, sem autorização do consumidor:
Pena – Detenção de três meses a um ano e multa.

REFERÊNCIAS LEGISLATIVAS

- art. 21, CDC; art. 175, CP.

> **Art. 71.** Utilizar, na cobrança de dívidas, de ameaça, coação, constrangimento físico ou moral, afirmações falsas incorretas ou enganosas ou de qualquer outro procedimento que exponha o consumidor, injustificadamente, a ridículo ou interfira com seu trabalho, descanso ou lazer:
> Pena – Detenção de três meses a um ano e multa.

REFERÊNCIAS LEGISLATIVAS

- art. 42, CDC; art. 345, CP.

> **Art. 72.** Impedir ou dificultar o acesso do consumidor às informações que sobre ele constem em cadastros, banco de dados, fichas e registros:
> Pena – Detenção de seis meses a um ano ou multa.

REFERÊNCIAS LEGISLATIVAS

- art. 43, CDC.
- Lei Complementar 166/2019 (Altera a Lei Complementar 105, de 10 de janeiro de 2001, e a Lei 12.414, de 9 de junho de 2011, para dispor sobre os cadastros positivos de crédito e regular a responsabilidade civil dos operadores).

> **Art. 73.** Deixar de corrigir imediatamente informação sobre consumidor constante de cadastro, banco de dados, fichas ou registros que sabe ou deveria saber ser inexata:
> Pena – Detenção de um a seis meses ou multa.

REFERÊNCIAS LEGISLATIVAS

- art. 43, CDC.
- Lei Complementar 166/2019 (Altera a Lei Complementar 105, de 10 de janeiro de 2001, e a Lei 12.414, de 9 de junho de 2011, para dispor sobre os cadastros positivos de crédito e regular a responsabilidade civil dos operadores).

> **Art. 74.** Deixar de entregar ao consumidor o termo de garantia adequadamente preenchido e com especificação clara de seu conteúdo;
> Pena – Detenção de um a seis meses ou multa.

REFERÊNCIA LEGISLATIVA

- art. 50, CDC.

> **Art. 75.** Quem, de qualquer forma, concorrer para os crimes referidos neste Código, incide as penas a esses cominadas na medida de sua culpabilidade, bem como o diretor, administrador ou gerente da pessoa jurídica que promover, permitir ou por qualquer modo aprovar o fornecimento, oferta, exposição à venda ou manutenção em depósito de produtos ou a oferta e prestação de serviços nas condições por ele proibidas.

REFERÊNCIAS LEGISLATIVAS

- art. 29, CP.
- art. 11, Lei 8.137/90 (Crimes contra a ordem tributária).

> **Art. 76.** São circunstâncias agravantes dos crimes tipificados neste Código:
> I – serem cometidos em época de grave crise econômica ou por ocasião de calamidade;
> II – ocasionarem grave dano individual ou coletivo;
> III – dissimular-se a natureza ilícita do procedimento;
> IV – quando cometidos:
> a) por servidor público, ou por pessoa cuja condição econômico-social seja manifestamente superior à da vítima;
> b) em detrimento de operário ou rurícola; de menor de dezoito ou maior de sessenta anos ou de pessoas portadoras de deficiência mental interditadas ou não;
> V – serem praticados em operações que envolvam alimentos, medicamentos ou quaisquer outros produtos ou serviços essenciais.

REFERÊNCIAS LEGISLATIVAS

- arts. 12, 61, 62, CP.

> **Art. 77.** A pena pecuniária prevista nesta Seção será fixada em dias-multa, correspondente ao mínimo e ao máximo de dias de duração da pena privativa da liberdade

cominada ao crime. Na individualização desta multa, o juiz observará o disposto no art. 60, § 1º, do Código Penal.

REFERÊNCIA LEGISLATIVA

- art. 60, § 1º, CP.

Art. 78. Além das penas privativas de liberdade e de multa, podem ser impostas, cumulativa ou alternadamente, observado o disposto nos arts. 44 a 47, do Código Penal:

I – a interdição temporária de direitos;

II – a publicação em órgãos de comunicação de grande circulação ou audiência, às expensas do condenado, de notícia sobre os fatos e a condenação;

III – a prestação de serviços à comunidade.

REFERÊNCIAS LEGISLATIVAS

- arts. 44 a 47, CP.

Art. 79. O valor da fiança, nas infrações de que trata este código, será fixado pelo juiz, ou pela autoridade que presidir o inquérito, entre cem e duzentas mil vezes o valor do Bônus do Tesouro Nacional (BTN), ou índice equivalente que venha a substituí-lo.

Parágrafo único. Se assim recomendar a situação econômica do indiciado ou réu, a fiança poderá ser:

a) reduzida até a metade do seu valor mínimo;

b) aumentada pelo juiz até vinte vezes.

REFERÊNCIA LEGISLATIVA

- art. 322, CPP.

Art. 80. No processo penal atinente aos crimes previstos neste código, bem como a outros crimes e contravenções que envolvam relações de consumo, poderão intervir, como assistentes do Ministério Público, os legitimados indicados no art. 82, inciso III e IV, aos quais também é facultado propor ação penal subsidiária, se a denúncia não for oferecida no prazo legal.

REFERÊNCIAS LEGISLATIVAS

- art. 5º, LIX, CF; art. 82, III e IV, CDC; art. 100, CP.

TÍTULO III
DA DEFESA DO CONSUMIDOR EM JUÍZO

CAPÍTULO I
DISPOSIÇÕES GERAIS

Art. 81. A defesa dos interesses e direitos dos consumidores e das vítimas poderá ser exercida em juízo individualmente, ou a título coletivo.

Parágrafo único. A defesa coletiva será exercida quando se tratar de:

I – interesses ou direitos difusos, assim entendidos, para efeitos deste código, os transindividuais, de natureza indivisível, de que sejam titulares pessoas indeterminadas e ligadas por circunstâncias de fato;

II – interesses ou direitos coletivos, assim entendidos, para efeitos deste código, os transindividuais, de natureza indivisível de que seja titular grupo, categoria ou classe de pessoas ligadas entre si ou com a parte contrária por uma relação jurídica base;

III – interesses ou direitos individuais homogêneos, assim entendidos os decorrentes de origem comum.

REFERÊNCIAS LEGISLATIVAS

- art. 129, III, CF; arts. 82, 87, CDC; art. 17, CPC.
- Lei 7.347/85 (Ação Civil Pública).

JURISPRUDÊNCIA

- Além disso, o Ministério Público ficou expressamente autorizado a promover a defesa dos interesses coletivos dos consumidores não só em juízo (arts. 81, parágrafo único, c/c art. 82, I, da Lei nº 8.078/90), como também administrativamente, mediante a aplicação das sanções previstas no art. 56 do diploma legal em caso de infração das normas consumeristas, a exemplo da multa (inciso I). (TJMG – Apelação Cível 1.0000.20.582210-9/001 – Des. Bitencourt Marcondes – 19ª Câmara Cível – *DJ* 13/5/2021)

- Tratando-se de interesses individuais homogêneos, nos termos do art. 81, inciso III c/c art. 103, inciso III do CDC, a sentença coletiva possui eficácia *erga omnes*, beneficiando indistintamente todos os consumidores, independentemente de filiação à Associação Autora da ação coletiva. (TJMG – Agravo de Instrumento-Cv 1.0024.16.150248-9/002 – Des.(a) Mônica Libânio – 11ª Câmara Cível – *DJ* 19/8/2020)

- O recorrente, usuário permanente do serviço de transporte aéreo, detém legitimidade para, em nome próprio, pleitear em juízo, a condenação de órgãos públicos a exercer, pronta e eficazmente, seu poder de polícia. A possibilidade de, em tese, propor ação civil pública não retira de vítima individual a legitimidade para ajuizar ação civil individual com pedido de dar, fazer ou não fazer, inclusive em face de órgãos públicos e agências reguladoras, mesmo que a decisão judicial, além de lhe garantir pessoalmente seus direitos, acabe por beneficiar outras vítimas em situação igual ou assemelhada. (STJ – REsp 1726216/RJ – Min. Herman Benjamin – T2 – *DJe* 21/11/2018)

- Não é necessário que o agravado demonstre ser filiado ao IDEC para requerer o cumprimento de sentença, sendo certo que o art. 81, III, do CDC autoriza que a defesa dos interesses e direitos dos consumidores seja feita de forma individual ou coletiva. A sentença coletiva tem eficácia *erga omnes* para além dos limites da competência territorial do órgão prolator, permitindo-se ao beneficiário exigir individualmente o valor a que tem direito com base na obrigação reconhecida no título judicial transitado em julgado, em comarca diversa daquela em que foi proferida a sentença, consoante entendimento jurisprudencial dominante. (TJMG – Agravo de Instrumento-Cv 1.0450.14.000897-7/001 – Des.(a) Juliana Campos Horta – 12ª Câmara Cível – *DJ* 13/6/2018)

- As ações coletivas previstas nos incisos I e II e no parágrafo único do art. 81 do CDC não induzem litispendência para as ações individuais, mas os efeitos da coisa julgada *erga omnes* ou *ultra partes* a que aludem não beneficiarão os autores das ações individuais se não for requerida sua suspensão no prazo de trinta dias, a contar da ciência nos autos do ajuizamento da ação coletiva. (STJ – AgRg no AREsp 595.453/RS – Rel. Min. Herman Benjamin – T2 – j. 26/5/2015 – *DJe* 18/11/2015)

Art. 82. Para os fins do art. 81, parágrafo único, são legitimados concorrentemente: (*Caput* do artigo com redação dada pela Lei nº 9.008, de 21.3.1995)

I – o Ministério Público,

II – a União, os Estados, os Municípios e o Distrito Federal;

III – as entidades e órgãos da Administração Pública, direta ou indireta, ainda que sem personalidade jurídica, especificamente destinados à defesa dos interesses e direitos protegidos por este Código;

IV – as associações legalmente constituídas há pelo menos um ano e que incluam entre seus fins institucionais a defesa dos interesses e direitos protegidos por este Código, dispensada a autorização assemblear.

§ 1º O requisito da pré-constituição pode ser dispensado pelo juiz, nas ações previstas nos arts. 91 e seguintes, quando haja manifesto interesse social evidenciado pela dimensão ou característica do dano, ou pela relevância do bem jurídico a ser protegido.

§ 2º (Vetado).

§ 3º (Vetado).

REFERÊNCIAS LEGISLATIVAS

- art. 129, III, CF; arts. 81, 91, CDC; arts. 17, 178, I, 185, CPC.

JURISPRUDÊNCIA

- Súmula 601 do STJ: O Ministério Público tem legitimidade ativa para atuar na defesa de direitos difusos, coletivos e individuais homogêneos dos consumidores, ainda que decorrentes da prestação de serviço público.
- A legitimidade extraordinária prevista no art. 82, IV, do CDC restringe-se à proteção dos interesses do consumidor, ante a teleologia expressa visada pela norma especial. Em se tratando de ação coletiva ajuizada por grupo de fornecedores, aplica-se a regra geral prevista no art. 5º, XXI, da CF, segundo a qual a representação dos associados depende de credenciamento específico por autorização assemblear ou autorização específica dos associados. (STJ – AgInt no REsp 1808817/PR – Min. Luis Felipe Salomão – T4 – *DJe* 21/6/2021)
- Além disso, o Ministério Público ficou expressamente autorizado a promover a defesa dos interesses coletivos dos consumidores não só em juízo (art. 81, parágrafo único, c/c art. 82, I, da Lei nº 8.078/90), como também administrativamente, mediante a aplicação das sanções previstas no art. 56 do diploma legal em caso de infração das normas consumeristas, a exemplo da multa (inciso I). (TJMG – Apelação Cível 1.0000.20.582210-9/001 – Des. Bitencourt Marcondes – 19ª Câmara Cível – *DJ* 13/5/2021)

> **Art. 83.** Para a defesa dos direitos e interesses protegidos por este Código são admissíveis todas as espécies de ações capazes de propiciar sua adequada e efetiva tutela.
>
> Parágrafo único. (Vetado).

REFERÊNCIAS LEGISLATIVAS

- art. 5º, XXXV, CF; art. 6º, VI e VII, CDC; art. 17, CPC.

ANOTAÇÕES

- ***Da efetividade da tutela consumerista***: com escopo de garantir a efetividade dos direitos previstos neste código, o legislador afirma que o consumidor pode usar, para tanto, de todas as espécies de ações (cautelar, condenatória, declaratória, mandamental etc.) e, via de consequência, obter todo tipo de tutela jurisdicional disponível no sistema processual. Embora a Constituição Federal já apresente esta garantia, assim como as leis processuais, acredito que o legislador consumerista quis não só reafirmar tal fato, mas expô-lo no código de forma expressa.

> **Art. 84.** Na ação que tenha por objeto o cumprimento da obrigação de fazer ou não fazer, o juiz concederá a tutela específica da obrigação ou determinará providências que assegurem o resultado prático equivalente ao do adimplemento.
>
> § 1º A conversão da obrigação em perdas e danos somente será admissível se por elas optar o autor ou se impossível a tutela específica ou a obtenção do resultado prático correspondente.
>
> § 2º A indenização por perdas e danos se fará sem prejuízo da multa (art. 287, do Código de Processo Civil).
>
> § 3º Sendo relevante o fundamento da demanda e havendo justificado receio de ineficácia do provimento final, é lícito ao juiz conceder a tutela liminarmente ou após justificação prévia, citado o réu.
>
> § 4º O juiz poderá, na hipótese do § 3º ou na sentença, impor multa diária ao réu, independentemente de pedido do autor, se for suficiente ou compatível com a obrigação, fixando prazo razoável para o cumprimento do preceito.
>
> § 5º Para a tutela específica ou para a obtenção do resultado prático equivalente, poderá o juiz determinar as medidas necessárias, tais como busca e apreensão, remoção de coisas e pessoas, desfazimento de obra, impedimento de atividade nociva, além de requisição de força policial.

REFERÊNCIAS LEGISLATIVAS

- arts. 30, 35, 48, CDC; arts. 300, 536, 537, CPC.

ANOTAÇÕES

- *Astreinte*: a multa periódica de atraso constitui importante instrumento de pressão à disposição do juiz, a fim de coagir o devedor a cumprir a obrigação, razão pela qual a sua imposição só tem cabimento quando a prestação específica é possível. O valor da multa pode ser revisto, para cima ou para baixo, conforme as circunstâncias do processo.

JURISPRUDÊNCIA

- O CDC consagrou expressamente, em seus arts. 48 e 84, o princípio da preservação dos negócios jurídicos, segundo o qual se pode determinar qualquer providência a fim de que seja assegurado o resultado prático equivalente ao adimplemento da obrigação de fazer, razão pela qual a solução de extinção do contrato e sua conversão em perdas e danos é a *ultima ratio*, o último caminho a ser percorrido. (STJ – REsp 1872048/RS – Min. Nancy Andrighi – T3 – *DJe* 1/3/2021)

- A decisão que arbitra *astreintes*, instrumento de coerção indireta ao cumprimento do julgado, não faz coisa julgada material, podendo, por isso mesmo, ser modificada, a requerimento da parte ou de ofício, seja para aumentar ou diminuir o valor da multa ou, ainda, para suprimi-la. (STJ – REsp 1691748/PR – Min. Ricardo Villas Bôas Cueva – T3 – *DJe* 17/11/2017)

- A jurisprudência desta Corte firmou-se no mesmo sentido da tese esposada pelo Tribunal de origem, segundo a qual é possível ao juiz, de ofício ou a requerimento da parte, fixar multa diária cominatória – *astreintes* –, ainda que contra a Fazenda Pública, em caso de descumprimento de obrigação de fazer. (STJ – REsp 1652556 – Min. Regina Helena Costa – *DP* 7/11/2017)

Art. 85. (Vetado).

Art. 86. (Vetado).

Art. 87. Nas ações coletivas de que trata este Código não haverá adiantamento de custas, emolumentos, honorários periciais e quaisquer outras despesas, nem condenação da associação autora, salvo comprovada má-fé, em honorários de advogados, custas e despesas processuais.

Parágrafo único. Em caso de litigância de má-fé, a associação autora e os diretores responsáveis pela propositura da ação serão solidariamente condenados em honorários advocatícios e ao décuplo das custas, sem prejuízo da responsabilidade por perdas e danos.

REFERÊNCIAS LEGISLATIVAS

- arts. 81, 82, CDC; arts. 79, 80, 82, 84, CPC.

ANOTAÇÕES

- ***Litigância de má-fé***: não é fácil traçar os limites entre o direito de demandar ou de defesa e a litigância de má-fé. Ensina a doutrina e a jurisprudência que para caracterizar a litigância de má-fé é necessário que a conduta da parte se enquadre, a critério do julgador (juízo de valor), numa das hipóteses previstas na norma (art. 80, CPC), que haja prejuízo processual e, claro, que antes de decidir abra o juiz oportunidade de defesa.

JURISPRUDÊNCIA

- A litigância de má-fé exige prova inequívoca de seu elemento subjetivo, sob pena de se configurar em óbice indireto ao acesso ao Judiciário e afronta ao artigo 5º, XXXV, da CF/88. (TJMG – Agravo de Instrumento-Cv 1.0528.13.001294-1/001 – Des. Otávio Portes – 16ª Câmara Cível – *DJ* 20/6/2018)

- A condenação imposta por litigância de má-fé não prevalece, quando se faz uso de instrumentos processuais legítimos, sendo, pois, fictícia a proposição de prática ato contrário à dignidade da justiça. (TJMG – Agravo de Instrumento-Cv 1.0686.14.016334-2/001 – Des. Saldanha da Fonseca – 12ª Câmara Cível – *DJ* 31/1/2018)

> **Art. 88.** Na hipótese do art. 13, parágrafo único, deste Código, a ação de regresso poderá ser ajuizada em processo autônomo, facultada a possibilidade de prosseguir-se nos mesmos autos, vedada a denunciação da lide.

REFERÊNCIAS LEGISLATIVAS

- art. 13, CDC; arts. 119, 125 a 129, CPC.

ANOTAÇÕES

- ***Vedação à denunciação da lide***: fosse permitida a denunciação da lide, com certeza o consumidor seria prejudicado pelo inevitável atraso na entrega da tutela jurisdicional. Entretanto, a vedação à denunciação da lide não impede que o terceiro interessado se apresente nos autos como assistente (art. 119, CPC).

JURISPRUDÊNCIA

- A vedação à denunciação da lide atua em prol da brevidade do processo de ressarcimento dos prejuízos do consumidor, em face da responsabilidade objetiva do fornecedor, devendo, por esse motivo, ser arguida pelo próprio consumidor, em seu próprio benefício, de modo a não se admitir a produção de provas que não interessem ao consumidor em juízo, sendo a sua proteção o objetivo almejado pelo Código de Defesa do Consumidor quando proíbe, no art. 88, a denunciação à lide (REsp 913.687/SP). (TJMG – Agravo de Instrumento-Cv 1.0000.21.018723-3/001 – Des. Ramom Tácio – 16ª Câmara Cível – *DJ* 7/7/2021)

- A jurisprudência do Superior Tribunal de Justiça é firme ao reconhecer que o art. 88 do CDC não tem sua aplicação limitada à hipótese de responsabilidade do comerciante, prevista no art. 13 do CDC, aplicando-se de forma ampla às demais controvérsias que versem sobre acidentes de consumo. O conflito aparente de normas entre o art. 88 do CDC e o art. 125 do CPC/2015 deve ser resolvido pelo princípio da especialidade, prevalecendo a regra especial prevista no CDC. (TJMG – Agravo de Instrumento-Cv 1.0000.20.495245-1/001 – Des.(a) Mônica Libânio – 11ª Câmara Cível – *DJ* 15/10/2020)

> **Art. 89.** (Vetado).
>
> **Art. 90.** Aplicam-se às ações previstas neste título as normas do Código de Processo Civil e da Lei nº 7.347, de 24 de julho de 1985, inclusive no que respeita ao inquérito civil, naquilo que não contrariar suas disposições.

REFERÊNCIAS LEGISLATIVAS

- arts. 13 a 15, CPC.

- Lei 7.347/1985 – Disciplina a ação civil pública de responsabilidade por danos causados ao meio ambiente, ao consumidor, a bens e direitos de valor artístico, estético, histórico, turístico e paisagístico (Vetado) e dá outras providências.

JURISPRUDÊNCIA

- Em ações coletivas, sobretudo quando se trata de direitos individuais homogêneos, como no presente caso, é possível a prolação de uma sentença genérica, nos termos do art. 95 do CDC, aplicável à Lei nº 7.347/85, por força do art. 90, do aludido Código, porque se visa obter o efeito concreto para paciente indeterminados. (TJMG – Agravo de Instrumento-Cv 1.0105.12.029104-9/011 – Des. Renato Dresch – 4ª Câmara Cível – *DJ* 21/6/2018)

CAPÍTULO II
DAS AÇÕES COLETIVAS PARA A DEFESA DE INTERESSES INDIVIDUAIS HOMOGÊNEOS

Art. 91. Os legitimados de que trata o art. 82 poderão propor, em nome próprio e no interesse das vítimas ou seus sucessores, ação civil coletiva de responsabilidade pelos danos individualmente sofridos, de acordo com o disposto nos artigos seguintes. (Artigo com redação dada pela Lei nº 9.008, de 21.3.1995)

REFERÊNCIAS LEGISLATIVAS

- art. 129, III, CF; arts. 17, 29, 81, III, 82, 83, 95, 97, 100, CDC; arts. 6º, 17, CPC.

Art. 92. O Ministério Público, se não ajuizar a ação, atuará sempre como fiscal da lei. Parágrafo único. (Vetado).

REFERÊNCIAS LEGISLATIVAS

- art. 129, III, CF; art. 82, CDC; arts. 176, 178, 179, CPC.

ANOTAÇÕES

- **Ministério Público**: é instituição permanente, autônoma e independente, criada pela Constituição Federal, arts. 127 a 130-A, a quem incumbe a defesa da ordem jurídica, do regime democrático e dos interesses sociais e individuais indisponíveis. Embora atue junto a todos os órgãos do Poder Judiciário, não tem nenhum vínculo de subordinação a ele ou aos outros poderes da República. De fato, os membros do Ministério Público possuem as mesmas garantias dos Magistrados (art. 128, CF), quais sejam: I – vitaliciedade, após dois anos de exercício, não podendo perder o cargo senão por sentença judicial transitada em julgado; II – inamovibilidade, salvo por motivo de interesse público, mediante decisão do órgão colegiado competente do Ministério Público, pelo voto da maioria absoluta de seus membros, assegurada ampla defesa; III – irredutibilidade de subsídio, fixado na forma do art. 39, § 4º, e ressalvado o disposto nos arts. 37, X e XI, 150, II, 153, III, 153, § 2º, I.

> **Art. 93.** Ressalvada a competência da Justiça Federal, é competente para a causa a justiça local:
> I – no foro do lugar onde ocorreu ou deva ocorrer o dano, quando de âmbito local;
> II – no foro da Capital do Estado ou no do Distrito Federal, para os danos de âmbito nacional ou regional, aplicando-se as regras do Código de Processo Civil aos casos de competência concorrente.

 REFERÊNCIA LEGISLATIVA

- art. 109, CF.

 ANOTAÇÕES

- **Justiça comum**: a jurisdição comum pode ser federal ou estadual, segundo critérios fixados na Constituição Federal (arts. 106 a 110; arts. 125 e 126), e subdivide-se em civil e penal.

 JURISPRUDÊNCIA

- Nos termos do art. 2º da Lei nº 7.347/85, a competência para o julgamento das ações coletivas é definida pelo critério do lugar do dano; e, consoante disposição do art. 93, I, do CDC, aplicável ao caso pelo princípio da integração das normas processuais coletivas, é competente para a causa a justiça local no foro do lugar onde ocorreu ou deva ocorrer o dano, quando de âmbito local. (TJMG – Agravo de Instrumento-Cv 1.0028.17.001762-9/001 – Des. Jair Varão – 3ª Câmara Cível – *DJ* 27/8/2020)

> **Art. 94.** Proposta a ação, será publicado edital no órgão oficial, a fim de que os interessados possam intervir no processo como litisconsortes, sem prejuízo de ampla divulgação pelos meios de comunicação social por parte dos órgãos de defesa do consumidor.

REFERÊNCIAS LEGISLATIVAS

- art. 103, CDC; arts. 113 a 118, CPC.

ANOTAÇÕES

- *Litisconsórcio*: ocorre o litisconsórcio nos casos em que a norma processual permite, ou determina, que duas ou mais pessoas ocupem conjuntamente o polo ativo ou passivo de um processo. Ao possibilitar a ocorrência do litisconsórcio, o legislador procura facilitar e agilizar o exercício da jurisdição (*princípio da economia processual*), bem como evitar decisões contraditórias que envolvam os mesmos fatos. No presente caso, a norma apenas permite, não obriga, que os interessados ingressem na ação coletiva.

JURISPRUDÊNCIA

- A legislação dá a opção para o jurisdicionado ingressar na ação coletiva como litisconsorte (art. 94 do CDC) ou utilizar o título executivo judicial para requerer a execução individual da sentença proferida no processo coletivo, mas não lhe retira o direito a promover ação individual para a discussão do direito subjetivo. (STJ – REsp 1722626/RS – Min. Herman Benjamin – T2 – *DJe* 23/5/2018)

> **Art. 95.** Em caso de procedência do pedido, a condenação será genérica, fixando a responsabilidade do réu pelos danos causados.

REFERÊNCIAS LEGISLATIVAS

- arts. 98, 103, CDC; arts. 322 a 329, 487, CPC.

JURISPRUDÊNCIA

- Em sede de ação civil coletiva, compete ao julgador definir abstratamente o direito por meio de sentença genérica *erga omnes*, ou seja, sem limitação do *an debeatur* e do *quantum debeatur* (art. 95, do CDC). Deste modo, o direito individual deverá ser tratado por ocasião da liquidação e execução da sentença coletiva (art. 98, do CDC). (TJMG – Apelação Cível 1.0000.20.078317-3/001 – Des.(a) Cláudia Maia – 14ª Câmara Cível – *DJ* 17/12/2020)

- Em ações coletivas, sobretudo quando se trata de direitos individuais homogêneos, como no presente caso, é possível a prolação de uma sentença genérica, nos termos do art. 95 do CDC, aplicável à Lei nº 7.347/85, por força do art. 90, do aludido Código, porque se visa obter o efeito concreto para paciente indeterminados. (TJMG – Agravo de Instrumento-Cv 1.0105.12.029104-9/011 – Des. Renato Dresch – 4ª Câmara Cível – *DJ* 21/6/2018)

> **Art. 96.** (Vetado).
> **Art. 97.** A liquidação e a execução de sentença poderão ser promovidas pela vítima e seus sucessores, assim como pelos legitimados de que trata o art. 82.
> Parágrafo único. (Vetado).

REFERÊNCIAS LEGISLATIVAS

- arts. 82, 100, CDC; arts. 509 a 512, CPC.

ANOTAÇÕES

- *Liquidação da sentença*: nem sempre as sentenças condenatórias, cíveis ou penais, são precisas quanto ao valor da dívida (v.g., condenação ao pagamento de perdas e danos, sem fixar-se o valor dos danos), o que demanda que o credor, antes de ajuizar o processo executivo, providencie sua liquidação. Destarte, pode-se concluir que a liquidação da sentença se apresenta como uma fase preparatória da futura fase de execução, cuja decisão irá complementar aquela já proferida quando da resolução do mérito; ou seja, o objetivo do processo de liquidação é, repita-se, a fixação precisa do objeto da obrigação, determinando-se o seu valor, razão pela qual a decisão proferida terá natureza declaratória do *quantum debeatur* (quanto devido).

> **Art. 98.** A execução poderá ser coletiva, sendo promovida pelos legitimados de que trata o art. 82, abrangendo as vítimas cujas indenizações já tiveram sido fixadas em sentença de liquidação, sem prejuízo do ajuizamento de outras execuções. (*Caput* do artigo com redação dada pela Lei nº 9.008, de 21.3.1995)
> § 1º A execução coletiva far-se-á com base em certidão das sentenças de liquidação, da qual deverá constar a ocorrência ou não do trânsito em julgado.
> § 2º É competente para a execução o juízo:
> I – da liquidação da sentença ou da ação condenatória, no caso de execução individual;
> II – da ação condenatória, quando coletiva a execução.

REFERÊNCIAS LEGISLATIVAS

• arts. 82, 95, 97, 101, I, CDC; arts. 509 a 512, CPC.

JURISPRUDÊNCIA

• Em sede de ação civil coletiva, compete ao julgador definir abstratamente o direito por meio de sentença genérica *erga omnes*, ou seja, sem limitação do *an debeatur* e do *quantum debeatur* (art. 95, do CDC). Deste modo, o direito individual deverá ser tratado por ocasião da liquidação e execução da sentença coletiva (art. 98, do CDC). (TJMG – Apelação Cível 1.0000.20.078317-3/001 – Des.(a) Cláudia Maia – 14ª Câmara Cível – *DJ* 17/12/2020)

• A interpretação conjunta dos arts. 98, *caput*, § 2º, I, e 101, I, do CDC leva à conclusão de que o ajuizamento da execução coletiva não torna prevento o respectivo juízo para fins de execução individual, sob pena de tornar letra morta a garantia, referida no acórdão embargado, à efetivação da tutela dos interesses individuais albergados pela ação coletiva, consubstanciada na possibilidade de ajuizamento da demanda executória individual no foro de domicílio do credor. (STJ – EDcl no AgRg no CC 131642/DF – Min. Herman Benjamin – S1 – *DJe* 14/10/2014)

> **Art. 99.** Em caso de concurso de créditos decorrentes de condenação prevista na Lei n.º 7.347, de 24 de julho de 1985 e de indenizações pelos prejuízos individuais resultantes do mesmo evento danoso, estas terão preferência no pagamento.
>
> Parágrafo único. Para efeito do disposto neste artigo, a destinação da importância recolhida ao fundo criado pela Lei nº 7.347 de 24 de julho de 1985, ficará sustada enquanto pendentes de decisão de segundo grau as ações de indenização pelos danos individuais, salvo na hipótese de o patrimônio do devedor ser manifestamente suficiente para responder pela integralidade das dívidas.

REFERÊNCIAS LEGISLATIVAS

• arts. 82, 95, 100, CDC.

• Lei 7.347/1985 (Disciplina a ação civil pública de responsabilidade por danos causados ao meio ambiente, ao consumidor, a bens e direitos de valor artístico, estético, histórico, turístico e paisagístico (Vetado) e dá outras providências).

• Decreto 1.306/1994 (Regulamenta o Fundo de Defesa de Direitos Difusos, de que tratam os arts. 13 e 20 da Lei 7.347, de 24 de julho de 1985, seu conselho gestor e dá outras providências).

JURISPRUDÊNCIA

• É irrelevante o fato de a execução ter se iniciado nos autos da ação coletiva e continuar na ação de execução individual, em face do caráter disjuntivo de atuação dos legitimados e da expressa previsão da possibilidade do concurso de créditos (art. 99 do CDC). (STJ – EDcl no AgRg no CC 131642/DF – Min. Herman Benjamin – S1 – *DJe* 14/10/2014)

> **Art. 100.** Decorrido o prazo de um ano sem habilitação de interessados em número compatível com a gravidade do dano, poderão os legitimados do art. 82 promover a liquidação e execução da indenização devida.
>
> Parágrafo único. O produto da indenização devida reverterá para o fundo criado pela Lei n.º 7.347, de 24 de julho de 1985.

REFERÊNCIAS LEGISLATIVAS

- arts. 57, 82, 95, 99, parágrafo único, CDC; art. 132, CC; arts. 509 a 512, CPC.
- Decreto 1.306/94 (Regulamenta o Fundo de Defesa de Direitos Difusos, de que tratam os arts. 13 e 20 da Lei 7.347, de 24 de julho de 1985, seu conselho gestor e dá outras providências).

JURISPRUDÊNCIA

- A recuperação fluida (*fluid recovery*), prevista no citado art. 100 do CDC, constitui específica e acidental hipótese de execução coletiva de danos causados a interesses individuais homogêneos, instrumentalizada pela atribuição de legitimidade subsidiária aos substitutos processuais do art. 82 do CDC para perseguirem a indenização de prejuízos causados individualmente aos substituídos, com o objetivo de preservar a vontade da Lei e impedir o enriquecimento sem causa do fornecedor que atentou contra as normas jurídicas de caráter público, lesando os consumidores. (STJ – REsp 1599142/SP – Min. Nancy Andrighi – T3 – *DJe* 1/10/2018)

- O prazo para propositura, pelo Ministério Público, do cumprimento coletivo da sentença proferida nos autos da Ação Civil Pública (art. 100, CDC) será de cinco anos, contados da sua intimação pessoal acerca do decurso do prazo de um ano sem habilitação de qualquer interessado. (TJMG – Apelação Cível 1.0702.96.004787-7/001 – Des. Alexandre Santiago – 11ª Câmara Cível – *DJ* 1/2/2017)

CAPÍTULO III
DAS AÇÕES DE RESPONSABILIDADE DO FORNECEDOR DE PRODUTOS E SERVIÇOS

> **Art. 101.** Na ação de responsabilidade civil do fornecedor de produtos e serviços, sem prejuízo do disposto nos Capítulos I e II deste título, serão observadas as seguintes normas:

I – a ação pode ser proposta no domicílio do autor;

II – o réu que houver contratado seguro de responsabilidade poderá chamar ao processo o segurador, vedada a integração do contraditório pelo Instituto de Resseguros do Brasil. Nesta hipótese, a sentença que julgar procedente o pedido condenará o réu nos termos do art. 80 do Código de Processo Civil. Se o réu houver sido declarado falido, o síndico será intimado a informar a existência de seguro de responsabilidade, facultando-se, em caso afirmativo, o ajuizamento de ação de indenização diretamente contra o segurador, vedada a denunciação da lide ao Instituto de Resseguros do Brasil e dispensado o litisconsórcio obrigatório com este.

REFERÊNCIAS LEGISLATIVAS

- arts. 12 a 25, CDC; arts. 42 a 53, 125 a 132, CPC; arts. 186 a 188, 389, 441 a 446, 927 a 943, CC.
- Súmula 632 do STJ.

ANOTAÇÕES

- ***Responsabilidade civil***: obrigação imposta a uma pessoa no sentido de reparar eventuais danos causados a outra em razão de atos ilícitos que tenha praticado (fato próprio), ou por atos praticados por pessoas ou coisas que estejam legalmente sob sua responsabilidade.
- ***Perdas e danos***: pode ser de natureza material e/ou moral e abrangem o dano emergente e o lucro cessante, isto é, tudo o que a vítima efetivamente perdeu mais tudo o que ela deixou razoavelmente de ganhar (lucros cessantes). Lembro que o CDC garante ao consumidor o direito à reparação total dos seus prejuízos (art. 6º, VI).
- ***Pressupostos da responsabilidade civil***: no geral, são quatro: ação ou omissão do agente, culpa do agente, relação de causalidade e dano experimentado pela vítima. Lembro que o CDC adota a chamada responsabilidade objetiva, ou seja, o fornecedor responde independentemente da existência de culpa por eventuais dados causados ao consumidor em razão de vícios e/ou defeitos dos produtos e serviços.

JURISPRUDÊNCIA

- Nos termos do art. 101, I, do CDC, nas ações de natureza consumerista, em que se busca a responsabilização do fornecedor de serviços, a lide pode ser proposta no foro do domicílio do autor. (TJMG – Agravo de Instrumento-Cv 1.0000.21.016930-6/001 – Des.(a) Jaqueline Calábria Albuquerque – 10ª Câmara Cível – *DJ* 16/3/2021)
- O Superior Tribunal de Justiça já pacificou entendimento no sentido de que, em se tratando de relação consumerista, a regra de competência do foro de domicílio do consumidor é absoluta, podendo, apenas ele renunciar ao seu foro privilegiado. (TJMG – Apelação Cível 1.0000.20.001987-5/001 – Des. Amorim Siqueira – 9ª Câmara Cível – *DJ* 2/6/2020)

> **Art. 102.** Os legitimados a agir na forma deste Código poderão propor ação visando compelir o Poder Público competente a proibir, em todo o território nacional, a produção, divulgação distribuição ou venda, ou a determinar a alteração na composição, estrutura, fórmula ou acondicionamento de produto, cujo uso ou consumo regular se revele nocivo ou perigoso à saúde pública e à incolumidade pessoal.
>
> § 1º (Vetado).
>
> § 2º (Vetado).

REFERÊNCIAS LEGISLATIVAS

- arts. 8º, 9º, 10, 81, 82, CDC.

ANOTAÇÕES

- *Ação mandamental*: diante da eventual inércia do Poder Público, o consumidor individualmente, ou qualquer dos legitimados a fazer a defesa coletiva dos consumidores (arts. 81 e 82), poderá ajuizar ação ordinária de natureza mandamental com escopo de compelir o Poder Público competente "a proibir, em todo o território nacional, a produção, divulgação distribuição ou venda, ou a determinar a alteração na composição, estrutura, fórmula ou acondicionamento de produto, cujo uso ou consumo regular se revele nocivo ou perigoso à saúde pública e à incolumidade pessoal", sob pena, por exemplo, de crime de desobediência (art. 330, CP).

CAPÍTULO IV
DA COISA JULGADA

> **Art. 103.** Nas ações coletivas de que trata este Código, a sentença fará coisa julgada:
>
> I – erga omnes, exceto se o pedido for julgado improcedente por insuficiência de provas, hipótese em que qualquer legitimado poderá intentar outra ação, com idêntico fundamento valendo-se de nova prova, na hipótese do inciso I do parágrafo único do art. 81;
>
> II – ultra partes, mas limitadamente ao grupo, categoria ou classe, salvo improcedência por insuficiência de provas, nos termos do inciso anterior, quando se tratar da hipótese prevista no inciso II do parágrafo único do art. 81;
>
> III – erga omnes, apenas no caso de procedência do pedido, para beneficiar todas as vítimas e seus sucessores, na hipótese do inciso III do parágrafo único do art. 81.
>
> § 1º Os efeitos da coisa julgada previstos nos incisos I e II não prejudicarão interesses e direitos individuais dos integrantes da coletividade, do grupo, categoria ou classe.

§ 2º Na hipótese prevista no inciso III, em caso de improcedência do pedido, os interessados que não tiverem intervindo no processo como litisconsortes poderão propor ação de indenização a título individual.

§ 3º Os efeitos da coisa julgada de que cuida o art. 16, combinado com o art. 13 da Lei nº 7.347, de 24 de julho de 1985, não prejudicarão as ações de indenização por danos pessoalmente sofridos, propostas individualmente ou na forma prevista neste Código, mas, se procedente o pedido, beneficiarão as vítimas e seus sucessores, que poderão proceder à liquidação e à execução, nos termos dos arts. 96 a 99.

§ 4º Aplica-se o disposto no parágrafo anterior à sentença penal condenatória.

REFERÊNCIAS LEGISLATIVAS

- arts. 81, 94, 104, 107, CDC; arts. 502 a 508, CPC.
- arts. 13, 16, Lei 7.347/1985 (Disciplina a ação civil pública de responsabilidade por danos causados ao meio ambiente, ao consumidor, a bens e direitos de valor artístico, estético, histórico, turístico e paisagístico (Vetado) e dá outras providências).

ANOTAÇÕES

- **Coisa julgada**: é a eficácia que torna imutável e indiscutível a sentença, seja porque a parte vencida já usou de todos os recursos previstos em lei, seja porque já ocorreu a preclusão quanto à possibilidade de se recorrer. Em outras palavras, caracterizada qualquer destas hipóteses, esgotamento dos recursos ou preclusão do direito de recorrer, a sentença transita em julgado, fato que leva à formação da coisa julgada, eficácia que torna imutável e indiscutível a sentença. Não é "toda a sentença" que se torna imutável, mas somente a sua parte dispositiva, na qual efetivamente o juiz entrega a tutela jurisdicional (art. 504 do CPC).

- **Erga omnes**: diz-se que a coisa julgada é de natureza "erga omnes" quando os efeitos da sentença vão além das partes do processo.

JURISPRUDÊNCIA

- Tratando-se de interesses individuais homogêneos, nos termos do art. 81, inciso III c/c art. 103, inciso III do CDC, a sentença coletiva possui eficácia *erga omnes*, beneficiando indistintamente todos os consumidores, independentemente de filiação à Associação Autora da ação coletiva. (TJMG – Agravo de Instrumento-Cv 1.0024.16.150248-9/002 – Des.(a) Mônica Libânio – 11ª Câmara Cível – *DJ* 19/8/2020)

- Não é necessário que o agravado demonstre ser filiado ao IDEC para requerer o cumprimento de sentença, sendo certo que o art. 81, III, do CDC autoriza que a defesa dos interesses e direitos dos consumidores seja feita de forma individual ou coletiva. A sentença coletiva tem eficácia erga omnes para além dos limites da competência territorial do órgão prolator, permitindo-se ao beneficiário exigir individualmente o valor a que tem direito com base na obrigação reconhecida no título judicial transitado em julgado, em comarca diversa daquela em que foi proferida a sentença, consoante entendimento jurisprudencial dominante. (TJMG – Agravo de Instrumento-Cv 1.0450.14.000897-7/001 – Des.(a) Juliana Campos Horta – 12ª Câmara Cível – *DJ* 13/6/2018)

- Embora haja a relação de conexão entre a ação coletiva e a ação individual que trate do mesmo objeto e causa de pedir, como bem afirmado pelo § 1º do art. 103 do CDC (Lei 8.078/90), "os efeitos da coisa julgada não prejudicarão interesses e direitos individuais dos integrantes da coletividade, do grupo, categoria ou classe", não pode ser retirada do jurisdicionado afetado pela relação jurídica a faculdade de postular em juízo o direito subjetivo. (STJ – REsp 1722626/RS – Min. Herman Benjamin – T2 – *DJe* 23/5/2018)

Art. 104. As ações coletivas, previstas nos incisos I e II do parágrafo único do art. 81, não induzem litispendência para as ações individuais, mas os efeitos da coisa julgada *erga omnes* ou ultra partes a que aludem os incisos II e III do artigo anterior não beneficiarão os autores das ações individuais, se não for requerida sua suspensão no prazo de trinta dias, a contar da ciência nos autos do ajuizamento da ação coletiva.

REFERÊNCIAS LEGISLATIVAS

- arts. 81, 103, 107, CDC; art. 313, V, "a", CPC.

JURISPRUDÊNCIA

- Os efeitos da coisa julgada *erga omnes* de uma decisão homologatória de acordo firmado em ação coletiva não retira do jurisdicionado o seu direito de ver processada e examinada a sua ação individual, uma vez que não fez opção de suspender sua demanda nos termos do art. 104 do CDC. O fato da situação encartada nos autos se referir a dano ambiental, passível de análise via ação coletiva, não deve ser obstáculo a sua aferição a partir de uma perspectiva individual diante das diversas particularidades que o caso apresenta. (TJMG – Apelação Cível 1.0400.18.005233-6/001 – Des. Saldanha da Fonseca – 12ª Câmara Cível – *DJ* 7/4/2021)

CAPÍTULO V
DA CONCILIAÇÃO NO SUPERENDIVIDAMENTO
(INCLUÍDO PELA LEI Nº 14.181, DE 2021)

Art. 104-A. A requerimento do consumidor superendividado pessoa natural, o juiz poderá instaurar processo de repactuação de dívidas, com vistas à realização de audiência conciliatória, presidida por ele ou por conciliador credenciado no juízo, com a presença de todos os credores de dívidas previstas no art. 54-A deste Código, na qual o consumidor apresentará proposta de plano de pagamento com prazo máximo de 5 (cinco) anos, preservados o mínimo existencial, nos termos da regulamentação, e as garantias e as formas de pagamento originalmente pactuadas. (Incluído pela Lei nº 14.181, de 2021)

§ 1º Excluem-se do processo de repactuação as dívidas, ainda que decorrentes de relações de consumo, oriundas de contratos celebrados dolosamente sem o propósito de realizar pagamento, bem como as dívidas provenientes de contratos de crédito com garantia real, de financiamentos imobiliários e de crédito rural. (Incluído pela Lei nº 14.181, de 2021)

§ 2º O não comparecimento injustificado de qualquer credor, ou de seu procurador com poderes especiais e plenos para transigir, à audiência de conciliação de que trata o *caput* deste artigo acarretará a suspensão da exigibilidade do débito e a interrupção dos encargos da mora, bem como a sujeição compulsória ao plano de pagamento da dívida se o montante devido ao credor ausente for certo e conhecido pelo consumidor, devendo o pagamento a esse credor ser estipulado para ocorrer apenas após o pagamento aos credores presentes à audiência conciliatória. (Incluído pela Lei nº 14.181, de 2021)

§ 3º No caso de conciliação, com qualquer credor, a sentença judicial que homologar o acordo descreverá o plano de pagamento da dívida e terá eficácia de título executivo e força de coisa julgada. (Incluído pela Lei nº 14.181, de 2021)

§ 4º Constarão do plano de pagamento referido no § 3º deste artigo: (Incluído pela Lei nº 14.181, de 2021)

I – medidas de dilação dos prazos de pagamento e de redução dos encargos da dívida ou da remuneração do fornecedor, entre outras destinadas a facilitar o pagamento da dívida; (Incluído pela Lei nº 14.181, de 2021)

II – referência à suspensão ou à extinção das ações judiciais em curso; (Incluído pela Lei nº 14.181, de 2021)

III – data a partir da qual será providenciada a exclusão do consumidor de bancos de dados e de cadastros de inadimplentes; (Incluído pela Lei nº 14.181, de 2021)

IV – condicionamento de seus efeitos à abstenção, pelo consumidor, de condutas que importem no agravamento de sua situação de superendividamento. (Incluído pela Lei nº 14.181, de 2021)

§ 5º O pedido do consumidor a que se refere o *caput* deste artigo não importará em declaração de insolvência civil e poderá ser repetido somente após decorrido o prazo de 2 (dois) anos, contado da liquidação das obrigações previstas no plano de pagamento homologado, sem prejuízo de eventual repactuação. (Incluído pela Lei nº 14.181, de 2021)

REFERÊNCIAS LEGISLATIVAS

- arts. 43, 54-A, 71, 83, 90, 104-B, 104-C, CDC; arts. 132, 955 a 965, CC; arts. 300, 487, III, "b", 502, CPC; Decreto nº 11.150/2022.

 **ANOTAÇÕES**

- ***Processo de repactuação de dívidas***: inovação trazida pela Lei 14.181/2021, o processo de repactuação de dívidas permite ao consumidor superendividado pessoa natural, nos termos do § 1º do art. 54-A, buscar a renegociação de suas dívidas, apresentando proposta de plano de pagamento que respeite eventuais garantias e formas de pagamento originalmente contratadas. O legislador não faz referência a um procedimento para este "processo", nem estabelece os parâmetros de um rito especial, fato que deixa muitas perguntas em aberto que serão supridas apenas com a prática. Lembro, no entanto, que se aplicam às ações consumeristas as disposições do Código de Processo Civil (art. 90); assim, temos que a petição inicial deste processo deve, claro, obedecer aos requisitos do art. 319 do CPC, fazendo-se acompanhar dos documentos necessários; no mais, os credores indicados deverão ser regularmente citados, visto que o não comparecimento envolve consequências jurídicas (arts. 238, 239, CPC). O processo pode terminar em acordo e/ou em sentença que estabeleça plano de pagamento forçado (§ 2º). Naqueles casos em que não haja acordo (este pode então ser parcial e individual com cada credor), o processo poderá ser extinto ou, a pedido do devedor, continuar agora como "processo de superendividamento" (art. 104-B), onde se buscará a revisão e integração dos contratos, assim como a repactuação das dívidas remanescentes mediante plano judicial compulsório.

- ***Ausência de credor***: consoante acontece com a audiência de conciliação prevista no art. 334 do CPC, o comparecimento dos credores regularmente citados na audiência mencionada no *caput* deste artigo é obrigatória, salvo prévia justificativa; o não comparecimento injustificado do credor à audiência acarretará, em tutela provisória (art. 300, CPC), a suspensão da exigibilidade do débito e a interrupção dos encargos da mora, e o mais grave, a possibilidade da sujeição compulsória ao plano de pagamento da dívida (§ 2º).

- ***Cadastro de inadimplentes***: os mais conhecidos e mencionados são: SPC – Serviço de Proteção ao Crédito, ligado à Associação Comercial de Lojistas; SCPC – Serviço Central de Proteção ao Crédito da Associação Comercial de São Paulo; SERASA EXPERIAN, ligada ao setor bancário; CCF – Cadastro de Emitentes de Cheques sem Fundos do Banco Central do Brasil. Lembro que o consumidor deve ser previamente notificado sobre abertura de registro (art. 43).

- ***Mínimo existencial***: fixado em R$ 303,00 (trezentos e três reais) pelo Decreto nº 11.150/2022, cabendo eventual reajuste ao Conselho Monetário Nacional.

- ***Recomendação nº 125/2021 do CNJ***: considerando as alterações trazidas pela Lei nº 14.181/2021, o Conselho Nacional de Justiça emitiu recomendação no sentido de que sejam criados Núcleos de Conciliação e Mediação de Conflitos oriundos de superendividamento, os quais poderão funcionar junto aos CEJUSCs já existentes (usar da sua estrutura), principalmente para a realização da audiência prevista neste artigo. A recomendação ainda traz, como anexos, formulários que ajudam a delimitar a situação do devedor; recomendo que o colega os analise antes de elaborar a sua petição, visto que ali estão especificadas as informações que o judiciário entende essenciais para o sucesso da demanda.

JURISPRUDÊNCIA

- Agravo de instrumento. Ação de repactuação de débito em razão de superendividamento. Agravante. Pretensão. Suspensão dos pagamentos. Impossibilidade. Necessidade de apresentação de plano de pagamento. Inteligência do art. 104-A § 4º, I, do CPC. Contratação. Diversas instituições financeiras. Imposição de prévia ciência aos credores. Decisão combatida. Manutenção. Agravo de instrumento não provido. (TJSP – Agravo de Instrumento 2119121-22.2022.8.26.0000 – Relator Tavares de Almeida – 23ª Câmara de Direito Privado – Foro de Itapira – 1ª Vara Judicial – *DJ* 24/8/2022)

- A possibilidade de suspensão da exigibilidade das parcelas de contrato bancário ocorre no bojo do procedimento de conciliação no superendividamento, após a homologação do plano de pagamento, nos termos da Lei nº 14.181/2021, inexistindo previsão de aplicação do instituto genericamente a todo e qualquer processo. (TJMG – Apelação Cível 1.0000.20.452763-4/002 – Relator(a) Des.(a) Claret de Moraes – 10ª Câmara Cível – *DJ* 5/7/2022)

- Realizada a audiência de conciliação sem êxito, é cabível a concessão da tutela provisória para limitar os pagamentos a percentual dos rendimentos da autora que permitam preservar seu mínimo existencial e dignidade até que seja elaborado o plano de pagamento, sob pena de frustrar a própria razão de ser da lei, caso os descontos continuem durante o procedimento. (TJMG – Agravo de Instrumento-Cv 1.0000.21.194938-3/005 – Relator(a) Des.(a) Claret de Moraes – 10ª Câmara Cível – *DJ* 7/6/2022)

Art. 104-B. Se não houver êxito na conciliação em relação a quaisquer credores, o juiz, a pedido do consumidor, instaurará processo por superendividamento para revisão e integração dos contratos e repactuação das dívidas remanescentes mediante plano judicial compulsório e procederá à citação de todos os credores cujos créditos não tenham integrado o acordo porventura celebrado. (Incluído pela Lei nº 14.181, de 2021)

§ 1º Serão considerados no processo por superendividamento, se for o caso, os documentos e as informações prestadas em audiência. (Incluído pela Lei nº 14.181, de 2021)

§ 2º No prazo de 15 (quinze) dias, os credores citados juntarão documentos e as razões da negativa de aceder ao plano voluntário ou de renegociar. (Incluído pela Lei nº 14.181, de 2021)

§ 3º O juiz poderá nomear administrador, desde que isso não onere as partes, o qual, no prazo de até 30 (trinta) dias, após cumpridas as diligências eventualmente necessárias, apresentará plano de pagamento que contemple medidas de temporização ou de atenuação dos encargos. (Incluído pela Lei nº 14.181, de 2021)

§ 4º O plano judicial compulsório assegurará aos credores, no mínimo, o valor do principal devido, corrigido monetariamente por índices oficiais de preço, e preverá a liquidação total da dívida, após a quitação do plano de pagamento consensual previsto no art. 104-A deste Código, em, no máximo, 5 (cinco) anos, sendo que a primeira parcela será devida no prazo máximo de 180 (cento e oitenta) dias, contado de sua homologação judicial, e o restante do saldo será devido em parcelas mensais iguais e sucessivas. (Incluído pela Lei nº 14.181, de 2021)

REFERÊNCIAS LEGISLATIVAS

- art. 54-A, § 1º, 104-A, 104-C, CDC; art. 132, CC; arts. 502 a 508, CPC.

ANOTAÇÕES

- ***Processo de superendividamento***: não havendo acordo na audiência de conciliação no processo de repactuação de dívidas, o devedor pode requerer que o juiz instaure um processo de superendividamento, dando assim sequência, a meu ver, ao processo anterior com escopo de possibilitar eventual revisão dos contratos que deram origem às dívidas e a implementação compulsória de um plano judicial de pagamento das dívidas. A norma fala em novo processo e em citação dos credores (necessidade que não menciona no processo de repactuação de dívidas), dando a entender que se trata de processos distintos e autônomos; não vendo sentido nesta postura, o princípio da economia processual e a necessidade de não submeter o consumidor a uma burocracia e formalidade obviamente desnecessárias, mais inteligente seria tratar o chamado "processo por superendividamento" como uma fase seguinte do processo de repactuação de dívidas. Em qualquer dos casos (novo processo ou nova fase), as regras do CPC são aplicáveis (art. 90).

> **Art. 104-C.** Compete concorrente e facultativamente aos órgãos públicos integrantes do Sistema Nacional de Defesa do Consumidor a fase conciliatória e preventiva do processo de repactuação de dívidas, nos moldes do art. 104-A deste Código, no que couber, com possibilidade de o processo ser regulado por convênios específicos celebrados entre os referidos órgãos e as instituições credoras ou suas associações. (Incluído pela Lei nº 14.181, de 2021)
>
> § 1º Em caso de conciliação administrativa para prevenir o superendividamento do consumidor pessoa natural, os órgãos públicos poderão promover, nas reclamações individuais, audiência global de conciliação com todos os credores e, em todos os casos, facilitar a elaboração de plano de pagamento, preservado o mínimo existencial, nos termos da regulamentação, sob a supervisão desses órgãos, sem prejuízo das demais atividades de reeducação financeira cabíveis. (Incluído pela Lei nº 14.181, de 2021)
>
> § 2º O acordo firmado perante os órgãos públicos de defesa do consumidor, em caso de superendividamento do consumidor pessoa natural, incluirá a data a partir da qual será providenciada a exclusão do consumidor de bancos de dados e de cadastros de inadimplentes, bem como o condicionamento de seus efeitos à abstenção, pelo consumidor, de condutas que importem no agravamento de sua situação de superendividamento, especialmente a de contrair novas dívidas. (Incluído pela Lei nº 14.181, de 2021)

REFERÊNCIAS LEGISLATIVAS

- arts. 4º e 5º, 105, CDC; Decreto nº 11.150/2022.

ANOTAÇÕES

- **SNDC**: integrado à Secretaria Nacional do Consumidor, o Sistema Nacional de Defesa do Consumidor engloba os Procons, o Ministério Público, a Defensoria Pública e as entidades civis do consumidor, como o IDEC – Instituto Brasileiro de Defesa do Consumidor.
- **Mínimo existencial**: fixado em R$ 303,00 (trezentos e três reais) pelo Decreto nº 11.150/2022, cabendo eventual reajuste ao Conselho Monetário Nacional.

TÍTULO IV
DO SISTEMA NACIONAL DE DEFESA DO CONSUMIDOR

> **Art. 105.** Integram o Sistema Nacional de Defesa do Consumidor (SNDC), os órgãos federais, estaduais, do Distrito Federal e municipais e as entidades privadas de defesa do consumidor.

REFERÊNCIAS LEGISLATIVAS

- arts. 4º, 5º, 104-C, 106, CDC.

ANOTAÇÕES

- **SNDC**: integrado à Secretaria Nacional do Consumidor, o Sistema Nacional de Defesa do Consumidor engloba os Procons, o Ministério Público, a Defensoria Pública e as entidades civis do consumidor, como o IDEC – Instituto Brasileiro de Defesa do Consumidor.

JURISPRUDÊNCIA

- A jurisprudência do Superior Tribunal de Justiça assentou que as competências dos órgãos de defesa do consumidor e as agências reguladoras não se inviabilizam, tampouco se excluem, antes, se complementam. Nesse sentido, o próprio Estatuto Consumerista previu, no art. 105, a existência de um Sistema Nacional de Defesa do Consumidor (SNDC), integrado por órgãos federais, estaduais, distritais e municipais, bem como de entidades da iniciativa privada de defesa do consumidor. (TJMG – Apelação Cível 1.0000.20.503443-2/001 – Des. Bitencourt Marcondes – 19ª Câmara Cível – *DJ* 21/1/2021)

> **Art. 106.** O Departamento Nacional de Defesa do Consumidor, da Secretaria Nacional de Direito Econômico (MJ), ou órgão federal que venha substituí-lo, é organismo de coordenação da política do Sistema Nacional de Defesa do Consumidor, cabendo-lhe:

I – planejar, elaborar, propor, coordenar e executar a política nacional de proteção ao consumidor;

II – receber, analisar, avaliar e encaminhar consultas, denúncias ou sugestões apresentadas por entidades representativas ou pessoas jurídicas de direito público ou privado;

III – prestar aos consumidores orientação permanente sobre seus direitos e garantias;

IV – informar, conscientizar e motivar o consumidor através dos diferentes meios de comunicação;

V – solicitar à polícia judiciária a instauração de inquérito policial para a apreciação de delito contra os consumidores, nos termos da legislação vigente;

VI – representar ao Ministério Público competente para fins de adoção de medidas processuais no âmbito de suas atribuições;

VII – levar ao conhecimento dos órgãos competentes as infrações de ordem administrativa que violarem os interesses difusos, coletivos, ou individuais dos consumidores;

VIII – solicitar o concurso de órgãos e entidades da União, Estados, do Distrito Federal e Municípios, bem como auxiliar a fiscalização de preços, abastecimento, quantidade e segurança de bens e serviços;

IX – incentivar, inclusive com recursos financeiros e outros programas especiais, a formação de entidades de defesa do consumidor pela população e pelos órgãos públicos estaduais e municipais;

X – (Vetado).

XI – (Vetado).

XII – (Vetado)

XIII – desenvolver outras atividades compatíveis com suas finalidades.

Parágrafo único. Para a consecução de seus objetivos, o Departamento Nacional de Defesa do Consumidor poderá solicitar o concurso de órgãos e entidades de notória especialização técnico-científica.

REFERÊNCIAS LEGISLATIVAS

- arts. 4º, 5º, 105, CDC.
- Dec. 10.417/2020 (Institui o Conselho Nacional de Defesa do Consumidor).

ANOTAÇÕES

- **Senacon**: a Secretaria Nacional do Consumidor foi criada pelo Decreto 7.738/12, que alterou a redação do Decreto 2.181/97, integra o Ministério da Justiça e tem as suas atribuições estabelecidas neste artigo. A atuação da Senacon concentra-se no planejamento, elaboração, coordenação e execução da Política Nacional das Relações de Consumo, com os objetivos de: (i) garantir a proteção e exercício dos direitos dos consumidores; (ii) promover a harmonização nas relações de consumo; (iii) incentivar a integração e a atuação conjunta dos membros do SNDC; e (iv) participar de organismos, fóruns, comissões ou comitês nacionais e internacionais que tratem da proteção e defesa do consumidor ou de assuntos de interesse dos consumidores, dentre outros.

TÍTULO V
DA CONVENÇÃO COLETIVA DE CONSUMO

Art. 107. As entidades civis de consumidores e as associações de fornecedores ou sindicatos de categoria econômica podem regular, por convenção escrita, relações de consumo que tenham por objeto estabelecer condições relativas ao preço, à qualidade, à quantidade, à garantia e características de produtos e serviços, bem como à reclamação e composição do conflito de consumo.

§ 1º A convenção tornar-se-á obrigatória a partir do registro do instrumento no cartório de títulos e documentos.

§ 2º A convenção somente obrigará os filiados às entidades signatárias.

§ 3º Não se exime de cumprir a convenção o fornecedor que se desligar da entidade em data posterior ao registro do instrumento.

REFERÊNCIAS LEGISLATIVAS

- art. 5º, XVII, CF; arts. 4º, 5º, 105, 106, CDC.

ANOTAÇÕES

- *Entidades civis de consumidores*: integradas ao Sistema Nacional de Defesa do Consumidor, as entidades civis de consumidores (*v.g.*, IDEC – Instituto Brasileiro de Defesa do Consumidor; ANDIF – Associação Nacional dos Devedores de Instituições Financeiras; AVAA – Associação das Vítimas de Atrasos Aéreos) representam um conjunto organizado de cidadãos com o objetivo de defesa dos consumidores.

- *Convenções coletivas*: a norma estabelece a possibilidade de associações civis firmarem acordos coletivos tendo como objeto o preço, a qualidade, a quantidade, a garantia e características de produtos e serviços. Todavia, não se pode ter convenção que, por exemplo, diminua ou limite a responsabilidade civil do fornecedor ou que o dispense de apresentar as informações previstas nos arts. 52 e 54-B.

Art. 108. (Vetado).

TÍTULO VI
DISPOSIÇÕES FINAIS

Art. 109. (Vetado).

Art. 110. Acrescente-se o seguinte inciso IV ao art. 1º da Lei nº 7.347, de 24 de julho de 1985:

"IV – a qualquer outro interesse difuso ou coletivo".

Art. 111. O inciso II do art. 5º da Lei nº 7.347, de 24 de julho de 1985, passa a ter a seguinte redação:

"II – inclua, entre suas finalidades institucionais, a proteção ao meio ambiente, ao consumidor, ao patrimônio artístico, estético, histórico, turístico e paisagístico, ou a qualquer outro interesse difuso ou coletivo".

Art. 112. O § 3º do art. 5º da Lei nº 7.347, de 24 de julho de 1985, passa a ter a seguinte redação:

"§ 3º Em caso de desistência infundada ou abandono da ação por associação legitimada, o Ministério Público ou outro legitimado assumirá a titularidade ativa".

Art. 113. Acrescente-se os seguintes §§ 4º, 5º e 6º ao art. 5º da Lei nº 7.347, de 24 de julho de 1985:

"§ 4º O requisito da pré-constituição poderá ser dispensado pelo juiz, quando haja manifesto interesse social evidenciado pela dimensão ou característica do dano, ou pela relevância do bem jurídico a ser protegido.

§ 5.º Admitir-se-á o litisconsórcio facultativo entre os Ministérios Públicos da União, do Distrito Federal e dos Estados na defesa dos interesses e direitos de que cuida esta lei.

§ 6º Os órgãos públicos legitimados poderão tomar dos interessados compromisso de ajustamento de sua conduta às exigências legais, mediante combinações, que terá eficácia de título executivo extrajudicial".

Art. 114. O art. 15 da Lei nº 7.347, de 24 de julho de 1985, passa a ter a seguinte redação:

"Art. 15. Decorridos sessenta dias do trânsito em julgado da sentença condenatória, sem que a associação autora lhe promova a execução, deverá fazê-lo o Ministério Público, facultada igual iniciativa aos demais legitimados".

Art. 115. Suprima-se o *caput* do art. 17 da Lei nº 7.347, de 24 de julho de 1985, passando o parágrafo único a constituir o *caput*, com a seguinte redação:

"Art. 17. Em caso de litigância de má-fé, a associação autora e os diretores responsáveis pela propositura da ação serão solidariamente condenados em honorários advocatícios e ao décuplo das custas, sem prejuízo da responsabilidade por perdas e danos". (Retificado no DOU de 10 de janeiro de 2007)

Art. 116. Dê-se a seguinte redação ao art. 18 da Lei nº 7.347, de 24 de julho de 1985:

"Art. 18. Nas ações de que trata esta lei, não haverá adiantamento de custas, emolumentos, honorários periciais e quaisquer outras despesas, nem condenação da

Cap. I • Código de Defesa do Consumidor Anotado   **131**

associação autora, salvo comprovada má-fé, em honorários de advogado, custas e despesas processuais".

Art. 117. Acrescente-se à Lei nº 7.347, de 24 de julho de 1985, o seguinte dispositivo, renumerando-se os seguintes:

"Art. 21. Aplicam-se à defesa dos direitos e interesses difusos, coletivos e individuais, no que for cabível, os dispositivos do Título III da lei que instituiu o Código de Defesa do Consumidor".

Art. 118. Este Código entrará em vigor dentro de cento e oitenta dias a contar de sua publicação.

Art. 119. Revogam-se as disposições em contrário.

Brasília, 11 de setembro de 1990; 169º da Independência e 102º da República.

FERNANDO COLLOR
Bernardo Cabral
Zélia M. Cardoso de Mello
Ozires Silva
(DOU de 12.9.1990 – Ed. extra e retificado em 10.1.2007)

Capítulo II

Roteiro para Atuação em Ações do Consumidor

1. DELIMITAÇÃO

São de natureza consumerista todas as ações fundadas em "relação de consumo", isto é, fundadas em negócios feitos entre um consumidor e um fornecedor de bens e serviços. Embora não conceitue o que seja relação de consumo, o Código de Defesa do Consumidor declara em seu art. 2º que "*consumidor é toda pessoa física ou jurídica que adquire ou utiliza produto ou serviço como destinatário final*"; de outro lado, fornecedor, segundo o art. 3º, é "*toda pessoa física ou jurídica, pública ou privada, nacional ou estrangeira, bem como os entes despersonalizados, que desenvolvem atividade de produção, montagem, criação, construção, transformação, importação, exportação, distribuição ou comercialização de produtos ou prestação de serviços*".

O art. 17 do CDC ainda equipara a "consumidor" todas as pessoas que, embora não tenham participado diretamente da relação de consumo, venham a sofrer as consequências de um acidente de consumo.

Partindo destes conceitos (consumidor e fornecedor), se pode concluir que o campo de abrangência das ações consumeristas é muito grande, o que demanda a menção de algumas exceções (para fins exclusivamente práticos). Segundo doutrina e jurisprudência, o CDC não se aplica (apenas alguns exemplos): (I) às relações pessoais, mesmo que estas envolvam a venda de algum bem e/ou serviço, isto porque para que alguém possa ser considerado fornecedor, segundo o artigo citado no parágrafo anterior, a pessoa deve fazer isso de forma profissional (habitualmente); (II) aos casos em que não estiver configurado, envolvido, o destinatário final da relação de consumo; (III) à relação jurídica existente entre entidade fechada de previdência privada e seus participantes, inteligência da Súmula

563 do STJ; (IV) às relações locatícias e condominiais, disciplinadas, respectivamente, pela Lei 8.245/91, pela Lei 4.591/64 e pelos arts. 1.331 a 1.358-A do Código Civil; (V) à regulação de contratos de honorários advocatícios (arts. 22 a 26 da Lei 8.906/94); (VI) ao arrendamento mercantil na modalidade *lease back*; (VII) às cooperativas de crédito.

De outro lado, a jurisprudência já se firmou por meio de súmulas do Superior Tribunal de Justiça que o CDC se aplica, entre muitas outras, às seguintes situações: (I) Súmula 297: O Código de Defesa do Consumidor é aplicável às instituições financeiras; (II) Súmula 563: O Código de Defesa do Consumidor é aplicável às entidades abertas de previdência complementar, não incidindo nos contratos previdenciários celebrados com entidades fechadas; (III) Súmula 602: O Código de Defesa do Consumidor é aplicável aos empreendimentos habitacionais promovidos pelas sociedades cooperativas; (IV) Súmula 608: Aplica-se o Código de Defesa do Consumidor aos contratos de plano de saúde, salvo os administrados por entidades de autogestão.

2. DA DECADÊNCIA E DA PRESCRIÇÃO

Decadência é a perda do direito pela falta de seu exercício dentro do prazo prefixado. Normalmente o prazo decadencial corre inexoravelmente contra todos, não se suspendendo ou interrompendo; já a prescrição é a perda da faculdade que a pessoa tem de fazer valer seu direito por meio da tutela jurisdicional, em razão de não ter procurado o Poder Judiciário dentro do prazo previsto em lei.

Nas ações do consumidor é muito importante que o advogado verifique logo que toma conhecimento da demanda do consumidor eventual ocorrência dos prazos decadenciais e/ou prescricionais.

O Código de Defesa do Consumidor trata do tema nos arts. 26 e 27.

Os prazos decadenciais são de 30 (trinta) dias para reclamar pelos vícios aparentes ou de fácil constatação, quanto ao fornecimento de serviço ou produtos não duráveis, e de 90 (noventa) dias, quanto ao fornecimento de serviço ou produtos duráveis, sendo que a "reclamação comprovadamente formulada" pelo consumidor obsta a ocorrência da decadência até que este recebe a resposta negativa correspondente. Produtos duráveis são aqueles que não se extinguem ou desaparecem de imediato com o uso (por exemplo: celulares, roupas, televisões, móveis, livros, veículos etc.); já os serviços duráveis são aqueles que têm uma continuidade no tempo ou que deixam um resultado que permanece (por exemplo: conserto de um carro, serviços de um pedreiro, serviços de um dentista, serviços de um plano de saúde, serviços escolares, serviços bancários etc.). De outro lado, produtos não duráveis são aqueles que acabam com o uso ou consumo (por exemplo: alimentos e bebidas); já os serviços não duráveis são aqueles que acabam uma vez prestados (por exemplo: uma corrida de táxi ou de Uber, um espetáculo, como um teatro ou um show, uma passagem de trem, ônibus ou avião etc.).

Durante o prazo decadencial, o consumidor pode, à sua escolha, exigir (arts. 18 e 20 do CDC): a reexecução dos serviços ou a substituição do produto por outro da mesma espécie, em perfeitas condições de uso, a restituição imediata da quantia paga ou o abatimento proporcional do preço.

Como se vê, o prazo decadencial só se aplica quando a pretensão do consumidor for uma das opções oferecidas no § 1º do art. 18 do CDC, quanto aos produtos, ou uma das opções do art. 20 do mesmo diploma quanto aos serviços. No caso de a pretensão do consumidor ser de natureza indenizatória, ou seja, a de ser ressarcido por eventual prejuízo decorrente de vício e/ou defeito do produto ou serviço, não há incidência do prazo decadencial, mas sim do prazo prescricional. Neste diapasão, informa o art. 27 do CDC que a pretensão indenizatória do consumidor prescreve no prazo de 5 (cinco) anos.

3. DO DANO MORAL

Pedido recorrente nas ações do consumidor, o dano moral visa indenizar o consumidor pela dor, sofrimento, abalo psíquico, ofensas, constrangimentos e decepções que lhe ocorram em razão de eventual vício ou defeito do produto ou serviço.

A jurisprudência reconhece, entre muitos outros, que os seguintes fatos justificam o pedido de danos morais: injustificada recusa da operadora de plano de saúde em autorizar tratamento a que estivesse legal ou contratualmente obrigada, ausência de prévia comunicação ao consumidor quando da inscrição do seu nome em cadastros de proteção ao crédito, indevida devolução de cheque, aquisição de produto de gênero alimentício contendo em seu interior corpo estranho, cancelamento indevido de plano de saúde, cancelamento unilateral de passagem aérea, indevida inscrição do nome do consumidor em cadastros de proteção ao crédito, comprador de carro zero quilômetro se vê obrigado a retornar diversas vezes à concessionária para reparar defeitos apresentados no veículo, injustificada recusa da operadora de plano de saúde em autorizar atendimento em situação de urgência e/ou emergência (Súmula 597 do STJ), cancelamento de passagem em razão de *overbooking*, falta de assistência no caso de atraso ou cancelamento de voo, apresentação antecipada de cheque pré-datado (Súmula 370 do STJ).

Questão relevante sobre o tema é saber o quanto pedir a título de danos morais, considerando que não há parâmetros legais. Doutrina e jurisprudência indicam que o juiz deve observar os critérios da proporcionalidade e da razoabilidade, assim como as peculiaridades do caso. Na prática forense, se encontram sentenças condenando em danos morais em uma grande variedade de valores (R$ 2.000,00, R$ 5.000,00, R$ 10.000,00, R$ 30.000,00, R$ 70.000,00 etc.), sem que se possam identificar parâmetros comuns. Na verdade, o que se observa é que depende não só das peculiaridades do caso, mas também das convicções pessoais do próprio julgador.

Diante deste quadro, minha recomendação é no sentido de que o colega seja "moderado" ao indicar o valor da indenização que pretende a título de danos morais. O pedido de um valor exorbitante não assusta o fornecedor e pode passar a ideia para o juiz de que o consumidor está tentando se aproveitar da situação, buscando um enriquecimento sem causa. Tal constatação pode levar o juiz a ser extremamente rigoroso na hora de fixar o valor dos danos morais, decisão que acaba sendo muito difícil de reverter no Tribunal.

Em resumo, ao indicar o valor que pretende a título de danos morais, considere efetivamente o impacto que o vício ou acidente de consumo teve na vida e na pessoa do

consumidor; lembre-se que o objetivo é reprimir e prevenir a conduta indevida do fornecedor, além, é claro, de reparar os danos do consumidor.

O Superior Tribunal de Justiça emitiu as seguintes súmulas sobre o tema: 326 – Na
ação de indenização por dano moral, a condenação em montante inferior ao postulado na
inicial não implica sucumbência recíproca; 370 – Caracteriza dano moral a apresentação
antecipada de cheque pré-datado; 385 – Da anotação irregular em cadastro de proteção
ao crédito, não cabe indenização por dano moral, quando preexistente legítima inscrição,
ressalvado o direito ao cancelamento; 387 – É lícita a cumulação das indenizações de dano
estético e dano moral.

4. DA PETIÇÃO INICIAL

A petição inicial de ações do consumidor está sujeita às normas gerais do art. 319 do
Código de Processo Civil, ou seja, deve necessariamente indicar: I – o juízo a que é dirigida; II – os nomes, os prenomes, o estado civil, a existência de união estável, a profissão, o
número de inscrição no Cadastro de Pessoas Físicas ou no Cadastro Nacional da Pessoa
Jurídica, o endereço eletrônico, o domicílio e a residência do autor e do réu; III – o fato
e os fundamentos jurídicos do pedido; IV – o pedido com as suas especificações; V – o
valor da causa; VI – as provas com que o autor pretende demonstrar a verdade dos fatos
alegados; VII – a opção do autor pela realização ou não de audiência de conciliação ou
de mediação.

A estrutura geral da inicial é a seguinte: endereçamento, qualificação, fatos, pedidos,
provas e valor da causa.

Normalmente, os advogados adotam um de dois estilos de redação, quais sejam: por
"tópicos" ou por "parágrafos numerados". Embora a obrigação do advogado seja apenas
de levar os "fatos" para o juiz (*narra me factum dabo tibi jus* – narra-me os fatos e eu te
darei o direito), verifiquei que, no geral, se prefere, neste tipo de ação, fazer uma inicial
por "tópicos" (Dos Fatos, Do Direito, Da Tutela Provisória ou Liminar, Dos Pedidos, Das
Provas e do Valor da Causa). O leitor vai encontrar neste livro modelos de petições dos
dois tipos.

5. LEGITIMIDADE PASSIVA

O que gera eventual "responsabilidade civil" dos fornecedores são os acontecimentos
oriundos da relação de consumo que em razão de eventual vício ou defeito do produto ou
serviço causam prejuízos ao consumidor.

A fim de corretamente identificar contra quem deve ser ajuizada a ação consumerista,
o interessado precisa primeiramente identificar se o que fundamenta o seu pedido é eventual "vício" ou "defeito" do produto ou serviço, visto que no caso deste último, a legitimidade
passiva é daqueles expressamente indicados pelo CDC (arts. 12, 13, 14), enquanto que no
caso dos vícios, a responsabilidade é solidária e geral, podendo o consumidor escolher,
por exemplo, se vai processar individualmente o fabricante, o importador, o comerciante,
ou todos ao mesmo tempo.

No geral, os vícios, que podem ser aparentes ou ocultos, são problemas que impactam na quantidade e/ou na qualidade dos produtos e serviços, fazendo com que estes não funcionem como se espera, ou que não tenham a aparência prometida, ou ainda que não tenham a quantidade, produtividade e/ou características anunciadas. O "defeito", que pressupõe a existência de algum vício, atinge de forma mais contundente o consumidor, normalmente causando um "acidente de consumo". Veja-se o seguinte exemplo: dois consumidores compram um pacote de linguiça; o primeiro verifica que existe um corpo estranho dentro da linguiça e evita o seu consumo (neste caso, temos apenas um produto viciado); já o segundo não percebe o vício, frita a sua linguiça e come, sendo que durante a mastigação morde o objeto estranho, quebrando um de seus dentes. Neste caso, o acidente de consumo indica que o produto estava defeituoso; ou seja, o legislador chama de defeito o vício que provoca o acidente de consumo.

Em resumo, se o que ampara a pretensão do autor é a ocorrência de um "acidente de consumo" (defeito), deve colocar no polo passivo da sua ação uma das pessoas indicadas nos arts. 12, 13 ou 14 do CDC, conforme o caso; de outro lado, se o que fundamenta a pretensão do autor é a descoberta de um "vício" do produto ou serviço, ele pode processar individualmente ou conjuntamente, visto que a responsabilidade é solidária, qualquer dos participantes da cadeia de consumo (arts. 18, 19 e 20 do CDC).

6. BASE LEGAL

As ações consumeristas se baseiam na Lei 8.078/90, o conhecido Código de Defesa do Consumidor. Os arts. 12 a 25 tratam da responsabilidade civil dos fornecedores, já os arts. 81 a 104 do CDC tratam especificamente da "defesa do consumidor em juízo".

7. DAS PROVAS E DA NATUREZA DA RESPONSABILIDADE CIVIL DOS FORNECEDORES

Como regra, cabe ao autor provar os fatos constitutivos do seu direito (art. 373, I, do CPC), no entanto, o Código de Defesa do Consumidor, que busca a proteção e defesa do consumidor, considerado, por princípio, a parte vulnerável da relação de consumo, adota a teoria da responsabilidade objetiva, ou seja, que o fornecedor responde pelos vícios e defeitos dos produtos ou serviços, independentemente da existência de culpa. Nos arts. 12 e 14 do CDC, este fato é indicado expressamente (responsabilidade pelos defeitos), já no caso dos arts. 18 e 20 isso fica subtendido pelo sistema geral do Código. Esta opção do legislador não dispensa o consumidor de provar o seu dano e o nexo de causalidade, salvo se quanto a estes, o juiz conceder a inversão do ônus da prova (art. 6º, VIII).

O § 4º do art. 14 do CDC ressalva que a responsabilidade dos "profissionais liberais", tais como médicos, salvo nos casos de cirurgias estéticas[1], advogados, dentistas, deve ser

---

[1] Possuindo a cirurgia estética a natureza de obrigação de resultado cuja responsabilidade do médico é presumida, cabe a este demonstrar existir alguma excludente de sua responsabilização apta a afastar o direito ao ressarcimento do paciente. (STJ – AgRg no REsp 1468756/DF – Min. Moura Ribeiro – T3 – *DJe* 24/5/2016)

apurada mediante a verificação de culpa. Ressalte-se que a responsabilidade destes profissionais, ou a falta dela, não exime, por exemplo, a responsabilidade da empresa que os emprega, tais como hospitais, clínicas e escritórios.

Parte extremamente importante do capítulo da responsabilidade civil dos fornecedores de produtos e serviços é a possibilidade da "inversão do ônus da prova". Com efeito, o art. 6º, inciso VIII, do CDC, declara ser direito básico do consumidor "*a facilitação da defesa de seus direitos, inclusive com a inversão do ônus da prova, a seu favor, no processo civil, quando, a critério do juiz, for verossímil a alegação ou quando for ele hipossuficiente, segundo as regras ordinárias de experiências*".

O texto legal declara inicialmente que a inversão do ônus da prova é "critério do juiz", isto é, não é um dever ou uma obrigação dele, mas apenas uma "faculdade" a ser exercida conforme as características dos fatos submetidos[2]. Esta diretriz se coaduna com a norma do art. 357, inciso III, do CPC, que normatiza ser incumbência do juiz distribuir o ônus da prova. Em seguida, o mesmo texto observa que a inversão do ônus da prova é possível em dois casos, quais sejam: quando for "verossímil a alegação" e quando o consumidor for "hipossuficiente".

Não cabe nesta obra a discussão do alcance destes termos (tanto já se escreveu, com muito brilho, sobre eles), mas apenas observar que a verossimilhança das alegações está intimamente ligada às conclusões que o juiz é capaz de tirar das informações prestadas pelo consumidor ("máximas da experiência"), assim como da observação dos documentos juntados à petição inicial; já a hipossuficiência do consumidor está ligada à ideia da sua vulnerabilidade, seja econômica ou social, principalmente quando comparada ao poderio econômico e técnico do fornecedor.

No geral, o consumidor é sempre "vulnerável" em comparação com o fornecedor, daí, inclusive, a necessidade da existência do Código de Defesa do Consumidor, razão pela qual na prática forense é costume o autor sempre requerer a inversão do ônus da prova.

8. FORO COMPETENTE

Considerando a vulnerabilidade do consumidor, o art. 101, inciso I, do CDC, declara que a ação de responsabilidade civil do fornecedor de produtos e serviços pode ser proposta no domicílio do autor; já o art. 4º da Lei 9.099/90-JEC declara que as ações que buscam reparação de dano de qualquer natureza podem ser ajuizadas no domicílio do autor ou do local do ato ou fato.

Em conclusão, não havendo as partes eleito um foro, as ações consumeristas podem ser ajuizadas no foro de domicílio do autor. Lembre-se, no entanto, que se trata de competência relativa, podendo o consumidor optar pelo foro do domicílio do réu ou de onde foi realizado o negócio (arts. 46 e 53, III, IV, *a*, do CPC).

---

[2] É entendimento pacificado no STJ que a inversão do **ônus** da prova é faculdade conferida ao magistrado, não um dever, e fica a critério da autoridade judicial conceder tal inversão quando for verossímil a alegação do consumidor ou quando for ele hipossuficiente. (STJ – AgInt no REsp 1569566/MT – Min. Herman Benjamin – T2 – *DJe* 27/4/2017)

9. QUESTÕES A SEREM RESPONDIDAS PELO INTERESSADO

Com escopo de viabilizar o melhor resultado possível para o seu cliente, o Advogado deve conversar demoradamente com ele sobre o caso, procurando obter respostas para as seguintes questões, entre outras:

- quem é o requerido (cobrar nome e qualificação completa, inclusive telefone e e-mail);
- qual a natureza do relacionamento com o requerido (verificar se o caso envolve realmente relação de consumo)?;
- qual o objeto e quando e onde ocorreu o negócio?
- qual o valor negócio? Quando e como foi quitado?
- o bem foi entregue? Quando? Em que estado?
- o serviço foi executado conforme prometido? Em caso negativo, detalhar.
- a qualidade e/ou a quantidade contratada foi efetivamente entregue?
- quando e como percebeu eventual vício do produto ou serviço? Descrever em detalhes o vício.
- o vício do produto ou serviço causou algum "acidente de consumo"? Foi elaborado Boletim de Ocorrência? Houve danos pessoais e/ou materiais?
- houve negativa na prestação do serviço? Qual razão? A negativa foi por escrito?
- o interessado tentou contato com os representantes do fornecedor? Como? Quando? Quantas vezes?
- tem interesse em ficar com o bem (quando aplicável)?
- teve gastos e/ou prejuízos? Quais? Em qual valor?
- foi ofendido ou sofreu qualquer tipo de lesão pessoal ou moral? Detalhar.
- qual é a pretensão do consumidor? Trocar o bem? Obter abatimento no preço? Indenização por perdas e danos? Rescisão do negócio com devolução dos valores pagos?
- o interessado pretende obter indenização por danos morais? Por quais razões?

10. DOCUMENTOS A SEREM APRESENTADOS

O interessado deve ser orientado a fornecer ao advogado cópia dos seguintes documentos, entre outros que o caso em particular estiver a exigir:

- documentos pessoais (RG, CPF, comprovante de residência, número de telefone e endereço eletrônico – e-mail);
- boletim de ocorrência (quando for o caso);
- contrato de compra e venda ou de prestação de serviço, nota fiscal, recibos de pagamentos, extrato do cartão de crédito, conforme o caso;
- fotos e perícia do bem (quando for o caso);
- laudo médico (quando for o caso);
- mensagens trocadas entre as partes e/ou lista completa dos contatos (data e horário, forma de comunicação, número de protocolos, nome de pessoas que os atenderam etc.);

140 Prática no Direito do Consumidor • Araujo Júnior

- rol de testemunhas (nome, endereço, telefone, e-mail e profissão de ao menos três pessoas que possam confirmar os fatos).

11. VALOR DA CAUSA

Como este capítulo é de natureza generalista, fica impossível indicar qual regra se aplica ao seu caso em particular. Lembro, no entanto, que é obrigatória a atribuição de um valor à causa, sendo que este deve necessariamente expressar a pretensão do consumidor. Por exemplo, se este deseja obrigar o seu plano de saúde a arcar com um procedimento médico, o valor da causa deve expressar tanto quanto possível o valor do tratamento; se o consumidor não puder apurar o valor, deve atribuir o valor da causa por aproximação, evitando valores muito baixos ou muito altos, fora da realidade do mercado.

Em qualquer caso, recomendo ao colega que antes de atribuir valor à causa consulte as regras previstas no art. 292 do CPC, especialmente aquelas previstas nos incisos II, V e VI.

12. DESPESAS

As ações ajuizadas no Juizado Especial Cível estão isentas de custas, taxas ou despesas em primeiro grau de jurisdição (art. 54 da Lei 9.099/90). Já na justiça comum, as regras são iguais às demais ações, ou seja, não constando da petição inicial requerimento de justiça gratuita (art. 99 do CPC), o autor, antes de ajuizar a ação, deve proceder ao recolhimento das custas processuais, que, de regra, envolvem a taxa judiciária, o valor devido pela juntada do mandato judicial e as despesas com diligências do Oficial de Justiça. Os valores dessas despesas variam de Estado para Estado; o Advogado que tiver dúvida sobre seu montante e forma de recolhimento deve consultar a subseção da OAB em sua comarca.

13. PROCEDIMENTO NO CÓDIGO DE PROCESSO CIVIL

Não havendo previsão de um rito especial no CPC ou em lei extravagante para o caso em particular, a ação deve seguir o procedimento comum (arts. 318 a 512 do CPC).

De forma geral, pode-se resumir o procedimento comum da seguinte forma:

I – petição inicial (arts. 319 e 320 do CPC):
Obs.: formados os autos, esses vão conclusos para o Juiz, que poderá: (1) determinar que o autor emende a inicial no prazo de 15 dias (art. 321 do CPC); (2) não recebê-la, extinguindo o feito sem resolução de mérito (arts. 330 e 485 do CPC); (3) recebê-la, julgando liminarmente improcedente o mérito (art. 332 do CPC); (4) recebê-la, designando audiência de conciliação ou mediação e determinando a citação do réu (art. 334 do CPC).

II – citação (arts. 238 a 259 do CPC):
Obs.: tratando-se de ação de estado, a citação, nesta ação, deve ser feita de forma pessoal (art. 247, I, do CPC), com antecedência mínima de 20 (vinte) dias da audiência de conciliação, observando-se que o prazo para oferecimento de contesta-

ção só começa a correr "da audiência de conciliação ou de mediação, ou da última sessão de conciliação, quando qualquer parte não comparecer ou, comparecendo, não houver autocomposição" (art. 335, I, do CPC).

III – audiência de conciliação ou de mediação (arts. 334 do CPC):

Obs.: esta audiência só não será realizada se as partes manifestarem o seu desinteresse (art. 319, VII, do CPC); não sendo este o caso, a falta injustificada de qualquer das partes será considerada ato atentatório à dignidade da justiça, sujeitando o infrator a multa de até 2% (dois por cento) da vantagem econômica pretendida ou do valor da causa (art. 334, § 8º, do CPC); comparecendo as partes, o conciliador ou mediador, onde houver, tentará a conciliação que, se frutífera, será reduzida a termo e homologada por sentença.

IV – da contestação (arts. 335 a 342 do CPC):

Obs.:

a) o prazo para oferecimento da contestação é de 15 (quinze) dias (art. 335 do CPC);

b) é na contestação que o réu deve concentrar todas as questões da sua resposta, salvo a exceção de impedimento ou suspeição do juiz, que devem ser feitas por petição autônoma (art. 146 do CPC); ou seja, além de impugnar os fatos e os pedidos do autor, o réu pode, em preliminar, arguir exceção de incompetência, seja absoluta ou relativa (art. 64 do CPC); impugnar o valor da causa (art. 293 do CPC), impugnar os benefícios da justiça gratuita concedida ao autor (art. 100 do CPC), provocar a intervenção de terceiros (arts. 125 e 130 do CPC). Por fim, o réu pode, na própria contestação, reconvir (art. 343 do CPC).

V – das providências preliminares (arts. 347 a 353 do CPC):

Obs.: nesta etapa, o juiz manda ouvir o autor quanto a eventuais preliminares (art. 337) ou fatos impeditivos, modificativos ou extintivos levantados pelo réu; na hipótese de o réu não apresentar contestação, o juiz determinará ao autor, verificando a inocorrência dos efeitos da revelia (art. 344 do CPC), que especifique as provas que pretenda produzir.

VI – do julgamento conforme o estado do processo (arts. 354 a 356 do CPC):

Obs.: o juiz deve verificar se ocorre qualquer das hipóteses que possibilitam o julgamento do feito no estado (arts. 354, 355, 485, 487, II e III, do CPC), podendo sentenciar total ou parcialmente os pedidos formulados (art. 356 do CPC).

VII – do saneamento e da organização do processo (art. 357 do CPC):

Obs.: não sendo o caso de julgamento conforme o estado do processo, o juiz proferirá decisão de saneamento e organização do processo, resolvendo questões processuais pendentes e delimitando as questões controvertidas, assim como distribuindo o ônus da prova. Se a causa apresentar complexidade em matéria de fato ou de direito, o juiz pode designar audiência para o saneamento do feito. No caso de ser necessária a produção de prova testemunhal, o juiz designará audiência de instrução e julgamento, fixando prazo para que as partes apresentem rol de testemunhas.

VIII – da audiência de instrução e julgamento (arts. 358 a 368 do CPC):
Obs.: nesta audiência, o juiz, após tentar novamente a conciliação, deverá colher o depoimento do perito e dos assistentes técnicos, se houverem, depois, se requerido, o depoimento pessoal das partes (autor primeiro, depois o réu), e proceder à oitiva das testemunhas eventualmente arroladas (primeiro ouvindo as testemunhas do autor, depois do réu), abrindo, em seguida, oportunidade às partes (autor, réu, Ministério Público) para apresentação das alegações finais pelo prazo de 20 (vinte) minutos, prorrogáveis por mais 10 (dez) minutos. Quando a causa apresentar questões complexas de fato ou de direito, o debate oral poderá ser substituído por razões finais escritas, com prazo de 15 (quinze) dias para cada parte (autor, réu, MP).

IX – sentença (art. 366, e arts. 485 a 495, do CPC):
Obs.: o juiz poderá proferir a sentença na própria audiência de instrução e julgamento ou no prazo de 30 (trinta) dias.

14.   PROCEDIMENTO NO JUIZADO ESPECIAL CÍVEL

Muitas demandas consumeristas são resolvidas nos Juizados Especiais Cíveis, disciplinados pela Lei 9.099/95, em vista das inegáveis vantagens em questão de tempo e isenção de custas para o interessado, ao menos em primeiro grau de instrução. Registro, no entanto, que a competência dos juizados é limitada, ou seja, não serão conhecidas as causas: (I) complexas, isto é, que envolvam, por exemplo, a realização de perícia técnica ou demandem a citação por edital; (II) cujo valor ultrapassem 40 (quarenta) vezes o salário mínimo nacional; (III) de natureza alimentar, falimentar, fiscal e de interesse da Fazenda Pública; (IV) relativas a acidentes de trabalho, a resíduos e ao estado e capacidade das pessoas.

O procedimento junto ao Juizado Especial Cível é simples e célere (em teoria, pelo menos), podendo assim ser resumido: (I) a petição inicial elaborada de acordo com o art. 319 do CPC, acompanhada dos documentos necessários, deve ser distribuída ou protocolada, conforme o caso; (II) ao receber a inicial, o juiz, que pode indeferi-la de pronto ou determinar a sua emenda, designará audiência de conciliação e mediação, determinando a citação do réu pelo correio; (III) na audiência de conciliação, quando frutífera, será reduzida a termo ou, em não havendo acordo, será designada audiência de instrução e julgamento (a ausência do autor implica extinção, já a ausência do requerido implica revelia); (IV) na audiência de instrução e julgamento, o juiz deverá, após tentar novamente a conciliação, facultar ao requerido a apresentação da sua contestação, que poderá conter pedido contraposto (em processos eletrônicos, normalmente se requer, no mandado, o protocolo eletrônico antecipado da peça), depois ouvirá as partes e as testemunhas, proferindo em seguida a sentença.

Capítulo III

Guia Rápido de Prática Forense

1. INTRODUÇÃO

Não obstante esteja o processo civil sujeito ao princípio da oralidade, na prática forense, a atuação do Advogado dá-se quase que exclusivamente por meio da "petição escrita". Com efeito, é por meio dela que o profissional do direito se dirige ao Poder Judiciário para informar, requerer, explicar, argumentar e, quando necessário, para recorrer.

Diante de tal realidade, fica muito fácil perceber-se a importância que a "petição escrita" tem para o sucesso da demanda submetida a juízo. Uma petição mal apresentada, atécnica, cheia de erros de grafia e exageros dificulta, ou mesmo inviabiliza, a pretensão defendida pelo advogado; de outro lado, uma petição escorreita, técnica, bem apresentada, facilita, ou pelo menos não atrapalha, a obtenção do direito pretendido.

Conhecer e dominar as técnicas que envolvem a redação da petição jurídica é obrigação de todo profissional do direito, afinal "o maior erro que o jurista pode cometer é não conhecer a técnica, a terminologia da sua profissão"[1].

2. RELACIONAMENTO COM O CLIENTE

Cada profissional tem o seu próprio modo de "lidar" com o cliente, contudo, a experiência mostra que alguns cuidados nos primeiros contatos podem evitar problemas no futuro, seja para o cliente ou para o próprio advogado.

---

[1] MONTEIRO, Washington de Barros. *Curso de direito civil*. 24. ed. São Paulo: Saraiva, 1985. p. 137.

Entre outros "cuidados" que o caso em particular estiver a exigir, recomendo ao advogado que:

- escute com atenção os fatos informados pelo cliente, fazendo anotações por escrito (estas anotações devem ser juntadas na pasta do cliente);
- no caso de o cliente ter sido citado ou intimado, indague inicialmente a data em que tal fato ocorreu , depois leia "com atenção" o mandado e a contrafé (cuidado com o prazo para apresentação da defesa – vide art. 219 do CPC e art. 12-A da Lei 9.099/95);
- após ouvir o cliente, diga, caso se sinta em condições (não tenha qualquer pudor em pedir um prazo para estudar os aspectos jurídicos do tema, marcando uma nova consulta), de forma "clara" a sua opinião como jurista sobre o problema, apontando, segundo a lei, as alternativas e/ou possibilidades que se apresentam (neste particular, nunca tome decisões pelo cliente);
- nunca faça "promessas" e/ou "prognósticos"; também evite estabelecer prazos; sentindo-se forçado a tanto, sempre "deixe" uma boa margem de segurança; por exemplo, se você pensa que o processo vai demorar 6 (seis) meses, indique que serão 9 (nove) meses, assim você sempre ficará bem com o cliente; após o cliente decidir o que quer fazer sobre o assunto (o que pode acontecer no primeiro ou num segundo encontro), fale abertamente sobre os seus honorários, redigindo, no caso de haver um acerto, o respectivo contrato (veja-se modelo no Capítulo "Procuração *Ad Judicia*");
- reduza a termo os fatos informados, observando em destaque as opções e orientações do cliente (o documento final deve ser assinado pelo cliente; é burocrático, eu sei, mas muito mais seguro e no futuro poderá te trazer muita paz de espírito); em seguida, o advogado deve entregar, mediante recibo, lista dos documentos de que irá necessitar (o advogado deve evitar pegar documentos originais do cliente, salvo naqueles casos absolutamente necessários);
- recebidas as cópias dos documentos requeridos, firmada a procuração e o contrato de honorários, o advogado deve preparar a petição que o caso estiver a exigir, observando as regras técnicas e legais;
- preste periodicamente ao cliente contas do seu trabalho e do andamento do processo (pessoalmente, por telefone, por carta ou por e-mail); evite ser cobrado, isso acaba manchando a sua reputação;
- antes de qualquer audiência, se reúna com o cliente e lhe explique detalhadamente o que irá acontecer e "como" irá acontecer, discutindo com ele qual a melhor postura a ser adotada, bem como as vantagens e os limites de um possível acordo; neste aspecto, evite a todo custo o "improviso", o preço pode ser muito caro para o seu cliente e para a sua boa fama;
- qualquer que seja o resultado da demanda, entregue cópia da sentença para o cliente, discutindo com ele os próximos passos, quais sejam: apresentação de eventuais recursos (informe sobre os custos e a possibilidade de "aumento" do valor da sucumbência); procedimento executivo.

Como alerta geral, peço vênia para reproduzir o art. 31 da Lei 8.906/94-EA, que declara que: "*o advogado deve proceder de forma que o torne merecedor de respeito e que contribua para o prestígio da classe e da advocacia*". Recomendo, ainda, a leitura atenta do

Cap. III • Guia Rápido de Prática Forense **145**

novo Código de Ética da OAB (Resolução CFOAB 02/2015), mormente o Capítulo III (arts. 9º a 26), do Título I, que trata das relações com o cliente.

3. REQUISITOS LEGAIS DA PETIÇÃO INICIAL

Segundo o *princípio dispositivo ou da inércia*, cabe à pessoa interessada provocar, por meio do ajuizamento de uma ação, o Poder Judiciário (*nemo judex sine actore*). Em outras palavras, aquele que pensa ter sido violado em seus direitos deve procurar o Estado-juiz, que até então permanece inerte (art. 2º do CPC). A provocação do Poder Judiciário, ou em outras palavras, o exercício do direito de exigir a tutela jurisdicional do Estado se dá por meio de um ato processual escrito denominado "petição inicial". É ela que dá início ao processo, embora a relação jurídica processual só se complete com a citação válida do réu (art. 240 do CPC).

Destarte, pode-se afirmar que a *petição inicial* é o ato processual escrito por meio do qual a pessoa exerce seu direito de ação, provocando a atividade jurisdicional do Estado.

A fim de traçar os exatos parâmetros da lide, possibilitando ao juiz saber sobre o que terá que julgar (art. 141 do CPC), o Código de Processo Civil, art. 319, exige que a petição inicial indique: I – o juízo a que é dirigida; II – os nomes, prenomes, o estado civil, a existência de união estável, a profissão, o número de inscrição no Cadastro de Pessoas Físicas ou no Cadastro Nacional da Pessoa Jurídica, o endereço eletrônico, o domicílio e a residência do autor e do réu; III – o fato e os fundamentos jurídicos do pedido; IV – o pedido com as suas especificações; V – o valor da causa; VI – as provas com que o autor pretende demonstrar a verdade dos fatos alegados; VII – a opção do autor pela realização ou não de audiência de conciliação ou de mediação.

Além dos requisitos enumerados acima, a petição inicial deve ser instruída com os documentos indispensáveis à propositura da ação (art. 320 do CPC), assim como o instrumento de procuração, em que constem os endereços físico e eletrônico do advogado (arts. 287 e 320, 434, do CPC). Quando postular em causa própria, o advogado deve ainda declarar na petição inicial os endereços, físico e eletrônico, onde poderá ser intimado (art. 106, I, do CPC).

Não são apenas estes os requisitos da petição inicial; há várias ações que têm requisitos próprios (*v. g.*, possessórias, locação, adoção, demarcação, divisão, pauliana, execução etc.), para os quais também se deve estar atento.

A correta compreensão e o domínio dos requisitos legais da petição inicial, além do cuidado com sua forma e apresentação, são imprescindíveis para a obtenção do direito pretendido.

4. ASPECTOS PRÁTICOS DA REDAÇÃO DA PETIÇÃO INICIAL

Do papel e dos caracteres gráficos

Os cuidados com a petição inicial devem começar pela escolha do papel. Inexperientes, é comum que advogados iniciantes se deixem seduzir por papéis coloridos e com alta gramatura (grossos). Comum, ainda, a inserção de desenhos, brasões e declarações religiosas ou políticas. Tais fatos afrontam a boa técnica, desqualificando o trabalho do advogado e colocando em risco o direito do cliente, mesmo em tempos de processos eletrônicos.

A aparência da petição inicial deve transmitir ao Juiz, ao Ministério Público e à parte adversa a ideia de "seriedade" e de "competência"; só assim o Advogado proponente terá a chance de obter a total atenção dos envolvidos.

Nenhum aspecto da petição deve chamar mais a atenção do que o seu conteúdo, que deve ser apresentado de forma sóbria e escorreita.

Das margens, do tipo e do tamanho das letras

Nestes novos tempos dominados pela tecnologia, é raro encontrar-se um advogado que ainda faça uso da velha máquina de escrever. Todavia, observando os trabalhos jurídicos que circulam pelos fóruns, percebe-se claramente que muitos advogados ainda não dominam aspectos básicos da redação por meio dos computadores pessoais. Na verdade, parece que o uso desta nova ferramenta de trabalho provocou uma baixa na qualidade dos trabalhos jurídicos, talvez em razão de os computadores oferecerem, ao contrário das máquinas de escrever, uma gama tão grande de opções. Com efeito, os programas de redação oferecem, entre outras coisas, dezenas de estilos, de formatações, de tipos de letras, fato que parece ainda desnortear o usuário comum.

Não obstante estas evidentes dificuldades, o profissional do direito deve zelar para que suas petições sejam elaboradas com estrita observância das técnicas de redação profissional, mormente no que tange ao uso de margens, espaçamento entre linhas e ao tipo e tamanho das letras. Neste particular, recomendo que o advogado mantenha margem de 3 (três) centímetros do lado esquerdo e 2 (dois) centímetros em cima, embaixo e no lado direito da petição; já quanto ao tipo e tamanho de letra, recomendo que se evitem aventuras, preferindo-se os tipos mais tradicionais ("Times New Roman", "Arial" ou "Book Antiqua"), no tamanho 12 (doze) ou 14 (catorze), com espaçamento entre linhas de 18 (dezoito) ou 20 (vinte).

Endereçar ao "juiz" ou ao "juízo"

Diante da nova redação do inciso I do art. 319 do CPC, algumas pessoas têm argumentado que agora o correto é se endereçar a petição inicial para o "juízo" e não mais ao "juiz", como se faz tradicionalmente. Como se sabe, a palavra "juízo" indica a vara, ou seja, a unidade de competência da jurisdição; não acho que seja certo se endereçar a petição para a vara, ou juízo; parece-me que o certo é endereçar a petição para o titular da função, ou seja, o "juiz", como se faz; é como mandar uma carta para o Presidente de uma empresa; você não endereça a correspondência para o "cargo", mas para a pessoa que exerce o cargo naquele momento; afinal "juízo" não tem personalidade, não decide, não pensa, é apenas um lugar, uma unidade da jurisdição, como disse.

Não se busca justiça junto ao "cargo" (juízo), mas junto ao seu titular (pessoa física – juiz), por isso que entendo que o endereçamento deve continuar a ser feito ao "juiz". Ao falar em "juízo", o Código está indicando que você deve endereçar ao lugar competente, nada mais.

Dos marcadores

O advogado deve evitar abusar do uso de "marcadores" (negrito, sublinhado, letras maiúsculas, itálico, aspas etc.).

Alguns colegas ficam tão envolvidos com a questão tratada na petição que acabam exagerando no uso dos marcadores; em todos ou em quase todos os parágrafos da petição há uma frase sublinhada, em letras maiúsculas ou destacada em negrito ou em aspas; isso, quando não se usa todos os marcadores num mesmo parágrafo; já vi muitas petições redigidas desta forma, com frases escritas em letras maiúsculas, negritadas e sublinhadas.

Lamento dizer, mas a petição fica "suja" e "escura", praticamente impossível de ler, sendo que o objetivo das marcações invariavelmente não é atingido, qual seja: chamar a atenção do Magistrado para certo fato ou argumento.

Recomendo ao colega que use com bastante cuidado e parcimônia os MARCADORES.

Das abreviaturas

O uso indevido de abreviaturas tem se alastrado, sendo comum encontrar-se em quase todas as petições iniciais ao menos o já famoso "V. Exa.". Em tempos de computadores pessoais, como se justificar os endereçamentos feitos da seguinte forma: "Exmo. Sr. Dr. J. Direito da __ V. Cível d. Comarca"?

Na redação forense, se deve evitar o uso de abreviaturas, principalmente na petição inicial e na contestação, visto que isso afronta a boa técnica.

Das técnicas de redação

Os advogados tradicionalmente usam duas técnicas na redação da petição inicial. A primeira simplesmente divide a inicial por tópicos (dos fatos, do direito, da liminar, dos pedidos, das provas, do valor da causa); já a segunda expõe os fatos de forma articulada, numerando-se os parágrafos.

Qualquer das duas formas é perfeitamente adequada, embora pessoalmente prefira a técnica que divide a inicial de forma articulada em parágrafos, visto que ela se mostra mais adequada aos tempos modernos, que se caracterizam principalmente pelo excesso de processos e absoluta falta de tempo e de paciência por parte dos juízes No mais, o advogado não precisa nem é obrigado a indicar, e menos ainda ensinar, o direito para o Magistrado (*narra me factum dabo tibi jus* – narra-me os fatos e eu te darei o direito). Na verdade, todos os juízes que conheço querem que o advogado seja "direto" e "sucinto", ou seja, que lhes dê apenas "os fatos" e faça "o pedido". Se me permite, só faça a sua petição inicial por tópicos quando verificar que necessariamente terá de escrever sobre o "direito" envolvido, ou seja, naqueles casos mais complexos em que o direito ainda é novo ou controvertido.

De qualquer forma, tendo escolhido qualquer das técnicas, o profissional deve tomar o cuidado de manter-se fiel ao estilo escolhido.

Do nome da ação

O nome da ação não se encontra entre os requisitos legais da petição inicial, contudo alguns advogados têm dado cada vez mais atenção a este aspecto da exordial. De fato, alguns profissionais não só põem o nome da ação em destaque (letras maiúsculas e em negrito) como dividem em duas partes o parágrafo destinado à qualificação, interrompendo-o de forma absolutamente inadequada apenas para anunciar de forma espetacular o nome da ação, que, como já se disse, não é nem mesmo requisito legal da petição inicial (art. 319 do CPC).

Tal atitude afronta a boa técnica de redação e deve ser evitada.

Contando os fatos

Contar os fatos na exordial nada mais é do que informar ao juiz as razões pelas quais o autor precisa da tutela jurisdicional. Entretanto, o profissional do direito não pode se limitar a reproduzir na petição inicial as declarações de seu cliente. Com efeito, quando uma pessoa conversa com seu advogado costuma lhe passar de forma emocional um monte de informações, algumas úteis e necessárias para a ação, outras sem qualquer relevância. Não raras vezes, o cliente também tem a falsa ideia de que o ajuizamento da ação é uma maneira de obter vingança contra a pessoa que a ofendeu. Nestes casos, cabe ao profissional do direito ser o fiel conselheiro e orientador, mostrando ao cliente qual exatamente é o papel da Justiça e quais os fatos que são realmente relevantes para a causa.

Ao redigir a petição inicial, o advogado deve ser sucinto, claro e "sempre" respeitoso com a outra parte, não importa quão emocional seja a questão submetida a juízo.

Considerando que para a grande maioria das pessoas escrever é uma atividade difícil, recomendo que o advogado separe um bom tempo para redigir a sua peça, lendo e relendo quantas vezes forem necessárias até que ela se mostre apta a cumprir o seu desiderato. Lembre-se: não só os interesses do cliente estarão em jogo, mas também o seu bom nome.

Da ordem dos pedidos

É notória a situação caótica em que vive o Poder Judiciário, que já há longa data não se mostra capaz de cumprir a sua missão constitucional. Diante desta realidade, sabemos que o juiz tem muito pouco tempo, e paciência, para ler a petição inicial, mormente quando esta se apresenta confusa e cheia de erros. Não obstante tal fato, alguns colegas insistem em apresentar o "pedido", que é o ponto crucial da petição, escondido no meio dos fatos, normalmente dentro de um longo parágrafo. Comum, ainda, que os pedidos sejam apresentados fora de uma ordem lógica, como se o advogado os redigisse conforme fosse lembrando deles, ou como se simplesmente tivesse preguiça de organizá-los.

Tal fato afronta a boa técnica de redação e deve ser evitado a todo custo. Depois de contar os fatos, o advogado deve organizadamente fazer os pedidos, obedecendo a uma ordem lógica jurídica, conforme a natureza da ação.

Como fazer os pedidos

Outra questão ligada aos pedidos que atormenta os profissionais do direito é a forma de fazê-lo na prática.

Há uma tradição no sentido de iniciar-se o pedido de uma das seguintes formas: I – "Ante o exposto, requer-se a procedência da ação para..."; II – "Ante o exposto, requer-se a procedência do pedido para...".

Data venia dos que assim agem, nenhuma das formas está correta.

No primeiro caso, já se pacificou na doutrina o reconhecimento da autonomia do direito de ação (direito de demandar), que é, por assim dizer, sempre procedente, mesmo que a petição inicial seja indeferida ou o pedido julgado improcedente, vez que a parte teve garantido o acesso à justiça; ou seja, pediu e obteve, num sentido ou noutro, a tutela jurisdicional. Já no segundo caso, por uma questão de lógica; com efeito, fazendo o pedido desta forma, o autor estará pedindo a procedência daquilo que de fato ainda não pediu, vez que é na petição inicial que "efetivamente" se faz o pedido; veja, você diz que "requer a procedência do pedido" para em seguida fazê-lo (???).

Entre muitas maneiras, o pedido pode ser feito da seguinte forma: "Ante o exposto, requer-se seja a ré condenada a pagar indenização pelos danos causados ao autor no valor de..."; "Ante todo o exposto, requer-se seja decretado o divórcio do casal, declarando-se ainda que...". Note, assim você poupa a ação e faz o pedido sem afrontar a lógica e as técnicas de redação. Agora, nas alegações finais você pode usar a expressão "procedência do pedido", conforme feito na petição inicial.

5. DA RESPOSTA DO DEMANDADO

Da mesma forma como garante a todos o direito de ação (demandar perante o Poder Judiciário, art. 5º, XXXV, da CF), a Constituição Federal também garante aos demandados o direito à ampla defesa (art. 5º, LV, da CF); isto é, o direito de resistir à pretensão do autor, podendo esta resistência tomar várias formas no processo civil, tais como: contestação, impugnações, embargos e justificativas.

Assim como o autor não está obrigado a litigar, o réu, uma vez citado ou intimado, não está obrigado a se defender; considerando, contudo, que a citação ou intimação o vincula ao processo ou ao procedimento, deve fazê-lo, caso não queira sofrer as consequências por sua omissão (revelia).

Destarte, regularmente citado ou intimado o réu, o executado e o embargado podem: permanecer inertes, sofrendo os efeitos da revelia (art. 344 do CPC); reconhecer o pedido do autor, provocando o julgamento antecipado da lide (art. 487, III, *a*, do CPC); defender-se, apresentando eventualmente *exceção* de suspeição ou impedimento (art. 146 do CPC), contestação (art. 335 do CPC), impugnação (art. 525 do CPC), justificativas (art. 528 do CPC), embargos (arts. 702, 910, do CPC) ou embargos à execução (art. 914 do CPC).

Segundo as disposições do Código de Processo Civil, incumbe ao réu, na contestação, além de impugnar o pedido do autor, alegar "em preliminar" (art. 337 do CPC): (I) inexistência ou nulidade da citação; (II) incompetência absoluta e relativa; (III) incorreção do valor da causa; (IV) inépcia da petição inicial; (V) perempção; (VI) litispendência;

(VII) coisa julgada; (VIII) conexão; (IX) incapacidade da parte, defeito de representação ou falta de autorização; (X) convenção de arbitragem; (XI) ausência de legitimidade ou de interesse processual; (XII) falta de caução ou de outra prestação que a lei exige como preliminar; (XIII) indevida concessão do benefício de gratuidade de justiça.

Além das hipóteses apontadas pelo art. 337 do Código de Processo Civil, o requerido pode, ainda, em preliminar na contestação, provocar a intervenção de terceiros, seja denunciando à lide (art. 125 do CPC) ou chamando ao processo (art. 130 do CPC). Pode, por fim, deixar a situação passiva de quem apenas se defende para contra-atacar o autor, oferecendo reconvenção (art. 343 do CPC).

Como se vê pelas muitas possibilidades envolvidas, a preparação da defesa é inegavelmente uma tarefa complexa.

As dificuldades já começam no próprio trato com o cliente, enquanto o autor normalmente se apresenta de forma positiva, desejando a demanda, a fim de buscar a satisfação do seu direito ou a reparação de seus danos; o réu, mesmo que nada deva, se vê, a princípio, acuado e assustado, ficando muito mais dependente das orientações do seu Advogado. Não fosse bastante isso, há que se considerar que enquanto o Advogado encarregado de preparar a petição inicial é, de regra, senhor de seu tempo, podendo estudar o problema posto pelo cliente com calma e escolher o melhor momento para ajuizar a ação, o Advogado responsável pela defesa tem prazo fixo e, invariavelmente, mais curto do que o desejável.

Por estas e outras razões, a defesa exige muita atenção do Advogado, o que demanda que este aja com muito cuidado, rapidez e determinação.

Para saber mais sobre a defesa do demandado, recomendo ao leitor a consulta atenta do meu livro Prática de Contestação no Processo Civil, também publicado pela Editora Atlas.

6. DOS DOCUMENTOS A SEREM JUNTADOS À PETIÇÃO INICIAL E À CONTESTAÇÃO

Informa o art. 320 do Código de Processo Civil que a petição inicial deve ser "instruída com os documentos indispensáveis à propositura da ação"; já o art. 434 do mesmo diploma legal informa que "incumbe à parte instruir a petição inicial ou a contestação com os documentos destinados a provar suas alegações"; ou seja, além da juntada de cópia dos seus documentos pessoais, tais como RG, CPF, certidão de nascimento ou casamento, comprovante de residência, destinados a identificar corretamente o litigante, cabe ao interessado juntar à sua petição inicial ou à sua contestação, conforme o caso, os documentos destinados a provar as suas alegações.

Claro que a juntada de documentos não é o único meio de prova no processo civil, na verdade o Código de Processo Civil declara em seu art. 369 que "as partes têm o direito de empregar todos os meios legais, bem como os moralmente legítimos, ainda que não especificados neste Código, para provar a verdade dos fatos em que se funda o pedido ou a defesa e influir eficazmente na convicção do juiz", mas é inegável que a "prova documental" merece um destaque especial, principalmente em razão da sua evidente força de convencimento.

Há ainda que se observar que certos fatos só podem ser provados por documentos, como informa o art. 406 do Código de Processo Civil: "quando a lei exigir instrumento público como da substância do ato, nenhuma outra prova, por mais especial que seja, pode suprir-lhe a falta".

Ao preparar a lista dos documentos que irão instruir a petição inicial ou a contestação, conforme o caso, o Advogado deve inicialmente atentar para aqueles documentos indispensáveis ao caso, seja em razão da lógica jurídica (por exemplo: se o interessado pretende discutir a validade ou algum aspecto de um contrato, ou mesmo requerer o seu cumprimento ou rescisão, deve juntar uma cópia dele; nas ações de divórcio se deve juntar a certidão de casamento; nas ações de adoção, interdição, guarda, alimentos ou execução destes se deve juntar certidão de nascimento; na ação de alimentos gravídicos se deve juntar exame de gravidez positivo ou atestado médico indicando a condição de gestante etc.), seja por expressa imposição da lei (por exemplo: nas ações de demarcação e de divisão se deve juntar os títulos de propriedade, conforme determinam os arts. 574 e 588 do CPC; na ação de dissolução parcial de sociedade se deve juntar o contrato social consolidado, conforme determina o § 1º do art. 599 do CPC; na petição que requer a abertura de inventário se deve juntar necessariamente a certidão de óbito, conforme parágrafo único do art. 615 do CPC etc.).

Na dúvida se algum documento é ou não necessário, minha sugestão é no sentido de que você peça ao cliente que o apresente; veja, é melhor ter o referido documento à sua disposição na pasta do cliente do que ter que novamente contatar o cliente para solicitá-lo.

7. DAS DESPESAS

Informa o art. 82 do Código de Processo Civil que "salvo as disposições concernentes à gratuidade da justiça, incumbe às partes prover as despesas dos atos que realizarem ou requererem no processo"; já o art. 98 do mesmo diploma declara que "a pessoa natural ou jurídica, brasileira ou estrangeira, com insuficiência de recursos para pagar as custas, as despesas processuais e os honorários advocatícios tem direito à gratuidade da justiça, na forma da lei".

Em outras palavras, atuar no processo, seja como autor ou mesmo como réu, envolve o pagamento de custas e despesas, salvo se o interessado obtiver os benefícios da justiça gratuita.

O pedido de justiça gratuita pode ser feito na petição inicial, na contestação ou em qualquer outro momento processual por simples petição, devendo o interessado declarar expressamente que não possui condições financeiras de arcar com as custas e despesas do processo, normalmente o pedido é acompanhado de uma "declaração de pobreza". Entendendo que faltam os pressupostos legais, o juiz pode determinar ao interessado que prove as suas alegações sob pena de indeferimento.

Não sendo o caso de justiça gratuita, o autor deve apresentar com a inicial os comprovantes do recolhimento das custas processuais, que normalmente envolvem a taxa judiciária, o valor devido pela juntada do mandato e as despesas com diligências do Oficial de Justiça e/ou com o correio. Os valores destas custas variam não só de Estado para

Estado, mas também no caso de a ação ser proposta na Justiça Estadual ou Federal. Já o réu deve ao menos recolher a taxa pela juntada do mandato; no caso de que apresente reconvenção, deve ainda recolher a taxa judiciária.

Procure informações sobre a forma de recolhimento e valores nos sites dos próprios tribunais, junto à sua associação profissional e/ou junto à sua subseção da OAB.

8. CONHECENDO O PROCEDIMENTO

Advogar é principalmente conhecer o trâmite, o procedimento, do processo. Qualquer pessoa pode conhecer o direito material, mas só o advogado tem obrigação de conhecer o direito processual.

Saber como o processo vai acontecer, ou seja, o seu procedimento, é essencial.

O "procedimento comum", previsto nos arts. 318 a 512 do Código de Processo Civil, é a base de todos os procedimentos judiciais; na verdade, os "procedimentos especiais" previstos no CPC ou em leis ordinárias são apenas variações do procedimento comum.

É extremamente vergonhoso quando o Advogado se manifesta em momento impróprio ou deixa de fazê-lo quando deveria; tais atitudes afetam não só a duração do processo, mas também o seu mérito.

Se você tem dificuldades nesta área, estude, se prepare. Você precisa estar familiarizado com as principais fases do procedimento, com escopo de poder agir quando necessário. No caso do "procedimento comum", temos: (I) petição inicial, arts. 319 e 320 do CPC; (II) citação, arts. 238 a 259 do CPC; (III) audiência de conciliação, art. 334 do CPC; (IV) contestação, arts. 335 a 342 do CPC; (V) providências preliminares, arts. 347 a 353 do CPC; (VI) julgamento conforme o estado do processo, arts. 354 a 356 do CPC; (VII) saneamento e organização do processo, arts. 357 do CPC; (VIII) audiência de instrução e julgamento, arts. 358 a 368 do CPC; (IX) sentença, arts. 366, 485 a 495, do CPC.

9. CUIDADOS AO RECORRER

Fosse porque não havia punição ou pelo fato de que essas punições eram, na prática, pequenas, fosse porque facilitava o contato com o cliente ("perdemos, mas vamos recorrer"), o certo é que a cultura jurídica tornou o recurso contra uma decisão desfavorável quase uma obrigação para o advogado, mesmo que o resultado final acabasse piorando a situação do cliente.

Com efeito, muitos advogados veem no recurso não só uma chance de mudar a decisão judicial impugnada, mas também uma forma de adiar a inevitável constatação de que falharam (erraram; perderam o prazo; não juntaram o documento certo; não impugnaram; faltaram na audiência etc.); o cliente, por sua vez, muitas vezes vê no recurso apenas uma forma de adiar o inevitável cumprimento da sentença (pagar; fazer; entregar; cumprir etc.).

Estes, claro, são os motivos errados para recorrer.

Os juízes "erram muito", e esta é a razão para recorrer (o juiz errou, afrontando os fatos e/ou o direito).

Quando errar num processo, diga isso logo para o cliente, visto que recorrer pode piorar muito a situação (o bom advogado sempre tem, claro, um seguro profissional contra esse tipo de risco).

A interposição de recurso não exige poderes especiais (procuração *ad judicia*),[2] contudo, aconselho o advogado a, sempre que possível, consultar antecipadamente o cliente (quer ou não recorrer da decisão?), afinal, o processo é dele e podem haver consequências, como a majoração da sucumbência (art. 85, § 11, CPC), assim como a condenação ao pagamento de multa no valor entre 1 e 5% do valor atualizado da causa no caso do "agravo interno" declarado manifestamente inadmissível ou improcedente em votação unânime (art. 1.021, § 4º, CPC).

A conversa com o cliente pode ser uma boa oportunidade para avaliar de forma isenta a decisão a ser impugnada, tipo: como ela afeta o processo? Está fundamentada em documentos e fatos? Foi proferida no momento certo? Ignorou documentos e provas já produzidas nos autos? Está de acordo com a doutrina sobre o tema? Está de acordo com a jurisprudência dos tribunais, principalmente o STJ e STF?

---

[2] Art. 105 do CPC: "A procuração geral para o foro, outorgada por instrumento público ou particular assinado pela parte, habilita o advogado a praticar todos os atos do processo, exceto receber citação, confessar, reconhecer a procedência do pedido, transigir, desistir, renunciar ao direito sobre o qual se funda a ação, receber, dar quitação, firmar compromisso e assinar declaração de hipossuficiência econômica, que devem constar de cláusula específica".

Capítulo IV
Procuração *Ad Judicia* (Mandato Judicial)

1. CONTRATO DE MANDATO

Segundo o art. 653 do Código Civil, mandato é o contrato pelo qual uma pessoa, denominada *mandante*, outorga poderes a outrem, denominado *mandatário* ou *procurador*, para que este, em nome do mandante, pratique atos ou administre interesses.

Trata-se de um contrato de natureza consensual e não solene, que se efetiva por meio de uma "procuração" (autorização representativa), que pode ser feita por instrumento particular ou público (art. 654 do CC). A procuração por instrumento particular poderá ser feita pelas próprias partes, desde que capazes, podendo ser manuscrita por elas e por terceiro, digitada, impressa, mas deverá ser obrigatoriamente assinada pelo outorgante.

O mandato pode envolver todos os negócios do mandante (mandato geral), ou ser relativo a um ou mais negócios determinados (mandato especial); de qualquer forma, exige o Código Civil poderes especiais e expressos para aqueles atos que excedem à administração ordinária, em especial atos que envolvam o poder de alienar, hipotecar e transigir (arts. 660 e 661 do CC).

Os atos do mandatário só vincularão o representado se praticados em seu nome e dentro dos limites do mandato; pode, no entanto, o mandante ratificar expressa ou tacitamente (mediante ato inequívoco) os atos praticados em seu nome sem poderes suficientes (art. 662 do CC), sendo que os efeitos da eventual ratificação retroagirão à data do ato (*ex tunc*).

O mandatário deve agir com o necessário zelo e diligência, transferindo as vantagens que auferir ao mandante, prestando-lhe, ao final, contas de sua gestão (arts. 667 a 674 do CC). O mandante, por sua vez, é obrigado a satisfazer a todas as obrigações contraídas pelo mandatário, na conformidade do mandato conferido, e adiantar a importância das despesas necessárias à execução dele, quando o mandatário lhe pedir (arts. 675 a 681 do CC).

2. MANDATO JUDICIAL

A outorga ao Advogado de procuração geral para o foro, ou simplesmente "procuração *ad judicia*", tem duas naturezas distintas. Primeiro, indica a existência de contrato de prestação de serviços jurídicos; segundo, torna o Advogado representante legal do outorgante para o foro em geral. A procuração *ad judicia*, ou procuração para o foro ou para o juízo, é o instrumento que habilita, segundo o art. 104 do Código de Processo Civil, o advogado a praticar, em nome da parte, todo e qualquer ato processual (*v.g.*, ajuizar ação, contestar, reconvir, impugnar, justificar, opor embargos, recorrer, apresentar exceção etc.), salvo receber a citação, confessar, reconhecer a procedência do pedido, transigir, desistir, renunciar ao direito sobre que se funda a ação, receber, dar quitação e firmar compromisso e assinar declaração de hipossuficiência econômica, vez que a prática desses atos exige que o advogado tenha poderes especiais, expressos no instrumento de mandato (art. 105 do CPC). Excepcionalmente, permite a lei processual que o advogado ajuíze ação ou pratique outros atos, reputados urgentes, a fim de evitar a decadência ou a prescrição, sem apresentar o instrumento do mandato (*procuração*), desde que assuma o compromisso de exibi-lo no prazo de 15 (quinze) dias; prazo que pode, por despacho do juiz, ser prorrogado por mais 15 (quinze) dias. Caso o instrumento não seja apresentado no prazo, o ato não ratificado será considerado ineficaz relativamente àquele em cujo nome foi praticado, respondendo o advogado pelas despesas e eventuais perdas e danos (art. 104 do CPC).

Há, ademais, que se registrar que sempre que o mandato do procurador advier da lei (*v.g.*, Procuradores da União, Estados e Municípios, Defensores Públicos), estes estão dispensados de apresentar a competente procuração.

Sendo o mandato um contrato firmado com base na confiança, pode o mandante revogá-lo a qualquer momento, sem que tenha sequer que declarar os seus motivos para tanto, não importa em que fase esteja o processo, devendo no mesmo ato constituir outro mandatário para que assuma o patrocínio da causa (art. 111 do CPC; arts. 686 e 687 do CC; art. 11 do Código de Ética e Disciplina).

De outro lado, o advogado também pode a qualquer tempo renunciar ao mandato, provando que cientificou o cliente a fim de que este nomeie substituto, continuando a representá-lo por mais 10 (dez) dias, contados da notificação, desde que necessário para lhe evitar prejuízo (art. 112 do CPC).

No caso de morte ou incapacidade do advogado, o juiz deverá suspender o feito, concedendo o prazo de 15 (quinze) dias para que a parte constitua outro para representá--la no processo. Findo o prazo sem que a parte tenha nomeado novo procurador, o juiz extinguirá o processo sem resolução do mérito, se o obrigado for o autor, ou mandará prosseguir o processo à revelia do réu, se o advogado falecido era deste (art. 313, I, § 3º, do CPC).

3. SUBSTABELECIMENTO

De regra, o substabelecimento exige, para sua validade, poderes especiais.

Questão relevante quanto ao tema é o da responsabilidade civil pelos atos praticados pelo substabelecido. Três as principais hipóteses: *primeiro*, se o procurador tem poderes para substabelecer, não responde por eventuais danos que venham a ser causados pelo substabelecido, que deverá responder diretamente ao mandante; *segundo*, se o procurador substabelece sem ter poderes para tanto, continuará responsável perante o mandante por eventuais danos advindos da negligência do substabelecido; *terceiro*, se a despeito da procuração expressamente vedar o substabelecimento, o mandatário substabelece a procuração, responderá ao mandante pelos prejuízos causados pelo substabelecido até no caso de estes danos advierem de caso fortuito ou força maior.

4. RESPONSABILIDADE CIVIL DOS ADVOGADOS

O exercício da profissão de advogado é disciplinado pela Lei 8.906/94, o conhecido Estatuto da Advocacia, que em seu art. 32 declara que "o advogado é responsável pelos atos que, no exercício profissional, praticar com dolo ou culpa". Já o § 4º do art. 14 do Código de Defesa do Consumidor informa que "a responsabilidade pessoal dos profissionais liberais será apurada mediante a verificação de culpa".

No mais, a obrigação do advogado é de meio e não de resultado. Em outras palavras, ao aceitar o mandato, o advogado não se obriga a ganhar a causa, mas tão somente defender os interesses de seu cliente da melhor forma possível, aconselhando, assessorando e peticionando, quer seja no âmbito judicial, quer seja no âmbito administrativo.

Doutrina e jurisprudência têm decidido que o advogado é civilmente responsável: I – pelos erros de direito (desconhecimento de norma jurídica); II – pelas omissões de providências necessárias para ressalvar os direitos do seu constituinte; III – pela perda de prazo; IV – pela desobediência às instruções do constituinte; V – pelos pareceres que der, contrários à lei, à jurisprudência e à doutrina; VI – pela omissão de conselho; VII – pela violação de segredo profissional; VIII – pelo dano causado a terceiro; IX – pelo fato de não representar o constituinte, para evitar-lhe prejuízo, durante os 10 (dez) dias seguintes à notificação de sua renúncia ao mandato judicial; X – pela circunstância de ter feito publicações desnecessárias sobre alegações forenses ou relativas a causas pendentes; XI – por ter servido de testemunha nos casos arrolados no art. 7º, XIX, da Lei 8.906/94; XII – por reter ou extraviar autos que se encontravam em seu poder; XIII – por reter ou extraviar documentos do cliente.

5. BASE LEGAL

O contrato de mandato encontra-se disciplinado nos arts. 653 a 692 do Código Civil; já o Código de Processo Civil cuida do tema "dos procuradores" nos arts. 103 a 112. O exercício da profissão de Advogado é disciplinado pela Lei 8.906/94-EA e as relações de consumo pela Lei 8.078/90-CDC.

6. PRIMEIRO MODELO *(PROCURAÇÃO AD JUDICIA, PESSOA JURÍDICA)*

PROCURAÇÃO *AD JUDICIA*

SOCIEDADE CIVIL DE EDUCAÇÃO T. O., inscrita no CNPJ sob o nº 00.000.000/0000-00, titular do endereço eletrônico sociedadecivileducação@gsa.com, com sede na Rua Capitão Manoel Caetano, nº 00, Centro, cidade de Mogi das Cruzes-SP, CEP 00000-000, neste ato representada por seu Presidente, Prof. S. A. S., portador do RG 0.000.000-SSP/SP e do CPF 000.000.000-00, pelo presente instrumento de procuração, nomeia e constitui seu bastante procurador o **DR. GEDIEL CLAUDINO DE ARAUJO JÚNIOR**, brasileiro, casado, Advogado inscrito na OAB/SP sob o nº 000.000, titular do e-mail gediel@gsa.com.br, com escritório na Rua Adelino Torquato, nº 00, Parque Monte Líbano, cidade de Mogi das Cruzes-SP, CEP 00000-000, a quem confere amplos poderes para o foro em geral, com a cláusula *ad judicia*, em qualquer Juízo, Instância ou Tribunal, podendo propor contra quem de direito (*vide cláusula restritiva abaixo*) as ações competentes e defender nas contrárias, seguindo umas e outras, até decisão final, usando os recursos legais que se fizerem necessários e/ou oportunos. Conferindo-lhe, ainda, poderes especiais para confessar, desistir, transigir, firmar compromissos ou acordos, receber e dar quitação, agindo em conjunto ou separadamente, podendo ainda substabelecer esta em outrem, com ou sem reservas de iguais poderes, dando tudo por bom, firme e valioso.

Especialmente para: propor ação de despejo por denúncia vazia contra S. D. B.

Mogi das Cruzes, 00 de maio de 0000.

7. SEGUNDO MODELO *(PROCURAÇÃO AD JUDICIA, PESSOA FÍSICA)*

PROCURAÇÃO *AD JUDICIA*

S. A. de A., brasileira, casada, professora, portadora do RG 000.000-0-SSP/SP e do CPF 000.000.000-00, titular do e-mail saa@gsa.com.br, residente e domiciliada na Rua José Urbano Sanches, nº 00, Vila Oliveira, cidade de Mogi das Cruzes-SP, CEP 00000-000, pelo presente instrumento de procuração, nomeia e constitui seu bastante procurador o **DR. GEDIEL CLAUDINO DE ARAUJO JÚNIOR**, brasileiro, casado, Advogado inscrito na OAB/SP sob o nº 000.000, titular do e-mail gediel@gsa.com.br, com escritório na Rua Adelino Torquato, nº 00, Parque Monte Líbano, cidade de Mogi das Cruzes-SP, CEP 00000-000, a quem confere amplos poderes para o foro em geral, com a cláusula *ad judicia*, em qualquer Juízo, Instância ou Tribunal, podendo propor contra quem de direito (*vide cláusula restritiva abaixo*) as ações competentes e defender nas contrárias, seguindo umas e outras, até decisão final, usando os recursos legais que se fizerem necessários e/ou oportunos. Conferindo-lhe, ainda, poderes especiais para confessar, desistir, transigir, firmar compromissos ou acordos, receber e dar quitação, agindo em conjunto ou separadamente, podendo ainda substabelecer esta em outrem, com ou sem reservas de iguais poderes, dando tudo por bom, firme e valioso.

Especialmente para: propor ação de indenização por perdas e danos em face do Senhor J. M. A. dos S.

Mogi das Cruzes, 00 de maio de 0000.

_____

8. TERCEIRO MODELO (*SUBSTABELECIMENTO*)

SUBSTABELECIMENTO

Eu, **Gediel Claudino de Araujo Júnior,** brasileiro, casado, Advogado, inscrito na OAB/SP 000.000, titular do e-mail gediel@gsa.com.br, com escritório na Rua Adelino Torquato, nº 38, bairro Parque Monte Líbano, cidade de Mogi das Cruzes-SP, CEP 00000-000, pelo presente instrumento "substabeleço", sem reservas, ao "**Dr. M. L. C. de A.**", brasileiro, casado, Advogado inscrito na OAB/SP 000.000, titular do e-mail mlca@gsa.com.br, com escritório na Avenida Brasil, nº 00, Centro, cidade de Mogi das Cruzes-SP, CEP 00000-000, os poderes que me foram outorgados pela "Sra. S. A. de A.", a fim de que o substabelecido possa também representar os interesses da outorgante junto ao processo nº 0000000-00.0000.0.00.0000, que tramita junto à 3ª Vara Cível da Comarca de Mogi das Cruzes.

Mogi das Cruzes, 00 de fevereiro de 0000.

_____

9. QUARTO MODELO (*PETIÇÃO RENUNCIANDO AO MANDATO JUDICIAL A PEDIDO*)

Excelentíssimo Senhor Doutor Juiz de Direito da 3ª Vara da Família das Sucessões do Foro de Mogi das Cruzes, SP.

Processo nº 0000000-00.0000.0.00.0000
Ação Negatória de Paternidade
Autor: G. S.
Réu: W. A. S.

GEDIEL CLAUDINO DE ARAUJO JÚNIOR, brasileiro, casado, Advogado, titular do e-mail gediel@gsa.com.br, com escritório na Rua Adelino Torquato, nº 00, bairro Parque Monte Líbano, cidade de Mogi das Cruzes-SP, CEP 00000-000, nos autos do processo em epígrafe, vem à presença de Vossa Excelência "renunciar", a pedido, ao mandato concedido pelo réu, uma vez que este pretende constituir outro Advogado. Requer-se, portanto, seja o nome do subscritor desta riscado da contracapa dos autos.

Termos em que,

P. Deferimento.

Mogi das Cruzes, 00 de outubro de 0000.

Gediel Claudino de Araujo Júnior
OAB/SP 000.000

10. QUINTO MODELO (*CONTRATO DE HONORÁRIOS ADVOCATÍCIOS*)

CONTRATO DE PRESTAÇÃO DE SERVIÇOS ADVOCATÍCIOS

CONTRATANTE: **B. L. A.**, brasileira, casada, farmacêutica, portadora do RG 00.000.000-SSP/SP e do CPF 000.000.000-00, titular do e-mail bla@gsa.com.br, residente e domiciliada na Rua José Urbano, nº 00, Jardim Brasil, cidade de Mogi das Cruzes-SP, CEP 00000-00.

CONTRATADO: **DR. GEDIEL CLAUDINO DE ARAUJO JÚ-NIOR**, brasileiro, casado, Advogado, inscrito na OAB-SP sob o nº 000.000, portador do RG 00.000.000-SSP/SP e do CPF 000.000.000-00, titular do e-mail gediel@gsa.com.br, com escritório na Rua Adelino Torquato, nº 00, Parque Monte Líbano, cidade de Mogi das Cruzes-SP, CEP 00000-000.

Pelo presente instrumento particular, as partes supraqualificadas convencionam entre si o seguinte:

1º O CONTRATADO obriga-se a ajuizar "ação de divórcio litigioso" em face do cônjuge da CONTRATANTE, conforme termos do mandato que lhe é outorgado em apartado;

2º A medida judicial referida no item anterior deverá ser ajuizada no prazo de 30 (trinta) dias, contados da entrega efetiva de todos os documentos solicitados pelo CONTRATADO, conforme recibo anexo;

3º Pelos serviços, a CONTRATANTE pagará ao CONTRATADO o valor total de R$ 9.000,00 (nove mil reais), sendo R$ 3.000,00 (três mil reais) à vista, neste ato, servindo o presente de recibo de quitação, e R$ 6.000,00 (seis mil reais) em 4 (quatro) parcelas mensais e consecutivas de R$ 1.500,00 (um mil, quinhentos reais), vencendo a primeira em 00.00.0000;

4º Os honorários serão devidos, qualquer que seja o resultado da ação;

5º Distribuída a medida judicial, o total dos honorários será devido mesmo que haja composição amigável quanto ao pedido de divórcio, venha a CONTRATANTE a desistir do pedido ou, ainda, se for revogada a procuração sem culpa do CONTRATADO;

Parágrafo único. Na hipótese de desistência antes do ajuizamento da ação, serão devidos 50% (cinquenta por cento) do valor contratado;

6º A CONTRATANTE responderá, ainda, por todas as despesas do processo, sendo que o pagamento deverá ser feito de imediato tão logo a conta lhe seja apresentada, não respondendo o CONTRATADO por qualquer prejuízo que advenha da demora ou do não pagamento de qualquer despesa;

7º Na eventualidade de ser necessária a interposição de qualquer recurso (razões ou contrarrazões), serão ainda devidos ao CONTRATADO honorários extras de

R$ 3.000,00 (três mil reais), valor este que deverá ser quitado antes do protocolo do recurso, sob pena de o Advogado ficar dispensado do serviço;

8º O contato entre as partes, objetivando apresentação de contas de despesas, informações sobre o andamento do processo, convocações ou solicitações para reuniões ou audiências e até mesmo para eventual "notificação" quanto a renúncia ou destituição do mandato deverá ser feito "preferencialmente" por meio de mensagem eletrônica via os e-mails informados na qualificação deste contrato, cabendo às partes mantê-lo atualizado, sob pena de serem considerados válidos os contatos e notificações endereçados ao endereço eletrônico constante neste contrato;

9º Qualquer medida judicial ou extrajudicial que tenha como objeto o conteúdo deste contrato deverá ser ajuizada no Foro da Comarca de Mogi das Cruzes-SP (foro de eleição).

Por estarem, assim, justos e contratados, firmam o presente instrumento, que é elaborado em duas vias, de igual teor, sendo uma para cada parte.

Mogi das Cruzes, 00 de setembro de 0000.

Gediel Claudino de Araujo Júnior

B. L. A.

Capítulo V
Justiça Gratuita

1. CABIMENTO

Ao contrário do que a maioria das pessoas pensam, o acesso à Justiça "não é gratuito", cabendo ao interessado adiantar as custas e despesas. Com efeito, informa o art. 82 do Código de Processo Civil caber às partes arcar com as despesas dos atos que realizarem ou requererem no processo.

Contudo, com o escopo de garantir a todos os cidadãos acesso ao Poder Judiciário, o mesmo Código prevê a possibilidade de a pessoa carente de recursos requerer os "benefícios da justiça gratuita", ou seja, a isenção das custas e despesas processuais. Para obter esse benefício, basta que o interessado efetue o pedido no processo, sendo costume juntar-se "declaração de pobreza", na qual este afirma, sob as penas da lei, que é pobre e não reúne condições de arcar com as custas e despesas do processo.

A declaração de pobreza firmada por pessoa natural deve ser tida como verdadeira (art. 99, § 3º, CPC), sendo que o juiz somente poderá indeferir o pedido se houver nos autos elementos no sentido contrário.

Devido ao constante abuso desse direito, é cada vez mais comum que os juízes determinem ao interessado que comprove o seu estado de carência, juntando, por exemplo, comprovante de renda (art. 5º, LXXIV, CF).

2. BASE LEGAL

O acesso de todos os cidadãos ao Poder Judiciário é garantido inicialmente pela própria Constituição Federal, que no seu art. 5º, inciso LXXIV, declara que "o Estado prestará assistência jurídica integral e gratuita aos que comprovarem insuficiência de recursos"; já no bojo do processo civil, o fundamento vem da regra esculpida no art. 98 do CPC: "a pessoa natural ou jurídica, brasileira ou estrangeira, com insuficiência de recursos para pagar as custas, as despesas processuais e os honorários advocatícios tem direito à gratuidade da justiça, na forma da lei".

3. QUANDO E COMO PEDIR

Normalmente, o pedido de justiça gratuita é feito pelo autor em item próprio na petição inicial e pelo réu na contestação; contudo, não há qualquer impedimento para que o pedido seja feito, de forma justificada, posteriormente. Com efeito, pode acontecer de a situação financeira do interessado mudar durante o trâmite do processo, não tendo este, por exemplo, condições de recolher as custas e despesas de um eventual recurso. Nesse caso, o pedido pode ser feito por simples petição intermediária (art. 99, § 1º, CPC), na qual o interessado deve justificar o seu pedido, juntando documentos para provar os seus argumentos.

O leitor encontra neste livro muitos modelos de petição inicial com pedido expresso de concessão dos benefícios da justiça gratuita (confira).

4. IMPUGNAÇÃO

A parte não é obrigada a impugnar os benefícios da justiça gratuita concedida a outra parte do processo, mas, caso queira, deve fazê-lo no momento oportuno, conforme apontado no art. 100 do CPC ("deferido o pedido, a parte contrária poderá oferecer impugnação na contestação, na réplica, nas contrarrazões de recurso ou, nos casos de pedido superveniente ou formulado por terceiro, por meio de petição simples, a ser apresentada no prazo de 15 (quinze) dias, nos autos do próprio processo, sem suspensão de seu curso"), ou seja, o interessado não pode valer-se desse direito em momento que achar mais conveniente.

Na sua impugnação, o interessado deve declarar as razões pelas quais entende que o juiz deve rever a sua decisão que concedeu os benefícios da justiça gratuita a outra parte; pode ainda requerer a produção de provas com escopo de demonstrar a verdade de suas alegações, como a juntada de documentos e das últimas declarações do imposto de renda, a expedição de ofício a órgãos públicos e até a oitiva de testemunhas.

Recebida a impugnação, o juiz pode – na minha opinião deve (art. 9º, CPC) – ouvir a outra parte, decidindo em seguida, tudo sem suspender o andamento do processo. Contra a decisão que indeferir ou revogar a gratuidade da justiça cabe agravo de instrumento (art. 101, CPC), salvo quando a decisão for tomada na própria sentença.

5. DICAS E OBSERVAÇÕES GERAIS

- normalmente, a impugnação do pedido de justiça gratuita é feita na própria contestação, como preliminar (art. 337, XIII, CPC), ou na petição que oferece réplica. Na impugnação, o interessado deve declarar as razões pelas quais entende que o impugnado não faz jus ao benefício, indicando ou requerendo as provas com as quais pretende provar o alegado. Contra a decisão que acolhe o pedido de revogação do benefício cabe agravo de instrumento (art. 101, CPC);

- vencido, o advogado do beneficiário da justiça gratuita deve estar atento que o juiz faça constar na sentença a condição suspensiva da cobrança da sucumbência; veja, o beneficiário da justiça gratuita vencido será ordinariamente condenado nos ônus da sucumbência, constando, no entanto, que a cobrança ficará suspensa até que eventualmente o credor demonstre que deixou de existir a situação de insuficiência (o prazo prescricional é de cinco anos). No caso de que o juiz não faça constar na sentença a condição suspensiva, situação das mais comuns, o advogado deve interpor embargos de declaração (art. 1.022, CPC);

- para as pessoas físicas, a simples declaração de pobreza tem presunção *juris tantum*, bastando, a princípio, o simples requerimento, sem nenhuma comprovação prévia, para que lhes seja concedida a assistência judiciária gratuita (STJ, AgInt no AREsp 1647231/SP, Min. Raul Araújo, T4, *DJe* 25/6/2020);

- a presunção de hipossuficiência, oriunda da declaração feita pelo requerente do benefício da justiça gratuita, é relativa, sendo admitida prova em contrário (STJ, AgInt no AREsp 1.064.251/GO, Min. Antonio Carlos Ferreira, T4, *DJe* 24/11/2017);

- é possível o deferimento do benefício da assistência judiciária gratuita, mesmo após revogação de anterior concessão, desde que comprovado o estado de hipossuficiência do requerente (STJ, AgInt no AREsp 925.712/MG, Min. Moura Ribeiro, T3, *DJe* 1/6/2017).

6.   MODELO

DECLARAÇÃO

Eu, **GEDIEL CLAUDINO DE ARAUJO JUNIOR**, brasileiro, casado, funcionário público, portador do RG 00.000.000-SSP/SP e do CPF 000.000.000-00, titular do e-mail gediel@gsa.com.br, residente e domiciliado na Rua Francisco Martins, nº 00, Jardim Armênia, cidade de Mogi das Cruzes-SP, CEP 00000-000, **DECLARO** a quem interessar e para todos os fins de direito, sob pena de ser responsabilizado criminalmente por falsa declaração, que sou pobre no sentido jurídico do termo, pois não possuo condições de pagar as custas e despesas do processo, assim como os honorários advocatícios, sem prejuízo de meu sustento próprio e de minha família, necessitando, portanto, da gratuidade da Justiça, nos termos do art. 98 do Código de Processo Civil.

Mogi das Cruzes, 00 de janeiro de 0000.

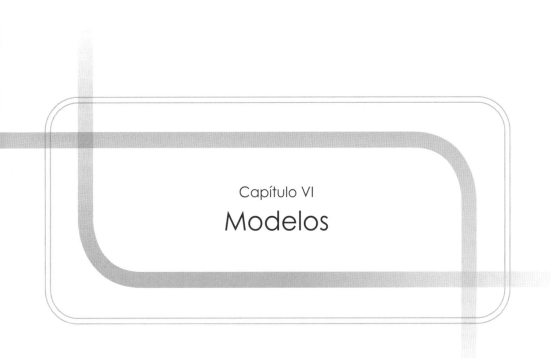

Capítulo VI
Modelos

1. **AÇÃO DECLARATÓRIA DE INEXISTÊNCIA DE DÉBITO CUMULADA COM INDENIZAÇÃO POR DANOS MORAIS** (*CONSUMIDOR IMPUGNA COBRANÇA FUNDAMENTADA EM TOI – TERMO DE OCORRÊNCIA E INSPEÇÃO, EMITIDO POR EMPRESA FORNECEDORA DE ENERGIA ELÉTRICA*)

Excelentíssimo Senhor Doutor Juiz de Direito da ___ Vara Cível do Foro de Mogi das Cruzes, São Paulo.

A. J. de S., brasileiro, casado, aposentado, titular do e-mail ajdes000@gsa.com.br, portador do RG 0.000.000-SSP/SP e do CPF 000.000.000-00, residente e domiciliado na Rua Desidério Jorge, nº 00, Vila Natal, cidade de Mogi das Cruzes-SP, CEP 00000-000, por seu Advogado que esta subscreve (mandato incluso), com escritório na Rua Adelino Torquato, nº 00, sala 00, Centro, cidade de Mogi das Cruzes-SP, CEP 00000-000, *onde recebe intimações* (e-mail: gediel@gsa.com.br), vem à presença de Vossa Excelência propor ***ação declaratória de inexistência de débito cumulada com indenização por danos morais***, observando-se o procedimento comum (arts. 318 a 512, CPC), *com pedido liminar* (art. 300, CPC), em face de **G. Energia S/A**, inscrita no CNPJ 00.000.000/0000-00, inscrição estadual 000.000.000-00, com endereço eletrônico oficial desconhecido, situada na Rua Bandeira Paulista, nº 00, Chácara Itaim, cidade de São Paulo-SP, CEP 00000-000, pelos motivos de fato e de direito a seguir expostos:

Dos Fatos:

O autor é usuário dos serviços da ré, paga corretamente suas "contas de luz", conforme documentação anexa. No último dia 00.00.0000 funcionários da ré compareceram na residência do consumidor e, após fazerem uma inspeção no relógio medidor, lhe informaram que o de consumo de energia elétrica apresentava algum tipo de irregularidade.

Registre-se que o consumidor, pessoa idosa e de pouca cultura, não participou da referida inspeção, realizada totalmente à sua revelia (sem sua participação ou autorização); ele foi apenas informado que em razão desta "suposta" irregularidade, o relógio medidor seria trocado, o que de fato aconteceu.

Algumas semanas depois, o autor recebeu em sua residência um demonstrativo de débito no valor de R$ 7.896,66 (sete mil, oitocentos e noventa e seis reais, sessenta e seis centavos), elaborados, segundo informou a ré, de acordo com o art. 72 da Resolução n° 456 de 29.11.2000 da ANEEL – Agência Nacional de Energia Elétrica, envolvendo um período de cobrança entre 00.00.0000 a 00.00.0000 (vinte e quatro meses).

Na referida cobrança, a ré "ameaçou" o consumidor de CORTE IMEDIATO do fornecimento de energia, caso não houvesse o pagamento do débito, ou concordasse ele em firmar acordo "reconhecendo" a dívida e requerendo seu parcelamento.

O autor, claro, ficou absolutamente inconformado e "revoltado" com a referida cobrança, visto que nem ele ou algum outro membro da sua família mexeu ou sequer tocou no relógio medidor de consumo de energia instalado na sua residência; mais, pessoa extremamente correta e honesta, sempre cumpridor de suas obrigações e deveres, sentiu-se profundamente afrontado em sua moral pela insinuação constante na referida cobrança no sentido de que seria autor do crime de "furto de energia".

Esse o breve resumo dos fatos.

Do Direito:

"*Da natureza da relação entre as partes.*"

A relação estabelecida entre as partes é de inegável natureza consumerista.

O autor, mediante remuneração mensal, adquiriu, e pretende continuar a adquirir, energia elétrica da ré (vejam-se contas de consumo anexas). Conduta que se amolda nos conceitos de consumidor e fornecedor, conforme previstos nos arts. 2° e 3° da Lei n° 8.078/90, o conhecido Código de Defesa do Consumidor.

Neste sentido, antiga e consolidada jurisprudência do Superior Tribunal de Justiça:

A jurisprudência desta Corte possui entendimento pacífico no sentido de que a relação entre concessionária de serviço público e o usu-

ário final, para o fornecimento de serviços públicos essenciais, tais como água e energia, é consumerista, sendo cabível a aplicação do Código de Defesa do Consumidor. (STJ – AgRg no AREsp 354991/RJ – Min. Mauro Campbell Marques – T2 – *DJe* 11/9/2013)

"Da irregularidade do TOI."

O autor e seus familiares nunca mexeram no aparelho medidor de energia da residência.

A ré, porém, conforme o mencionado TOI ("termo de ocorrência e inspeção"), unilateralmente, por meio exclusivamente de seus prepostos, atribuiu ao autor a responsabilidade por "suposta" irregularidade no medidor de energia.

Esse modo de proceder da ré, imputando ao autor a responsabilidade pela suposta irregularidade no medidor de energia elétrica, através de procedimentos e critérios exclusivos seus, fere o princípio contraditório (artigo 5º, inciso LVI, da Constituição Federal) e o princípio da boa-fé objetiva (artigo 4º, III e artigo 51, IV, do Código de Defesa do Consumidor).

Fere-se o contraditório porque a ré imputou irregularidade ao autor, mas não abriu oportunidade adequada para este se defender ou mesmo sequer entender o que estava efetivamente ocorrendo. Por outras palavras, não houve comprovação, por um laudo técnico isento e imparcial, ou seja, por meio de terceiro alheio à relação ora discutida, do cometimento de irregularidade por parte do autor.

A elaboração de um laudo técnico isento e imparcial seria o único instrumento apto a realizar o contraditório, visto que colocaria as partes em situação de igualdade, com paridade de armas, suprindo a deficiência técnica (o autor não entende nada de instalações de energia elétrica) e econômica (autor não tem como enfrentar o poderio econômico da ré) do consumidor/autor.

Aliás, a própria deficiência técnica e econômica do consumidor e a natureza da atividade empresarial explorada pela ré carreiam a esta o ônus de comprovar a existência de fraude nos medidores de energia elétrica, mesmo porque ela é a "responsável" direta pela manutenção do relógio medidor.

Neste particular, ressalte-se que os prepostos da ré verificam mensalmente o relógio medidor instalado na residência do autor, com objetivo, como se sabe, de efetuarem a medição do consumo de energia, sendo que em nenhuma destas ocasiões ficou registrado qualquer alteração ou irregularidade no referido relógio.

Assim, impossível a imputação de irregularidade no medidor de energia elétrica ao autor de forma unilateral e arbitrária, como feita pela ré neste caso, visto que fere o princípio do contraditório.

De outro lado, a fraude ou irregularidade na rede de energia elétrica são riscos do negócio atribuíveis à ré, que aufere grandes lucros, e, portanto, tem o ônus de, por meio de perícia imparcial, realizada por terceiro idôneo, demonstrar ser o consumidor o responsável pela irregularidade, o que não ocorreu no presente caso.

A medição incorreta, se é que houve alguma incorreção, pode ter tido como causa um defeito interno do próprio aparelho medidor, um defeito decorrente da falta de conservação do aparelho pela ré. O fato é que o autor em nenhum momento mexeu no aparelho medidor, não podendo ser atribuída a ele qualquer responsabilidade decorrente da disfunção do aparelho.

"Dos critérios para cálculos do débito."

Ainda que, apenas por hipótese e argumentação, se aceite eventual existência de irregularidade no funcionamento do relógio medidor de consumo de energia elétrica que estava instalado na residência do autor (sem qualquer participação ou conhecimento dele, registre-se mais uma vez), o valor apontado como devido em razão deste suposto mau funcionamento deve ser revisto, visto que calculado por meio critério absolutamente abusivo.

Com efeito, a ré na sua notificação de cobrança, feita sob a ameaça de corte do fornecimento de energia, informa que realizou o cálculo considerando o maior valor de consumo ocorrido num período de 12 (doze) meses anteriores ao início da suposta irregularidade.

Tal critério é claramente "abusivo".

Neste sentido a jurisprudência do Egrégio Tribunal de Justiça do Estado de São Paulo:

> **Consumidor e processual. Fornecimento de energia elétrica. Ação declaratória de inexistência de débito cumulada com pedido de obrigação de fazer. Sentença de parcial procedência. Pretensão à reforma manifestada pelo autor. Embora de declaração de inexistência de débito não se possa cogitar, mormente porque é devida pelo autor compensação pelo período em que se beneficiou por incontestável irregularidade constatada no medidor encontrado em seu domicílio, <u>não deve prevalecer o abusivo critério adotado pela companhia ré para recálculo. Necessária apuração da média dos doze ciclos completos de medição normal imediatamente subsequentes àquele em que constatada a irregularidade e substituído o medidor.</u> Precedentes. Recurso provido em parte. (TJSP – Apelação Cível 1005119-05.2018.8.26.0224 – Rel. Mourão Neto – 19ª Câmara de Direito Privado – Foro de Guarulhos – 7ª Vara Cível – *DJ* 5/7/2021) - grifo nosso.**

Em resumo, na eventualidade que venha ficar provado que o relógio que ficou instalado na residência do autor por maios de 20 (vinte) anos, vinha, de fato, registrando de forma incorreta o consumo de energia, o cálculo da diferença devida à ré deve considerar não o maior valor num período de 12 (doze) meses, mas a média de consumo.

"Da vedação do corte de energia por débito pretérito."

Além de cobrar valor apurado de forma unilateral e arbitrária, sem oferecer ao consumidor qualquer oportunidade de defesa, a ré ainda o "ameaçou" com o corte de fornecimento de energia e negativação do seu nome junto aos serviços de proteção ao crédito (SERASA e SPC).

Considerando que o consumidor sempre pagou em dia as suas contas, a atitude da ré é claramente precipitada e desnecessária.

Neste sentido a jurisprudência do Egrégio Tribunal de Justiça do Estado de São Paulo:

> **Prestação de serviços. Fornecimento de energia elétrica. Ação declaratória de inexistência de débito c.c pedido de reparação por danos morais. Sentença de parcial procedência. Termo de ocorrência de irregularidade. Cálculo apurado unilateralmente. Ausência do contraditório. <u>Configuração de ilegalidade do corte do fornecimento.</u> Dano moral devido e bem dosado monocraticamente. Sentença mantida. Majoração dos honorários advocatícios recursais (art. 85, § 11, do CPC/15). Apelações não providas. (TJSP – Apelação Cível 1001198-54.2020.8.26.0390 – Rel. Cristina Zucchi – 34ª Câmara de Direito Privado – Foro de Nova Granada – Vara Única – *DJ* 4/7/2021) – grifo nosso.**

> **Fornecimento de energia elétrica. Ação ordinária declaratória de inexigibilidade de débito c.c. indenização por dano moral. Termo de ocorrência de irregularidade de consumo. Alegada irregularidade no equipamento medidor não submetida a investigação contraditória. Inexigibilidade do débito calculado pela fornecedora. <u>Inviabilidade do corte de fornecimento e da cobrança encetada.</u> Dano moral passível de reparação. Arbitramento da indenização realizada segundo os critérios da prudência e razoabilidade. Procedência decretada nesta instância *ad quem*. Recurso provido. (TJSP – Apelação Cível 1021108-36.2020.8.26.0562 – Rel. Correia Lima – 20ª Câmara de Direito Privado – Foro de Santos – 4ª Vara Cível – *DJ* 2/7/2021) – grifo nosso.**

"Do dano moral."

Quando se olha todos os procedimentos da ré neste caso, ficam evidentes os grandes abusos que ela cometeu em face do consumidor, senão vejamos: (I) ela ignorou que o relógio instalado na casa do autor tinha mais de vinte anos, sendo tal fato de responsabilidade exclusiva dela; (II) quando da eventual apuração de suposta irregularidade no relógio, ela agiu de forma unilateral e não ofereceu ao consumidor qualquer direito de defesa; (III) na apuração do suposto débito pretérito ela usou de critério que a favorece, claramente abusivo; (IV) ao fazer a cobrança do débito, ela ignorou não só a idade do consumidor, mas principalmente a antiga relação existente entre eles, onde este sempre cumpriu fielmente com a sua contraprestação pelos serviços prestados; (V) ela ameaçou o consumidor com o corte "imediato" da sua energia, caso este não firmasse acordo reconhecendo o débito e requerendo o seu parcelamento (claramente uma tentativa de coerção pelo medo); (VI) ela ameaçou "sujar" o nome do consumidor junto aos serviços de proteção ao crédito.

Até aqui, não foram semanas fáceis para o consumidor, que se viu obrigado a lidar com todo o poderio da ré, que primeiro abusou dos seus direitos e depois "pressionou" o consumidor a se submeter a seus abusos.

Atitudes desta natureza precisam ser desencorajadas pelo Poder Judiciário e uma das formas é justamente a condenação da empresa ao pagamento de danos morais, que punem as más ações e indenizam o consumidor pelas horas ao telefone, pelas noites mal dormidas e pela nojenta e baixa afronta à sua honra subjetiva (*a empresa o acusou de conscientemente adulterar o relógio medidor, ou seja, de furtar energia elétrica*).

Neste sentido a jurisprudência do Egrégio Tribunal de Justiça do Estado de São Paulo:

> **Ação declaratória de inexigibilidade de débito c.c. indenização por danos morais. Prestação de serviços. Energia Elétrica. Lavratura de Termo de Ocorrência de Inspeção (TOI). Inobservância da ampla defesa e contraditório, vez que não foi dado ao autor o conhecimento do teor do Relatório Técnico elaborado à ordem da ré, unilateralmente. Documento firmado por terceiro. Não observada, ainda, divergência significativa no padrão de consumo após a substituição do medidor. Acertado o reconhecimento da indevida cobrança. Repetição do indébito de forma simples. <u>Danos morais. Fraude apurada de forma unilateral. Indevida cobrança e abusiva ameaça de corte no fornecimento dos serviços.</u> *Quantum* indenizatório que está de acordo com os critérios de prudência e razoabilidade. Sentença mantida. Recurso não provido, com majoração da verba honorária. (TJSP – Apelação Cível 1007193-30.2020.8.26.0590 – Rel. Cauduro Padin – 13ª Câmara de Direito Privado – Foro de São Vicente – 4ª Vara Cível – *DJ* 30/6/2021) – grifo nosso.**

Da Tutela Provisória (Liminar):

Com arrimo no art. 300 do Código de Processo Civil, deve este douto Juiz, em liminar, impor à ré *obrigação de não fazer*, qual seja, <u>não suspender o fornecimento de energia elétrica na residência do autor e não negativar o seu nome junto aos serviços de proteção ao crédito</u> em razão de débito pretérito, em especial o cobrado em razão de suposta irregularidade no relógio medidor.

A fumaça do bom direito (ou verossimilhança da alegação, ou relevância do fundamento da demanda) foi amplamente exposta no item "do direito" desta petição, onde se demonstrou a ilegalidade do TOI ("termo de ocorrência e inspeção"), assim como o irregular cálculo do débito cobrado pela ré, que se estende forme arbitrária a supostas diferenças em dois anos de consumo. Já a possibilidade de dano irreparável ou de difícil reparação ao consumidor se mostra no simples fato de que, se levada a efeito a ameaça da ré de corte "imediato" do fornecimento de energia elétrica na residência do autor, tal fato colocará, como se sabe, em grave risco o seu bem-estar e o da sua família. Registre-se que a empresa ré já trocou o relógio medidor de consumo, sendo que o autor "continua" fazendo os seus pagamentos em dia; aliás, as contas atuais cobradas, segundo leituras feitas no novo relógio, têm valores semelhantes àqueles que o autor sempre pagou, como se pode ver dos documentos anexos.

<u>Não se deve olvidar, quanto a questão de fundo, que a presente amea</u>ça de corte no fornecimento de energia NÃO SE DEVE A DÉBITO ATUAL, mas a débito

pretérito apurado de forma unilateral, sem qualquer prova, sem qualquer participação do consumidor, o que evidencia, como já se demonstrou, PATENTE ILEGALIDADE e ABUSO DE PODER por parte da ré.

Dos Pedidos:

Ante todo o exposto, *requer*:

a) os benefícios da justiça gratuita, vez que se declara pobre na acepção jurídica do termo, conforme declaração anexa;

b) prioridade no trâmite do feito, visto que o autor conta com 72 (setenta e dois) anos de idade, conforme norma prevista no art. 1.048, I, do CPC;

c) a concessão, em tutela provisória, de medida liminar a fim de impor à ré a obrigação de não fazer, consistente em não suspender o fornecimento de energia elétrica do autor e não negativar o nome seu nome junto aos serviços de proteção ao crédito, sob pena de multa diária no valor de R$ 1.000,00 (mil reais), *intimando-se com urgência e por meio de Oficial de Justiça os prepostos da ré na sua filial de Mogi, situada na rua Dr. Deodato Werthei-mer, nº 00, em razão da ameaça de corte imediato*;

d) a citação da ré para que, querendo, apresente reposta no prazo legal, sob pena de sujeitar-se aos efeitos da revelia;

e) seja declarada a inexistência do débito imputado ao autor pela ré no documento "demonstrativo de cálculo", no valor de R$ 7.896,66 (sete mil, oitocentos e noventa e seis reais, sessenta e seis centavos);

f) a condenação da ré, em razão das FALSAS IMPUTAÇÕES feitas contra o consumidor (adulteração de relógio) e pelo estresse imposto a ele pela situação e pelas ameaças de cortes, ao pagamento de danos morais no valor de R$ 10.000,00 (dez mil reais): note-se que o valor se justifica ao se considerar o grande poder econômico da ré, assim como evidentes abusos que praticou e vem praticando contra o consumidor.

Das Provas e da Audiência de Conciliação:

Ressalvando-se que a responsabilidade da ré, na qualidade de fornecedora de serviços, é objetiva (art. 14, Lei nº 8.078/90-CDC), ou seja, cabe a ela, no desiderato de se eximir de sua responsabilidade, provar alguma das excludentes previstas na norma legal, indica que provará o que for necessário, usando de todos os meios permitidos em direito, em especial pela juntada de documentos (anexos), oitiva de testemunhas (rol anexo) e perícia técnica.

Em atenção ao que determina o art. 319, VII, do CPC, o autor registra que NÃO TEM interesse na designação de audiência de conciliação neste momento, fato que apenas atrasaria o trâmite do feito.

Do Valor da Causa e do Encerramento:

Dá-se à causa o valor de R$ R$ 17.896,66 (dezessete mil, oitocentos e noventa e seis reais, sessenta e seis centavos).

Termos em que,
P. Deferimento.

Mogi das Cruzes, 00 de fevereiro de 0000.

Gediel Claudino de Araujo Júnior

OAB/SP 000.000

2. AÇÃO DECLARATÓRIA DE INEXISTÊNCIA DE DÉBITO CUMULADA COM INDE-NIZAÇÃO POR DANOS MORAIS (*PLANO DE SAÚDE SE RECUSA A PAGAR POR EXAMES NECESSÁRIOS NO TRATAMENTO DE CÂNCER, LEVANDO O HOSPITAL A COBRAR OS CUSTOS DO PACIENTE*)

Excelentíssimo Senhor Doutor Juiz de Direito da ___ Vara Cível do Foro de Mogi das Cruzes, São Paulo.

S. D de S., brasileiro, casado, aposentado, portador do RG 00.000.000-SSP/SP e do CPF 000.000.000-00, titular do e-mail sddes@gsa.com.br, por si e representando seu filho **S. G. de S.**, brasileiro, menor impúbere, portador do CPF 000.000.000-00, sem endereço eletrônico, ambos residentes e domiciliados na Rua Tenente Alcides Machado, nº 00, Mogilar, cidade de Mogi das Cruzes-SP, CEP 00000-000, por seu Advogado que esta subscreve (mandato incluso), com escritório na Rua Adelino Torquato, nº 00, sala 00, Centro, cidade de Mogi das Cruzes-SP, CEP 00000-000, *onde recebe intimações* (e-mail: gediel@gsa.com.br), vem à presença de Vossa Excelência propor *ação declaratória de inexistência de débito cumulada com indenização por danos morais*, observando-se o procedimento comum (arts. 318 a 512, CPC), *com pedido liminar* (art. 300, CPC), em face de **AMIL Assistência Médica Internacional Ltda.**, inscrita no CNPJ 00.000.000/0000-00, com sede na Avenida Nove de Julho, nº 00, Jardim Paulista, cidade de São Paulo-SP, CEP 00000-000, e **Fundação Antônio Prudente**, inscrita no CGC 00.000.000/0001-00, situada na rua Professor Antônio Prudente, nº 00, Liberdade, cidade de São Paulo-SP, CEP 00000-000, na qualidade de mantenedora do **Hospital do Câncer A. C. Camargo**, pelos motivos de fato e de direito a seguir expostos:

Dos Fatos:

O autor **S. D. de S.**, hoje com 12 (doze) anos de idade, é vítima desde seus tenros 2 (dois) anos de "CÂNCER INFANTIL", ou mais precisamente **LLA – Leucemia Linfoblástica Aguda**. Para maior clareza deste douto Juízo, pede-se vênia para repetir as palavras da pediatra E. C. S. sobre natureza deste tipo de câncer: "*leucemia é o câncer dos glóbulos brancos que são produzidos na medula óssea. Por alguma razão, algo acontece de errado (uma mutação) que o organismo não consegue corrigir e a célula alterada, chamada de blasto, começa a se multiplicar dentro da medula óssea substituindo o tecido normal que produz sangue e elementos para coagulação. Estes blastos começam a sair para a circulação sanguínea, onde são detectados*".

Para se entender o efeito de tal doença sobre uma criança de 2 (dois) anos, basta se lembrar que o tratamento tradicional para leucemia é à base de quimioterapia.

Após ser diagnosticado, o menor iniciou o longo, difícil e doloroso tratamento, que, na verdade, dura até hoje; ou seja, o menor vive a "sua rotina" de portador de câncer há mais de 10 (dez) anos.

Nesse período foram inúmeras internações, várias operações e longos, longos, longos períodos de quimioterapia, que o paciente tem suportado com grandeza ímpar.

ENTRETANTO, toda esta "**enorme**" luta pela vida pode estar chegando ao fim.

Como parte fundamental de seu tratamento, o menor se vê obrigado a fazer constantes transfusões de sangue. Não há um número certo de bolsas de sangue necessárias, vez que isso depende muito de seu estado de saúde, mas se pode afirmar que são, invariavelmente, muitas por mês.

Durante muitos anos este fato não representou qualquer perigo para a saúde do menor, salvo, é claro, o perigo ligado ao próprio procedimento e à doença do paciente, TODAVIA a situação mudou a partir de abril de 0000.

Explica-se: os autores são beneficiários de um plano de saúde empresa AMIL, disponibilizado pela **ASFER – Associação dos Ferroviários CPTM**. Com efeito, o autor S. D., pai do paciente, é funcionário aposentado da CPTM – Companhia Paulista de Trens Metropolitanos.

Até meados deste ano, a carteira do referido plano era administrada pela empresa SulAmérica Seguros, passando, por motivos que o autor desconhece, para a ré AMIL.

Com a mudança na administração da carteira começaram os problemas dos autores.

Como se disse, o menor necessita se submeter a constantes transfusões de sangue, sendo que em cada bolsa que recebe precisam, segundo normas técnicas de saúde (*Portaria nº 1.376, de 19 de novembro de 1993, inciso IV, do Ministério da Saúde*), ser feito alguns exames para pesquisa do vírus HIV1 e HCV; ou seja, para verificar-se se o sangue que o paciente está por receber está limpo do vírus da AIDS e da hepatite C.

Segundo o **Hospital do Câncer A. C. Camargo**, onde o menor Sérgio Figueiredo faz há longa data o seu tratamento contra a leucemia, cada exame custa R$ 555,00 (quinhentos e cinquenta e cinco reais) e, desde abril de 0000, tal valor, segundo o Hospital, deve ser suportado pelo cliente, vez que a ré AMIL, que passou a administrar o plano de saúde onde estão inseridos os autores, vem se recusando a fazê-lo.

Veja-se o absurdo, a ré AMIL paga pelo tratamento, mas se recusa a pagar pelos exames que devem ser feitos nas bolsas de sangue que o paciente recebe.

O autor S. D. já começou a receber as primeiras cobranças (documentos anexos), cujo vencimento está marcado para o dia 00.00.0000.

Esse o breve resumo dos fatos.

Da Relação de Consumo:

Ab initio, é prudente registrar-se que a relação que existe entre os autores e os réus tem natureza consumerista, a teor dos artigos 2º e 3º da Lei nº 8.078/90, o conhecido Código de Defesa do Consumidor, haja vista que os réus prestaram, e prestam, serviços médicos mediante remuneração. Ressalte-se, ademais, que os autores NUNCA tiveram acesso ao contrato do plano de saúde (contrato de adesão).

Sobre o tema, o Superior Tribunal de Justiça emitiu a Súmula 608: **Aplica-se o Código de Defesa do Consumidor aos contratos de plano de saúde, salvo os administrados por entidades de autogestão.**

Não havendo dúvidas quanto à natureza da relação jurídica que existe entre as partes, é oportuno, por cautela, mormente ao se considerar a situação delicada em que se encontra o menor S. G., ressaltar-se as palavras do mestre Nelson Nery sobre a natureza das normas estabelecidas no CDC, *in verbis*:

> **As normas do CDC são ex vi legis *de ordem pública, de sorte que o juiz deve apreciar de ofício qualquer questão relativa às relações de consumo, já que não incide nesta matéria o princípio do dispositivo. Sobre elas não se opera a preclusão e as questões que dela surgem podem ser decididas e revistas a qualquer tempo e grau de jurisdição. V. Nery, DC 3/51.* (Nelson Nery e Rosa Maria de Andrade Nery, *Código Civil Anotado e Legislação Extravagante*, 2ª Edição, RT, pág. 906)**

Da Ilegalidade da Cobrança:

Como já informado, os exames feitos nas bolsas de sangue ocorrem em razão de obrigação legal imposta pelo Ministério da Saúde, sendo que seu custo deve ser suportado por aqueles que de alguma forma exploram este tipo de negócio. Exames básicos, obrigatórios, devem ter seu custo incluído na cobrança do serviço final. Afinal como tratar de câncer sem fazer constantes transfusões?

Ora, fazendo parte do "tratamento" dispensado ao paciente S. G. não pode a ré Fundação Antônio Prudente, mantenedora do Hospital do Câncer A. C. Camargo, cobrar dele estes exames em particular, seja porque tais exames não são feitos a pedido do paciente, mas em razão de determinação legal, seja porque a ré AMIL é quem é a responsável pelo pagamento do tratamento, que incluí os referidos exames.

No caso, se os exames realizados nas bolsas de sangue podem ser cobrados separadamente, e aqui não há nenhum juízo prévio de concordância, a ré Fundação Antônio Prudente deve fazê-lo do plano de saúde que há anos ampara o paciente.

Na verdade, a ré Fundação Antônio Prudente optou pelo caminho que lhe pareceu mais fácil; ou seja, sabendo da situação desesperadora do paciente, resolveu colocar pressão sobre ele, contando que o medo da falta do tratamento levasse o paciente ao pagamento. Tal plano quase deu certo, porque tivessem os autores disponibilidade financeira, por certo fariam o pagamento, mesmo tendo que buscar recursos junto a bancos, porém hoje depois de tantos anos de tratamento isso já não é mais possível, pois a família não tem dinheiro ou crédito. Se a cobrança dos referidos exames é legal, porque o Hospital não cobrou então da ré AMIL, que é quem paga mensalmente pelo tratamento?

Veja-se a seguinte jurisprudência do TJSP, *in verbis*:

Ilegitimidade "ad causam". Legitimidade passiva. Reconhecimento. Contrato. Prestação de serviços. Plano de Saúde. Ação de cobrança,

promovida pelo hospital, contra paciente ou seu responsável, em virtude de negativa de cobertura de despesas com "stent". Nulidade da cláusula que prevê a exclusão reconhecida, por afronta às disposições do CDC. Ilegitimidade passiva do réu reconhecida. Recurso da autora parcialmente provido, julgando-se extinto o processo sem exame do mérito, com exclusão da honorária de sucumbência, à falta de arguição da aludida ilegitimidade, nos moldes do art. 22 do CDC, restando prejudicado o apelo da litisdenunciada. (Apelação Cível com Revisão 928.037-0/9 – São Paulo – 28ª Câmara de Direito Privado – Rel. Celso Pimentel – 14.03.2006 – v.u. – voto n. 11.196)

Com efeito, INDISCUTÍVEL a responsabilidade da ré AMIL pelo pagamento não só do exame, mas de todos os custos que envolvam, ou venham a envolver, o tratamento do paciente. Neste sentido a jurisprudência, *in verbis*:

O plano de saúde pode estabelecer quais doenças estão sendo cobertas, mas não que tipo de tratamento está alcançado para a respectiva cura. Se a patologia está coberta, no caso, o câncer, é inviável vedar a quimioterapia pelo simples fato de ser esta uma das alternativas possíveis para a cura da doença. A abusividade da cláusula reside exatamente nesse preciso aspecto, qual seja, não pode o paciente, em razão de cláusula limitativa, ser impedido de receber tratamento com o método mais moderno disponível no momento em que instalada a doença coberta. (STJ – REsp 668216/SP – Min. Carlos Alberto Menezes Direito – T3 – *DJ* 2/4/2007, p. 254)

Esta conclusão se torna ainda mais EVIDENTE ao se observar que o paciente já vem se submetendo a este tratamento, transfusões de sangue, há muitos e muitos anos. Na verdade, não fossem as muitas transfusões, ele com certeza já teria ido a óbito. Tanto isso é verdade, que o menor já tem o seu próprio "banco" de doadores de sangue, conforme exigência do Hospital (documentos anexos).

Se de um lado a ré Fundação Antônio Prudente não pode simplesmente cobrar do paciente os custos do tratamento, vez ser ele parte ilegítima como se demonstrou; de outro lado, cabe, como se disse, à nova administradora do plano de saúde arcar com os custos do tratamento que já vinha sendo dispensado ao paciente. Este, obviamente, não tem como avaliar o preço, a relevância e a legalidade dos custos cobrados pelo Hospital, sendo que tal papel cabe à ré AMIL. Se a cobrança for eventualmente indevida, ela deve tomar as providências legais cabíveis. O que efetivamente "não pode fazer" é lançar sobre o paciente tal responsabilidade, vez que, como se disse, é responsável pelo seu tratamento.

Os autores desconhecem os termos em que ocorreu a alienação da carteira da SulAmérica para a ré AMIL, contudo, quaisquer que tenham sido, não podem, em qualquer hipótese, representar prejuízo para o paciente, principalmente, como ocorre no presente caso, já estando este há longa data em tratamento.

Em outras palavras, a ré AMIL é responsável pelos custos do tratamento do paciente, seja porque os exames objeto da presente são parte indissociável do seu tratamento (sem as transfusões, ele certamente morrerá), seja porque tal cobertura já fazia parte do plano adquirido pelos autores, hoje sob a administração da ré AMIL.

Qualquer cláusula em contrário é NULA, não só porque afronta expressas disposições sobre o tema, mas principalmente por ser, segundo o CDC, claramente abusiva.

Da Tutela Provisória (Liminar):

Deverá ser concedida, com fundamento no § 3º do artigo 84 do Código de Defesa do Consumidor e no artigo 300 do Código de Processo Civil, medida liminar que imponha à ré FUNDAÇÃO ANTÔNIO PRUDENTE, na qualidade de mantenedora do Hospital do Câncer A. C. Camargo, *obrigação* de: *primeiro*, não suspender qualquer aspecto do tratamento dispensado ao menor "*S. G. de Sá*", em especial, as transfusões de sangue que se fizerem necessárias; *segundo*, suspender qualquer tipo de cobrança direta ao paciente, ou seus familiares, mormente quanto aos custos dos exames realizados nas bolsas de sangue destinadas às transfusões no paciente.

A fumaça do bom direito (ou verossimilhança da alegação, ou relevância do fundamento da demanda) consubstancia-se no direito que o autor S. G. tem à MANUTENÇÃO do longo, antigo e, até mesmo, doloroso tratamento contra o câncer de que é portador (LLA), inclusive e principalmente os exames e custos a ele inerentes, com arrimo no contrato de saúde que hoje é administrado pela ré AMIL.

A possibilidade de dano irreparável ou de difícil reparação se mostra na simples ideia de que a vida do autor DEPENDE diretamente da manutenção do seu tratamento, inclusive e principalmente das transfusões de sangue que se mostrarem necessárias; sangue este que obviamente deve estar comprovadamente livre do vírus da Aids e da hepatite C, conforme norma do Ministério da Saúde.

Dos Pedidos:

Diante de todo o exposto, *requer*:

a) os benefícios da justiça gratuita, vez que se declaram pobres na acepção jurídica do termo, conforme declaração anexa;

b) a intimação do ilustre representante do Ministério Público para que intervenha no feito;

c) a concessão de liminar a fim de impor à ré Fundação Antônio Prudente obrigação de manter o total, integral, tratamento dispensado ao menor S. G. de S., portador de câncer LLA, inclusive e principalmente as transfusões que se fizerem necessárias, bem como a suspensão imediata de qualquer tipo de cobrança destinada ao paciente, ou seus familiares, oriunda dos custos do referido tratamento, por estarem presentes os requisitos da medida de urgência, conforme exposto no item próprio desta peça, sob pena de multa diária no valor de R$ 1.000,00 (mil reais);

d) a citação das rés para que, querendo, apresentem reposta no prazo legal, sob pena de sujeitarem-se aos efeitos da revelia;

e) seja declarada a ilegalidade da cobrança dos custos dos exames necessários nas bolsas de sangue usadas eventualmente, conforme ordem médica, pelo autor S. G., cancelando-se todos os títulos emitidos contra o autor S. D. pela ré Fundação Antônio Prudente;

f) seja declarada, reconhecida, a responsabilidade legal da ré AMIL pelo pagamento de todas as despesas inerentes ao tratamento de saúde do menor Sérgio Figueiredo de Sá, inclusive e principalmente os custos pelos exames realizados nas bolsas de sangue recebidas pelo paciente, declarando-se nula qualquer cláusula em contrário, enquanto este for beneficiário de plano de saúde por ela oferecido;

g) considerando que a absolutamente "ilegal" negativa de cobertura de plano de saúde muito antigo, fato que trouxe aos autores ainda mais dor e desespero, sejam as rés solidariamente condenadas ao pagamento de indenização por danos morais no valor de R$ 10.000,00 (dez mil reais).

Das Provas e da Audiência de Conciliação:

Ressalvando-se que a responsabilidade das rés, na qualidade de fornecedoras de serviços, é objetiva (art. 14, Lei nº 8.078/90-CDC), ou seja, cabe a elas, no desiderato de se eximir de sua responsabilidade, provar alguma das excludentes previstas na norma legal, indicam que provarão o que for necessário, usando de todos os meios permitidos em direito, em especial pela juntada de documentos (anexos), oitiva de testemunhas (rol anexo) e perícia técnica.

Em atenção ao que determina o art. 319, VII, do CPC, os autores registram que NÃO TÊM interesse na designação de audiência de conciliação neste momento.

Do Valor da Causa e do Encerramento:

Dão à causa o valor de R$ 20.000,00 (vinte mil reais).

Termos em que,
P. Deferimento.

Mogi das Cruzes, 00 de junho de 0000.

Gediel Claudino de Araujo Júnior
OAB/SP 000.000

3. AÇÃO DECLARATÓRIA DE INEXISTÊNCIA DE DÉBITO CUMULADA COM INDENIZAÇÃO POR PERDAS E DANOS (*COBRANÇA INDEVIDA DE CONTA TELEFÔNICA APÓS O CANCELAMENTO DA LINHA*)

Excelentíssimo Senhor Doutor Juiz de Direito da ___ Vara Cível do Foro de Mogi das Cruzes, São Paulo[1].

R. P. F., brasileira, solteira (convivente), manicure, sem endereço eletrônico, portadora do RG 00.000.000-SSP/SP e do CPF 000.000.000-00, residente e domiciliada na Rua Santa Cecília, nº 00, Jardim Universo, cidade de Mogi das Cruzes-SP, CEP 00000-000, por seu Advogado que esta subscreve (mandato incluso), com escritório na Rua Adelino Torquato, nº 00, sala 00, Centro, cidade de Mogi das Cruzes-SP, onde recebe intimações (e-mail: gediel@gsa.com.br), vem à presença de Vossa Excelência propor *ação declaratória de inexistência de débito cumulada com indenização por perdas e danos*, observando-se o procedimento comum, *com pedido liminar*, em face de **G. L. Telefone Móvel S.A.**, inscrita no CNPJ nº 00.000.000/0000-00, com endereço eletrônico desconhecido, com sede na Rua Lavradio, nº 00, Centro, cidade do Rio de Janeiro-RJ, CEP 00000-000, pelos motivos de fato e de direito que a seguir expõe:

1. Em meados de novembro de 0000, a autora adquiriu junto à ré uma linha telefônica móvel de número 00-00000-0000; acordou, igualmente, um plano "controle" que lhe dava uma série de benefícios pelo valor fixo mensal de R$ 72,50 (setenta e dois reais e cinquenta centavos); valor este a ser debitado junto à operadora de seu cartão de crédito.

2. Em 00 de maio de 0000, a autora ligou para o serviço de atendimento da ré com escopo de requerer o cancelamento do contrato; depois de muito esperar e ser passada de um departamento para outro, seu pedido foi confirmado (protocolo 0000000000). O operador ainda lhe informou que lhe seria cobrado um valor proporcional referente àquele mês.

3. Imaginou a autora que a sua relação com a ré tinha terminado, contudo qual não foi a sua surpresa quando percebeu nos meses seguintes que o desconto da mensalidade continuou ocorrendo de forma integral junto à sua operadora de cartão de crédito. Tentando resolver o problema, a autora fez vários contatos com o SAC da ré (protocolos 000000000; 000000000; 00000000), mas apesar das muitas promessas, os descontos continuaram e, na verdade, ainda continuam, como fazem prova os extratos anexos das faturas do cartão de crédito da autora.

4. Registre-se que após ter requerido o cancelamento da linha, a autora nunca mais utilizou os serviços da ré, tendo destruído o chip (ela adquiriu outro chip de outra empresa).

---

[1] Não havendo necessidade de perícia técnica, este tipo de ação pode tanto ser proposta no JEC quanto na vara cível, respeitando-se, é claro, os limites previstos no art. 3º da Lei 9.099/95.

5. A atitude da ré que mantém a cobrança indevida da linha regularmente cancelada, em evidente MÁ-FÉ (ela está ciente em razão dos muitos contatos feitos que a cobrança é ilegal e indevida), não deixa à autora outra saída senão a de buscar a tutela jurisdicional.

Ante o exposto, considerando que a pretensão da autora encontra arrimo nos arts. 6º, VI, 14, 42, parágrafo único, da Lei 8.078/90-CDC, **requer**:

a) os benefícios da justiça gratuita, vez que se declara pobre no sentido jurídico do termo, conforme declaração anexa;

b) seja concedida liminar, em tutela provisória de urgência (art. 300 do CPC), no sentido de determinar à empresa ré que IMEDIATAMENTE suspenda a cobrança da mensalidade devida em relação à linha 00-00000-0000, sob pena de multa diária no valor de R$ 500,00 (quinhentos reais);

c) a citação da ré, na pessoa de um de seus representantes legais, para que, querendo, apresente resposta no prazo legal, sob pena de sujeitar-se aos efeitos da revelia;

d) seja declarada a inexigibilidade de todas as mensalidades cobradas em razão da linha 00-00000-0000 a partir de seu cancelamento ocorrido em 00.00.0000, determinando-se à ré que proceda à devolução EM DOBRO, em razão da sua evidente má-fé, de todos os valores devidamente corrigidos a partir do débito e acrescidos de juros a partir da citação, confirmando-se a liminar (art. 42, parágrafo único, do CDC);

e) considerando o poderio econômico da empresa ré, assim como o péssimo atendimento feito à consumidora que não só se viu obrigada a passar muitas horas "pendurada" no telefone mas a buscar a resolução do problema na justiça, seja a ré condenada a pagar indenização por danos morais à autora no valor total de R$ 5.000,00 (cinco mil reais).

Ressalvando-se que a responsabilidade da ré, na qualidade de fornecedora de serviços, é objetiva (art. 14 da Lei 8.078/90-CDC), ou seja, cabe a ela, no desiderato de se eximir de sua responsabilidade, provar alguma das excludentes previstas na norma legal, indica que provará o que for necessário, usando de todos os meios permitidos em direito, em especial pela juntada de documentos (anexos) e oitiva de testemunhas (rol anexo).

Em atenção ao que determina o art. 319, VII, do CPC, a autora registra que NÃO TEM interesse na designação de audiência de conciliação neste momento, fato que apenas atrasaria o trâmite do feito.

Dá-se ao feito o valor de R$ 6.000,00 (seis mil reais).

Termos em que,
P. Deferimento.

Mogi das Cruzes, 00 de setembro de 0000.

Gediel Claudino de Araujo Júnior
OAB/SP 000.000

4. AÇÃO DECLARATÓRIA DE INEXISTÊNCIA DE DÉBITO CUMULADA COM INDENIZAÇÃO POR PERDAS E DANOS (*COMPRAS INDEVIDAS COM O CARTÃO DE CRÉDITO*)

Excelentíssimo Senhor Doutor Juiz de Direito da ___ Vara Cível do Foro de Mogi das Cruzes, São Paulo.

M. G., brasileiro, divorciado, motorista, sem endereço eletrônico, portador do RG 00.000.000-SSP/SP e do CPF 000.000.000-00, residente e domiciliado na Rua Afonso Taunau, nº 00, Vila Caputera, cidade de Mogi das Cruzes-SP, CEP 00000-000, por seu Advogado que esta subscreve (mandato incluso), com escritório na Rua Adelino Torquato, nº 00, sala 00, Centro, cidade de Mogi das Cruzes-SP, onde recebe intimações (e-mail: gediel@gsa.com.br), vem à presença de Vossa Excelência propor *ação declaratória de inexistência de débito cumulada com indenização por danos morais*, observando-se o procedimento comum, *com pedido liminar*, em face de **Banco G. S.A.**, inscrito no CNPJ nº 00.000.000/0000-00, com endereço eletrônico desconhecido, com filial na Avenida Voluntário Fernando Pinheiro Franco, nº 00, Centro, cidade de Mogi das Cruzes-SP, CEP 00000-000, pelos motivos de fato e de direito que a seguir expõe:

1. No último dia 00 de maio, por volta das 21h00, o autor, que trabalha como motorista de aplicativo, foi abordado por dois indivíduos que, após adentrar em seu carro sob a desculpa de uma chamada, lhe apontaram uma arma e anunciaram um "assalto e sequestro"; diante da ameaça de morte, os indivíduos tomaram a carteira do autor, exigindo que este lhes declarasse a senha do cartão. Ato contínuo, o autor foi posto no porta-malas do carro, onde ficou por aproximadamente duas horas, após o que foi deixado pelos indivíduos numa rua deserta no Distrito de Jundiapeba.

2. O autor buscou ajuda de familiares, dirigindo-se em seguida para a Delegacia de Polícia, onde lavrou boletim de ocorrência (cópia anexa); em seguida, o autor ligou para o serviço de atendimento da ré, requerendo o bloqueio do cartão e comunicando o ocorrido.

3. No dia seguinte, o autor compareceu na agência onde mantém conta (centro), tendo descoberto que o seu cartão havia sido usado, no período do sequestro, para fazer várias compras, num total de R$ 7.590,00 (sete mil, quinhentos e noventa reais). Seguindo orientação da pessoa que o atendeu, o autor "contestou" as referidas compras, juntado cópia do boletim de ocorrência.

4. Registre-se que as referidas compras foram muito além do limite do cartão do autor, que é de R$ 5.000,00 (cinco mil reais), além de serem flagrantemente fora do seu "perfil de consumo"; ou seja, o autor nunca havia usado o seu cartão de crédito para fazer compras seguidas em valor tão elevado.

5. Algum tempo depois do ocorrido, o autor recebeu a sua fatura do cartão de crédito, percebendo, para sua surpresa, que todas as compras feitas pelos assaltantes foram lançadas a seu débito. Voltou à agência, mas só conseguiu notícia no sentido de que seu caso estava sendo estudado (não havia resposta formal).

6. Algumas semanas depois, recebeu correspondência do SERASA, informando que o seu nome estava sendo negativado, como de fato foi, conforme provam documentos anexos.

7. Além de faltar com suas obrigações (deveria ter bloqueado o cartão usado fora do perfil de consumo), o banco réu teve a desfaçatez de negativar o nome do autor, não lhe deixando outra saída senão a de buscar a tutela jurisdicional.

Ante o exposto, considerando que a pretensão do autor encontra arrimo nos arts. 4º, 6º, I e VI, e 14 da Lei 8.078/90, **requer**:

a) os benefícios da justiça gratuita, vez que se declara pobre no sentido jurídico do termo, conforme declaração anexa;

b) seja concedida liminar, em tutela provisória de urgência (art. 300 do CPC), no sentido de determinar ao banco réu que IMEDIATAMENTE suspenda os registros negativos do autor junto às instituições SERASA, SPC e Banco Central, sob pena de multa diária no valor de R$ 500,00 (quinhentos reais);

c) a citação do réu, na pessoa de um de seus representantes legais, para que, querendo, apresente resposta no prazo legal, sob pena de sujeitar-se aos efeitos da revelia;

d) seja declarada a inexigibilidade de todas as transações efetuadas por meio de cartão de crédito nº 0000 0000 0000 0000 durante o período do sequestro relâmpago do autor, ocorrido em 00.00.0000, num total de R$ 7.590,00 (sete mil, quinhentos e noventa reais), assim como todos os juros, multas e correções cobradas a partir de então junto ao referido cartão, determinando-se ao banco réu, o total e completo cancelamento das operações e dos atos de negativação do seu CPF, confirmando-se a liminar;

e) considerando o poderio econômico do banco réu, assim como os valores envolvidos e os problemas causados à boa honra do autor, que em momento tão difícil teve o seu nome negativado juntos aos órgãos de proteção ao crédito, seja o banco réu condenado a pagar indenização por danos morais ao autor no valor total de R$ 25.000,00 (vinte e cinco mil reais).

Ressalvando-se que a responsabilidade do banco réu, na qualidade de fornecedor de serviços, é objetiva (art. 14 da Lei 8.078/90-CDC), ou seja, cabe a ele, no desiderato de se eximir de sua responsabilidade, provar alguma das excludentes previstas na norma legal, indica que provará o que for necessário, usando de todos os meios permitidos em direito, em especial pela juntada de documentos (anexos) e oitiva de testemunhas (rol anexo).

Em atenção ao que determina o art. 319, VII, do CPC, o autor registra que NÃO TEM interesse na designação de audiência de conciliação neste momento, fato que apenas atrasaria o trâmite do feito.

Dá-se ao feito o valor de R$ 32.590,00 (trinta e dois mil, quinhentos e noventa reais).

Termos em que,
P. Deferimento.

Mogi das Cruzes, 00 de agosto de 0000.

Gediel Claudino de Araujo Júnior
OAB/SP 000.000

5. AÇÃO DECLARATÓRIA DE INEXISTÊNCIA DE DÉBITO CUMULADA COM INDENIZAÇÃO POR PERDAS E DANOS (*EMISSÃO NÃO SOLICITADA DE CARTÃO DE CRÉDITO E O SEU USO POSTERIOR POR TERCEIROS EM FRAUDE CONTRA O BANCO*)

Excelentíssimo Senhor Doutor Juiz de Direito da ___ Vara Cível do Foro de Mogi das Cruzes, São Paulo.

W. S. dos S., brasileiro, casado, aposentado, sem endereço eletrônico, portador do RG 00.000.000-SSP/SP e do CPF 000.000.000-00, residente e domiciliado na Rua Laurentino Alves dos Santos, nº 00, Vila Natal, cidade de Mogi das Cruzes-SP, CEP 00000-000, por seu Advogado que esta subscreve (mandato incluso), com escritório na Rua Adelino Torquato, nº 00, sala 00, Centro, cidade de Mogi das Cruzes-SP, onde recebe intimações (e-mail: gediel@gsa.com.br), vem à presença de Vossa Excelência propor *ação declaratória de inexistência de débito cumulada com indenização por danos morais*, observando-se o procedimento comum, *com pedido liminar*, em face de **Banco G. S.A.**, inscrito no CNPJ nº 00.000.000/0000-00, com endereço eletrônico desconhecido, com filial na Avenida Voluntário Fernando Pinheiro Franco, nº 00, Centro, cidade de Mogi das Cruzes-SP, CEP 00000-000, pelos motivos de fato e de direito que a seguir expõe:

Dos Fatos:

O autor mantém contrato de conta-corrente com o banco réu, onde inclusive recebe os seus parcos rendimentos. Trata-se de conta-corrente simples, sem cheque especial ou qualquer outro contrato acessório, daí a razão de o autor ter estranhado quando recebeu em sua residência, em meados de maio próximo passado, cartão de crédito emitido pelo banco em seu favor (cartão não solicitado). Como o cartão estava bloqueado, havendo uma tarja de aviso nele no sentido de que o desbloqueio deveria ser feito na agência, não deu maior atenção ao assunto.

Qual não foi então sua surpresa quando no mês seguinte recebeu uma fatura do referido cartão de crédito no valor de R$ 1.745,32 (um mil, setecentos e quarenta e cinco reais e trinta e dois centavos); ou seja, várias compras haviam sido feitas utilizando o referido cartão sem que o autor o tivesse desbloqueado ou usado.

Assustado, o autor ligou para o Serviço de Atendimento do banco réu, protocolo 00000000, quando então foi orientado a lavrar boletim de ocorrência e fazer uma carta de próprio punho, impugnando as referidas compras e protocolá-la na agência onde tem conta (documentos anexos).

Mesmo revoltado com as exigências, afinal ele não só não tinha utilizado o cartão de crédito, mas o que é pior, não o tinha requerido, o autor procedeu conforme orientado, sendo que na agência lhe disseram que o prazo para resposta era de 4 (quatro meses).

Alguns dias depois, o autor percebeu que foi debitado em sua conta-corrente o valor de R$ 174,53 (cento e setenta e quatro reais e cinquenta e três centavos), referente à parcela mínima do saldo do referido cartão de crédito. Veja, douto Magistrado, o autor vive da sua pequena aposentadoria, sendo que ela mal dá para os remédios e para a manutenção sua e da sua família, ele simplesmente não pode viver sem o referido valor. Desesperado, ele compareceu na agência, mas os prepostos da ré simplesmente lhe disseram que nada podia ser feito.

A atitude da ré não deixou, ao cidadão, outra alternativa senão a de buscar a tutela jurisdicional por meio desta.

Do Direito:

"Da aplicação do Código de Defesa do Consumidor".

A relação entre as partes é de natureza consumerista, conforme súmula do Superior Tribunal de Justiça:

> **Súmula 297 do STJ: O Código de Defesa do Consumidor é aplicável às instituições financeiras.**
> *"Da responsabilidade objetiva das instituições financeiras por fraudes perpetradas por terceiros nas relações de natureza bancária."*

O CDC é claro e direto sobre a natureza da responsabilidade da ré quanto aos fatos narrados nesta inicial, *in verbis*:

> **Art. 14. O fornecedor de serviços responde, *independentemente da existência de culpa*, pela reparação dos danos causados aos consumidores por defeitos relativos à prestação dos serviços, bem como por informações insuficientes ou inadequadas sobre sua fruição e riscos. (grifo nosso)**

Quanto a fraudes e delitos praticados por terceiros no âmbito de operações bancárias, o Superior Tribunal de Justiça também já emitiu súmula:

> **Súmula 479 do STJ: As instituições financeiras respondem objetivamente pelos danos gerados por fortuito interno relativo a fraudes e delitos praticados por terceiros no âmbito de operações bancárias.**

"Da prática abusiva – envio de cartão de crédito não requerido".

Há que se lembrar que todos os problemas do autor ocorreram porque o banco réu, ignorando a letra expressa da lei, lhe enviou um cartão de crédito não solicitado; ou seja, o banco criou um produto sem solicitação, depois ainda "permitiu" que terceiros não identificados acessassem este produto, causando inaceitáveis prejuízos ao consumidor.

Eis o que diz o CDC:

> Art. 39. É vedado ao fornecedor de produtos ou serviços, dentre ou-
> tras práticas abusivas:
>
> (...)
>
> III – *enviar ou entregar ao consumidor, sem solicitação prévia, qualquer*
> *produto, ou fornecer qualquer serviço;*
>
> (grifo nosso)

Na verdade, o tema não comporta muitas discussões visto que o Superior Tribunal de Justiça já emitiu súmula sobre o tema:

> Súmula 532 do STJ: Constitui prática comercial abusiva o envio de
> cartão de crédito sem prévia e expressa solicitação do consumidor,
> configurando-se ato ilícito indenizável e sujeito à aplicação de multa
> administrativa.

Ao comentar o referido dispositivo, o Dr. Rizzatto Nunes, no seu livro *Comentários ao Código de Defesa do Consumidor*, 7ª edição, da Editora Saraiva, na página 604, observa o absurdo do envio de cartão de crédito sem prévia solicitação do consumidor:

> "Em primeiro lugar, para abrir a conta do consumidor, cadastrá-lo e
> fornecer o cartão, a administradora violou sua privacidade, uma vez
> que manipulou seus dados sem autorização. Depois, colocou em risco
> a imagem e o nome do consumidor, pois, ao enviar o cartão pelo cor-
> reio, este poderia ter-se extraviado ou sido subtraído, podendo gerar
> problemas para a pessoa do consumidor, que tem seu nome impresso
> no cartão (e nem desconfia do que está acontecendo). Lamentavel-
> mente pode ocorrer até de o consumidor, nesses casos, chegar a ser
> cobrado por compras que não fez e ser negativado nos serviços de
> proteção ao crédito".

Neste caso, proféticas as palavras do professor Rizzatto.

Dos Pedidos:

Ante o exposto, considerando que a pretensão do autor encontra funda-mento no Código de Defesa do Consumidor e na jurisprudência do STJ, como indicado em item próprio retro, **requer**:

a) os benefícios da justiça gratuita, vez que se declara pobre no sentido jurídico do termo, conforme declaração anexa;

b) a prioridade na tramitação do feito, conforme permissivo do art. 1.048, I, do CPC, visto que tem 63 (sessenta e três) anos de idade;

c) seja concedida liminar, em tutela provisória de urgência (art. 300 do CPC), no sentido de determinar ao banco réu que IMEDIATAMENTE suspenda a cobrança, débito em conta-corrente, dos valores devidos em razão de compras feitas por meio do cartão de crédito número 0000 0000 0000 0000, emitido sem solicitação do consumidor;

d) a citação do réu, na pessoa de um de seus representantes legais, para que, querendo, apresente resposta no prazo legal, sob pena de sujeitar-se aos efeitos da revelia;

e) seja declarada a inexigibilidade de todas as transações efetuadas por meio de cartão de crédito nº 0000 0000 0000 0000, emitido sem requerimento do consumidor, determinando-se o seu imediato e total "cancelamento" sem qualquer custo para o autor, confirmando-se a liminar;

f) seja o banco réu condenado a devolver ao autor o valor de R$ 174,53 (cento e setenta e quatro reais e cinquenta e três centavos), devidamente corrigido e acrescido de juros desde a data do débito na conta-corrente do autor, assim como outras parcelas que venham eventualmente a ser debitadas na conta-corrente do autor durante o trâmite do feito em razão do referido cartão de crédito, não solicitado e não desbloqueado pelo consumidor;

g) considerando o poderio econômico do banco réu, assim como a "prática abusiva" de enviar ao consumidor produto não requerido, que envolveu o manuseio "não autorizado" de seu cadastro e de seus dados, causando aborrecimentos e sérios problemas ao autor, que se viu lançado em história surreal que ainda o desfalcou de parte da sua renda, seja o banco réu condenado a pagar indenização por danos morais ao autor no valor total de R$ 10.000,00 (dez mil reais).

Das Provas, da Audiência de Conciliação e do Valor da Causa:

Ressalvando-se que a responsabilidade do banco réu, na qualidade de fornecedor de serviços, é objetiva (art. 14 da Lei 8.078/90-CDC), ou seja, cabe a ele, no desiderato de se eximir de sua responsabilidade, provar alguma das excludentes previstas na norma legal, indica que provará o que for necessário, usando de todos os meios permitidos em direito, em especial pela juntada de documentos (anexos) e oitiva de testemunhas (rol anexo).

Em atenção ao que determina o art. 319, VII, do CPC, o autor registra que NÃO TEM interesse na designação de audiência de conciliação neste momento, fato que apenas atrasaria o trâmite do feito.

Dá-se ao feito o valor de R$ 11.745,32 (onze mil, setecentos e quarenta e cinco reais e trinta e dois centavos).

Termos em que,
P. Deferimento.

Mogi das Cruzes, 00 de julho de 0000.

Gediel Claudino de Araujo Júnior
OAB/SP 000.000

6. AÇÃO DECLARATÓRIA DE INEXISTÊNCIA DE DÉBITO CUMULADA COM INDENIZAÇÃO POR PERDAS E DANOS (*SAQUES E DÉBITOS INDEVIDOS EM CONTA-CORRENTE*)

Excelentíssimo Senhor Doutor Juiz de Direito da ___ Vara Cível do Foro de Mogi das Cruzes, São Paulo.

L. C. de O., brasileiro, casado, porteiro, sem endereço eletrônico, portador do RG 00.000.000-SSP/SP e do CPF 000.000.000-00, residente e domiciliado na Rua Hugo Torres, nº 00, Jardim Nove de Julho, cidade de Mogi das Cruzes-SP, CEP 00000-000, por seu Advogado que esta subscreve (mandato incluso), com escritório na Rua Adelino Torquato, nº 00, sala 00, Centro, cidade de Mogi das Cruzes-SP, onde recebe intimações (e-mail: gediel@gsa.com.br), vem à presença de Vossa Excelência propor *ação declaratória de inexistência de débito cumulada com indenização por danos morais*, observando-se o procedimento comum, *com pedido liminar*, em face de **Banco G. S.A.**, inscrito no CNPJ nº 00.000.000/0000-00, com endereço eletrônico desconhecido, com filial na Avenida Voluntário Fernando Pinheiro Franco, nº 00, Centro, cidade de Mogi das Cruzes-SP, CEP 00000-000, pelos motivos de fato e de direito que a seguir expõe:

Dos Fatos:

O autor é titular de conta-corrente junto ao banco réu, onde recebe o seu salário (agência 0000-0, conta 00-00000-0).

Como porteiro, o autor recebe o valor líquido total de R$ 1.685,51 (um mil, seiscentos e oitenta e cinco reais e cinquenta e um centavos). Regra geral, a única movimentação que faz na referida conta é justamente o saque do seu salário.

No último dia 00 de outubro de 0000, o autor, como faz todo mês, compareceu na sua agência para sacar o seu salário, contudo não conseguiu porque o saque do valor total ultrapassava o seu "limite" de cheque especial. Ele ficou muito surpreso principalmente porque sequer sabia que tinha "um limite".

Depois de esperar por quase uma hora e meia, foi atendido por uma moça que se identificou como "S", auxiliar de gerência; ela lhe mostrou um extrato da sua conta-corrente, no qual constavam vários saques e algumas compras feitas na modalidade de "débito" durante o mês anterior, totalizando o valor total de R$ 4.329,00 (quatro mil, trezentos e vinte e nove reais), até aquele momento; ela ainda lhe explicou que como cliente antigo ele tinha pré-aprovado um limite de "cheque especial", razão pela qual tinha sido possível a referida movimentação.

O autor explicou que não fora ele quem fizera as referidas movimentações, também declarou que não havia perdido ou emprestado o seu cartão de débito; não obstante as suas declarações, a auxiliar de gerência disse que a responsabilidade era dele, visto que o sistema do banco era à prova de fraudes.

Convencido que tinha sido vítima de um crime, o autor compareceu na delegacia de polícia e lavrou "boletim de ocorrência" (cópia anexa).

A atitude do banco réu, que se negou a assumir a responsabilidade pelo ocorrido, não deixa outra alternativa ao autor senão a de buscar a tutela jurisdicional.

Do Direito:

> *"Da aplicação do Código de Defesa do Consumidor".*

A relação entre as partes é de natureza consumerista, conforme súmula do Superior Tribunal de Justiça:

> **Súmula 297 do STJ: O Código de Defesa do Consumidor é aplicável às instituições financeiras.**

> *"Da responsabilidade objetiva das instituições financeiras por fraudes perpetradas por terceiros nas relações de natureza bancária."*

O CDC é claro e direto sobre a natureza da responsabilidade da ré quanto aos fatos narrados nesta inicial, *in verbis*:

> **Art. 14. O fornecedor de serviços responde, *independentemente da existência de culpa*, pela reparação dos danos causados aos consumidores por defeitos relativos à prestação dos serviços, bem como por informações insuficientes ou inadequadas sobre sua fruição e riscos.**
> **(grifo nosso)**

Quanto a fraudes e delitos praticados por terceiros no âmbito de operações bancárias, o Superior Tribunal de Justiça também já emitiu súmula:

> **Súmula 479 do STJ: As instituições financeiras respondem objetivamente pelos danos gerados por fortuito interno relativo a fraudes e delitos praticados por terceiros no âmbito de operações bancárias.**

Neste particular, há que se observar que as movimentações ocorridas na conta-corrente do autor foram totalmente atípicas; ou seja, caberia ao banco réu dispor de meios que lhe permitisse perceber que as movimentações destoavam do "perfil do correntista" e assim agir para bloquear o "esquema" criado por terceiros para fraudá-los.

Inegável que houve falha grave no sistema de segurança do banco réu.

"Da prática abusiva – liberação de limite de cheque especial não requerido".

Há que se lembrar que todos os problemas do autor ocorreram porque o banco réu, ignorando a letra expressa da lei, lhe disponibilizou limite de "cheque especial" não solicitado; ou seja, o banco criou um produto sem solicitação, depois ainda "permitiu" que terceiros não identificados acessassem este produto causando inaceitáveis prejuízos ao consumidor.

Eis o que diz o CDC:

Art. 39. É vedado ao fornecedor de produtos ou serviços, dentre outras práticas abusivas:
III – *enviar ou entregar ao consumidor, sem solicitação prévia, qualquer produto, ou fornecer qualquer serviço;*
(grifo nosso)

Em outras palavras, foi o próprio banco réu quem criou, sem solicitação do consumidor, as condições que possibilitaram a terceiros fraudar o seu sistema causando graves prejuízos ao autor, pessoa simples e de parcos recursos.

"Do dano moral."

O dano moral é devido em razão dos atos ilícitos praticados na conta-corrente do autor, seja a retirada indevida de valores sem o seu conhecimento, seja a disponibilização de limite de cheque especial não requerido, fatos que inegavelmente lhe trouxeram enormes problemas. Tratando-se de pessoa com parcos recursos, o autor não só se viu indevidamente responsabilizado pelos prepostos da ré, mas também foi alijado do seu salário que foi consumido pelo saldo devedor oriundo dos saques indevidos em sua conta-corrente, mais precisamente no limite do cheque especial, concedido e implementado sem pedido ou autorização do autor.

Há ainda que se considerar a maneira como a ré tratou a questão, negando qualquer assistência ao seu correntista e o forçando a buscar os seus direitos por meio do ajuizamento da presente ação.

Registrar boletim de ocorrência, contratar advogado, lidar com um débito que é muito superior ao dobro da sua renda, conseguir ajuda de familiares para pagar as contas do mês (apenas para citar algumas das dificuldades que vem enfrentando o autor), vão muito além de simples aborrecimentos.

Da Tutela Provisória de Urgência:

Deve ser concedida, em caráter liminar, tutela provisória de urgência que "suspenda" a cobrança oriunda dos saques e débitos ocorridos na conta-corrente do autor no período de 00.00.0000 a 00.00.0000 (extrato anexo), assim como a cobrança de juros e outras despesas oriundas do uso indevido do limite do "cheque especial" que estes saques provocaram, visto que presentes os requisitos legais, quais sejam: a fumaça do bom direito e o perigo da demora.

A fumaça do bom direito se manifesta por meio da Súmula 479 do Superior Tribunal e Justiça, que estabeleceu que as instituições financeiras respondem objetivamente pelos danos gerados por fortuito interno relativo a fraudes e delitos praticados por terceiros no âmbito de operações bancárias.

O perigo da demora se evidencia na medida em que a cobrança da referida dívida (saques indevidos mais juros e despesas advindos de cheque especial não requerido nem autorizado), consumirá toda a renda mensal do autor, colocando em risco não só a sua sobrevivência, mas principalmente a da sua família (mulher e filhos).

Dos Pedidos:

Ante o exposto, considerando que a pretensão do autor encontra arrimo nos arts. 4º, 6º, I e VI, 14, 39, III, da Lei 8.078/90, **requer:**

a) os benefícios da justiça gratuita, vez que se declara pobre no sentido jurídico do termo, conforme declaração anexa;

b) seja concedida liminar, em tutela provisória de urgência (art. 300 do CPC), no sentido de determinar a "suspensão imediata" da cobrança total do débito oriundo dos saques indevidos assim como de transações de débito ocorridas no período de 00.00.0000 a 00.00.0000 na conta-corrente do autor, assim como de juros e despesas advindas do uso indevido do cheque especial, sob pena de multa diária no valor de R$ 500,00 (quinhentos reais);

c) a citação do réu, na pessoa de um de seus representantes legais, para que, querendo, apresente resposta no prazo legal, sob pena de sujeitar-se aos efeitos da revelia;

d) seja declarada a inexigibilidade de todas as transações efetuadas na conta-corrente do autor no período de 00.00.0000 a 00.00.0000, consistentes em saques e débitos cujo valor total hoje soma a importância de R$ 4.329,00 (quatro mil, trezentos e vinte e nove reais), confirmando-se a liminar;

e) seja declarado nulo e sem qualquer valor o contrato acessório de cheque especial elaborado e implantado sem requerimento e/ou autorização do autor, cancelando-se todas as cobranças feitas a título de juros, despesas e/ou tarifas;

f) considerando o poderio econômico do banco réu, assim como os valores envolvidos e os problemas causados ao autor e à sua família, seja o banco réu condenado a pagar indenização por danos morais ao autor no valor total de R$ 10.000,00 (dez mil reais).

Das Provas, da Audiência de Conciliação e do Valor da Causa:

Ressalvando-se que a responsabilidade do banco réu, na qualidade de fornecedor de serviços, é objetiva (art. 14 da Lei 8.078/90-CDC), ou seja, cabe a ele, no desiderato de se eximir de sua responsabilidade, provar alguma das excludentes previstas na norma legal, indica que provará o que for necessário, usando de todos os meios permitidos em direito, em especial pela juntada de documentos (anexos) e oitiva de testemunhas (rol anexo).

Em atenção ao que determina o art. 319, VII, do CPC, o autor registra que NÃO TEM interesse na designação de audiência de conciliação neste momento, fato que apenas atrasaria o trâmite do feito.

Dá-se ao feito o valor de R$ 14.329,00 (quatorze mil, trezentos e vinte e nove reais).

Termos em que,
P. Deferimento.

Mogi das Cruzes, 00 de novembro de 0000.

Gediel Claudino de Araujo Júnior
OAB/SP 000.000

7. AÇÃO DECLARATÓRIA DE INEXISTÊNCIA DE NEGÓCIO JURÍDICO CUMULADA COM INDENIZAÇÃO POR DANOS MORAIS (*INEXISTÊNCIA DE NEGÓCIO JURÍDICO CUMULADA COM DANOS MORAIS – TELEFONIA*)

Excelentíssimo Senhor Doutor Juiz de Direito da __ Vara Cível do Foro de Mogi das Cruzes, São Paulo.

W. B. A., brasileiro, solteiro, empresário, titular do e-mail wba@gsa.com. br, portador do RG 00.000.000-SSP/SP e do CPF 000.000.000-00, residente e domiciliado na Rua Jardelina de Almeida Lopes, nº 00, Parque Santana, cidade de Mogi das Cruzes-SP, CEP 00000-000, por seu Advogado que esta subscreve (mandato incluso), com escritório na Rua Adelino Torquato, nº 00, sala 00, Centro, cidade de Mogi das Cruzes-SP, onde recebe intimações (e-mail: gediel@gsa.com.br), vem à presença de Vossa Excelência propor *ação declaratória de inexistência de negócio jurídico cumulada com indenização por danos morais*, observando-se o procedimento comum, *com pedido liminar*, em face da empresa **T. Brasil S.A.**, inscrita no CNPJ nº 00.000.000/0000-00, com endereço eletrônico desconhecido, sediada na Avenida Engenheiro Luiz Carlos Berrini, nº 00, Monções, cidade de São Paulo-SP, CEP 00000-000, pelos motivos de fato e de direito que a seguir expõe:

1. O autor, que é empresário do ramo de bebidas, descobriu há algumas semanas que estava com o seu nome negativado junto ao SERASA e ao SPC (documentos anexos), em razão de suposta dívida junto à ré no valor de R$ 391,20 (trezentos e noventa e um reais e vinte centavos).

2. Para a infelicidade do autor, que nunca usou dos serviços da ré (ele é cliente de uma empresa concorrente), a descoberta se deu justamente quando tentava obter junto ao seu banco um financiamento pessoal (as tratativas foram suspensas – documentos anexos).

3. No dia 00.00.0000, por volta das 10h20, o autor tentou contato pessoal com a ré (protocolo 000000000); foi atendido por um preposto que, depois de ouvir do autor que este não era titular de nenhuma linha da referida empresa, lhe informou que nada podia fazer a respeito (havia um débito registrado no nome e CPF dele), sendo que a única forma de limpar o seu nome era quitando o débito cobrado.

4. Diante da atitude da ré, não resta ao autor outra saída senão buscar a tutela jurisdicional por meio desta ação.

Ante o exposto, considerando que a pretensão do autor encontra arrimo nos arts. 6º, VI, e 14 da Lei 8.078/90, **requer**:

a) seja concedida liminar, em tutela provisória de urgência (art. 300 do CPC), no sentido de determinar, por meio de ofício, às instituições SERASA e SPC que "suspendam" os registros negativos do CPF 000.000.000-00, fruto de títulos indevidamente emitidos pela ré;

b) a citação da ré, na pessoa de um de seus representantes legais, para que, querendo, apresente resposta no prazo legal, sob pena de sujeitar-se aos efeitos da revelia;

c) seja declarada a nulidade dos títulos emitidos pela ré em face do autor, visto que não há e nem nunca existiu qualquer contrato entre as partes, determinando-se o cancelamento de todos os apontamentos negativos que constam junto ao SPC e SERASA, confirmando-se a liminar;

d) considerando a negativação indevida do CPF do autor junto às entidades de proteção ao crédito, seja a ré condenada a pagar indenização por danos morais ao autor no valor total de R$ 10.000,00 (dez mil reais), em razão dos evidentes prejuízos à sua honra e boa fama.

Ressalvando-se que a responsabilidade da ré, na qualidade de fornecedora de serviços, é objetiva (art. 14 da Lei 8.078/90-CDC), ou seja, cabe a ela, no desiderato de se eximir de sua responsabilidade, provar alguma das excludentes previstas na norma legal, indica que provará o que for necessário, usando de todos os meios permitidos em direito, em especial pela juntada de documentos (anexos) e oitiva de testemunhas (rol anexo).

Em atenção ao que determina o art. 319, VII, do CPC, o autor registra que NÃO TEM interesse na designação de audiência de conciliação neste momento.

Dá-se ao feito o valor de R$ 10.391,20 (dez mil, trezentos e noventa e um reais e vinte centavos).

Termos em que,
P. Deferimento.

Mogi das Cruzes, 00 de fevereiro de 0000.

Gediel Claudino de Araujo Júnior
OAB/SP 000.000

Cap. VI • Modelos 199

8. AÇÃO DECLARATÓRIA DE INEXISTÊNCIA DE NEGÓCIO JURÍDICO CUMULADA COM INDENIZAÇÃO POR PERDAS E DANOS (*EMPRÉSTIMO CONSIGNADO NÃO SOLICITADO*)

Excelentíssimo Senhor Doutor Juiz de Direito da ___ Vara Cível do Foro de Mogi das Cruzes, São Paulo.

A. G. de S., brasileiro, casado, aposentado, sem endereço eletrônico, portador do RG 00.000.000-SSP/SP e do CPF 000.000.000-00, residente e domiciliado na Rua São Tomé, nº 00, Conjunto Residencial Santo Ângelo, cidade de Mogi das Cruzes-SP, CEP 00000-000, por seu Advogado que esta subscreve (mandato incluso), com escritório na Rua Adelino Torquato, nº 00, sala 00, Centro, cidade de Mogi das Cruzes-SP, onde recebe intimações (e-mail: gediel@gsa.com.br), vem à presença de Vossa Excelência propor *ação declaratória de inexistência de negócio jurídico cumulada com indenização por perdas e danos*, observando-se o procedimento comum, *com pedido liminar*, em face de **Banco G. S.A.**, inscrito no CNPJ nº 00.000.000/0000-00, com endereço eletrônico desconhecido, com filial na Avenida Voluntário Fernando Pinheiro Franco, nº 00, Centro, cidade de Mogi das Cruzes-SP, CEP 00000-000, pelos motivos de fato e de direito que a seguir expõe:

Dos Fatos:

O autor mantém contrato de conta-corrente com o banco réu, visando principalmente receber os provimentos da sua aposentadoria.

Ao conferir o extrato do seu benefício do mês de julho, percebeu que o valor total era menor; melhor examinando o documento, deu-se conta de um débito no valor de R$ 378,22 (trezentos e setenta e oito reais e vinte e dois centavos), referente a um empréstimo consignado contratado junto ao banco réu.

O autor ficou confuso visto que não contratou nenhum empréstimo junto ao referido banco; na verdade, o autor é daquelas pessoas que entende que tomar um empréstimo junto a banco, qualquer banco, é uma das últimas coisas que uma pessoa deve fazer para resolver os seus problemas financeiros.

Com escopo de tentar resolver a questão, o autor compareceu na agência e conversou com o seu gerente, Senhor "M", contudo este se limitou a lhe informar que a operação era regular e que o dinheiro emprestado estava creditado na conta-corrente dele. De nada adiantou os protestos do autor no sentido de que não solicitara nenhum empréstimo.

Depois de inutilmente conversar com o seu gerente, o autor tirou um extrato da sua conta-corrente (cópia anexa), constatando que havia de fato um crédito na sua conta no valor total de R$ 8.000,00 (oito mil reais).

Há que se registrar a "imensa" frustação e aborrecimento causados ao autor, que com 72 (setenta e dois) anos de idade se viu passar por "mentiroso" e "maluco", visto que o gerente que o atendeu chegou a sugerir que ele poderia ter se esquecido dos fatos. Além do inaceitável ataque à sua honra, o autor ainda se vê injustamente privado de boa parte de sua renda mensal, fato que lhe vem obrigando a fazer cortes no seu já apertado orçamento.

Entendendo que fora vítima de algum tipo de golpe ou engodo, o autor então se dirigiu à Delegacia de Polícia, primeiro distrito policial de Mogi das Cruzes, onde lavrou boletim de ocorrência (cópia anexa).

Os fatos e a atitude dos prepostos do banco réu não deixam ao autor outra alternativa senão a de buscar a tutela jurisdicional.

Do Direito:

"Da aplicação do Código de Defesa do Consumidor".

A relação entre as partes é de natureza consumerista, conforme súmula do Superior Tribunal de Justiça:

> **Súmula 297 do STJ: O Código de Defesa do Consumidor é aplicável às instituições financeiras.**
> *"Da responsabilidade objetiva das instituições financeiras por fraudes perpetradas por terceiros nas relações de natureza bancárias."*

O CDC é claro e direto sobre a natureza da responsabilidade da ré quanto aos fatos narrados nesta inicial, *in verbis*:

> **Art. 14. O fornecedor de serviços responde,** *independentemente da existência de culpa,* **pela reparação dos danos causados aos consumidores por defeitos relativos à prestação dos serviços, bem como por informações insuficientes ou inadequadas sobre sua fruição e riscos. (grifo nosso)**

Quanto a fraudes e delitos praticados por terceiros no âmbito de operações bancárias, o Superior Tribunal de Justiça também já emitiu súmula:

> **Súmula 479 do STJ: As instituições financeiras respondem objetivamente pelos danos gerados por fortuito interno relativo a fraudes e delitos praticados por terceiros no âmbito de operações bancárias.**

Dos Pedidos:

Ante o exposto, considerando que a pretensão do autor encontra arrimo nos arts. 6º, VI, e 14, da Lei 8.078/90, **requer:**

a) os benefícios da justiça gratuita, vez que se declara pobre no sentido jurídico do termo, conforme declaração anexa;

b) a prioridade na tramitação do feito, conforme permissivo do art. 1.048, I, do CPC, visto que tem 72 (setenta e dois) anos de idade;

c) seja concedida liminar, em tutela provisória de urgência (art. 300 do CPC), no sentido de determinar a IMEDIATA suspensão do débito das parcelas referentes ao "suposto" empréstimo feito pelo autor junto ao banco réu, oficiando-se, para tanto, ao Instituto Nacional de Previdência Social – INSS (benefício nº 000000000-00);

d) a citação do réu, na pessoa de um de seus representantes legais, para que, querendo, apresente resposta no prazo legal, sob pena de sujeitar-se aos efeitos da revelia;

e) seja reconhecida a "inexistência" de contrato de empréstimo entre as partes, declarando-se nulos todos os atos oriundos do referido contrato, seja de crédito e/ou de débito, especialmente o desconto das parcelas junto ao benefício previdenciário do autor, confirmando-se a liminar;

f) seja o banco réu condenado a devolver todas as parcelas do referido empréstimo eventualmente descontadas junto ao benefício do autor, regularmente atualizadas e acrescidas de juros;

g) considerando que a prática do ilícito ocorreu dentro das dependências do banco réu, considerando que a denúncia da sua falsidade foi recebida com riso e desconfiança da sanidade do autor, considerando ainda a dor e o transtorno causados ao autor, seja o banco réu condenado a pagar indenização por danos morais ao autor no valor total de R$ 15.000,00 (quinze mil reais).

Das Provas, da Audiência de Conciliação e do Valor da Causa:

Ressalvando-se que a responsabilidade do réu, na qualidade de fornecedor de serviços, é objetiva (art. 14 da Lei 8.078/90-CDC), ou seja, cabe a ele, no desiderato de se eximir de sua responsabilidade, provar alguma das excludentes previstas na norma legal, indica que provará o que for necessário, usando de todos os meios permitidos em direito, em especial pela juntada de documentos (anexos) e oitiva de testemunhas (rol anexo).

Em atenção ao que determina o art. 319, VII, do CPC, o autor registra que NÃO TEM interesse na designação de audiência de conciliação neste momento, visto que esta representaria apenas uma forma de atrasar o trâmite do feito.

Dá-se ao feito o valor de R$ 23.000,00 (vinte e três mil reais).

Termos em que,
P. Deferimento.

Mogi das Cruzes, 00 de agosto de 0000.

Gediel Claudino de Araujo Júnior
OAB/SP 000.000

9. AÇÃO DECLARATÓRIA DE INEXISTÊNCIA DE NEGÓCIO JURÍDICO CUMULADA COM INDENIZAÇÃO POR PERDAS E DANOS (*PLANO ODONTOLÓGICO CONTRATADO DE FORMA FRAUDULENTA, PEDIDO DE DEVOLUÇÃO EM DOBRO DOS VALORES INDEVIDAMENTE DEBITADOS NA CONTA-CORRENTE DO CONSUMIDOR, ASSIM COMO CONDENAÇÃO AO PAGAMENTO DE DANOS MORAIS*)

Excelentíssimo Senhor Doutor Juiz de Direito da ___ Vara Cível do Foro de Mogi das Cruzes, São Paulo.

Idoso – prioridade na tramitação do feito (art. 1.048, I, CPC)

        S. C. F. de A., brasileiro, divorciado, aposentado, sem endereço eletrônico, portador do RG 00.000.000-SSP/SP e do CPF 000.000.000-00, residente e domiciliado na Rua Justiniano José da Rocha, nº 00, Vila Nova Aparecida, cidade de Mogi das Cruzes-SP, CEP 00000-000, por seu Advogado que esta subscreve (mandato incluso), com escritório na Rua Adelino Torquato, nº 00, sala 00, Centro, cidade de Mogi das Cruzes-SP, onde recebe intimações (e-mail: gediel@gsa.com.br), vem à presença de Vossa Excelência propor *ação declaratória de inexistência de negócio jurídico cumulada com indenização por perdas e danos*, observando-se o procedimento comum, *com pedido liminar*, em face de **M. Odonto S.A.**, inscrito no CNPJ 00.000.000/0000-00, titular do e-mail modontologia@gsa.com.br, com sede na Rua Barão de Jaceguai, nº 00, Centro, cidade de Mogi das Cruzes-SP, CEP 00000-000, e **Banco G. S.A.**, inscrito no CNPJ 00.000.000/0000-00, com endereço eletrônico desconhecido, com filial na Avenida Voluntário Fernando Pinheiro Franco, nº 00, Centro, cidade de Mogi das Cruzes-SP, CEP 00000-000, pelos motivos de fato e de direito que a seguir expõe:

Dos Fatos:

        O autor mantém contrato de conta-corrente com o banco réu, visando principalmente receber os provimentos da sua aposentadoria.

        Em meados do mês passado, o autor tentou fazer um saque da referida conta a fim de efetuar alguns pagamentos e adquirir bens necessários a sua subsistência, quando foi surpreendido com uma mensagem de "saldo insuficiente"; homem regrado e de hábitos, o autor estranhou a mensagem, visto que deveria haver saldo bastante em sua conta para o referido saque. Tirou então um extrato da conta, sendo que, ao conferi-lo, percebeu a existência de um débito marcado como "mensalidade de plano odontológico" no valor de R$ 455,92 (quatrocentos e cinquenta e cinco reais, noventa e dois centavos).

        O autor ficou confuso, visto que não tinha contratado nenhum plano odontológico, muito menos um que lhe custaria mais de 1/4 (um quarto) de seus rendimentos.

Confuso, o autor procurou atendimento pessoal na sua agência; depois de muito esperar, foi atendido por uma moça de nome "V" que, depois de verificar junto aos registros eletrônicos, lhe informou que o débito era autorizado por meio de um convênio entre o banco e a corré M. Odonto, que tinha suposto fundamento entre um contrato firmado entre o autor e a referida empresa.

O autor protestou, informou que não tinha contratado o referido plano e que não tinha autorizado qualquer débito em sua conta-corrente. Incrédula nas afirmações do autor, a referida moça insinuou se ele não teria se esquecido do referido contrato ou que o teria firmado por engano quando de algum tratamento de seus dentes. Por fim, disse que nada poderia fazer, que o débito era regular e que o correntista deveria procurar a referida empresa para resolver a questão.

Há que se registrar a "imensa" frustação e aborrecimento causados ao autor, que com 76 (setenta e seis) anos de idade se viu passar por "mentiroso" e "maluco". Além do inaceitável ataque à sua honra, o autor ainda se vê injustamente privado de boa parte de sua renda mensal, fato que lhe vem obrigando a fazer cortes no seu já apertado orçamento.

Entendendo que fora vítima de algum tipo de golpe ou engodo, o autor então se dirigiu à Delegacia de Polícia, primeiro distrito policial de Mogi das Cruzes, onde lavrou boletim de ocorrência (cópia anexa).

Os fatos e a atitude dos prepostos do banco e da empresa ré não deixam ao autor outra alternativa senão a de buscar a tutela jurisdicional.

Do Direito:

"Da aplicação do Código de Defesa do Consumidor".

A relação entre as partes é de natureza consumerista, conforme súmula do Superior Tribunal de Justiça:

Súmula 297 do STJ: O Código de Defesa do Consumidor é aplicável às instituições financeiras.

Neste particular, há que se observar que o efetivo prejuízo ao consumidor foi causado diretamente pelo banco réu que "indevidamente", ou seja, sem efetiva autorização do titular da conta-corrente, efetuou desconto em sua conta-corrente. Em outras palavras, o banco réu não tomou os cuidados necessários para se certificar de que o desconto estava efetivamente autorizado pelo cliente; ou seja, não conferiu a sua assinatura no contrato (se é que o contrato lhe foi apresentado); não requereu que este eletronicamente autorizasse a transação, como ordinariamente acontece em outros bancos (a operação fica suspensa até que o cliente, por meio de senha pessoal e intransferível, a confirme e autorize). Tivesse tomado maiores cuidados, não intimamente ligados ao seu tipo de negócio, todos esses aborrecimentos teriam sido evitados.

Quanto à corré "M. Odonto", embora não exista relação direta entre as partes, ou seja, não houve efetivamente a contratação de plano odontológico, o autor é "vítima" das suas ações, sendo, no caso, aplicável o art. 17 do Código de Defesa do Consumidor: "para os efeitos desta Seção, equiparam-se aos consumidores todas as vítimas do evento".

"Da responsabilidade objetiva das instituições financeiras por fraudes perpetradas por terceiros nas relações de natureza bancárias."

O CDC é claro e direto sobre a natureza da responsabilidade das rés quanto aos fatos narrados nesta inicial, *in verbis*:

> **Art. 14. O fornecedor de serviços responde, *independentemente da existência de culpa*, pela reparação dos danos causados aos consumidores por defeitos relativos à prestação dos serviços, bem como por informações insuficientes ou inadequadas sobre sua fruição e riscos. (grifo nosso)**

Quanto a fraudes e delitos praticados por terceiros no âmbito de operações bancárias, o Superior Tribunal de Justiça também já emitiu súmula:

> **Súmula 479 do STJ: As instituições financeiras respondem objetivamente pelos danos gerados por fortuito interno relativo a fraudes e delitos praticados por terceiros no âmbito de operações bancárias.**

"Da devolução em dobro dos valores indevidamente debitados".

Informa o parágrafo único do art. 42 do CDC que "o consumidor cobrado em quantia indevida tem direito à repetição do indébito, por valor igual ao dobro do que pagou em excesso, acrescido de correção monetária e juros legais, salvo hipótese de engano justificável".

O caso do autor se enquadra perfeitamente no comando legal apontado, ou seja: primeiro, a cobrança foi realmente efetivada por meio de débito na conta-corrente do consumidor, não foi só ameaça de cobrança, esta efetivamente ocorreu (veja extrato bancário juntado à presente petição); segundo, a cobrança é indevida, visto que não só arrimada em contrato fraudulento, mas também porque não autorizada pelo titular da conta bancária.

No mais, o erro do banco réu é totalmente injustificável, fruto de evidente descaso com o seu dever de cuidado, principalmente considerando a natureza dos serviços que explora. Deveria adotar critérios mais seguros para a verificação da veracidade e validade de contratações onerosas com relação aos seus clientes, mormente quando estes sejam idosos, pessoas previamente consideradas vulneráveis.

Assim não agiu, sendo, portanto, de rigor a devolução em dobro dos valores cobrados indevidamente, acrescidos de juros e devidamente corrigidos desde o efetivo débito na conta corrente do autor (art. 398, CC).

"Do dano moral".

A efetivação de desconto não autorizado na conta-corrente do autor diminuiu substancialmente os seus já pacatos rendimentos, caracterizando grave falha na prestação do serviço, causando transtornos e dissabores que ultrapassaram em muito o mero aborrecimento.

Diante desta realidade, qual seja, os enormes prejuízos indevidamente causados ao autor em razão da injustificável ação do banco réu, que glamourosamente falhou em suas obrigações, de rigor a condenação solidária das rés ao pagamento de danos morais. Nesse sentido a jurisprudência do Egrégio Tribunal de Justiça do Estado de São Paulo, *in verbis*:

Apelações. Responsabilidade civil. Descontos indevidos. Repetição do indébito e indenização por danos morais. Sentença de procedência. Inconformismo das partes. Aplicação do Código de Defesa do Consumidor. Artigo 3º, do CDC. Ausência de comprovação da contratação. Descontos indevidos. Dever de restituição em dobro. Conduta contrária à boa-fé objetiva. Artigo 42, parágrafo único do CDC. Dano moral configurado. Autora privada de parte de sua verba alimentar. Indenização fixada em R$ 5.000,00 mantida, ante as particularidades do caso concreto. Razoabilidade. Juros moratórios. Responsabilidade extracontratual. Incidência a partir do evento danoso. Artigo 398 do CC e Súmula 54 do STJ. Correção monetária Incidência a partir do arbitramento do dano moral. Súmula 362 do STJ. Honorários advocatícios bem fixados. Sentença reformada em parte. Negaram provimento ao recurso da ré e deram parcial provimento ao recurso da autora (TJSP, Apelação 1004982-11.2021.8.26.0291, Rel. Des. Alexandre Coelho, j. 19/7/2022).

Dos Pedidos:

Ante o exposto, considerando que a pretensão do autor encontra arrimo nos arts. 6º, VI, e 14, da Lei 8.078/90, **requer**:

a) os benefícios da justiça gratuita, vez que se declara pobre no sentido jurídico do termo, conforme declaração anexa;

b) a prioridade na tramitação do feito, conforme permissivo do art. 1.048, I, do CPC, visto que tem 72 (setenta e dois) anos de idade;

c) seja concedida liminar, em tutela provisória de urgência (art. 300 do CPC), no sentido de determinar a IMEDIATA suspensão do débito das parcelas vincendas referentes ao "suposto" plano odontológico junto ao banco réu, oficiando-se, para tanto, com urgência a referida instituição bancária, visto que a manutenção do referido desconto coloca em grave risco a manutenção do autor, que é pessoa idosa, doente e de poucos recursos financeiros;

d) a citação dos réus, na pessoa de um de seus representantes legais, para que, querendo, apresentem resposta no prazo legal, sob pena de sujeitar-se aos efeitos da revelia;

e) seja declarada a "inexistência" de contrato de prestação de serviços odontológicos entre o autor e a ré "M. Odonto", declarando-se nulos todos os atos oriundos do referido contrato, em especial os descontos das mensalidades efetuadas na conta-corrente do autor (conta 0-0000-00, agência 0000, banco 000);

f) sejam os réus solidariamente condenados a devolver "em dobro" todos os valores indevidamente debitados na conta-corrente do autor com arrimo neste suposto contrato de prestação de serviços, valores estes que deverão ser devidamente corrigidos desde a data da sua efetivação e, da mesma data, acrescidos dos juros legais (súmulas 43 e 54 do STJ);

g) considerando que a prática do ilícito ocorreu em razão de injustificável descuido do banco réu, considerando ainda a dor e os graves transtornos causados ao autor, pessoa idosa e de parcos recursos, sejam os réus solidariamente condenados a lhe pagar indenização por danos morais no valor total de R$ 5.000,00 (cinco mil reais).

Das Provas, da Audiência de Conciliação e do Valor da Causa:

Ressalvando-se que a responsabilidade dos réus, na qualidade de fornecedores de serviços, é objetiva (art. 14 da Lei 8.078/90-CDC), ou seja, cabe a eles, no desiderato de se eximir de sua responsabilidade, provar alguma das excludentes previstas na norma legal, indica que provará o que for necessário, usando de todos os meios permitidos em direito, em especial pela juntada de documentos (anexos), perícia técnica e oitiva de testemunhas (rol anexo).

Em atenção ao que determina o art. 319, VII, do CPC, o autor registra que NÃO TEM interesse na designação de audiência de conciliação neste momento, visto que esta representaria apenas uma forma de atrasar o trâmite do feito.

Dá-se ao feito o valor de R$ 5.911,84 (cinco mil, novecentos e onze reais, oitenta e quatro centavos).

Termos em que,
P. deferimento.

Mogi das Cruzes, 00 de agosto de 0000.

Gediel Claudino de Araujo Júnior
OAB/SP 000.000

10. AÇÃO DECLARATÓRIA DE NULIDADE DE NEGÓCIO JURÍDICO CUMULADA COM INDENIZAÇÃO POR DANOS MORAIS (*CONTRATO BANCÁRIO – FRAUDE EM CONTA-CORRENTE*)

Excelentíssimo Senhor Doutor Juiz de Direito da ___ Vara Cível do Foro de Mogi das Cruzes, São Paulo.

A. F. de O., brasileira, divorciada, aposentada, sem endereço eletrônico, portadora do RG 00.000.000-SSP/SP e do CPF 000.000.000-00, residente e domiciliada na Rua Arujá, nº 00, Alto do Ipiranga, cidade de Mogi das Cruzes-SP, CEP 00000-000, por seu Advogado que esta subscreve (mandato incluso), com escritório na Rua Adelino Torquato, nº 00, sala 00, Centro, cidade de Mogi das Cruzes-SP, onde recebe intimações (e-mail: gediel@gsa.com.br), vem à presença de Vossa Excelência propor *ação declaratória de inexistência de negócio jurídico cumulada com indenização por danos morais*, observando-se o procedimento comum, *com pedido liminar*, em face de **Banco G. S.A.**, inscrito no CNPJ nº 00.000.000/0000-00, com endereço eletrônico desconhecido, com filial na Avenida Voluntário Fernando Pinheiro Franco, nº 00, Centro, cidade de Mogi das Cruzes-SP, CEP 00000-000, e de **B. A. M.**, brasileira, separada, secretária, com número do CPF e endereço eletrônico desconhecidos, residente e domiciliada na rua João XXIII, nº 00, César de Souza, cidade de Mogi das Cruzes-SP, CEP 00000-000, pelos motivos de fato e de direito que a seguir expõe:

1. A autora mantinha junto ao banco réu, agência de Mogi das Cruzes, conta-corrente nº 00.000-0, onde recebia pensão alimentícia devida pelo seu ex-marido. Em data ignorada pela autora, a ré "B", fazendo-se passar pela titular da conta-corrente, "conseguiu", não se sabe como, mudar o tipo da conta, que passou a ser especial (cheque especial – com limite para saque), assim como retirar um talão de cheques.

2. De posse de talão de cheques entregue pelo Banco, a ré "B" passou a emitir muitos cheques que eventualmente foram devolvidos por falta de fundos, o que causou a negativação da autora junto ao SPC e SERASA (documentos anexos).

3. Ignorando tais fatos, a autora tentou fazer uma compra no centro da cidade, sendo impedida porque estaria com o nome negativado. Desnecessário, por oportuno, registrar que este fato foi extremamente constrangedor para a autora, que se viu inesperadamente tratada como golpista. Além de humilhada, ela se viu impedida de adquirir os bens de que necessitava, visto que não tem condições de comprá-los à vista (em dinheiro).

4. Com muito custo, descobriu que seu nome tinha sido usado indevidamente com a conivência do banco réu.

5. De tudo foi lavrado boletim de ocorrência, cópia anexa, que deu origem a inquérito policial para apuração do crime de estelionato (foi neste inquérito que a ré "B" foi formalmente identificada como a pessoa que se fez passar pela autora).

6. Embora esteja com o nome negativado e com saldo devedor na sua conta-corrente (R$ 7.465,38 – conforme último extrato), não foi a autora quem pegou o talão de cheques junto ao banco réu, nem foi ela quem assinou os cheques ou que os passou no comércio. Não deu, outrossim, procuração para qualquer pessoa para que assim agisse em seu nome.

7. Observe-se, por fim, que a negativação junto ao SERASA e ao SCPC teve um efeito devastador na vida da autora, vez que além dos prejuízos à sua boa honra, teve como consequência impedir o seu acesso ao crédito, fato que vem tornando sua vida pessoal muito mais difícil.

Ante o exposto, considerando que a pretensão da autora encontra arrimo nos arts. 6º, VI, e 14 da Lei 8.078/90, **requer**:

a) os benefícios da justiça gratuita, vez que se declara pobre no sentido jurídico do termo, conforme declaração anexa;

b) a prioridade na tramitação do feito, conforme permissivo do art. 1.048, I, do CPC, visto que tem 63 (sessenta e três) anos de idade;

c) seja concedida liminar, em tutela provisória de urgência (art. 300 do CPC), no sentido de determinar, por meio de ofício, às instituições SERASA, SPC e Banco Central que "suspendam" os registros negativos do CPF 000.000.000-00, fruto dos cheques com números entre 000000 a 000000, assim como do contrato de cheque especial aleivosamente firmado entre os réus;

d) a citação dos réus para que, querendo, apresentem resposta no prazo legal, sob pena de sujeitarem-se aos efeitos da revelia;

e) seja declarada a nulidade de todos os títulos, cheques, emitidos pelo réu "B", assim como o débito oriundo do contrato de cheque especial firmado por ela, em nome e CPF da autora, com o banco réu, determinando-se o cancelamento de todos os apontamentos negativos que constam junto ao SPC, SERASA e BANCO CENTRAL, oriundos dos referidos títulos, neste sentido, confirmando-se a liminar;

f) sejam os réus solidariamente condenados a pagar indenização por danos morais à autora no valor total de R$ 10.000,00 (dez mil reais), em razão dos evidentes prejuízos à sua honra e boa fama.

Ressalvando-se que a responsabilidade do banco réu, na qualidade de fornecedor de serviços, é objetiva (art. 14 da Lei 8.078/90-CDC), ou seja, cabe a ele, no desiderato de se eximir de sua responsabilidade, provar alguma das excludentes previstas na norma legal, indica que provará o que for necessário, usando de todos os meios permitidos em direito, em especial pela juntada de documentos (anexos) e oitiva de testemunhas (rol anexo).

Em atenção ao que determina o art. 319, VII, do CPC, a autora registra que NÃO TEM interesse na designação de audiência de conciliação neste momento, visto que tal medida representaria apenas mais um motivo para atrasar a tramitação do feito.

Dá-se ao feito o valor de R$ 17.465,38 (dezessete mil, quatrocentos e sessenta e cinco reais e trinta e oito centavos).

Termos em que,
P. deferimento.

Mogi das Cruzes, 00 de setembro de 0000.

Gediel Claudino de Araujo Júnior
OAB/SP 000.000

11. AÇÃO DECLARATÓRIA DE NULIDADE DE NEGÓCIO JURÍDICO CUMULADA COM INDENIZAÇÃO POR PERDAS E DANOS (*CONTRATO BANCÁRIO – ABERTURA FRAUDULENTA DE CONTA-CORRENTE*)

Excelentíssimo Senhor Doutor Juiz de Direito da ___ Vara Cível do Foro de Mogi das Cruzes, São Paulo.

A. F. de O., brasileira, divorciada, aposentada, sem endereço eletrônico, portadora do RG 00.000.000-SSP/SP e do CPF 000.000.000-00, residente e domiciliada na Rua Arujá, nº 00, Alto do Ipiranga, cidade de Mogi das Cruzes-SP, CEP 00000-000, por seu Advogado que esta subscreve (mandato incluso), com escritório na Rua Adelino Torquato, nº 00, sala 00, Centro, cidade de Mogi das Cruzes-SP, onde recebe intimações (e-mail: gediel@gsa.com.br), vem à presença de Vossa Excelência propor *ação declaratória de inexistência de negócio jurídico cumulada com indenização por danos morais*, observando-se o procedimento comum, *com pedido liminar*, em face de **Banco G. S.A.**, inscrito no CNPJ nº 00.000.000/0000-00, com endereço eletrônico desconhecido, com filial na Avenida Voluntário Fernando Pinheiro Franco, nº 00, Centro, cidade de Mogi das Cruzes-SP, CEP 00000-000, pelos motivos de fato e de direito que a seguir expõe:

1. No último dia 00 de abril, a autora se viu impedida de efetuar uma compra no crediário junto às Lojas "B" no centro desta cidade (Rua Ricardo Vilela, nº 00, Centro); segundo o gerente "P" lhe informou, seu nome estava negativado junto ao SERASA em razão de débito junto ao banco réu, no valor de R$ 4.327,19 (quatro mil, trezentos e vinte e sete reais e dezenove centavos). Na ocasião, a autora tentou explicar que aquela informação devia estar errada, não só porque sempre zelou pelo seu bom nome (nunca teve seu nome negativado em lugar algum), mas também porque "não mantém conta-corrente junto àquela instituição bancária".

2. Os protestos da autora foram inúteis; não conseguiu efetuar a compra e ainda teve que se retirar sob os olhares de desconfiança do gerente e da vendedora que a atendeu. De tudo foi testemunha a sua sobrinha "N" (o gerente se recusou a lhe dar registro dos fatos por escrito).

3. Naquele mesmo dia, a autora foi até ao Serviço de Proteção ao Crédito e obteve certidão quanto ao suposto débito (anexa); no dia seguinte, a autora, após consultar um advogado, foi até a Delegacia de Polícia situada no centro da cidade e lavrou boletim de ocorrência (anexo).

4. Como já dito, a autora, pessoa de poucos recursos e que vive da sua aposentaria, que recebe por meio de conta que mantém junto à Caixa Econômica Federal, nunca teve conta-corrente no banco réu; nunca forneceu ou compareceu na agência 0000, do referido banco; nunca pediu, requereu ou efetuou qualquer tipo de empréstimo ou qualquer tipo de negócio com o referido banco. A autora não sabe quem ou como foi aberta a conta-corrente que gerou o débito apontado junto ao SERASA.

5. Além da vergonha que passou quando descobriu estes fatos, se viu obrigada a desistir da compra que estava fazendo, a autora desde então está impedida de fazer qualquer compra via crediário, fato que dificulta sobremaneira a sua vida, visto que em razão da sua pouca renda, só consegue comprar vestimentas e outros itens necessários por este meio.

Ante o exposto, considerando que a pretensão da autora encontra arrimo nos arts. 6º, VI, e 14 da Lei 8.078/90, **requer**:

a) os benefícios da justiça gratuita, vez que se declara pobre no sentido jurídico do termo, conforme declaração anexa;

b) a prioridade na tramitação do feito, conforme permissivo do art. 1.048, I, do CPC, visto que tem 67 (sessenta e sete) anos de idade;

c) seja concedida liminar, em tutela provisória de urgência (art. 300 do CPC), no sentido de determinar, por meio de ofício, às instituições SERASA, SPC e Banco Central que "suspendam" os registros negativos do CPF 000.000.000-00, fruto de negócios efetuados por terceiro desconhecido com o banco réu;

d) a citação do réu, na pessoa de um de seus representantes legais, para que, querendo, apresente resposta no prazo legal, sob pena de sujeitar-se aos efeitos da revelia;

e) seja declarada a nulidade de todos os títulos e negócios emitidos pelo banco réu, em razão de suposta conta bancária entre a autora e ele, contrato que nunca existiu (não com a autora), determinando-se o cancelamento de todos os apontamentos negativos que constam junto ao SPC, SERASA e BANCO CENTRAL, oriundos dos referidos títulos, neste sentido, confirmando-se a liminar;

f) seja o réu condenado a pagar indenização por danos morais à autora no valor total de R$ 25.000,00 (vinte e cinco mil reais), em razão dos evidentes prejuízos à sua honra e boa fama.

Ressalvando-se que a responsabilidade do réu, na qualidade de fornecedor de serviços, é objetiva (art. 14 da Lei 8.078/90-CDC), ou seja, cabe a ele, no desiderato de se eximir de sua responsabilidade, provar alguma das excludentes previstas na norma legal, indica que provará o que for necessário, usando de todos os meios permitidos em direito, em especial pela juntada de documentos (anexos) e oitiva de testemunhas (rol anexo).

Em atenção ao que determina o art. 319, VII, do CPC, a autora registra que NÃO TEM interesse na designação de audiência de conciliação neste momento, visto que esta representaria apenas uma forma de atrasar o trâmite do feito.

Dá-se ao feito o valor de R$ 29.327,19 (vinte e nove mil, trezentos e vinte e sete reais e dezenove centavos).

Termos em que,
P. Deferimento.

Mogi das Cruzes, 00 de junho de 0000.

Gediel Claudino de Araujo Júnior
OAB/SP 000.000

212 Prática no Direito do Consumidor • Araujo Júnior

12. AÇÃO DECLARATÓRIA DE NULIDADE DE NEGÓCIO JURÍDICO CUMULADA COM REPARAÇÃO POR PERDAS E DANOS (*CASAL PEDE ANULAÇÃO DE COMPRO-MISSO DE COMPRA E VENDA DE UM TERRENO EM RAZÃO DA INFRAÇÃO DE REGRAS CONSUMERISTAS LIGADAS AO DIREITO DE INFORMAÇÃO, BOA-FÉ E TRANSPARÊNCIA*)

Excelentíssimo Senhor Doutor Juiz de Direito da ___ Vara Cível do Foro de Mogi das Cruzes, São Paulo.

L. T., brasileira, divorciada (convivente), autônoma, portadora do RG 00.000.000-SSP/SP e CPF 000.000.000-00, titular do e-mail let000@gsa.com.br, e **M. R. de R.**, brasileiro, solteiro (convivente), ajudante geral, portador do RG 00.000.000-SSP e do CPF 000.000.000-00, sem endereço eletrônico, ambos residentes e domiciliados na Rua Fagundes Varela, nº 00, bairro Mogi Moderno, cidade de Mogi das Cruzes-SP, CEP 00000-000, por seu Advogado que esta subscreve (mandato incluso), com escritório na Rua Adelino Torquato, nº 00, sala 00, Centro, cidade de Mogi das Cruzes-SP, CEP 00000-000, *onde recebe intimações* (e-mail: gediel@gsa.com.br), vêm à presença de Vossa Excelência propor *ação declaratória de nulidade de negócio jurídico cumulada com indenização por perdas e danos e cobrança*, observando-se o procedimento comum (arts. 318 a 512, CPC), em face de **ABABA Participações e Empreendimentos Ltda.**, inscrita no CNPJ 00.000.000/0000-00, com endereço eletrônico oficial desconhecido, com sede na Fazenda Bela Vista, s/n, cidade de Guaraci-SP, CEP 00000-000, titular dos telefones 00-0000-0000 e 00-00000-0000, e de **Colinas Desenvolvimento Urbano Ltda.**, inscrita no CNPJ 00.000.000/0000-00, titular do e-mail colinasurbano@gsa.com.br e do telefone 00-00000-0000, com sede na Rua Coronel Souza Franco, nº 00, Centro, cidade de Mogi das Cruzes-SP, CEP 00000-000, pelos motivos de fato e de direito que a seguir expõem:

Dos Fatos:

Embalados pelo sonho da "casa própria", os autores, que vivem em união estável há 8 (oito) anos, firmaram, em junho de 0000, com as rés compromisso de compra e venda tendo como objeto o lote 00, quadra 00, do loteamento denominado "Residencial Colinas", situado na Fazenda Rio Acima, perímetro urbano do município de Mogi das Cruzes-SP (cópia anexa).

Sendo os autores pessoas pobres, o "sonho" só se tornou possível pelas "condições especiais" oferecidas pelas rés. Com efeito, os autores foram levados a pensar exclusivamente nas pequenas parcelas do financiamento; *em outras palavras*, segundo os prepostos da ré, estes teriam que pagar apenas 100 (cem) parcelas de R$ 350,76 (trezentos e cinquenta reais, setenta e seis centavos), reajustadas anualmente pelo índice oficial da inflação.

Diante da afirmação dos vendedores, os autores, apesar de pessoas pobres, sentiram que poderiam pagar as parcelas, afinal, mesmo com eventuais aumentos, em razão da correção monetária, acharam, considerando que a inflação é declinante, que as prestações estariam sempre dentro de um valor razoável.

Empolgados pelo desejo de ter a casa própria e fugir do aluguel, os autores não se deram conta de que estavam financiando um valor extremamente alto, totalmente incompatível com sua renda familiar; e mais, olhando apenas para o valor das parcelas, não se deram conta de que o valor pedido pelo imóvel estava muito acima do valor de mercado praticado no local (distante do centro da cidade e destinado a residências populares).

Registre-se que os prepostos da ré se "aproveitaram" desta empolgação dos autores, deixando de informá-los detalhadamente, "como seria absoluto de rigor", sobre os "enormes" encargos do negócio, principalmente sobre o "saldo devedor" do financiamento, sua forma de cálculo, que envolve a ilegal cobrança de juros sobre juros e outros encargos financeiros, que deveriam ser pagos, segundo os parágrafos segundo e terceiro do art. 7º do contrato, em uma única parcela 30 (trinta) dias após o vencimento da centésima parcela.

Vendo o valor das prestações crescer mês a mês (os boletos chegavam sempre com valores maiores do que o contrato), os autores procuraram orientação jurídica, quando, finalmente, foram devidamente esclarecidos sobre a real natureza e extensão do contrato que firmaram com a ré. Diante dos esclarecimentos prestados, os compromissários compradores compareceram no escritório da ré Colinas em Mogi das Cruzes (responsável direto pelas vendas do empreendimento), onde pediram extrato atualizado do financiamento, bem como indagaram da cláusula atinente ao saldo devedor, que não consta na cópia do contrato a eles entregue (documento anexo).

Ao verem o extrato atual do seu saldo devedor (documento anexo), finalmente os autores viram, perceberam, se deram conta, de que tinham sido vítimas de um esquema que os levara a adquirir um imóvel por valor muito acima do mercado e que não estava dentro de sua capacidade de pagamento, sendo que estes fatos lhes foram dolosamente omitidos.

Foi um momento difícil, onde os sonhos sagrados de ter a casa própria se transformaram num enorme pesadelo, mormente por duas razões: *primeiro*, porque toda a poupança do casal tinha sido usada para pagar a entrada e a comissão de corretagem, que, ao invés de ser paga pela ré vendedora, como seria normal, foi atribuída também aos inocentes compradores; *segundo*, porque já tinham começado a construir no imóvel (alicerce).

Em síntese, estes os fatos.

Do Direito:

Douto Magistrado, o que fere de nulidade o negócio firmado entre as partes não é obviamente a sua forma e condições gerais, que, embora iníquas para as pessoas carentes de recursos, se encontram regularmente disciplinada por lei, mas o fato de os autores não terem sido devidamente esclarecidos sobre o peso e extensão destas condições, o que os levou a firmar contrato que não se encontravam, e não se encontram, em condições de cumprir.

Obviamente que, se tivessem sido corretamente informados, numa linguagem que pudessem realmente entender, sobre a forma de reajuste das prestações e do saldo devedor, que, como já disse, hoje já é maior do que R$ 48.000,00 (quarenta e oito mil reais), "nunca", em hipótese nenhuma, teriam fechado o negócio, investindo a sua minguada poupança e seus parcos recursos num contrato que jamais conseguiriam quitar.

Com efeito, os autores foram levados a simplesmente aderir ao contrato que nem mesmo foi apresentado de forma completa (*nele não consta a cláusula que informa a forma de cálculo do saldo devedor*), fato que contraria expressamente o Código de Defesa do Consumidor, a conhecida Lei nº 8.078/90. Para ilustrar o assunto, pede-se vênia para mencionar os incisos III e IV do art. 6º da referida lei, *in verbis*:

> **Art. 6º São direitos básicos do consumidor:**
> (...)
> **III – a informação adequada e clara sobre os diferentes produtos e serviços, com especificação correta de quantidade, características, composição, qualidade e preço, bem como sobre os riscos que apresentem;**
>
> **IV – a proteção contra publicidade enganosa e abusiva, métodos comerciais coercitivos ou desleais, bem como contra práticas e cláusulas abusivas ou impostas no fornecimento de produtos e serviços.**

Nesse mesmo diapasão, têm-se ainda os arts. 46, 52 e 54-B do mesmo diploma legal, que, para clareza, merecem menção expressa:

> **Art. 46. Os contratos que regulam as relações de consumo não obrigarão os consumidores, se não lhes for dada a oportunidade de tomar conhecimento prévio de seu conteúdo, ou se os respectivos instrumentos forem redigidos de modo a dificultar a compreensão de seu sentido e alcance.**
> (...)
>
> **Art. 52. No fornecimento de produtos ou serviços que envolva outorga de crédito ou concessão de financiamento ao consumidor, o fornecedor deverá, entre outros requisitos, informá-lo prévia e adequadamente sobre: I – preço do produto ou serviço em moeda corrente nacional; II – montante dos juros de mora e da taxa efetiva anual de juros; III – acréscimos legalmente previstos; IV – número e periodicidade das prestações; V – soma total a pagar, com e sem financiamento.**
>
> (...)
>
> **Art. 54-B. No fornecimento de crédito e na venda a prazo, além das informações obrigatórias previstas no art. 52 deste Código e na legislação aplicável à matéria, o fornecedor ou o intermediário deverá informar o consumidor, prévia e adequadamente, no momento da oferta, sobre: I – o custo efetivo total e a descrição dos elementos que o compõem; II – a taxa efetiva mensal de juros, bem como a taxa dos juros de mora e o total de encargos, de qualquer natureza, previstos para o atraso no pagamento;**

III – o montante das prestações e o prazo de validade da oferta, que deve ser, no mínimo, de 2 (dois) dias; IV – o nome e o endereço, inclusive o eletrônico, do fornecedor; V – o direito do consumidor à liquidação antecipada e não onerosa do débito, nos termos do § 2º do art. 52 deste Código e da regulamentação em vigor. § 1º As informações referidas no art. 52 deste Código e no *caput* deste artigo devem constar de forma clara e resumida do próprio contrato, da fatura ou de instrumento apartado, de fácil acesso ao consumidor. § 2º Para efeitos deste Código, o custo efetivo total da operação de crédito ao consumidor consistirá em taxa percentual anual e compreenderá todos os valores cobrados do consumidor, sem prejuízo do cálculo padronizado pela autoridade reguladora do sistema financeiro. § 3º Sem prejuízo do disposto no art. 37 deste Código, a oferta de crédito ao consumidor e a oferta de venda a prazo, ou a fatura mensal, conforme o caso, devem indicar, no mínimo, o custo efetivo total, o agente financiador e a soma total a pagar, com e sem financiamento.

Estas normas encontram fundamento no "princípio da transparência", que, conjuntamente com o "princípio da boa-fé objetiva", obriga o fornecedor a certificar-se que o consumidor tenha realmente entendido todas as cláusulas do negócio que está fazendo. Sobre este tema, a Dra. Cláudia Lima Marques, citada pela Dra. Roberta Densa, na obra *Direito do Consumidor*, volume 21 da série Leituras, página 118, publicada pela Editora Atlas, declara que "*a possibilidade de conhecimento prévio do texto do contrato e das obrigações nele contidas, em português, é considerada condição essencial para a formação de uma vontade realmente livre, consciente, 'racional', única legitimadora do reconhecimento jurídico do vínculo aceito pelo consumidor. O objetivo da norma do CDC é o de assegurar ao consumidor uma decisão fundada no conhecimento de todos os elementos do contrato, em particular do preço, das taxas, das condições e as garantias exigidas, das cláusulas limitativas e penais inseridas, dos verdadeiros direitos assegurados pelo contrato. É nesta ótica que o art. 46 do CDC prevê a possibilidade de requerer ao juiz, em detrimento do fornecedor, a liberação do consumidor do vínculo contratual, isto é, a inoperabilidade do contrato ao consumidor in concreto por falha dos deveres de informação impostos ao fornecedor*".

Nesta mesma linha de raciocínio, a lição do mestre Nelson Nery Júnior, que, na obra *Código Brasileiro de Defesa do Consumidor – Comentado pelos autores do anteprojeto*, 4ª edição, Editora Forense Universitária, páginas 323 e 324, declara que "*o fornecedor deverá ter a cautela de oferecer a oportunidade ao consumidor para que, antes de concluir o contrato de consumo, tome conhecimento do conteúdo do contrato, com todas as implicações consequências daquela contratação no que respeita aos deveres e direitos de ambos os contratantes, bem como das sanções por eventual inadimplemento de alguma prestação a ser assumida no contrato. Não sendo dada essa oportunidade ao consumidor, as prestações por ele assumidas no contrato, sejam prestações que envolvam obrigação de dar como de fazer ou não fazer, não o obrigarão*". Em seguida, Nelson Nery ainda reafirma com mais veemência: "**Dar oportunidade de tomar conhecimento do conteúdo do contrato não significa dizer para o consumidor ler as cláusulas do contrato de comum acordo ou as cláusulas contratuais gerais do futuro contrato de adesão. Significa, isto sim, fazer com que tome conhecimento efetivo do conteúdo do contrato. Não satisfaz a regra do artigo sob análise a mera cognoscibilidade das bases do contrato, pois o sentido teleológico e finalístico da norma indica dever o fornecedor dar efetivo conhecimento ao consumidor de todos os direitos e deveres que decorrerão do** *contrato, especialmente sobre as cláusulas restritivas de direitos do consumidor, que, aliás, deverão vir em destaque nos formulários de contrato de adesão (art. 54, § 4º, CDC)".*

Não tendo agido as rés em conformidade com os princípios retromencionados, fica claro que sua intenção era justamente se aproveitar da conhecida vulnerabilidade do consumidor, que, neste caso, é presumida. Nesse sentido a norma do art. 4º, inciso I, do CDC:

> **Art. 4º (...)**
> **I – reconhecimento da vulnerabilidade do consumidor no mercado de consumo;**

Comentando a referida norma, a Dra. Roberta Densa, na obra já citada, página 101, declara em sua obra *Direito do Consumidor*, volume 21 da série Leituras publicada pela Editora Atlas, que *"a vulnerabilidade e hipossuficiência do consumidor é presumida (art. 4º), razão pela qual deve o fornecedor utilizar-se de práticas comerciais que respeitem esta condição do consumidor, deixando de utilizar-se de práticas comerciais que manipulam o consumidor".* Em seguida, conclui a referida autora: *"**com fundamento neste dispositivo legal combinado com o art. 51, XV, pode o consumidor requerer a nulidade do negócio jurídico, bem como as perdas e danos cabíveis**".*

Registre-se, mais uma vez, que a ré não respeitou as normas legais citadas, deixando, de forma claramente dolosa, de informar os autores sobre os encargos do contrato, principalmente sobre as cláusulas que tratam do famigerado "saldo devedor", que, em razão do valor previsto das parcelas, será claramente impagável (hoje ele já representa o dobro do valor de mercado do terreno). Confirma, ademais, a má-fé das rés o fato de que a forma de cálculos do "saldo devedor" (cláusula 8.1, parágrafo primeiro), "não consta da cópia do contrato" entregue aos autores (documento anexo).

Dos Pedidos:

Ante o exposto, REQUEREM:

a) os benefícios da justiça gratuita, vez que se declaram pobres no sentido jurídico do termo, conforme declarações anexas;

b) a citação da rés para que, querendo, apresentem resposta no prazo legal, sob pena de sujeitarem-se aos efeitos da revelia;

c) seja declarada a nulidade do negócio jurídico firmado entre as partes, condenando-se solidariamente as rés a: I – devolver aos autores todos os valores pagos (arras, parcelas e taxa de corretagem), no valor total de R$ 14.768,52 (quatorze mil, setecentos e sessenta e oito reais, cinquenta e dois centavos), conforme cálculos anexos; II – indenizar os valores gastos com o início da construção de casa popular no imóvel (conforme documentos anexos), no valor total de R$ 6.075,49 (seis mil, setenta e cinco reais, quarenta e nove centavos), conforme cálculos anexos; III – indenizar por danos morais os autores, que tiveram terrivelmente frustrados seus sonhos de possuir a casa próprio, tendo inutilmente investido seu tempo, esforços e poupança, no valor de R$ 10.000,00 (dez mil reais).

Das Provas e da Audiência de Conciliação:

Quanto às provas, "requer-se" seja concedido por este douto Juízo, considerando a verossimilhança do alegado assim como a hipossuficiência financeira e cultural dos autores, a inversão do seu ônus, cabendo às rés demonstrarem que obedeceram as normas legais citadas, mormente aquelas que envolvem o direito de informação dos consumidores. No mais, ressaltando que a responsabilidade das rés é de natureza objetiva, ou seja, cabe a elas, no desiderato de se eximir de sua responsabilidade, provar alguma das excludentes previstas na norma legal, os autores informam que provarão o alegado por todos os meios permitidos em direito, em especial pela juntada de documentos (anexos), oitiva de testemunhas e depoimento pessoal dos representantes da ré.

Em atenção ao que determina o art. 319, VII, do CPC, os autores registram que TÊM interesse na designação de audiência de conciliação.

Do Valor da Causa e do Encerramento:

Dão ao pleito o valor de R$ 30.844,01 (trinta mil reais, oitocentos e quarenta e quatro reais, um centavo).

Termos em que,
P. Deferimento.

Mogi das Cruzes, 00 de maio de 0000.

Gediel Claudino de Araujo Júnior
OAB/SP 000.000

13. AÇÃO DECLARATÓRIA DE NULIDADE DE REAJUSTE DE MENSALIDADE DE PLANO DE SAÚDE COLETIVO CUMULADA COM REPETIÇÃO DE INDÉBITO (*REAJUSTE ANUAL ACIMA DO AUTORIZADO PELA ANS*)

Excelentíssimo Senhor Doutor Juiz de Direito da ___ Vara Cível do Foro de Mogi das Cruzes, São Paulo.

R. A. C. V., brasileiro, solteiro, industriário, titular do e-mail racv@gsa.com.br, portador do RG 00.000.000-SSP/SP e do CPF 000.000.000-00, residente e domiciliado na Rua Henriqueta Batalha Arouche, n° 00, Vila Nancy, cidade de Mogi das Cruzes-SP, CEP 00000-000, por seu Advogado que esta subscreve (mandato incluso), com escritório na Rua Adelino Torquato, n° 00, sala 00, Centro, cidade de Mogi das Cruzes-SP, onde recebe intimações (e-mail: gediel@gsa.com.br), vem à presença de Vossa Excelência propor *ação declaratória de nulidade de reajuste de mensalidade de seguro saúde cumulada com repetição de indébito*, observando-se o procedimento comum, *com pedido liminar*, em face da empresa **G. A. Saúde S.A.**, inscrita no CNPJ n° 00.000.000/0000-00, titular do e-mail institucional gasaude@gsa.com.br e dos telefones 00-0000-0000 e 00-0000-0000, sediada na Avenida Paulista, n° 00, Bela Vista, cidade de São Paulo-SP, CEP 00000-000, e de **W. Administração de Benefícios S.A.**, inscrita no CNPJ n° 00.000.000/0000-00, titular do e-mail institucional wadmbenf@gsa.com.br e dos telefones 00-0000-0000 e 00-0000-0000, sediada na Rua Boa Vista, n° 00, quarto andar, Centro, cidade de São Paulo-SP, CEP 00000-000, pelos motivos de fato e de direito que a seguir expõe:

Dos Fatos:

Em 00 de junho de 0000, o autor firmou contrato de seguro saúde coletivo com a ré "G. A. Saúde", com intermediação da segunda ré "W. Adm.", tendo optado pelo "plano clássico", que lhe dá direito à internação em apartamento; o valor inicial da mensalidade foi fixado em R$ 765,59 (setecentos e sessenta e cinco reais e cinquenta e nove centavos), com vencimento para todo dia primeiro de cada mês, com reajuste anual para todo mês de julho, sem prejuízo dos reajustes por mudança de faixa etária (documentos anexos).

Há que se registrar que se tratou de "contrato de adesão", ou seja, ao autor não foi dado discutir qualquer das cláusulas contratuais.

Em meados do mês de junho, o autor recebeu carta da ré onde esta lhe indicava que o seu plano sofreria reajuste no valor de 17,97% (dezessete, noventa e sete por cento), sendo que a mensalidade do seu plano passaria a ser de R$ 903,17 (novecentos e três reais e dezessete centavos).

O autor estranhou reajuste tão acima do índice oficial de inflação; pior ainda ficou, quando descobriu que o reajuste autorizado pela Agência Nacional de Saúde – ANS era de apenas 10% (dez por cento), conforme provam documentos anexos.

Em contato com prepostos da ré "W", o autor foi informado que o reajuste acordado pelas empresas, acima do autorizado pela ANS, tinha respaldo em cláusula contratual, com justificativa em aumento geral de custos, principalmente a "sinistralidade".

De nada adiantou os protestos do autor, sendo que os boletos passaram a vir já com o novo valor.

Inconformado com a atitude das rés, que entende ser abusiva e ilegal, ao autor não restou outra atitude senão a de buscar a tutela jurisdicional por meio desta ação.

Do Direito:

"Da nulidade do reajuste da mensalidade em razão da sua abusividade".

A cláusula 19 (dezenove) do contrato firmado pelas partes, que arrima o abusivo reajuste cobrado pela ré, declara: *"independentemente da data da minha proposta, o valor mensal do benefício poderá sofrer os seguintes reajustes: (i) reajuste anual (financeiro e/ou por índice de sinistralidade), que ocorre quando há alteração de custos, utilização dos serviços médicos e uso de novas tecnologias, nunca ocorrendo, porém, em periodicidade inferior a 12 (doze) meses, contados da data de assinatura da apólice ou da última aplicação do reajuste anual; (ii) reajuste por mudança de faixa etária, que ocorre quando o beneficiário completa uma idade que ultrapassa o limite da faixa etária em que se encontrava; (iii) reajustes em outras hipóteses, que venham a ser autorizados pela ANS".*

Como se vê da redação, esta cláusula possibilita à ré repassar por completo todos os custos do seu negócio para o contratante; tal liberdade tem levado a ré a praticar reajustes que se mostram não só muito acima da inflação, mas também superiores aos índices autorizados pela ANS.

A atitude da ré, arrimada na referida cláusula, ofende os direitos básicos do autor, afetando diretamente a "equivalência contratual" garantida pelo art. 6º, II, do CDC. Em outros termos, a cláusula dezenove é nula porque ofende direito básico do consumidor, qual seja: a igualdade contratual. Igualdade esta que encontra respaldo na própria Constituição Federal, art. 5º, *caput*: "todos são iguais perante a lei".

O desequilíbrio que advém da referida cláusula a torna abusiva e, portanto, nula de pleno direito. Neste sentido, o art. 51, IV, da Lei 8.078/90-CDC:

Art. 51. São nulas de pleno direito, entre outras, as cláusulas contratuais relativas ao fornecimento de produtos e serviços que:
(...)

IV – estabeleçam obrigações consideradas iníquas, abusivas, que coloquem o consumidor em desvantagem exagerada, ou sejam incompatíveis com a boa-fé ou a equidade;

Neste sentido, a jurisprudência do Egrégio Tribunal de Justiça do Estado de São Paulo:

SEGURO SAÚDE – Insurgência contra reajustes aplicados na mensalidade – Licitude do aumento por mudança de faixa etária quando

> a autora completou 59 anos de idade – Questão pacificada em julgamento sob o rito dos recursos repetitivos – Ausência, ademais, de abusividade do respectivo percentual – Verificado cumprimento integral às regras da RN nº 63/2003 da ANS – *Abusividade, por outro lado, dos índices de aumento anual aplicados desde 2013 – O fato de o contrato ser coletivo não autoriza a aplicação de qualquer percentual de reajuste – Ausência de provas idôneas acerca da necessidade de elevação da contraprestação nos percentuais adotados – Cabível o afastamento dos reajustes impugnados, a serem substituídos pelos autorizados pela ANS para os planos individuais* – RECURSOS PROVIDOS. (TJSP, Apelação Cível 1010640-22.2017.8.26.0011, Rel. Elcio Trujillo, 10ª Câmara de Direito Privado, Foro Regional XI – Pinheiros – 2ª Vara Cível, j. 16/4/2019, Data de Registro: 16/4/2019) (grifo nosso)

> APELAÇÃO. Ação revisional de contrato. Plano de saúde coletivo. Sentença de improcedência. Insurgência da autora. Ausência de comprovação da ré acerca do cabimento dos reajustes aplicados por sinistralidade. Novos aumentos que são permitidos, desde que efetivamente comprovada a majoração da sinistralidade ou dos custos médicos. Possibilidade de aplicação para reequilíbrio contratual, desde que demonstrada sua necessidade, o que não ocorreu, de modo que deve incidir apenas os índices anuais autorizados pela ANS. Devolução dos valores pagos a maior que deve se dar de forma simples. Sentença reformada. Recurso a que se dá parcial provimento. (TJSP – Apelação Cível 1096123-10.2018.8.26.0100 – Rel. José Rubens Queiroz Gomes – 7ª Câmara de Direito Privado – Foro Central Cível – 5ª Vara Cível – j. 24/3/2014 – Data de Registro: 17/4/2019)

Como se vê, o aumento acima dos índices autorizados pela Agência Nacional de Saúde por "sinistralidade" só é possível mediante prévia e detalhada motivação, a ser apresentada ao consumidor em atenção ao seu direito de "informação" (art. 6º, III, do CDC). Assim não procederam as rés, que se limitaram a enviar uma carta informando o índice geral do reajuste (documento anexo).

Tal atitude apenas confirma a abusividade do reajuste, não só porque este provocou, como se disse, claro desequilíbrio contratual, mas também porque feito à revelia do consumidor, colocando-o em situação e vulnerabilidade, diante do claro risco de ficar impossibilitado de cumprir o contrato, ficando sem cobertura e ainda perder todo o investimento feito até então.

Dos Pedidos:

Ante o exposto, considerando que a pretensão do autor encontra fundamento no Código de Defesa do Consumidor e na jurisprudência do TJSP, como indicado em item próprio retro, **requer**:

a) seja concedida liminar, em tutela provisória de urgência (art. 300 do CPC), no sentido de determinar às rés a revisão do reajuste aplicado ao seguro saúde do autor, com escopo de limitá-lo a 10% (dez por cento), conforme orientação emitida pela ANS, passando a mensalidade do plano a ser de R$ 842,15 (oitocentos e quarenta e dois reais e quinze centavos);

b) a citação das rés para que, querendo, apresentem resposta no prazo legal, sob pena de sujeitarem-se aos efeitos da revelia;

c) seja, no mérito, declarada a nulidade do reajuste de 17,97% (dezessete, noventa e sete por cento) aplicado pelas rés à mensalidade do seguro saúde do autor, limitando-se o aumento ao índice divulgado pela ANS no porcentual de 10% (dez por cento);

d) seja a ré "W" condenada a devolver ao autor a diferença cobrada a maior desde julho de 0000, devidamente corrigida e acrescida de juros desde o efetivo pagamento.

Das Provas, da Audiência de Conciliação e do Valor da Causa:

Ressalvando-se que a responsabilidade das rés, na qualidade de fornecedoras de serviços, é objetiva (art. 14 da Lei 8.078/90-CDC), ou seja, cabe a elas, no desiderato de se eximir de sua responsabilidade, provar alguma das excludentes previstas na norma legal, indica que provará o que for necessário, usando de todos os meios permitidos em direito, em especial pela juntada de documentos (anexos) e oitiva de testemunhas (rol anexo).

Em atenção ao que determina o art. 319, VII, do CPC, o autor registra que NÃO TEM interesse na designação de audiência de conciliação neste momento.

Dá-se ao feito o valor de R$ 732,24 (setecentos e trinta e dois reais e vinte e quatro centavos).

Termos em que,
P. Deferimento.

Mogi das Cruzes, 00 de fevereiro de 0000.

Gediel Claudino de Araujo Júnior
OAB/SP 000.000

14. AÇÃO DECLARATÓRIA DE NULIDADE DE REAJUSTE DE MENSALIDADE DE PLANO DE SAÚDE INDIVIDUAL EM RAZÃO DE MUDANÇA DE FAIXA ETÁRIA "SEM PREVISÃO CONTRATUAL" (*AUMENTO DE 79% EM RAZÃO DE MUDANÇA DE FAIXA ETÁRIA – 66 (SESSENTA E SEIS) ANOS DE IDADE*)

Excelentíssimo Senhor Doutor Juiz de Direito da ___ Vara Cível do Foro de Mogi das Cruzes, São Paulo.

L. J. da S., brasileiro, casado, aposentado, titular do e-mail ljs@gsa.com. br, portador do RG 00.000.000-SSP/SP e do CPF 000.000.000-00, residente e domiciliado na Avenida José Moreira Filho, nº 00, Mogilar, cidade de Mogi das Cruzes-SP, CEP 00000-000, por seu Advogado que esta subscreve (mandato incluso), com escritório na Rua Adelino Torquato, nº 00, sala 00, Centro, cidade de Mogi das Cruzes-SP, onde recebe intimações (e-mail: gediel@gsa.com.br), vem à presença de Vossa Excelência propor *ação declaratória de nulidade de reajuste de mensalidade de seguro saúde em razão de mudança de faixa etária*, observando-se o procedimento comum, *com pedido liminar*, em face da empresa **G. A. Saúde S.A.**, inscrita no CNPJ nº 00.000.000/0000-00, titular do e-mail institucional gasaude@gsa.com.br e dos telefones 00-0000-0000 e 00-0000-0000, sediada na Avenida Paulista, nº 00, Bela Vista, cidade de São Paulo-SP, CEP 00000-000, pelos motivos de fato e de direito que a seguir expõe:

Dos Fatos:

Em 00 de outubro de 0000, o autor contratou junto à ré plano de saúde familiar, categoria "enfermaria", tendo ele como titular e dependentes a sua mulher e uma filha (documentos anexos).

Passados quase 25 (vinte e cinco) anos, a mensalidade do plano estava em R$ 2.858,70 (dois mil, oitocentos e cinquenta e oito reais e setenta centavos), referente ao mês de junho de 0000, conforme faz prova documento anexo.

Em meados do mês de junho, o autor recebeu carta da ré onde esta lhe indicava que o seu plano sofreria reajuste em razão da "mudança da sua faixa etária", visto que ele estaria completando no dia 00 de julho a idade de 66 (sessenta e seis) anos, sendo que a mensalidade do plano de saúde passaria, no total, a ser de R$ 3.740,90 (três mil, setecentos e quarenta reais e noventa centavos); ou seja, o valor referente à parte do autor passaria de R$ 1.116,72 (um mil, cento e dezesseis reais e setenta e dois centavos) para R$ R$ 1.998,92 (um mil, novecentos e noventa e oito reais e noventa e dois centavos), ou seja, *um reajuste de 79% (setenta e nove por cento)*.

Unilateral e claramente ilegal, como se mostrará a seguir, a magnitude do aumento inviabiliza mantenha o autor o plano de saúde que já possui há mais de duas décadas, não lhe deixando alternativa senão a de buscar a tutela jurisdicional por meio desta.

Do Direito:

Em julgamento de "recurso repetitivo", tema 952, o Superior Tribunal de Justiça estabeleceu os requisitos para eventuais reajustes em razão da mudança de faixa etária para planos de saúde individuais ou familiares:

> **O reajuste de mensalidade de plano de saúde individual ou familiar fundado na mudança de faixa etária do beneficiário é válido desde que (i) haja previsão contratual, (ii) sejam observadas as normas expedidas pelos órgãos governamentais reguladores e (iii) não sejam aplicados percentuais desarrazoados ou aleatórios que, concretamente e sem base atuarial idônea, onerem excessivamente o consumidor ou discriminem o idoso. (STJ – REsp 1568244/RJ – Min. Ricardo Villas Bôas Cueva – S2 – *DJe* 19/12/2016)**

Neste caso, o reajuste é ilegal.

Primeiro: *não há previsão contratual*.

O contrato firmado há longo tempo pelas partes não previa esta sistemática, qual seja, reajuste em razão da idade. Sendo assim, não pode agora a ré alterar o acordo de forma unilateral simplesmente pelo fato de que hoje não só a legislação permite como é de ocorrência comum nos novos contratos.

Como afirmou o STJ, sem previsão contratual o reajuste é inválido.

Segundo: *o reajuste onera excessivamente o consumidor*.

O reajuste pretendido pela ré tem um peso tão grande neste caso em particular, que na hipótese deste reajuste não ser barrado por este douto Magistrado, é certo que o autor se verá obrigado a rescindir o contrato de forma unilateral, ficando ele e sua família sem a proteção de um plano de saúde depois de ter contribuído por mais de vinte e cinco anos.

Não se trata de um aumento de 10%, 20% ou até de abusivos 30% (trinta por cento); veja, a ré tem a petulância de cobrar de uma só vez um aumento de 79% (setenta e nove por cento).

Douto Magistrado, quem pode arcar com este tipo de aumento?

Aumento desta monta é "abusivo" aqui e em qualquer parte do planeta; pode se dizer até que este reajuste é "imoral". Muito mais ao se considerar que não obstante tenha completado 66 (sessenta e seis) anos de idade, o autor e sua família gozam de boa saúde, não tendo havido qualquer aumento no risco assistencial.

Sabendo que não se pode confiar no bom senso dos empresários, o legislador tratou de proibir este tipo de atitude, estabelecendo no art. 39, inciso V, do Código de Defesa do Consumidor, Lei 8.078/90, o seguinte:

Art. 39. É vedado ao fornecedor de produtos ou serviços, dentre outras práticas abusivas:
(...)

V – *exigir do consumidor vantagem manifestamente excessiva*; (grifo nosso)

O Código de Defesa do Consumidor foi ainda mais fundo, declarando nulas de pleno direito as cláusulas contratuais que eventualmente permitissem este tipo de reajuste:

Art. 51. São nulas de pleno direito, entre outras, as cláusulas contratuais relativas ao fornecimento de produtos e serviços que:
(...)

IV – estabeleçam obrigações consideradas iníquas, abusivas, *que coloquem o consumidor em desvantagem exagerada*, **ou sejam incompatíveis com a boa-fé ou a equidade;**

Terceiro, *o reajuste neste caso é vedado também pelo Estatuto do Idoso*:

Com escopo de se evitar discriminação contra o idoso, ou seja, pessoa com sessenta anos ou mais, o Estatuto do Idoso, Lei 10.741/2003, estabelece no § 3º do art. 15:

Art. 15. É assegurada a atenção integral à saúde do idoso, por intermédio do Sistema Único de Saúde – SUS, garantindo-lhe o acesso universal e igualitário, em conjunto articulado e contínuo das ações e serviços, para a prevenção, promoção, proteção e recuperação da saúde, incluindo a atenção especial às doenças que afetam preferencialmente os idosos.
§ 3º *É vedada a discriminação do idoso nos planos de saúde pela cobrança de valores diferenciados em razão da idade.* **(grifo nosso)**

Veja-se que o texto da lei é claro e "não abre exceções"; ou seja, mesmo que houvesse previsão contratual, neste caso não há, mesmo que o reajuste não fosse claramente abusivo, neste caso é, ainda assim o reajuste pretendido seria ilegal, visto que contraria expressa norma legal, vez que como já informado, o autor conta com 66 (sessenta e seis) anos de idade.

A questão já foi, inclusive, sumulada pelo Egrégio Tribunal de Justiça do Estado de São Paulo:

Súmula 91: Ainda que a avença tenha sido firmada antes da sua vigência, é descabido, nos termos do disposto no art. 15, § 3º, do Estatuto do Idoso, o reajuste da mensalidade de plano de saúde por mudança de faixa etária.

Dos Pedidos:

Ante o exposto, considerando que a pretensão do autor encontra fundamento no Código de Defesa do Consumidor e na jurisprudência do TJSP e do STJ, como indicado em item próprio retro, **requer**:

a) seja concedida liminar, em tutela provisória de urgência (art. 300 do CPC), no sentido de suspender o reajuste da mensalidade com arrimo na mudança de faixa etária, determinando que a ré emita o boleto do mês de julho de 0000 e os seguintes sem o reajuste anunciado até que ocorra o julgamento de mérito desta ação;

b) a prioridade na tramitação do feito, conforme permissivo do art. 1.048, I, do CPC, visto que tem 66 (sessenta e seis) anos de idade;

c) a citação da ré, na pessoa de um de seus representantes legais, para que, querendo, apresente resposta no prazo legal, sob pena de sujeitar-se aos efeitos da revelia;

d) seja, no mérito, declarada a nulidade do reajuste de 79% (setenta e nove por cento), em razão de mudança de faixa etária, excluindo-o da mensalidade do plano de saúde do qual o autor é titular, confirmando-se, neste sentido, a liminar.

e) no caso de que o autor se veja obrigado a pagar a mensalidade já com o reajuste, seja porque a ré se negue a expedir o boleto, seja porque este douto juízo negue a liminar, fato que se aceita apenas pelo princípio da eventualidade, seja a ré condenada a devolver ao autor a diferença cobrada a maior desde julho de 0000, devidamente corrigida e acrescida de juros desde o efetivo pagamento (valor a ser apurado em liquidação de sentença).

Das Provas, da Audiência de Conciliação e do Valor da Causa:

Ressalvando-se que a responsabilidade da ré, na qualidade de fornecedora de serviços, é objetiva (art. 14 da Lei 8.078/90-CDC), ou seja, cabe a ela, no desiderato de se eximir de sua responsabilidade, provar alguma das excludentes previstas na norma legal, indica que provará o que for necessário, usando de todos os meios permitidos em direito, em especial pela juntada de documentos (anexos) e oitiva de testemunhas (rol anexo).

Em atenção ao que determina o art. 319, VII, do CPC, o autor registra que NÃO TEM interesse na designação de audiência de conciliação neste momento.

Dá-se ao feito o valor de R$ 10.586,40 (dez mil, quinhentos e oitenta e seis reais e quarenta centavos).

Termos em que,
P. Deferimento.

Mogi das Cruzes, 00 de julho de 0000.

Gediel Claudino de Araujo Júnior
OAB/SP 000.000

15. AÇÃO DE INDENIZAÇÃO POR DANOS MORAIS EM RAZÃO DE "CANCELAMENTO DE VOO" (*DEMORA NA PRESTAÇÃO DE ASSISTÊNCIA AO PASSAGEIRO*)

Excelentíssimo Senhor Doutor Juiz de Direito da ___ Vara Cível do Foro de Mogi das Cruzes, São Paulo.

J. W. M. dos S., brasileiro, solteiro, segurança, sem endereço eletrônico, portador do RG 00.000.000-SSP/SP e do CPF 000.000.000-00, residente e domiciliado na Avenida Florêncio, nº 00, Vila Paulista, cidade de Mogi das Cruzes-SP, CEP 00000-000, por seu Advogado que esta subscreve (mandato incluso), com escritório na Rua Adelino Torquato, nº 00, sala 00, Centro, cidade de Mogi das Cruzes-SP, onde recebe intimações (e-mail: gediel@gsa.com.br), vem à presença de Vossa Excelência propor *ação de indenização por danos morais*, observando-se o procedimento comum, em face de **B. Transportes Aéreos Ltda.**, inscrita no CNPJ nº 00.000.000/0000-00, com endereço eletrônico desconhecido, sediada na Rua PC Linneu, sem número, portaria 00, prédio 00, Campo Belo, cidade de São Paulo-SP, CEP 00000-000, pelos motivos de fato e de direito que a seguir expõe:

1. De férias, o autor passou aproximadamente um mês na casa de seus pais na cidade de Juazeiro-CE, tendo comprado passagem de volta para São Paulo junto à empresa ré, com conexão em Brasília-DF, onde chegou no horário. O voo em conexão deveria partir de Brasília às 18h50 com destino a São Paulo-SP (documentos anexos).

2. Perto do horário da partida, a empresa ré anunciou que haveria atraso, mas que o voo estava confirmado.

3. As horas foram passando sem qualquer nova informação e também "sem qualquer assistência" por parte da empresa.

4. Esgotados todos os limites de paciência do autor e dos demais passageiros, finalmente a empresa ré anunciou o cancelamento do voo e a acomodação deles num hotel próximo.

5. O autor recebeu a chave do seu quarto exatamente às 3h45 (documento anexo); ou seja, *foram mais de oito horas de espera sem qualquer assistência por parte da empresa.* Foram horas de angústia, falta de informação e muito cansaço.

6. Os prepostos da ré se mostram totalmente insensíveis, ou seja, não confirmaram o cancelamento do voo, não prestaram qualquer assistência (como seria sua obrigação – Res. 141/2010-ANAC), não endossaram sua passagem para outra companhia (o voo acabou cancelado mais tarde por problemas técnicos com o avião).

7. A falta de cuidado da ré com as suas aeronaves (a manutenção deveria estar prevista na sua linha de trabalho), seu desprezo pelas normas da ANAC sobre o tema, além da sua total falta de empatia para com o seu cliente (ela "nada fez" para ao menos minimizar os transtornos do consumidor), causaram indevidamente enorme e desnecessário estresse nele, que passou por momentos difíceis sem qualquer assistência, fato que não lhe deixa outra alternativa senão a de buscar as devidas reparações por meio desta ação.

Ante o exposto, considerando que a pretensão do autor encontra arrimo nos arts. 6º, III, VI, e 14 da Lei 8.078/90-CDC, **requer**:

a) a citação da ré, na pessoa de um de seus representantes legais, para que, querendo, apresente resposta no prazo legal, sob pena de sujeitar-se aos efeitos da revelia;

b) a condenação da ré ao pagamento de danos morais no valor total de R$ 10.000,00 (dez mil reais), em razão da má prestação de serviços configurada na total falta de assistência ao autor, como seria sua obrigação.

Observando que a responsabilidade da ré, na qualidade de fornecedora de serviços, é objetiva (art. 14 da Lei 8.078/90-CDC), ou seja, cabe a ela, no desiderato de se eximir de sua responsabilidade, provar alguma das excludentes previstas na norma legal, indica que provará o que for necessário, usando de todos os meios permitidos em direito, em especial pela juntada de documentos (anexos) e oitiva de testemunhas (rol anexo).

Em atenção ao que determina o art. 319, VII, do CPC, o autor registra que NÃO TEM interesse na designação de audiência de conciliação neste momento.

Dá-se ao feito o valor de R$ R$ 10.000,00 (dez mil reais).

Termos em que,
P. Deferimento.

Mogi das Cruzes, 00 de setembro de 0000.

Gediel Claudino de Araujo Júnior
OAB/SP 000.000

16. AÇÃO DE INDENIZAÇÃO POR PERDAS E DANOS EM RAZÃO DE "ACIDENTE DE CONSUMO" (*CONSUMIDOR ATROPELA ANIMAL EM RODOVIA PEDAGIADA*)

Excelentíssimo Senhor Doutor Juiz de Direito da __ Vara Cível do Foro de Mogi das Cruzes, São Paulo.

M. G. R., brasileiro, casado, analista de TI, portador do RG 00.000.000-SSP/SP e do CPF 000.000.000-00, titular do e-mail mgr@gsa.com.br, residente e domiciliado na Rua Senday, nº 00, Jardim Revista, cidade de Mogi das Cruzes-SP, CEP 00000-000, por seu Advogado que esta subscreve (mandato incluso), com escritório na Rua Adelino Torquato, nº 00, sala 00, Centro, cidade de Mogi das Cruzes-SP, onde recebe intimações (e-mail: gediel@gsa.com.br), vem à presença de Vossa Excelência propor *ação de indenização por perdas e danos*, observando-se o procedimento comum, em face da A. C. B. S/A., inscrita no CNPJ nº 00.000.000/0000-00, com endereço eletrônico desconhecido, sediada na Avenida Nami Jafet, nº 00, Galpão 00, Vila Industrial, cidade de São Paulo-SP, CEP 00000-000, pelos motivos de fato e de direito que a seguir expõe:

Dos Fatos:

No último dia 00 de março, por volta das 5h30, o autor estava transitando pela Rodovia BR 00, altura do quilômetro 00, sentido de Campinas-SP, dirigindo veículo de sua propriedade (EcoSport-FORD, ano 0000, placa 000-0000), quando, inopinadamente, um cavalo invadiu a pista vindo a colidir com o automóvel do autor, que não conseguiu evitar o acidente.

O animal colidiu com a frente do veículo, causando grandes danos e, infelizmente, vindo a falecer no local. O autor, que se encontrava sozinho, sofreu apenas hematomas leves (fotos anexas), ficando muito assustado e abalado com o ocorrido (foi um evento traumático e muito difícil).

Foi lavrado boletim de ocorrência (anexo), sendo que o dono do animal não foi encontrado ou identificado.

O veículo foi conduzido a uma concessionária Ford, onde se constatou danos no valor total de R$ 18.370,00 (dezoito mil, trezentos e setenta reais), conforme provam documentos anexos (fotos e orçamento). Valor este que foi arcado na sua integralidade pelo autor (o pagamento foi feito por meio de cartão de crédito em dez parcelas – comprovantes anexos).

O autor entrou em contato com o SAC da ré (protocolo 00000000-00), contudo não obteve qualquer resposta (até o momento). Entendendo não ser razoável continuar esperando pela ré, o autor, a fim de rever os prejuízos materiais e morais que sofreu, busca por meio desta a tutela jurisdicional.

Do Direito:

"Da aplicação do Código de Defesa do Consumidor".

A relação entre as partes é de natureza consumerista, como se conclui dos arts. 2º e 3º do CDC:

> **Art. 2º Consumidor é toda pessoa física ou jurídica que adquire ou utiliza produto ou serviço como destinatário final.**
> **Parágrafo único. Equipara-se a consumidor a coletividade de pessoas, ainda que indetermináveis, que haja intervindo nas relações de consumo.**
>
> **Art. 3º Fornecedor é toda pessoa física ou jurídica, pública ou privada, nacional ou estrangeira, bem como os entes despersonalizados, que desenvolvem atividade de produção, montagem, criação, construção, transformação, importação, exportação, distribuição ou comercialização de produtos ou prestação de serviços.**
>
> **§ 1º Produto é qualquer bem, móvel ou imóvel, material ou imaterial.**
>
> **§ 2º Serviço é qualquer atividade fornecida no mercado de consumo, mediante remuneração, inclusive as de natureza bancária, financeira, de crédito e securitária, salvo as decorrentes das relações de caráter trabalhista.**

Neste sentido, há que se esclarecer que a rodovia onde ocorreu o acidente, BR 000, é administrada pela ré que, em razão da concessão, cobra pedágio, que foi pago pelo autor (documento anexo).

No mais, não se deve olvidar que um dos direitos básicos do consumidor é justamente a proteção da vida e saúde, conforme indica o inciso I, do art. 6º, do CDC: "a proteção da vida, saúde e segurança contra os riscos provocados por práticas no fornecimento de produtos e serviços considerados perigosos ou nocivos".

De outro lado, o *caput* do art. 22 do Código de Defesa do Consumidor informa que as concessionárias de serviço público são obrigadas a fornecer serviços adequados, eficientes e seguros aos consumidores.

"Da responsabilidade da ré".

O Código de Defesa do Consumidor é claro e direto sobre a natureza da responsabilidade da ré quanto aos fatos narrados nesta inicial, *in verbis*:

> **Art. 14. O fornecedor de serviços responde, <u>independentemente da existência de culpa</u>, pela reparação dos danos causados aos consumidores por defeitos relativos à prestação dos serviços, bem como por informações insuficientes ou inadequadas sobre sua fruição e riscos. (grifo nosso.)**

Em outras palavras, o CDC adotou quanto ao tema dos acidentes de consumo a chamada "responsabilidade objetiva", ou seja, o fornecedor de serviços responde independentemente da existência de culpa pelo evento.

Sobre as empresas concessionárias dos serviços públicos, o CDC é ainda mais explícito, *in verbis*:

> **Art. 22. Os órgãos públicos, por si ou suas empresas, concessionárias, permissionárias ou sob qualquer outra forma de empreendimento, são obrigados a fornecer serviços adequados, eficientes, seguros e, quanto aos essenciais, contínuos.**
> **Parágrafo único.** <u>Nos casos de descumprimento, total ou parcial, das obrigações referidas neste artigo, serão as pessoas jurídicas compelidas a cumpri-las e a reparar os danos causados, na forma prevista neste Código.</u> **(grifo nosso)**

A Lei 8.987/95, que dispõe sobre o regime de concessão e permissão da prestação de serviços públicos, estabelece no seu art. 25 que *"incumbe à concessionária a execução do serviço concedido, cabendo-lhe responder por todos os prejuízos causados ao poder concedente, aos usuários ou a terceiros, sem que a fiscalização exercida pelo órgão competente exclua ou atenue essa responsabilidade".*

Em outras palavras, a ré tinha o dever de garantir o uso "seguro" da rodovia pelo consumidor, usuário mediante pagamento de pedágio; <u>ressaltando-se que este em nada concorreu para o evento danoso.</u>

Neste sentido a jurisprudência do STJ:

> **Administrativo e processo civil. Agravo interno no agravo interno no recurso especial. Responsabilidade civil. Acidente em rodovia federal com falecimento do condutor. Animal na pista de rolamento. Responsabilidade objetiva. Entendimento firmado pelo STJ. (STJ – AgInt no AgInt no REsp 1.561.781/PB – Min. Napoleão Nunes Maia Filho – T1 – *DJe* 1/7/2020)**

"Do dano moral."

Além de responder pelos danos materiais advindos do acidente de consumo, a ré deve ao autor danos morais, em razão da dor e sofrimento que lhe foram causados pelo evento, isso sem se olvidar dos riscos à sua saúde física e mental.

Na verdade, qualquer pessoa nestas circunstâncias sofreria, como o autor, enorme e profunda dor moral e mal-estar físico diante de acidente tão abrupto e violento. Foram momentos que o autor, infelizmente, nunca será capaz de esquecer.

Configurada de forma tão evidente a "dor moral", de absoluto rigor seja ela indenizada.

Dos Pedidos:

Ante o exposto, considerando que a pretensão do autor encontra arrimo nos arts. 2º; 3º, § 2º; 6º, I, VI; 8º e 14 da Lei 8.078/90-CDC, assim como no art. 37, § 6º, da Constituição Federal, **requer**:

a) os benefícios da justiça gratuita, vez que se declara pobre no sentido jurídico do termo, conforme declaração anexa;

b) a citação da ré, na pessoa de um de seus representantes legais, para que, querendo, apresente resposta no prazo legal, sob pena de sujeitar-se aos efeitos da revelia;

c) seja a empresa ré condenada ao pagamento de danos materiais no valor de R$ 18.370,00 (dezoito mil, trezentos e setenta reais), referente aos custos para reparo do veículo;

d) considerando a enorme dor e sofrimento causados ao autor, assim como a ofensa à sua integridade física, seja a empresa ré CONDENADA ao pagamento de danos morais no valor de R$ 10.000,00 (dez mil reais).

Das Provas, da Audiência de Conciliação e do Valor da Causa:

Ressalvando-se que a responsabilidade da ré, na qualidade de fornecedora de serviços, é objetiva (art. 14, Lei 8.078/90-CDC), ou seja, cabe a ela, no desiderato de se eximir de sua responsabilidade, provar alguma das excludentes previstas na norma legal, indica que provará o que for necessário, usando de todos os meios permitidos em direito, em especial pela juntada de documentos (anexos) e oitiva de testemunhas (rol anexo).

Em atenção ao que determina o art. 319, VII, do CPC, o autor registra que NÃO TEM interesse na designação de audiência de conciliação neste momento.

Dá ao pleito o valor de R$ 28.370,00 (vinte e oito mil, trezentos e setenta reais).

Termos em que,
P. deferimento.

Mogi das Cruzes, 00 de maio de 0000.

Gediel Claudino de Araujo Junior
OAB/SP 000.000

17. AÇÃO DE INDENIZAÇÃO POR PERDAS E DANOS EM RAZÃO DE "ACIDENTE DE CONSUMO" (*CONSUMIDORA QUEBRA UM DENTE AO MASTIGAR UMA LINGUIÇA EM RAZÃO DE OBJETO ESTRANHO*)

Excelentíssimo Senhor Doutor Juiz de Direito do Juizado Especial Cível da Comarca de Mogi das Cruzes, São Paulo[1].

        A. L. S. de O., brasileira, solteira (convivente), manicure, portadora do RG 00.000.000-SSP/SP e do CPF 000.000.000-00, titular do e-mail also@gsa.com.br, residente e domiciliada na Rua Profeta Jonas, nº 00, fundos, Vila Pomar, cidade de Mogi das Cruzes-SP, CEP 00000-000, por seu Advogado que esta subscreve (mandato incluso), com escritório na Rua Adelino Torquato, nº 00, sala 00, Centro, cidade de Mogi das Cruzes-SP, onde recebe intimações (e-mail: gediel@gsa.com.br), vem à presença de Vossa Excelência propor *ação de indenização por perdas e danos*, observando-se o procedimento especial previsto na Lei 9.099/95, em face da **S. M. Indústria de Alimentos Ltda.**, inscrito no CNPJ nº 00.000.000/0000-00, com endereço eletrônico desconhecido, sediada na Avenida Cavalheiro Nami Jafet, nº 00, Galpão 00, Vila Industrial, cidade de Mogi das Cruzes-SP, CEP 00000-000, pelos motivos de fato e de direito que a seguir expõe:

        1. No último dia 00 de agosto, a requerente adquiriu junto ao Supermercado "M" um pacote de linguiça toscana de fabricação e distribuição da ré (foto do produto anexa). Conforme cupom fiscal que se junta, pagou pelo produto a importância de R$ 14,99 (quatorze reais e noventa e nove centavos).

        2. Ao consumir o produto no dia seguinte, durante a mastigação, a requerente mordeu um objeto estranho, que depois se descobriu ser um pequeno pedaço de metal de aproximadamente meio centímetro (foto anexa); a dor foi intensa e infelizmente quebrou um dos dentes da requerente.

        3. Todo o produto foi jogado fora (foto anexa).

        4. No dia seguinte, a requerente procurou o seu dentista, sendo necessário fazer uma restauração; pagou R$ 250,00 (duzentos e cinquenta reais) pela consulta (recibo anexo).

        5. Douto Magistrado, imagine a situação de ser surpreendido a mastigar um pedaço de ferro inadvertidamente junto com sua comida; a dor é muito intensa; a experiência é horrível e traumatizou a requerente que até hoje se vê mastigando com muito cuidado todas as comidas. Impossível dizer quanto tempo isso vai continuar.

---

[1]   Não havendo necessidade de perícia técnica, este tipo de ação pode tanto ser proposta no JEC quanto na vara cível, respeitando-se, é claro, os limites previstos no art. 3º da Lei 9.099/95.

6. Pois bem, parece que a ré não entende a dimensão do referido acidente, visto que contatada se prontificou apenas a "trocar" o produto, como se depois do ocorrido a requerente tivesse confiança de voltar a consumir os seus produtos. A atitude da ré não deixa à requerente outra alternativa senão a de buscar a tutela jurisdicional.

Ante o exposto, considerando que a pretensão do requerente encontra arrimo no art. 12 da Lei 8.078/90-CDC, **requer:**

a) a citação da empresa ré na pessoa de um dos seus representantes legais, para que, querendo, compareça em audiência de conciliação, instrução e julgamento, a ser designada pelo Juízo, onde, se quiser, poderá oferecer resposta, sob pena de sujeitar-se aos efeitos da revelia;

b) seja a empresa ré condenada ao pagamento de danos materiais no valor de R$ 264,99 (duzentos e sessenta e quatro reais e noventa e nove centavos), referente ao valor pago pelo produto e pela consulta com o dentista (documentos anexos);

c) considerando a grande dor e sofrimento causado pelo acidente de consumo, observando-se que a requerente sofreu danos estéticos e psicológicos, seja a empresa ré CONDENADA ao pagamento de danos morais no valor de R$ 10.000,00 (dez mil reais).

Ressalvando-se que a responsabilidade da ré, na qualidade de fabricante e distribuidora do produto, é objetiva (art. 12 da Lei 8.078/90-CDC), ou seja, cabe a ela, no desiderato de se eximir de sua responsabilidade, provar alguma das excludentes previstas na norma legal, indica que provará o que for necessário, usando de todos os meios permitidos em direito, em especial pela juntada de documentos (anexos) e oitiva de testemunhas (rol anexo).

Dá ao pleito o valor de R$ 10.264,99 (dez mil, duzentos e sessenta e quatro reais e noventa e nove centavos).

Termos em que,
P. Deferimento.

Mogi das Cruzes, 00 de setembro de 0000.

Gediel Claudino de Araujo Júnior
OAB/SP 000.000

18. AÇÃO DE INDENIZAÇÃO POR PERDAS E DANOS EM RAZÃO DE "ACIDENTE DE CONSUMO" (*CONSUMIDOR SOFRE ACIDENTE AUTOMOBILÍSTICO EM ESTRADA PEDAGIADA*)

Excelentíssimo Senhor Doutor Juiz de Direito do Juizado Especial Cível da Comarca de Mogi das Cruzes, São Paulo[1].

N. L. V., brasileira, casada, empresária, portadora do RG 00.000.000-SSP/SP e do CPF 000.000.000-00, titular do e-mail nlv@gsa.com.br, residente e domiciliada na Rua Capitão Manuel Rodrigues, nº 00, Vila Oliveira, cidade de Mogi das Cruzes-SP, CEP 00000-000, por seu Advogado que esta subscreve (mandato incluso), com escritório na Rua Adelino Torquato, nº 00, sala 00, Centro, cidade de Mogi das Cruzes-SP, onde recebe intimações (e-mail: gediel@gsa.com.br), vem à presença de Vossa Excelência propor *ação de indenização por perdas e danos*, observando-se o procedimento especial previsto na Lei 9.099/95, em face da **A. C. B. S/A.**, inscrita no CNPJ nº 00.000.000/0000-00, com endereço eletrônico desconhecido, sediada na Avenida Nami Jafet, nº 00, Galpão 00, Vila Industrial, cidade de São Paulo-SP, CEP 00000-000, pelos motivos de fato e de direito que a seguir expõe:

1. No último dia 00 de novembro, por volta das 22h30, a requerente, juntamente com o seu marido, Sr. J. V., sofreu um acidente na Rodovia C. B. (BR 000); o casal estava em viajem para a cidade de Presidente Prudente-SP, a fim de visitar os pais da autora, quando, na altura do quilômetro 000, o carro que conduzia acertou algumas pedras que tinham sido espalhadas pela pista.

2. O impacto foi grande e muito assustador, mas com muita habilidade e um pouco de sorte, a requerente, pessoa que conduzia o veículo, conseguiu controlar o carro e se manter na pista. Em razão do impacto, o pneu traseiro direito estourou, ficando totalmente destruído. Apesar disso, a requerente não parou o carro, visto que teve medo de que as pedras na pista tivessem justamente este objetivo, qual seja, provocar a parada do veículo para posterior assalto a mão armada.

3. Mesmo com dificuldades, o casal manteve o carro rodando alguns quilômetros até que, por sorte, encontraram um local de parada, onde finalmente puderam estacionar e pedir ajuda para a seguradora e para a ré. Enquanto esperava, a autora registrou os danos fotograficamente (fotos anexas).

4. De tudo foi lavrado boletim de ocorrência (cópia anexa); nesta ocasião, a autora ficou sabendo que infelizmente havia uma quadrilha agindo naquela região; ou seja, que não era a primeira vítima, conforme se pode comprovar de algumas matérias publicadas em jornais locais da região (documentos anexos).

---

[1] Não havendo necessidade de perícia técnica, esse tipo de ação pode tanto ser proposta no JEC quanto na Vara Cível, respeitando-se, é claro, os limites previstos no art. 3º da Lei 9.099/95.

5. Não obstante este fato fosse notório, como se viu acima, a ré não tomou qualquer atitude para informar e alertar os seus usuários sobre o perigo de trafegar por aquela área no horário noturno, ou mesmo tomou qualquer providência para aumentar a segurança no local.

6. Os danos no veículo, uma Mercedes modelo GLK 280, placa 0000, foram no total de R$ 11.342,00 (onze mil, trezentos e quarenta e dois reais), visto que foi necessário não só trocar a roda, mas também os dois pneus traseiros, conforme nota fiscal de serviços expedida por oficina especializada (anexa).

7. A autora apresentou reclamação junto aos serviços de atendimento da ré, mas esta, ignorando por completo não só a sua qualidade de concessionária de serviços públicos, mas também as suas obrigações oriundas de relação de consumo (pouco antes do local dos fatos a ré mantém uma praça de pedágio por onde passou a autora – comprovante anexo), que a obriga a garantir a proteção e incolumidade do motorista na rodovia que se encontra sob a sua responsabilidade, se negou a qualquer tipo de composição. A atitude da ré não deixa à requerente alternativa senão a de buscar a tutela jurisdicional.

Ante o exposto, considerando que a pretensão da requerente encontra arrimo nos arts. 14 e 22 da Lei 8.078/90-CDC, **requer**:

a) a citação da empresa ré na pessoa de um dos seus representantes legais, para que, querendo, compareça em audiência de conciliação, instrução e julgamento, a ser designada pelo Juízo, onde, se quiser, poderá oferecer resposta, sob pena de sujeitar-se aos efeitos da revelia;

b) seja a empresa ré condenada ao pagamento de danos materiais no valor de R$ 11.342,00 (onze mil, trezentos e quarenta e dois reais), referente às despesas com o concerto do veículo;

c) considerando a grande dor e sofrimento causado pelo acidente de consumo, a autora e seu marido passaram horas de medo e desamparo, temendo por suas vidas em um local deserto, seja a empresa ré CONDENADA ao pagamento de danos morais no valor de R$ 10.000,00 (dez mil reais).

Ressalvando-se que a responsabilidade da ré, na qualidade de prestadora de serviços, é objetiva (art. 14, Lei 8.078/90-CDC), ou seja, cabe a ela, no desiderato de se eximir de sua responsabilidade, provar alguma das excludentes previstas na norma legal, indica que provará o que for necessário, usando de todos os meios permitidos em direito, em especial pela juntada de documentos (anexos) e oitiva de testemunhas (rol anexo).

Dá ao pleito o valor de R$ 21.342,00 (vinte e um mil, trezentos e quarenta e dois reais).

Termos em que,
P. deferimento.

Mogi das Cruzes, 00 de dezembro de 0000.

Gediel Claudino de Araujo Junior
OAB/SP 000.000

19. AÇÃO DE INDENIZAÇÃO POR PERDAS E DANOS EM RAZÃO DE "ACIDENTE DE CONSUMO" (*CONSUMIDORA SOFRE QUEDA DENTRO DO SUPERMERCADO*)

Excelentíssimo Senhor Doutor Juiz de Direito da ___ Vara Cível do Foro de Mogi das Cruzes, São Paulo[1].

M. de B. C., brasileira, solteira, promotora de vendas, portadora do RG 00.000.000-SSP/SP e do CPF 000.000.000-00, titular do e-mail mbc@gsa.com.br, residente e domiciliada na Rua Senador Feijó, nº 00, Vila Operária, cidade de Mogi das Cruzes-SP, CEP 00000-000, por seu Advogado que esta subscreve (mandato incluso), com escritório na Rua Adelino Torquato, nº 00, sala 00, Centro, cidade de Mogi das Cruzes-SP, onde recebe intimações (e-mail: gediel@gsa.com.br), vem à presença de Vossa Excelência propor *ação de indenização por perdas e danos*, observando-se o procedimento comum, em face da **C. Supermercados Ltda.**, inscrito no CNPJ nº 00.000.000/0000-00, com endereço eletrônico desconhecido, sediada na Avenida Quinze de Novembro, nº 00, Vila Romana, cidade de Mogi das Cruzes-SP, CEP 00000-000, pelos motivos de fato e de direito que a seguir expõe:

Dos Fatos:

No último dia 00 de março, por volta das 10h20, a autora estava fazendo compras nas dependências da loja da ré quando, de forma totalmente inesperada, escorregou num líquido no chão (depois ficou sabendo que o refrigerador próximo estava com defeito e vazando água); na ocasião, a consumidora estava caminhando de forma apressada e fazendo uma curva no corredor; a violência do escorregão a levou a enfiar o pé esquerdo no vão de uma grande máquina de refrigeração, onde se vendem laticínios, fato que lhe causou um grande corte no referido pé, aproximadamente sete centímetros (fotos anexas).

A autora foi socorrida por funcionários da ré, que acionaram os serviços do SAMU, que, por sua vez, a levaram para o pronto atendimento do Hospital L. de P. M., onde levou seis pontos e foi medicada, recebendo orientação para ficar de repouso durante dez dias (documentos anexos).

Douto Magistrado, quem já bateu o pé em qualquer lugar pode "imaginar" o tamanho e a intensidade da dor que o acidente sofrido pela autora lhe causou; os funcionários da ré podem atestar que ela gritou e chorou muito, mas muito mesmo, de dor e desespero. O sangue que correu em abundância não melhorou as coisas, é claro.

Além da dor e do sofrimento advindos do acidente, a consumidora teve que lidar com o ferimento que a afastou de suas atividades pelo prazo de repouso, assim como

---

[1] Não havendo necessidade de perícia técnica, este tipo de ação pode tanto ser proposta no JEC quanto na vara cível, respeitando-se, é claro, os limites previstos no art. 3º da Lei 9.099/95.

despesas com medicamentos e insumos terapêuticos no valor de R$ 263,07 (duzentos e sessenta e três reais e sete centavos), conforme provam documentos anexos.

Por fim, há que se registrar que é provável que a autora fique com uma cicatriz no local.

Do Direito:

"Da aplicação do Código de Defesa do Consumidor".

A relação entre as partes é de natureza consumerista, como se conclui dos arts. 2º e 3º do CDC:

> **Art. 2º Consumidor é toda pessoa física ou jurídica que adquire ou utiliza produto ou serviço como destinatário final.**
> **Parágrafo único. Equipara-se a consumidor a coletividade de pessoas, ainda que indetermináveis, que haja intervindo nas relações de consumo.**

> **Art. 3º Fornecedor é toda pessoa física ou jurídica, pública ou privada, nacional ou estrangeira, bem como os entes despersonalizados, que desenvolvem atividade de produção, montagem, criação, construção, transformação, importação, exportação, distribuição ou comercialização de produtos ou prestação de serviços.**

> **§ 1º Produto é qualquer bem, móvel ou imóvel, material ou imaterial.**

> **§ 2º Serviço é qualquer atividade fornecida no mercado de consumo, mediante remuneração, inclusive as de natureza bancária, financeira, de crédito e securitária, salvo as decorrentes das relações de caráter trabalhista.**

Neste sentido, há que se esclarecer que a autora compareceu na filial da ré no dia do acidente para, na qualidade de destinatário final, usufruir dos serviços ali prestados, especialmente para adquirir mercadorias necessárias para seu dia a dia.

No mais, não se deve olvidar que um dos direitos básicos do consumidor é justamente a proteção da vida e saúde, conforme indica o inciso I do art. 6º do CDC: "a proteção da vida, saúde e segurança contra os riscos provocados por práticas no fornecimento de produtos e serviços considerados perigosos ou nocivos".

"Da natureza da responsabilidade da ré".

O Código de Defesa do Consumidor é claro e direto sobre a natureza da responsabilidade da ré quanto aos fatos narrados nesta inicial, *in verbis*:

> **Art. 14. O fornecedor de serviços responde, *independentemente da existência de culpa*, pela reparação dos danos causados aos consumidores por defeitos relativos à prestação dos serviços, bem como por informações insuficientes ou inadequadas sobre sua fruição e riscos. (grifo nosso)**

Em outras palavras, o CDC adotou quanto ao tema dos acidentes de consumo a chamada "responsabilidade objetiva", ou seja, o fornecedor de serviços responde independentemente da existência de culpa pelo evento.

Neste sentido a jurisprudência do STJ:

O Código de Defesa do Consumidor acolheu a teoria do risco do empreendimento (ou da atividade) segundo a qual o fornecedor responde objetivamente por todos os danos causados ao consumidor pelo produto ou serviço que se revele defeituoso (ou com a pecha de defeituoso, em que o fornecedor não se desonera do ônus de comprovar que seu produto não ostenta o defeito a ele imputado), na medida em que a atividade econômica é desenvolvida, precipuamente, em seu benefício, devendo, pois, arcar com os riscos "de consumo" dela advindos. (STJ – REsp 1599405/SP – Min. Marco Aurélio Bellizze – T3 – *DJe* 17/4/2017)

"Do dano moral e do dano estético".

Além de responder pelos danos materiais advindos do acidente de consumo, a ré deve à autora danos morais e estéticos; os primeiros pela dor e sofrimento causados, os segundos pela ofensa à sua integridade física, que deixou cicatriz possivelmente permanente.

Com efeito, a autora estava nas dependências da ré, quando em razão de um descuido de manutenção foi vítima de um "acidente de consumo" que lhe causou muita dor e sofrimento, deixando marcas psicológicas e físicas (foram seis pontos e uma cicatriz eterna). Tais fatos reclamam a concessão de indenização que compense a dor e o sofrimento impostos à consumidora, assim como a indenize pela cicatriz que mesmo de forma discreta alterou a sua estética.

Dos Pedidos:

Ante o exposto, considerando que a pretensão do requerente encontra arrimo nos arts. 2º, 3º, § 2º, 6º, I, VI, 8º, e 14 da Lei 8.078/90-CDC, **requer**:

a) os benefícios da justiça gratuita, vez que se declara pobre no sentido jurídico do termo, conforme declaração anexa;

b) a citação da ré, na pessoa de um de seus representantes legais, para que, querendo, apresente resposta no prazo legal, sob pena de sujeitar-se aos efeitos da revelia;

c) seja a empresa ré condenada ao pagamento de danos materiais no valor de R$ 263,07 (duzentos e sessenta e três reais e sete centavos), referente ao custo dos medicamentos e insumos terapêuticos;

d) considerando a enorme dor e sofrimento causado a autora, assim como a ofensa à sua integridade física, ela levou seis pontos, fato que lhe causou dano estético (cicatriz), seja a empresa ré CONDENADA ao pagamento de danos morais e estéticos no valor de R$ 15.000,00 (quinze mil reais).

Das Provas, da Audiência de Conciliação e do Valor da Causa:

Ressalvando-se que a responsabilidade da ré, na qualidade de fornecedora de serviços, é objetiva (art. 14 da Lei 8.078/90-CDC), ou seja, cabe a ela, no desiderato de se eximir de sua responsabilidade, provar alguma das excludentes previstas na norma legal, indica que provará o que for necessário, usando de todos os meios permitidos em direito, em especial pela juntada de documentos (anexos) e oitiva de testemunhas (rol anexo).

Em atenção ao que determina o art. 319, VII, do CPC, o autor registra que NÃO TEM interesse na designação de audiência de conciliação neste momento.

Dá ao pleito o valor de R$ 15.263,07 (quinze mil, duzentos e sessenta e três reais e sete centavos).

Termos em que,
P. Deferimento.

Mogi das Cruzes, 00 de abril de 0000.

Gediel Claudino de Araujo Júnior
OAB/SP 000.000

20. AÇÃO DE INDENIZAÇÃO POR PERDAS E DANOS EM RAZÃO DE "ACIDENTE DE CONSUMO" (*CONSUMIDORA TEM REAÇÃO ALÉRGICA AO USAR PRODUTO DE BELEZA*)

Excelentíssimo Senhor Doutor Juiz de Direito do Juizado Especial Cível da Comarca de Mogi das Cruzes, São Paulo[1].

        S. A. de A., brasileira, solteira, estudante, portadora do RG 00.000.000-SSP/SP e do CPF 000.000.000-00, titular do e-mail saa@gsa.com.br, residente e domiciliada na Rua João Ribeiro de Brito, nº 00, Vila Paulista, cidade de Mogi das Cruzes-SP, CEP 00000-000, por seu Advogado que esta subscreve (mandato incluso), com escritório na Rua Adelino Torquato, nº 00, sala 00, Centro, cidade de Mogi das Cruzes-SP, onde recebe intimações (e-mail: gediel@gsa.com.br), vem à presença de Vossa Excelência propor *ação de indenização por perdas e danos*, observando-se o procedimento especial previsto na Lei 9.099/95, em face da **C. Cosméticos S/A.**, inscrito no CNPJ nº 00.000.000/0000-00, com endereço eletrônico cccomesticos@ccosmesticos.com.br, sediada na Avenida Itatiaia, nº 00, Jardim das Andorinhas, cidade de Campinas-SP, CEP 00000-000, pelos motivos de fato e de direito que a seguir expõe:

        1. No último dia 00 de setembro, a autora comprou na loja "S", localizada no Shopping Iguatemi nesta Cidade, o produto "B", indicado para relaxamento para cabelos de fabricação da requerida. O produto custou o valor de R$ 76,32 (setenta e seis reais e trinta e dois centavos), pago por meio de cartão de crédito, conforme provam documentos anexos.

        2. Naquele mesmo dia, à noite em sua casa, a requerente usou o produto, seguindo as instruções da embalagem. Na manhã seguinte, acordou com muita coceira no couro cabeludo e um grande vermelhão no pescoço e nas costas (a autora tinha cabelos bem cumpridos, quase até a cintura, como se pode ver de fotos anexas).

        3. Preocupados com aquela reação, os pais da autora a levaram ao pronto-socorro do Hospital "I", onde a médica lhes explicou que havia ocorrido uma grave reação alérgica ao produto, que, segundo avaliação da médica, era de baixa qualidade e teria reagido com a tintura do cabelo da paciente (registre-se que a embalagem do produto não traz qualquer advertência quanto a esta possibilidade).

        4. Por segurança, a médica determinou o corte total do cabelo da autora, máquina zero, o que foi feito ali mesmo no pronto-socorro. Além do corte do cabelo, a médica receitou dois medicamentos que custaram o total de 367,21 (trezentos e sessenta e sete reais e vinte e um centavos), conforme provam documentos anexos (receita e recibo de compra).

---

[1]   Não havendo necessidade de perícia técnica, este tipo de ação pode tanto ser proposta no JEC quanto na vara cível, respeitando-se, é claro, os limites previstos no art. 3º da Lei 9.099/95.

5. Todo o acontecido teve um efeito devastador na requerente, jovem de apenas 23 (vinte e três) anos; há várias semanas que ela não sai de casa, colocando em grande risco a sua aprovação neste semestre na faculdade (ela está cursando arquitetura). O sofrimento físico e psicológico causado pelo evento foi enorme, deixando marcas que infelizmente parecem permanentes.

6. O fato reclama a responsabilização da requerida, razão pela qual se busca por meio desta a tutela jurisdicional.

Ante o exposto, considerando que a pretensão do requerente encontra arrimo nos arts. 6º, I, III e VI, 8º, 12 da Lei 8.078/90-CDC, **requer**:

a) a citação da empresa ré na pessoa de um dos seus representantes legais, para que, querendo, compareça em audiência de conciliação, instrução e julgamento, a ser designada pelo Juízo, onde, se quiser, poderá oferecer resposta, sob pena de sujeitar-se aos efeitos da revelia;

b) seja a empresa ré condenada ao pagamento de danos materiais no valor de R$ 443,53 (quatrocentos e quarenta e três reais e cinquenta e três centavos), referente ao custo do produto defeituoso e dos medicamentos usados em razão do acidente de consumo;

c) considerando a grande dor e sofrimento causado pelo acidente de consumo em razão de defeito do produto e da falta de informação, observando-se que a requerente sofreu danos estéticos e psicológicos permanentes, seja a empresa ré CONDENADA ao pagamento de danos morais no valor de R$ 35.000,00 (trinta e cinco mil reais).

Ressalvando-se que a responsabilidade da ré, na qualidade de fabricante e distribuidora do produto, é objetiva (art. 12 da Lei 8.078/90-CDC), ou seja, cabe a ela, no desiderato de se eximir de sua responsabilidade, provar alguma das excludentes previstas na norma legal, indica que provará o que for necessário, usando de todos os meios permitidos em direito, em especial pela juntada de documentos (anexos) e oitiva de testemunhas (rol anexo).

Dá ao pleito o valor de R$ 35.443,53 (trinta e cinco mil, quatrocentos e quarenta e três reais e cinquenta e três centavos).

Termos em que,
P. Deferimento.

Mogi das Cruzes, 00 de novembro de 0000.

Gediel Claudino de Araujo Júnior
OAB/SP 000.000

21. AÇÃO DE INDENIZAÇÃO POR PERDAS E DANOS EM RAZÃO DE "ACIDENTE DE CONSUMO" (*EXPLOSÃO DE PANELA DE PRESSÃO*)

Excelentíssimo Senhor Doutor Juiz de Direito da ___ Vara Cível do Foro de Mogi das Cruzes, São Paulo.

E. da S. E., brasileira, solteira (convivente), desempregada, portadora do RG 00.000.000-SSP/SP e do CPF 000.000.000-00, titular do e-mail ese@gsa.com.br, residente e domiciliada na Rua João Batista Belda, nº 00, Socorro, cidade de Mogi das Cruzes-SP, CEP 00000-000, por seu Advogado que esta subscreve (mandato incluso), com escritório na Rua Adelino Torquato, nº 00, sala 00, Centro, cidade de Mogi das Cruzes-SP, onde recebe intimações (e-mail: gediel@gsa.com.br), vem à presença de Vossa Excelência propor *ação de indenização por perdas e danos*, observando-se o procedimento comum, em face da **Grupo GCA do Brasil Ltda.**, dono da marca "S", inscrito no CNPJ nº 00.000.000/0000-00, com endereço eletrônico desconhecido, sediada na Rua Santa Clara, nº 00, Centro, cidade de São Paulo-SP, CEP 00000-000, pelos motivos de fato e de direito que a seguir expõe:

Dos Fatos:

No dia 00 de abril de 0000, a autora comprou junto ao site das Lojas "T" uma panela de pressão de fabricação da ré, marca "S", tendo pagado o valor total de R$ 243,60 (duzentos e quarenta e três reais e sessenta centavos), conforme provam documentos anexos.

Passados pouco mais de 30 (trinta) dias da entrega, a autora estava realizando o cozimento de alguns pedaços de carne, com escopo de fazer ensopado, quando o pino da panela se soltou liberando vapor e água fervente; tudo foi muito rápido e a autora não conseguiu evitar ser atingida no braço esquerdo, fato que lhe causou grave queimadura no local (fotos anexas).

Familiares da autora a levaram ao pronto-socorro do Hospital L. de P. M., onde foi atendida e medicada.

Alguns dias depois do ocorrido, quando já estava se sentindo melhor, mas ainda medicada e com muitas dores, a autora entrou em contato com o SAC da fabricante. O atendimento recebeu o protocolo 000000; a consumidora foi informada de que a empresa poderia enviar um representante a sua residência para trocar a panela e para investigar a causa do ocorrido, mas que não tinham autorização para fazer qualquer tipo de acordo que envolvesse a devolução do valor pago pelo bem, assim como eventual indenização por danos estéticos e morais.

Diante da declaração da ré, a autora preferiu procurar assistência jurídica, optando, após ser informada de seus direitos, em ajuizar a presente demanda.

Registra, por fim, que além da enorme dor e sofrimento que o acidente lhe causou, a autora ainda apresenta no local um forte vermelhão que lhe causa desconforto, irritação e muito embaraço social. Até o momento já gastou com medicamentos, insumos e cremes o total de R$ 931,20 (novecentos e trinta e um reais e vinte centavos), conforme provam documentos anexos.

Do Direito:

"Da aplicação do Código de Defesa do Consumidor".

A relação entre as partes é de natureza consumerista, como se conclui dos arts. 2º e 3º do CDC:

> **Art. 2º Consumidor é toda pessoa física ou jurídica que adquire ou utiliza produto ou serviço como destinatário final.**
> **Parágrafo único. Equipara-se a consumidor a coletividade de pessoas, ainda que indetermináveis, que haja intervindo nas relações de consumo.**
>
> **Art. 3º Fornecedor é toda pessoa física ou jurídica, pública ou privada, nacional ou estrangeira, bem como os entes despersonalizados, que desenvolvem atividade de produção, montagem, criação, construção, transformação, importação, exportação, distribuição ou comercialização de produtos ou prestação de serviços.**
>
> **§ 1º Produto é qualquer bem, móvel ou imóvel, material ou imaterial.**
>
> **§ 2º Serviço é qualquer atividade fornecida no mercado de consumo, mediante remuneração, inclusive as de natureza bancária, financeira, de crédito e securitária, salvo as decorrentes das relações de caráter trabalhista.**

Não se deve olvidar, ademais, que um dos direitos básicos do consumidor é justamente a proteção da vida e saúde, conforme indica o inciso I, do art. 6º, do CDC: "a proteção da vida, saúde e segurança contra os riscos provocados por práticas no fornecimento de produtos e serviços considerados perigosos ou nocivos".

"Da natureza da responsabilidade da ré".

O Código de Defesa do Consumidor é claro e direto sobre a natureza da responsabilidade da ré quanto aos fatos narrados nesta inicial, *in verbis*:

> **Art. 12. O fabricante, o produtor, o construtor, nacional ou estrangeiro, e o importador respondem, *independentemente da existência de culpa*, pela reparação dos danos causados aos consumidores por defeitos decorrentes de projeto, fabricação, construção, montagem, fórmulas, manipulação, apresentação ou acondicionamento de seus produtos, bem como por informações insuficientes ou inadequadas sobre sua utilização e riscos.**
> **(grifo nosso)**

Em outras palavras, o CDC adotou quanto ao tema dos acidentes de consumo a chamada "responsabilidade objetiva", ou seja, o fornecedor de serviços responde independentemente da existência de culpa pelo evento.

Neste sentido, a jurisprudência do STJ:

> **O Código de Defesa do Consumidor acolheu a teoria do risco do empreendimento (ou da atividade) segundo a qual o fornecedor responde objetivamente por todos os danos causados ao consumidor pelo produto ou serviço que se revele defeituoso (ou com a pecha de defeituoso, em que o fornecedor não se desonera do ônus de comprovar que seu produto não ostenta o defeito a ele imputado), na medida em que a atividade econômica é desenvolvida, precipuamente, em seu benefício, devendo, pois, arcar com os riscos "de consumo" dela advindos. (STJ – REsp 1599405/SP – Min. Marco Aurélio Bellizze – T3 – *DJe* 17/4/2017)**

Comentando sobre este artigo no seu livro *Comentários ao Código de Defesa do Consumidor*, 7ª edição, da Editora Saraiva, o mestre Rizzatto Nunes declara que "*na hipótese de dano por acidente de consumo com o produto, a ação do consumidor tem que se dirigir ao responsável pelo defeito: fabricante produtor ou construtor e, em caso de produto importado, o importador*". Exatamente o que faz a autora por meio desta ação, ou seja, vítima de um "acidente de consumo" busca indenização em face do fabricante do produto.

"***Do dano moral e do dano estético***".

Além de responder pelos danos materiais advindos do acidente de consumo, a ré deve à autora danos morais e estéticos; os primeiros pela dor e sofrimento causados, os segundos pela ofensa à sua integridade física, que deixou cicatriz possivelmente permanente (fotos anexas).

Dos Pedidos:

Ante o exposto, considerando que a pretensão da autora encontra arrimo nos arts. 2º, 3º, 6º, I e VI, 8º, e 12 da Lei 8.078/90-CDC, **requer**:

a) os benefícios da justiça gratuita, vez que se declara pobre no sentido jurídico do termo, conforme declaração anexa;

b) a citação da ré, na pessoa de um de seus representantes legais, para que, querendo, apresente resposta no prazo legal, sob pena de sujeitar-se aos efeitos da revelia;

c) seja a empresa ré condenada ao pagamento de danos materiais no valor de R$ 1.174,80 (um mil, cento e setenta e quatro reais e oitenta centavos), referente ao preço pago pelo produto que se inutilizou, assim como o custo dos medicamentos e insumos terapêuticos necessários ao tratamento das queimaduras causadas pelo acidente de consumo;

d) considerando a enorme dor e sofrimento causado à autora, assim como a ofensa à sua integridade física, fato que lhe causou dano estético, seja a empresa ré CONDENADA ao pagamento de danos morais e estéticos no valor de R$ 10.000,00 (dez mil reais).

Das Provas, da Audiência de Conciliação e do Valor da Causa:

Ressalvando-se que a responsabilidade da ré, na qualidade de fabricante do produto, é objetiva (art. 12 da Lei 8.078/90-CDC), ou seja, cabe a ela, no desiderato de se eximir de sua responsabilidade, provar alguma das excludentes previstas na norma legal, indica que provará o que for necessário, usando de todos os meios permitidos em direito, em especial pela juntada de documentos (anexos) e oitiva de testemunhas (rol anexo).

Em atenção ao que determina o art. 319, VII, do CPC, o autor registra que NÃO TEM interesse na designação de audiência de conciliação neste momento.

Dá ao pleito o valor de R$ R$ 11.174,80 (onze mil, cento e setenta e quatro reais e oitenta centavos).

Termos em que,
P. Deferimento.

Mogi das Cruzes, 00 de junho de 0000.

Gediel Claudino de Araujo Júnior
OAB/SP 000.000

22. AÇÃO DE INDENIZAÇÃO POR PERDAS E DANOS EM RAZÃO DE "ACIDENTE DE CONSUMO" (*MORTE DE ANIMAL DE ESTIMAÇÃO APÓS BANHO E TOSA*)

Excelentíssimo Senhor Doutor Juiz de Direito do Juizado Especial Cível da Comarca de Mogi das Cruzes, São Paulo[1].

A. L. R., brasileira, solteira (convivente), assistente social, portadora do RG 00.000.000-SSP/SP e do CPF 000.000.000-00, titular do e-mail alr@gsa.com.br, residente e domiciliada na Rua Iracema Brasil de Siqueira, nº 00, Vila Oliveira, cidade de Mogi das Cruzes-SP, CEP 00000-000, por seu Advogado que esta subscreve (mandato incluso), com escritório na Rua Adelino Torquato, nº 00, sala 00, Centro, cidade de Mogi das Cruzes-SP, onde recebe intimações (e-mail: gediel@gsa.com.br), vem à presença de Vossa Excelência propor *ação de indenização por perdas e danos*, observando-se o procedimento especial previsto na Lei 9.099/95, em face da **B. Serviços Veterinários Ltda.**, nome fantasia "B. Pet", inscrita no CNPJ nº 00.000.000/0000-00, com endereço eletrônico desconhecido, sediada na Avenida Vereador Narciso Yague Guimaraes, nº 00, Centro, cidade de Mogi das Cruzes-SP, CEP 00000-000, pelos motivos de fato e de direito que a seguir expõe:

1. No último dia 00 de setembro, a requerente contratou os serviços de "banho e tosa" da ré para o seu animal de estimação, um cachorro da raça Pug, de nome "C", com pouco mais de três anos de idade; o serviço, acertado com a funcionária "R", incluía a busca e devolução do animal na residência da requerente.

2. O animal foi retirado às 14h00 por um funcionário da ré; por volta das 16h00, a requerente recebeu um telefonema da empresa (a mesma funcionária "R"), sendo informada que o animal estava passando muito mal após o procedimento de banho e se ela autorizava a sua remoção imediata para um hospital veterinário (C. de B. E. A.). A funcionária não quis dar detalhes do que estaria se passando; assustada, a requerente autorizou a remoção e se dirigiu para o local.

3. A requerente chegou ao hospital pouco depois do animal, sendo informada que o estado era muito grave. Firmou os papéis de internação e assumiu os custos, visto que o responsável enviado pela ré, Senhora "R" lhe informou que a loja não poderia assumir qualquer responsabilidade; esta ainda lhe explicou que o animal passou mal após ser colocado numa caixa de secagem (ele antes já tinha passado pelo secador manual). Segundo informou, este é o procedimento padrão na loja e nunca antes tinham tido qualquer problema como o ocorrido.

4. Para total tristeza da requerente, o seu amigo e companheiro, o cachorro "C", faleceu naquele mesmo dia, algumas horas após ser internado. Registre-se que

---

[1] Não havendo necessidade de perícia técnica, este tipo de ação pode tanto ser proposta no JEC quanto na vara cível, respeitando-se, é claro, os limites previstos no art. 3º da Lei 9.099/95.

até a data dos fatos, o animal de estimação gozava de plena saúde; na verdade, "C" era um cachorro saudável e feliz, conforme provam o prontuário e fotos anexas.

5. Determinada a descobrir o que tinha efetivamente causado a morte de seu animal de estimação, a requerente solicitou a realização de uma necrópsia (laudo anexo), que deu como causa da morte "intermação", um aumento súbito da temperatura corporal acima de 41% (quarenta e um graus); ou seja, um cão saudável, feliz, carinhoso faleceu por descura e desleixo dos prepostos da ré, que o deixaram por tempo demais na referida caixa de secagem.

6. Todo o episódio teve um efeito devastador na requerente, que de forma tão ignóbil se viu privada de seu companheiro e amigo; foram dias e semanas de muito choro e depressão. A atitude dos prepostos da ré só piorou as coisas, a falta de atenção ao caso, a falta de assistência e até a evidente falta de compaixão para com o animal foram marcantes e só contribuíram para aumentar a dor e a revolta da requerente. Neste sentido, uma pessoa de nome "D", que se identificou como sócio proprietário da ré telefonou no dia seguinte apenas para informar que, diante do ocorrido, a requerente não precisava pagar pelo serviço de banho e tosa e pelas despesas do socorro, mas que a responsabilidade pelas despesas do hospital veterinário eram por direito e obrigação dela; veja, ele não teve sequer a decência de lamentar a morte do animal.

7. Propriedade da requerente, o animal de estimação lhe custou o valor de R$ 4.000,00 (quatro mil reais); as despesas com o hospital, a necrópsia e a cremação do corpo de "C" custaram um total de R$ 1.610,00 (um mil, seiscentos e dez reais), conforme provam documentos anexos.

8. Considerando que o animal de estimação da autora estava sob os cuidados da ré, considerando que como prestadora de serviços a ré responde de forma objetiva pelo "acidente de consumo", considerando que a ré se recusou a assumir voluntariamente a sua responsabilidade pelos eventos, a requerente busca por meio desta a tutela jurisdicional com escopo de obter "justiça".

Ante o exposto, considerando que a pretensão do requerente encontra arrimo nos arts. 3º, § 2º, 6º, VI, e 14 da Lei 8.078/90-CDC, **requer:**

a) a citação da empresa ré na pessoa de um dos seus representantes legais, para que, querendo, compareça em audiência de conciliação, instrução e julgamento, a ser designada pelo Juízo, onde, se quiser, poderá oferecer resposta, sob pena de sujeitar-se aos efeitos da revelia;

b) seja a empresa ré condenada ao pagamento de danos materiais no valor de R$ 5.610,00 (cinco mil, seiscentos e dez reais), referente ao valor pago pelo animal e as despesas com o evento que levou à sua morte;

c) considerando o enorme vínculo afetivo entre a requerente e seu animal de estimação, considerando ainda a grande dor e sofrimento causado pelo acidente de consumo, seja a empresa ré CONDENADA ao pagamento de danos morais no valor de R$ 10.000,00 (dez mil reais).

Ressalvando-se que a responsabilidade da ré, na qualidade de fornecedora de serviços, é objetiva (art. 14 da Lei 8.078/90-CDC), ou seja, cabe a ela, no desiderato de se eximir de sua responsabilidade, provar alguma das excludentes previstas na norma legal, indica que provará o que for necessário, usando de todos os meios permitidos em direito, em especial pela juntada de documentos (anexos) e oitiva de testemunhas (rol anexo).

Dá ao pleito o valor de R$ 15.610,00 (quinze mil, seiscentos e dez reais).

Termos em que,
P. Deferimento.

Mogi das Cruzes, 00 de outubro de 0000.

Gediel Claudino de Araujo Júnior
OAB/SP 000.000

23. AÇÃO DE INDENIZAÇÃO POR PERDAS E DANOS EM RAZÃO DE "ACIDENTE DE CONSUMO" (*QUEBRA DE APARELHO EM ACADEMIA CAUSA FERIMENTO EM ALUNA*)

Excelentíssimo Senhor Doutor Juiz de Direito da ___ Vara Cível do Foro de Mogi das Cruzes, São Paulo[1].

L. R. da S., brasileira, solteira, autônoma, portadora do RG 00.000.000-SSP/SP e do CPF 000.000.000-00, titular do e-mail lrs@gsa.com.br, residente e domiciliada na Rua Nilo Garcia Alabarce, nº 00, Jardim São Pedro, cidade de Mogi das Cruzes-SP, CEP 00000-000, por seu Advogado que esta subscreve (mandato incluso), com escritório na Rua Adelino Torquato, nº 00, sala 00, Centro, cidade de Mogi das Cruzes-SP, onde recebe intimações (e-mail: gediel@gsa.com.br), vem à presença de Vossa Excelência propor *ação de indenização por perdas e danos*, observando-se o procedimento comum, em face da **M. A. Academia Ltda.**, inscrita no CNPJ nº 00.000.000/0000-00, com endereço eletrônico desconhecido, sediada na Avenida Vereador Narciso Yague Guimaraes, nº 00, Centro, cidade de Mogi das Cruzes-SP, CEP 00000-000, pelos motivos de fato e de direito que a seguir expõe:

Dos Fatos:

No último dia 00 de novembro, por volta das 9h00, a autora estava treinando na academia da ré, como fazia quase que diariamente, quando um cabo do aparelho que estava usando arrebentou; parte deste cabo bateu fortemente em sua testa, causando um corte profundo de aproximadamente seis centímetros. A dor foi intensa; a autora caiu no chão e gritou por socorro, sendo que imediatamente o ferimento começou a sangrar.

Alguém emprestou uma toalha e a sua amiga "L" (testemunha arrolada), que também estava "malhando", a levou para o pronto-socorro do Hospital "N", onde após limpeza do local, se constatou a necessidade de se fazer pontos, sendo doze no total, como se pode ver das fotos anexas. Além dos cuidados dispensados no pronto-socorro, a autora precisou comprar medicamentos e insumos terapêuticos num total de R$ 813,89 (oitocentos e treze reais e oitenta e nove centavos), conforme provam notas fiscais anexas.

O médico ainda determinou que a autora ficasse em repouso por sete dias (documento anexo), fato que a obrigou a cancelar reuniões e adiar compromissos.

Além da dor e do sofrimento, a autora ficará com uma cicatriz perto do couro cabeludo (foto anexa).

---

[1] Não havendo necessidade de perícia técnica, este tipo de ação pode tanto ser proposta no JEC quanto na vara cível, respeitando-se, é claro, os limites previstos no art. 3º da Lei 9.099/95.

Procurado, o proprietário da ré, Senhor "P", recusou qualquer responsabilidade no evento, dizendo que foi um "acidente". Neste particular, há que se registrar que o estabelecimento não estava preparado para este tipo de emergência, não havia um kit de primeiros socorros, nem o proprietário ou um funcionário se dispôs a acompanhar a consumidora até ao hospital ou demonstrou qualquer tipo de solidariedade.

A atitude da ré não deixa outra alternativa à autora senão a de buscar a tutela jurisdicional.

Do Direito:

Ao contrário do que parece crer o proprietário da ré, ela tem sim responsabilidade pelo evento que causou dor e sofrimento à autora, além de deixar um dano estético permanente.

"Da aplicação do Código de Defesa do Consumidor".

A relação entre as partes é de natureza consumerista, como se conclui dos arts. 2º e 3º do CDC:

Art. 2º Consumidor é toda pessoa física ou jurídica que adquire ou utiliza produto ou serviço como destinatário final.
Parágrafo único. Equipara-se a consumidor a coletividade de pessoas, ainda que indetermináveis, que haja intervindo nas relações de consumo.

Art. 3º Fornecedor é toda pessoa física ou jurídica, pública ou privada, nacional ou estrangeira, bem como os entes despersonalizados, que desenvolvem atividade de produção, montagem, criação, construção, transformação, importação, exportação, distribuição ou comercialização de produtos ou prestação de serviços.

§ 1º Produto é qualquer bem, móvel ou imóvel, material ou imaterial.

§ 2º Serviço é qualquer atividade fornecida no mercado de consumo, mediante remuneração, inclusive as de natureza bancária, financeira, de crédito e securitária, salvo as decorrentes das relações de caráter trabalhista.

Neste sentido, há que se esclarecer que a autora compareceu no estabelecimento da ré no dia do acidente para, na qualidade de destinatária final, usufruir dos serviços ali prestados, especialmente para, mediante orientação e supervisão, usar dos aparelhos ali disponibilizados.

No mais, não se deve olvidar que um dos direitos básicos do consumidor é justamente a proteção da vida e saúde, conforme indica o inciso I, do art. 6º, do CDC: "a proteção da vida, saúde e segurança contra os riscos provocados por práticas no fornecimento de produtos e serviços considerados perigosos ou nocivos".

"Da natureza da responsabilidade da ré".

O CDC é claro e direto sobre a natureza da responsabilidade da ré quanto aos fatos narrados nesta inicial, *in verbis*:

> **Art. 14. O fornecedor de serviços responde, *independentemente da existência de culpa*, pela reparação dos danos causados aos consumidores por defeitos relativos à prestação dos serviços, bem como por informações insuficientes ou inadequadas sobre sua fruição e riscos. (grifo nosso)**

Em outras palavras, o CDC adotou quanto ao tema dos acidentes de consumo a chamada "responsabilidade objetiva", ou seja, o fornecedor de serviços responde independentemente da existência de culpa pelo evento.

Neste sentido, a jurisprudência do STJ:

> **O Código de Defesa do Consumidor acolheu a teoria do risco do empreendimento (ou da atividade) segundo a qual o fornecedor responde objetivamente por todos os danos causados ao consumidor pelo produto ou serviço que se revele defeituoso (ou com a pecha de defeituoso, em que o fornecedor não se desonera do ônus de comprovar que seu produto não ostenta o defeito a ele imputado), na medida em que a atividade econômica é desenvolvida, precipuamente, em seu benefício, devendo, pois, arcar com os riscos "de consumo" dela advindos. (STJ – REsp 1599405/SP – Min. Marco Aurélio Bellizze – T3 – *DJe* 17/4/2017)**

"Do dano moral e do dano estético".

Além de responder pelos danos materiais advindos do acidente de consumo, a ré deve à autora danos morais e estéticos; os primeiros pela dor e sofrimento causados, os segundos pela ofensa à sua integridade física, que deixou cicatriz permanente.

Com efeito, a autora estava nas dependências da ré, praticando atividade física em busca de bem-estar e saúde, quando em razão da quebra de um equipamento foi vítima de um "acidente de consumo" que lhe causou muita dor e sofrimento, deixando marcas psicológicas e físicas permanentes (foram doze pontos e uma cicatriz eterna). Tais fatos reclamam a concessão de indenização que compense a dor e o sofrimento impostos à consumidora, assim como indenize a cicatriz permanente que mesmo de forma discreta alterou a estética do rosto dela.

Dos Pedidos:

Ante o exposto, considerando que a pretensão do requerente encontra arrimo nos arts. 3º, § 2º, 6º, I, VI, 8º, e 14 da Lei 8.078/90-CDC, **requer:**

a) a citação da ré, na pessoa de um de seus representantes legais, para que, querendo, apresente resposta no prazo legal, sob pena de sujeitar-se aos efeitos da revelia;

b) seja a empresa ré condenada ao pagamento de danos materiais no valor de R$ 813,89 (oitocentos e treze reais e oitenta e nove centavos), referente ao custo dos medicamentos e insumos terapêuticos;

c) considerando a enorme dor e sofrimento causado a autora, assim como a ofensa à sua integridade física (ela levou doze pontos), fato que lhe causou dano estético permanente (cicatriz), seja a empresa ré CONDENADA ao pagamento de danos morais e estéticos no valor de R$ 20.000,00 (vinte mil reais).

Das Provas, da Audiência de Conciliação e do Valor da Causa:

Ressalvando-se que a responsabilidade da ré, na qualidade de fornecedora de serviços, é objetiva (art. 14 da Lei 8.078/90-CDC), ou seja, cabe a ela, no desiderato de se eximir de sua responsabilidade, provar alguma das excludentes previstas na norma legal, indica que provará o que for necessário, usando de todos os meios permitidos em direito, em especial pela juntada de documentos (anexos) e oitiva de testemunhas (rol anexo).

Em atenção ao que determina o art. 319, VII, do CPC, o autor registra que NÃO TEM interesse na designação de audiência de conciliação neste momento.

Dá ao pleito o valor de R$ 20.813,89 (vinte mil, oitocentos e treze reais e oitenta e nove centavos).

Termos em que,
P. Deferimento.

Mogi das Cruzes, 00 de dezembro de 0000.

Gediel Claudino de Araujo Júnior
OAB/SP 000.000

24. AÇÃO DE INDENIZAÇÃO POR PERDAS E DANOS EM RAZÃO DE "ATRASO" EXCESSIVO NO ATENDIMENTO (*CONSULTA COM HORA MARCADA NÃO REALIZADA*)

Excelentíssimo Senhor Doutor Juiz de Direito do Juizado Especial Cível da Comarca de Mogi das Cruzes, São Paulo[1].

S. A. de A., brasileira, casada, professora, portadora do RG 00.000.000-SSP/SP e do CPF 000.000.000-00, titular do e-mail saa@gsa.com.br, residente e domiciliada na Rua João Ribeiro de Brito, nº 00, Vila Paulista, cidade de Mogi das Cruzes-SP, CEP 00000-000, por seu Advogado que esta subscreve (mandato incluso), com escritório na Rua Adelino Torquato, nº 00, sala 00, Centro, cidade de Mogi das Cruzes-SP, onde recebe intimações (e-mail: gediel@gsa.com.br), vem à presença de Vossa Excelência propor *ação de indenização por perdas e danos*, observando-se o procedimento especial previsto na Lei 9.099/95, em face da **Clínica R. de O. Serviços Médicos Ltda.**, inscrita no CNPJ nº 00.000.000/0000-00, com endereço eletrônico crosm@crosmedicos.com.br, sediada na Rua Professora Leonor Oliveira Melo, nº 00, Jardim Santista, cidade de Mogi das Cruzes-SP, CEP 00000-000, pelos motivos de fato e de direito que a seguir expõe:

1. Depois de sentir um pequeno mal-estar, a requerente achou por bem marcar uma consulta com o seu cardiologista, Dr. R. C., que presta serviços por meio da ré.

2. A consulta foi marcada para o dia 00.00.0000 às 14h00, tendo a funcionária da clínica orientado à autora a chegar com 20 (vinte) minutos de antecedência.

3. A requerente foi pontual, fez a ficha, pagou pela consulta (recibo anexo), sendo então orientada a esperar pelo exame de eletrocardiograma, que foi realizado por volta da hora da consulta.

4. Após o exame, a requerente foi novamente orientada a aguardar ("o doutor chamaria em seguida", disseram).

5. O tempo passou sem que nada acontecesse: dez, vinte, trinta, quarenta, cinquenta minutos e "nada" da consulta ou de informações. Cansada e aborrecida, a requerente abordou uma das atendentes que, de forma lacônica, se limitou a informar "que o doutor a iria chamar em seguida" (ou seja, nada disse).

6. Finalmente a requerente foi atendida às 15h25.

---

[1] Não havendo necessidade de perícia técnica, este tipo de ação pode tanto ser proposta no JEC quanto na vara cível, respeitando-se, é claro, os limites previstos no art. 3º da Lei 9.099/95.

7. O serviço foi prestado, mas de forma defeituosa, visto que impôs ao consumidor tratamento desrespeitoso e de baixa qualidade, embora ela tenha "pagado" justamente por esta suposta qualidade no atendimento. Em resumo, o contrato não foi cumprido a contento, causando dor, ansiedade e humilhação à consumidora.

8. Nenhum pedido de desculpas foi feito, nem foi oferecido à consumidora qualquer tipo de explicação, o que não lhe deixa outra alternativa senão a de buscar a tutela jurisdicional, com escopo de buscar justiça em razão do mau serviço.

Ante o exposto, considerando que a pretensão do requerente encontra arrimo nos arts. 6º, III e VI, 14 da Lei 8.078/90-CDC, **requer**:

a) a citação da empresa ré na pessoa de um dos seus representantes legais, para que, querendo, compareça em audiência de conciliação, instrução e julgamento, a ser designada pelo Juízo, onde, se quiser, poderá oferecer resposta, sob pena de sujeitar-se aos efeitos da revelia;

b) considerando os desnecessários aborrecimentos causados pela ré à consumidora, que confirmam a inadequada prestação dos serviços contratados, seja ela CONDENADA ao pagamento de danos morais no valor de R$ 1.000,00 (hum mil reais).

Observando que a responsabilidade da ré é objetiva (art. 14 da Lei 8.078/90-CDC), ou seja, cabe a ela, no desiderato de se eximir de sua responsabilidade, provar alguma das excludentes previstas na norma legal, indica que provará o que for necessário, usando de todos os meios permitidos em direito, em especial pela juntada de documentos (anexos) e oitiva de testemunhas (rol anexo).

Dá ao pleito o valor de R$ 1.000,00 (hum mil reais).

Termos em que,
P. Deferimento.

Mogi das Cruzes, 00 de novembro de 0000.

Gediel Claudino de Araujo Júnior
OAB/SP 000.000

25. AÇÃO DE INDENIZAÇÃO POR PERDAS E DANOS EM RAZÃO DE "CANCELAMENTO DE VOO" (*DIANTE DA INÉRCIA DA COMPANHIA AÉREA, A PASSAGEIRA ADQUIRIU POR CONTA PRÓPRIA BILHETE EM OUTRA EMPRESA*)

Excelentíssimo Senhor Doutor Juiz de Direito da ___ Vara Cível do Foro de Presidente Prudente, São Paulo.

S. A. de A., brasileira, divorciada, funcionária pública, sem endereço eletrônico, portadora do RG 00.000.000-SSP/SP e do CPF 000.000.000-00, residente e domiciliada na Rua Bela, nº 00, apartamento 00, bloco B, cidade de Presidente Prudente-SP, CEP 00000-000, por seu Advogado que esta subscreve (mandato incluso), com escritório na Rua Adelino Torquato, nº 00, sala 00, Centro, cidade de Mogi das Cruzes-SP, onde recebe intimações (e-mail: gediel@gsa.com.br), vem à presença de Vossa Excelência propor *ação de indenização por perdas e danos*, observando-se o procedimento comum, em face de **B. Transportes Aéreos Ltda.**, inscrita no CNPJ nº 00.000.000/0000-00, com endereço eletrônico desconhecido, sediada na Avenida Coronel José Soares Marcondes, nº 00, Centro, cidade de Presidente Prudente-SP, CEP 00000-000, pelos motivos de fato e de direito que a seguir expõe:

1. Em 00.00.0000, a autora adquiriu junto à ré passagem aérea, apenas de ida, para o dia 00.00.0000; o voo, com horário marcado para às 14h05, deveria partir de Presidente Prudente-SP com destino ao Aeroporto Internacional de Guarulhos-SP, com previsão de chegada para às 15h25 (documentos anexos).

2. No dia marcado, o embarque foi feito, mas para surpresa da autora e dos demais passageiros, o comandante, após algum atraso, anunciou que seria necessário o desembarque em razão de problemas técnicos.

3. Feito o desembarque, a autora, com o passar do tempo, começou a ficar "desesperada", visto que tinha passagem marcada para aquele mesmo dia com destino à cidade de Nova York, Estados Unidos, partindo do Aeroporto Internacional de Guarulhos, às 23h00 (viagem de férias).

4. Procurou, então, pelos prepostos da ré, alertando sobre o seu compromisso e sobre o enorme prejuízo que poderia sofrer caso não se apresentasse em tempo no Aeroporto Internacional de Guarulhos, pedindo que confirmassem o eventual cancelamento do voo, assim como o endosso da passagem para outra companhia aérea.

5. Não obstante a angústia que tomava conta da autora neste momento, os prepostos da ré se mostraram totalmente insensíveis, ou seja, não confirmaram o cancelamento do voo, não prestaram qualquer assistência para a autora (como seria sua obrigação – Res. 141/2010-ANAC), não endossaram sua passagem para outra companhia (o voo acabou cancelado mais tarde por problemas técnicos com o avião).

6. Diante da total inércia da ré, a autora, buscando evitar maiores prejuízos, procurou outra companhia aérea e conseguiu lugar num voo para São Paulo, mas com destino ao Aeroporto de Congonhas-SP. A nova passagem comprada sem a intermediação e assistência da ré custou o valor total de R$ 1.072,00 (um mil e setenta e dois reais), conforme provam documentos anexos.

7. Após o desembarque no Aeroporto de Congonhas em São Paulo, a autora fez ainda uso de transporte para o Aeroporto de Guarulhos, com custo de R$ 64,00 (sessenta e quatro reais), conforme bilhete emitido pela empresa A. B. S. (anexo).

8. Não obstante os esforços unilaterais da autora, quando esta conseguiu finalmente se apresentar no balcão da companhia A. A. foi barrada, visto que o *check-in* já havia se encerrado. A passagem foi remarcada para a manhã seguinte, ao custo de R$ 3.725,00 (três mil, setecentos e vinte e cinco reais).

A autora passou a noite de forma totalmente desconfortável nas dependências do aeroporto, onde ainda teve gastos não previstos com alimentação no valor de R$ 185,21 (cento e oitenta e cinco reais e vinte e um centavos), conforme documentos anexos.

9. A falta de cuidado da ré com as suas aeronaves, a manutenção deveria estar prevista na sua linha de trabalho, seu desprezo pelas normas da ANAC sobre o tema, além da sua total falta de empatia para com a sua cliente (ela "nada fez" para ao menos minimizar os transtornos da consumidora), causaram indevidamente enorme e desnecessário estresse na autora, que passou por momentos difíceis sem qualquer assistência, fato que não lhe deixa outra alternativa senão a de buscar as devidas reparações por meio desta ação.

Ante o exposto, considerando que a pretensão da autora encontra arrimo nos arts. 6º, VI, e 14 da Lei 8.078/90-CDC, **requer**:

a) a citação da ré, na pessoa de um de seus representantes legais, para que, querendo, apresente resposta no prazo legal, sob pena de sujeitar-se aos efeitos da revelia;

b) a condenação da ré ao pagamento de danos materiais no valor total de R$ 5.046,21 (cinco mil, quarenta e seis reais e vinte e um centavos), conforme documentos anexos;

c) a condenação da ré ao pagamento de danos morais no valor total de R$ 10.000,00 (dez mil reais), em razão da má prestação de serviços configurada na total falta de assistência à autora, como seria sua obrigação.

Observando que a responsabilidade da ré, na qualidade de fornecedora de serviços, é objetiva (art. 14 da Lei 8.078/90-CDC), ou seja, cabe a ela, no desiderato de se eximir de sua responsabilidade, provar alguma das excludentes previstas na norma legal, indica que provará o que for necessário, usando de todos os meios permitidos em direito, em especial pela juntada de documentos (anexos) e oitiva de testemunhas (rol anexo).

Em atenção ao que determina o art. 319, VII, do CPC, a autora registra que NÃO TEM interesse na designação de audiência de conciliação neste momento.

Dá-se ao feito o valor de R$ 15.046,21 (quinze mil, quarenta e seis reais e vinte e um centavos).

Termos em que,
P. Deferimento.

Mogi das Cruzes, 00 de março de 0000.

Gediel Claudino de Araujo Júnior
OAB/SP 000.000

26. AÇÃO DE INDENIZAÇÃO POR PERDAS E DANOS EM RAZÃO DE *OVERBOOKING* (*CONSUMIDOR É PROIBIDO DE EMBARCAR E NÃO RECEBE ATENDIMENTO ADE-QUADO DA COMPANHIA AÉREA*)

Excelentíssimo Senhor Doutor Juiz de Direito da ___ Vara Cível do Foro de Mogi das Cruzes, São Paulo.

C. A. S., brasileiro, solteiro, fotógrafo, titular do e-mail casfotografo@ gediel.com.br, portador do RG 00.000.000-SSP/SP e do CPF 000.000.000-00, residente e domiciliado na Rua João de Miranda Mello, nº 00, Mogi Moderno, cidade de Mogi das Cruzes--SP, CEP 00000-000, por seu Advogado que esta subscreve (mandato incluso), com escritório na Rua Adelino Torquato, nº 00, sala 00, Centro, cidade de Mogi das Cruzes-SP, onde recebe intimações (e-mail: gediel@gsa.com.br), vem à presença de Vossa Excelência propor *ação de indenização por perdas e danos*, observando-se o procedimento comum, em face de **A. Linhas Aéreas Brasileiras S/A.**, inscrita no CNPJ nº 00.000.000/0000-00, com endereço eletrônico desconhecido, sediada na Avenida Marcos Penteado de Ulhôa Rodrigues, nº 00, 9º andar, Tamboré (Castelo Branco Office Park – Edifício Jatobá), cidade de Barueri-SP, CEP 00000-000, pelos motivos de fato e de direito que a seguir expõe:

1. O autor comprou, via site, passagem aérea da ré envolvendo o trecho Porto Alegre-RS/Guarulhos-SP para o dia 00.00.0000, com partida às 10h50, voo 0000, e previsão de chegada ao destino às 12h20 (documentos anexos).

2. O autor estava em Porto Alegre a trabalho e precisava estar em Mogi das Cruzes-SP ainda naquele dia, visto que tinha outro compromisso profissional (fotografar o casamento de B. C. de A. com M. G. de L), razão pela qual programou o seu voo com bastante antecedência (a chegada ao Aeroporto de Guarulhos, cidade próxima de Mogi das Cruzes, deveria acontecer antes das 13h00 e o casamento estava programado para as 19h30 do mesmo dia), conforme se vê dos documentos anexos.

3. Conforme orientação padrão da ré, o autor se apresentou no balcão da companhia aérea com uma hora de antecedência, fez o *check-in* e ficou aguardando em frente ao portão 00 pelo embarque.

4. Testemunhou o embarque de outros passageiros, mas ele foi deixado de fora. Procurou então os prepostos da ré que lhe informaram que o voo estava lotado (*overbooking*) e que ele seria remanejado para outro voo. Houve alguma discussão enquanto o autor tentou explicar que tinha compromissos inadiáveis para aquele dia e que não poderia se atrasar. De nada adiantou os seus protestos, ele acabou ficando de fora e com orientação para aguardar.

5. Inconformado, requereu, como era o seu direito, que lhe fosse entregue "por escrito" as razões pela qual não pôde embarcar no voo e no horário contratado; irritados com a insistência do autor, os prepostos da ré se recusaram a tanto.

6. Algum tempo depois, foi informado que tinha sido remanejado para o voo 0000, mesmo destino, que partiria às 18h10, com chegada prevista no destino para as 19h40.

7. Não obstante o autor tenha ficado MAIS DE NOVE HORAS no aeroporto por culpa exclusiva da ré (defeito na prestação do serviço contratado), registre-se que em nenhum momento os prepostos dela prestaram, ou mesmo ofereceram qualquer tipo de assistência ao autor, muito ao contrário, ele foi por todo o período tratado com desrespeito e irritação.

8. Além do pouco caso da ré, o autor teve que lidar sozinho com o compromisso profissional que não poderia atender; por muita sorte, conseguiu repassar o serviço para um colega que estava disponível, evitando o pior. Neste caso, o seu prejuízo foi de R$ 6.500,00 (seis mil e quinhentos reais), referente ao total de honorários que deixou que receber (documentos anexos). Dispendeu ainda R$ 211,30 (duzentos e onze reais e trinta centavos) com alimentação (recibos anexos).

Ante o exposto, considerando que a pretensão do autor encontra arrimo nos arts. 6º, VI, e 14 da Lei 8.078/90-CDC, **requer**:

a) a citação da ré para que, querendo, apresente resposta no prazo legal, sob pena de sujeitar-se aos efeitos da revelia;

b) a condenação da ré ao pagamento de danos materiais no valor total de R$ 6.711,30 (seis mil, setecentos e onze reais e trinta centavos), conforme documentos anexos;

c) a condenação da ré ao pagamento de danos morais no valor total de R$ 10.000,00 (dez mil reais), em razão de defeito na prestação de serviços configurada na venda de mais passagens do que a capacidade do avião (*overbooking*), assim como na total falta de assistência ao autor, como seria sua obrigação.

Ressalvando-se que a responsabilidade da ré, na qualidade de fornecedora de serviços, é objetiva (art. 14 da Lei 8.078/90-CDC), ou seja, cabe a ela, no desiderato de se eximir de sua responsabilidade, provar alguma das excludentes previstas na norma legal, indica que provará o que for necessário, usando de todos os meios permitidos em direito, em especial pela juntada de documentos (anexos) e oitiva de testemunhas (rol anexo).

Em atenção ao que determina o art. 319, VII, do CPC, o autor registra que NÃO TEM interesse na designação de audiência de conciliação neste momento.

Dá-se ao feito o valor de R$ 16.711,30 (dezesseis mil, setecentos e onze reais e trinta centavos).

Termos em que,
P. Deferimento.

Mogi das Cruzes, 00 de maio de 0000.

Gediel Claudino de Araujo Júnior
OAB/SP 000.000

27. AÇÃO DE INDENIZAÇÃO POR PERDAS E DANOS EM RAZÃO DE "VÍCIO DO PRODUTO" (*CELULAR NOVO COM DEFEITO OCULTO QUE PROVOCOU A SUA PARADA TOTAL*)

Excelentíssimo Senhor Doutor Juiz de Direito do Juizado Especial Cível da Comarca de Mogi das Cruzes, São Paulo.

G. C. de A. J., brasileiro, casado, funcionário público, portador do CPF 000.000.000-00, residente e domiciliado na Rua Joaquim de Mello Freire Junior, nº 00, Vila Oliveira, cidade de Mogi das Cruzes-SP, CEP 00000-000, por seu Advogado que esta subscreve (mandato incluso), com escritório na Rua Adelino Torquato, nº 00, sala 00, Centro, cidade de Mogi das Cruzes-SP, onde recebe intimações (e-mail: gediel@gsa.com.br), vem à presença de Vossa Excelência propor *ação de indenização por perdas e danos*, observando--se o procedimento especial previsto na Lei 9.099/95, em face da **C. Comércio Eletrônico S/A.** (nome fantasia "P"), inscrito no CNPJ nº 00.000.000/0000-00, com endereço eletrônico desconhecido, com filial na Rua Doutor Deodato Wertheimer, nº 00, Centro, cidade de Mogi das Cruzes-SP, CEP 00000-000, pelos motivos de fato e de direito que a seguir expõe:

1. O autor é membro do programa de resgate de pontos da empresa "M", sendo que no dia 00 de setembro de 0000 solicitou resgate junto à requerida, parceira da empresa de recompensas de pontos, de um Aparelho celular Smartphone "S" S5 SM-G900M, cor Azul, com tela de 5.1 polegadas, Android 4.4, 4G, Câmara 16MP e Processador Quad Core 2.5GHz, equivalente a 74.900 (setenta e quatro mil e novecentos pontos).

2. Após 3 (três) meses de uso, o celular apresentou defeito (liga e não mostra imagem); o autor procurou, no dia 00 dezembro de 0000, a assistência técnica autorizada da marca, tento em vista que o celular se encontrava na garantia. No dia 00.00.0000, a referida empresa comunicou, através de um parecer técnico, que o aparelho estava com o *touch*, parte frontal do telefone, não original da "S"; ou seja, o aparelho não era original, tinha sido alterado, razão pela qual tinha perdido a garantia.

3. Imagine-se a surpresa do requerente com tal informação, visto que o resgate foi de um "aparelho novo".

4. É fácil imaginar-se a frustação do autor não só porque se viu sem o aparelho, mas também ao descobrir que tinha sido vítima de um "golpe"; tinha sido vergonhosamente enganado pelos representantes da requerida, que lhe entregaram um aparelho usado, com defeito.

5. O autor foi severamente afrontado, visto que recebeu um aparelho de segunda mão ou alterado, que lhe trouxe graves prejuízos, mormente ao se considerar que quebrou justamente na véspera do natal.

6. Após pesquisa, o autor apurou que o valor médio do referido aparelho é de R$ 2.390,00 (dois mil, trezentos e noventa reais), conforme provam documentos anexos.

Ante o exposto, considerando que a pretensão do requerente encontra arrimo nos arts. 6º, VI, e 18 da Lei 8.078/90-CDC, **requer**:

a) a citação da empresa ré na pessoa de um dos seus representantes legais, para que, querendo, compareça em audiência de conciliação, instrução e julgamento, a ser designada pelo Juízo, onde, se quiser, poderá oferecer resposta, sob pena de sujeitar-se aos efeitos da revelia;

b) seja a empresa ré condenada ao pagamento de danos materiais no valor de R$ 2.390,00 (dois mil, trezentos e noventa reais), referente ao valor do aparelho;

c) seja a empresa ré condenada ao pagamento de danos morais no valor de R$ 5.000,00 (cinco mil reais), em razão do vício do produto, da falta de assistência e das dificuldades impostas injustamente ao consumidor, que foram muito além de meros aborrecimentos.

Quanto às provas, REQUER, considerando a notória hipossuficiência técnica e financeira do autor em comparação com a ré, a "inversão do ônus das provas", conforme previsto no art. 6º, inciso VIII, da Lei 8.078/90-CDC; no mais, com a ressalva retro, indica que provará o que for necessário, usando de todos os meios permitidos em direito, em especial pela juntada de documentos (anexos) e oitiva de testemunhas (rol anexo).

Dá ao pleito o valor de R$ 7.390,00 (sete mil, trezentos e noventa reais).

Termos em que,
P. Deferimento.

Mogi das Cruzes, 00 de fevereiro de 0000.

Gediel Claudino de Araujo Júnior
OAB/SP 000.000

28. AÇÃO DE INDENIZAÇÃO POR PERDAS E DANOS EM RAZÃO DE "VÍCIO DO PRODUTO" (*CONSUMIDORA ENCONTRA FIOS DE CABELO NO OVO DE CHOCOLATE*)

Excelentíssimo Senhor Doutor Juiz de Direito do Juizado Especial Cível da Comarca de Mogi das Cruzes, São Paulo[1].

        M. J. P. de S., brasileira, casada, autônoma, portadora do RG 00.000.000-SSP/SP e do CPF 000.000.000-00, titular do e-mail mjps@gsa.com.br, residente e domiciliada na Avenida das Monções, nº 00, fundos, Jardim Piatã, cidade de Mogi das Cruzes-SP, CEP 00000-000, por seu Advogado que esta subscreve (mandato incluso), com escritório na Rua Adelino Torquato, nº 00, sala 00, Centro, cidade de Mogi das Cruzes-SP, onde recebe intimações (e-mail: gediel@gsa.com.br), vem à presença de Vossa Excelência propor *ação de indenização por perdas e danos*, observando-se o procedimento especial previsto na Lei 9.099/95, em face da **D. Comércio de Chocolates Ltda.**, nome fantasia B. B., inscrita no CNPJ nº 00.000.000/0000-00, com endereço eletrônico desconhecido, sediada na Avenida Cavalheiro Nami Jafet, nº 00, Galpão 00, Vila Industrial, cidade de Mogi das Cruzes-SP, CEP 00000-000, e do **C. Supermercados Ltda.**, inscrito no CNPJ nº 00.000.000/0000-00, com endereço eletrônico desconhecido, sediada na Avenida Quinze de Novembro, nº 00, Vila Romana, cidade de Mogi das Cruzes-SP, CEP 00000-000, pelos motivos de fato e de direito que a seguir expõe:

        1. No último dia 00 de abril, a requerente adquiriu juntou à ré Supermercado "C" um ovo de Páscoa produzido pela ré "D" de um quilo, tendo pagado o valor total de R$ 112,87 (cento e doze reais e oitenta e sete centavos), conforme prova nota fiscal anexa.

        2. No domingo de Páscoa, a requerente presenteou a sua filha de apenas dez anos com o referido ovo; ela mais do que depressa desembrulhou o presente. Douto Magistrado, imagine-se a surpresa quando ela partiu uma das partes do ovo e se constatou a presença de ao menos dois grandes fios de cabelos (ao menos é o que parecem); vejam-se algumas fotos anexas.

        3. A requerente que acompanhava com satisfação a alegria da sua filha, de repente se viu obrigada a retirar o presente da criança e proibir o seu consumo, diante da clara prova de que o produto estava de alguma forma "viciado", comprometido em sua qualidade e segurança.

        4. Rapidamente a alegria da filha da requerente, e dela própria, a bem da verdade, se transformou em muito choro e frustação.

---

[1] Não havendo necessidade de perícia técnica, este tipo de ação pode tanto ser proposta no JEC quanto na vara cível, respeitando-se, é claro, os limites previstos no art. 3º da Lei 9.099/95.

5. Por segurança, a requerente guardou o produto na geladeira; onde ainda se encontra à disposição deste douto juízo.

6. Procuradas, as rés concordaram apenas em trocar o produto, se negando a compor os danos morais que o evento causou à requerente e à sua família, fato que não lhe deixou outra saída senão a de buscar a tutela jurisdicional.

Ante o exposto, considerando que a pretensão do requerente encontra arrimo nos arts. 6º, I e VI, 8º, e 18 da Lei 8.078/90-CDC, **requer**:

a) a citação das rés na pessoa de um dos seus representantes legais, para que, querendo, compareçam em audiência de conciliação, instrução e julgamento, a ser designada pelo Juízo, onde, se quiserem, poderão oferecer resposta, sob pena de sujeitarem-se aos efeitos da revelia;

b) sejam as rés solidariamente condenadas ao pagamento de danos materiais no valor de R$ 112,87 (cento e doze reais e oitenta e sete centavos), referente ao valor pago pelo produto, devidamente corrigido e acrescido de juros;

c) considerando que as rés comercializaram produto impróprio para o consumo, colocando em risco a saúde da requerente e da sua família, considerando ainda a grande dor e o sofrimento causados pelo ocorrido, sejam as rés CONDENADAS de forma solidária ao pagamento de danos morais no valor de R$ 5.000,00 (cinco mil reais).

Quanto às provas, REQUER, considerando a notória hipossuficiência técnica e financeira da autora em comparação com as rés, a "inversão do ônus das provas", conforme previsto no art. 6º, inciso VIII, da Lei 8.078/90-CDC; no mais, com a ressalva retro, indica que provará o que for necessário, usando de todos os meios permitidos em direito, em especial pela juntada de documentos (anexos) e oitiva de testemunhas (rol anexo).

Dá ao pleito o valor de R$ 5.112,87 (cinco mil, cento e doze reais e oitenta e sete centavos).

Termos em que,
P. Deferimento.

Mogi das Cruzes, 00 de setembro de 0000.

Gediel Claudino de Araujo Júnior
OAB/SP 000.000

29. AÇÃO DE OBRIGAÇÃO DE ENTREGAR DOCUMENTO CUMULADA COM INDENIZAÇÃO POR DANOS MORAIS (*EX-ALUNA PEDE A ENTREGA DO HISTÓRICO ESCOLAR*)

Excelentíssimo Senhor Doutor Juiz de Direito da ___ Vara Cível do Foro de Mogi das Cruzes, São Paulo.

B. A. de A., brasileira, menor púbere, portadora do RG 00.000.000-SSP/SP e do CPF 000.000.000-00, assistida por sua genitora **S. A. de A.**, brasileira, divorciada, cabeleireira, portadora do RG 00.000.000-SSP/SP e do CPF 000.000.000-00, titular do e-mail saa@gsa.com.br, residente e domiciliada na Rua Joaquim de Mello Freire, nº 00, casa 00, Vila Maria de Maggi, cidade de Mogi das Cruzes-SP, CEP 00000-000, por seu Advogado que esta subscreve (mandato incluso), com escritório na Rua Adelino Torquato, nº 00, sala 00, Centro, cidade de Mogi das Cruzes-SP, onde recebe intimações (e-mail: gediel@gsa.com.br), vem à presença de Vossa Excelência propor *ação de obrigação de entregar documento cumulada com indenização por danos morais*, observando-se o procedimento comum, *com pedido liminar*, em face de **S. E. e A. B. A.**, inscrita no CNPJ nº 00.000.000/0000-00, com endereço eletrônico seaba@gsa.com.br, telefones 00-0000-0000 e 00-00000-0000, sediada na Rua Capitão Manuel Vicente de Paula, nº 00, Vila Santista, cidade de Mogi das Cruzes-SP, CEP 00000-000, pelos motivos de fato e de direito que a seguir expõe:

1. A autora estudou os últimos três anos no estabelecimento educacional mantido pela ré; ela terminou o ensino fundamental, últimos dois anos, e cursou o primeiro ano do ensino médio (documentos anexos).

2. Não tendo condições de arcar com a mensalidade prevista para o presente ano, assim como quitar débito referente às cinco últimas mensalidades do ano anterior, a autora e sua mãe optaram por uma escola estadual, onde efetuaram a matrícula (vaga assegurada). De forma concomitante, apresentaram junto à secretaria da ré, pedido para fornecimento do respectivo histórico escolar.

3. Após o pedido formal, a autora e sua mãe mantiveram contato telefônico e por e-mail com a ré para saber se o documento estava pronto; depois de algumas respostas evasivas, a Senhora "D", chefe da secretaria, declarou que o documento só seria entregue após a quitação do débito em aberto ou, ao menos, a formalização de um acordo (parcelamento).

4. Embora não negue a existência do débito, a autora argumentou que, no momento, não tem como quitá-lo, nem mesmo tem condições de se comprometer com um parcelamento, insistindo no fornecimento do histórico escolar, com escopo de concluir a sua matrícula no novo estabelecimento de ensino.

5. Mesmo tendo ciência da ilegalidade da sua atitude, afinal a lei é expressa sobre o tema, a ré, por meio de seus prepostos, ignorou todos os pedidos da autora (anexo algumas das mensagens trocadas), lhe causando muita dor e sofrimento e colocando em risco o seu andamento escolar.

Cap. VI • Modelos 265

6. Não se nega tenha a ré o direito de cobrar o seu crédito, mas reter o histórico escolar de uma adolescente como forma de pressioná-la ao pagamento é de uma baixeza ímpar. Pessoas assim não deveriam ter licença para cuidar da educação de crianças.

7. A ignóbil recusa da ré não deixa à autora outra alternativa senão a de buscar a tutela jurisdicional.

Ante o exposto, considerando que a pretensão da autora encontra arrimo nos art. 6º da Lei 9.870/99 e nos arts. 6º, IV e VI, 14 e 42 da Lei 8.078/90, **requer**:

a) os benefícios da justiça gratuita, vez que se declara pobre no sentido jurídico do termo, conforme declaração anexa;

b) seja concedida liminar, em tutela provisória de urgência (art. 300 do CPC), no sentido de determinar à ré que proceda à entrega do "histórico escolar" da autora no prazo de 48 (quarenta e oito) horas, sob pena de multa diária de R$ 1.000,00 (um mil reais); observando-se que a entrega deve ser feita diretamente à autora, pessoalmente ou por Sedex, no seu endereço;

c) a citação da ré, na pessoa de um de seus representantes legais, para que, querendo, apresente resposta no prazo legal, sob pena de sujeitar-se aos efeitos da revelia;

d) seja a ré condenada a entregar, sob pena de multa diária no valor de R$ 1.000,00 (um mil reais), o histórico escolar da autora, confirmando-se a liminar, independentemente da quitação ou acordo sobre qualquer dívida que a autora ou sua mãe tenham com aquela instituição;

e) considerando que a ré colocou em risco a vida escolar da autora, que usou de meio ilegais e humilhantes para cobrar uma dívida, assim como a submeteu a tratamento injusto e ilegal, seja CONDENADA ao pagamento de danos morais no valor de R$ 10.000,00 (dez mil reais).

Ressalvando-se que a responsabilidade da ré, na qualidade de fornecedora de serviços, é objetiva (art. 14 da Lei 8.078/90-CDC), ou seja, cabe a ela, no desiderato de se eximir de sua responsabilidade, provar alguma das excludentes previstas na norma legal, indica que provará o que for necessário, usando de todos os meios permitidos em direito, em especial pela juntada de documentos (anexos) e oitiva de testemunhas (rol anexo).

Em atenção ao que determina o art. 319, VII, do CPC, a autora registra que NÃO TEM interesse na designação de audiência de conciliação neste momento.

Dá-se ao feito o valor de 10.000,00 (dez mil reais).

Termos em que,
P. Deferimento.

Mogi das Cruzes, 00 de abril de 0000.

Gediel Claudino de Araujo Júnior
OAB/SP 000.000

30. AÇÃO DE OBRIGAÇÃO DE FAZER CONTRA PLANO DE SAÚDE EM RAZÃO DE NEGATIVA DE COBERTURA (*CIRURGIA REPARATÓRIA PÓS-BARIÁTRICA*)

Excelentíssimo Senhor Doutor Juiz de Direito da ___ Vara Cível do Foro de Mogi das Cruzes, São Paulo.

F. de G. C., brasileiro, casado, comerciante, titular do e-mail fgc@gsa.com. br, portador do RG 00.000.000-SSP/SP e do CPF 000.000.000-00, residente e domiciliado na Rua Antônio da Paz, nº 00, casa 00, Vila Mogilar, cidade de Mogi das Cruzes-SP, CEP 00000-000, por seu Advogado que esta subscreve (mandato incluso), com escritório na Rua Adelino Torquato, nº 00, sala 00, Centro, cidade de Mogi das Cruzes-SP, onde recebe intimações (e-mail: gediel@gsa.com.br), vem à presença de Vossa Excelência propor *ação de obrigação de fazer*, observando-se o procedimento comum, *com pedido liminar*, em face da empresa **B. D. Saúde S.A.**, inscrita no CNPJ nº 00.000.000/0000-00, titular do e-mail institucional bdsaude@gsa.com. br e dos telefones 00-0000-0000 e 00-0000-0000, sediada na Avenida Paulista, nº 00, Bela Vista, cidade de São Paulo-SP, CEP 00000-000, pelos motivos de fato e de direito que a seguir expõe:

1. Diagnosticado com "obesidade mórbida", o autor, por orientação médica, se submeteu em novembro de 0000 à cirurgia bariátrica (documentos anexos); evento autorizado e pago pela ré, de quem é cliente (seguro saúde familiar).

2. Felizmente o procedimento foi um sucesso, sendo que nos meses seguintes o autor perdeu aproximadamente 45 (quarenta e cinco) quilos.

3. A desejada perda de peso acabou por trazer outros problemas de saúde para o autor. O acúmulo de pele em diversas partes do corpo e a natural dificuldade de se fazer a devida higiene nestes locais causou, e causa, graves assaduras e infecções, que por sua vez pioram muito o estado geral do autor, que sofre muito com dores e com o desconforto da situação.

4. Diante deste quadro, o autor procurou orientação médica na pessoa da Dra. R. S. de O., CRM/SP 000.000, que indicou como única solução para pôr fim à precária situação do autor a realização da "cirurgia reparadora", envolvendo vários procedimentos detalhados nos documentos anexos (laudo médico).

5. De posse da indicação médica, o autor requereu junto à ré, operadora do seu plano de saúde, a competente autorização e a expedição das guias para o Hospital L. P. M., credenciado pela ré, onde deveria ser efetuada a cirurgia.

6. Para total surpresa do autor, a ré NEGOU COBERTURA para a "cirurgia reparadora" sob o argumento que se trataria de procedimento de natureza "estética", sem cobertura contratual e fora das coberturas obrigatórias previstas nas normas da ANS.

7. Douto Magistrado, o argumento da ré não deve prevalecer. Primeiro, porque a cirurgia reparadora é simplesmente uma continuação do tratamento contra a obesidade mórbida, ou seja, negar cobertura interrompe o tratamento e coloca em risco a saúde do paciente, conforme demonstrado em laudo médico juntado a esta petição. O Egrégio Tribunal de Justiça do Estado de São Paulo já sumulou sobre o tema: *Súmula 97: Não pode ser considerada simplesmente* *estética a cirurgia plástica complementar de tratamento de obesidade mórbida, havendo indicação médica.* Segundo, o rol da ANS é meramente exemplificativo, representando o direito "mínimo" do consumidor, assim não surpreende que a referida cirurgia não conste do referido rol.

8. Em resumo: absolutamente não se trata de procedimento estético, mas da segunda fase de procedimento padrão em casos de obesidade mórbida, necessário a fim de garantir a total recuperação do paciente que sem ele sofre as graves consequências advindas da operação bariátrica.

9. A negativa de cobertura por parte da ré, que interrompe o tratamento e coloca em grave risco a saúde do autor, não lhe deixa outra alternativa senão a de buscar a tutela jurisdicional por meio desta.

Ante o exposto, considerando que a pretensão do autor encontra arrimo nos arts. 6º, I, 14 e 51, II, da Lei 8.078/90, **requer**:

a) os benefícios da justiça gratuita, vez que se declara pobre no sentido jurídico do termo, conforme declaração anexa;

b) seja concedida liminar, em tutela provisória de urgência (art. 300 do CPC), no sentido de determinar à ré que assuma IMEDIATAMENTE os custos da realização do tratamento pós-bariátrico do autor, emitindo as guias necessárias para "todas as intervenções recomendadas no laudo médico" (internação, medicamentos e todo o necessário), sob pena de multa diária no valor de R$ 1.000,00 (um mil reais);

c) a citação da ré, na pessoa de um de seus representantes legais, para que, querendo, apresente resposta no prazo legal, sob pena de sujeitar-se aos efeitos da revelia;

d) seja, no mérito, a ré condenada a arcar, com arrimo no plano de saúde firmado entre ela e o autor, com TODOS os custos do tratamento pós-bariátrico, em especial os procedimentos indicados no laudo médico anexo (cirurgia reparadora), neste sentido confirmando-se a liminar, sob pena de multa diária no valor de R$ 1.000,00 (um mil reais), tornando definitiva a liminar concedida.

Observando que a responsabilidade da ré, na qualidade de fornecedora de serviços, é objetiva (art. 14 da Lei 8.078/90-CDC), ou seja, cabe a ela, no desiderato de se eximir de sua responsabilidade, provar alguma das excludentes previstas na norma legal, indica que provará o que for necessário, usando de todos os meios permitidos em direito, em especial pela juntada de documentos (anexos) e oitiva de testemunhas (rol anexo).

Em atenção ao que determina o art. 319, VII, do CPC, o autor registra que NÃO TEM INTERESSE na designação de audiência de conciliação, que neste momento apenas iria atrasar os procedimentos, colocando em risco a saúde do paciente.

Dá-se ao feito o valor de R$ 15.000,00 (quinze mil reais).

Termos em que,
P. Deferimento.

Mogi das Cruzes, 00 de maio de 0000.

Gediel Claudino de Araujo Júnior
OAB/SP 000.000

31. AÇÃO DE OBRIGAÇÃO DE FAZER CONTRA PLANO DE SAÚDE EM RAZÃO DE NEGATIVA DE COBERTURA (*CONTINUIDADE DE TRATAMENTO* – SÍNDROME DE DEVIC E NEUROMIELITE ÓPTICA)

Excelentíssimo Senhor Doutor Juiz de Direito da ___ Vara Cível do Foro de Mogi das Cruzes, São Paulo.

R. A. C. V., brasileiro, solteiro, industriário, titular do e-mail racv@gsa. com.br, portador do RG 00.000.000-SSP/SP e do CPF 000.000.000-00, residente e domiciliado na Rua Henriqueta Batalha Arouche, nº 00, Vila Nancy, cidade de Mogi das Cruzes-SP, CEP 00000-000, por seu Advogado que esta subscreve (mandato incluso), com escritório na Rua Adelino Torquato, nº 00, sala 00, Centro, cidade de Mogi das Cruzes-SP, onde recebe intimações (e-mail: gediel@gsa.com.br), vem à presença de Vossa Excelência propor *ação de obrigação de fazer*, observando-se o procedimento comum, *com pedido liminar*, em face da empresa **B. D. Saúde S.A.**, inscrita no CNPJ nº 00.000.000/0000-00, titular do e-mail institucional bdsaude@gsa.com.br e dos telefones 00-0000-0000 e 00-0000-0000, sediada na Avenida Paulista, nº 00, Bela Vista, cidade de São Paulo-SP, CEP 00000-000, pelos motivos de fato e de direito que a seguir expõe:

1. Com a falência da empresa Unimed Paulistana, a carteira em que está inserido o autor foi transferida por seu empregador, T. G. Indústria e Comércio Ltda., para a ré. Segundo as normas da ANS e os termos firmados entre as empresas, tal transferência não importou em qualquer carência e/ou restrição para os conveniados, conforme provam documentos anexos.

2. Não obstante as normas referidas que afastam a exigência de qualquer tipo de carência e/ou restrição a doenças preexistentes, o autor teve NEGADO PEDIDO DE COBERTURA.

3. Infelizmente, o autor é portador da doença nominada de "Devic", CID 10-G36, também conhecida como síndrome de Devic e Neuromielite óptica; doença crônica rara que ataca o sistema nervoso central (os sintomas se parecem com os da esclerose múltipla).

O autor encontra-se em tratamento desde meados do ano de 0000, quando ocorreu o primeiro surto de mielite; inicialmente o tratamento era feito via oral com o medicamento "azatioprina", mas com a evolução da doença, hoje o paciente precisa se submeter a quimioterapia com o imunossupressor "rituximabe" (cada aplicação tem custo aproximado de R$ 15.000,00).

4. Não obstante a situação geral do autor seja gravíssima, ou seja, a sua vida depende da continuidade do tratamento, conforme afirma laudo médico anexo firmado pelo Dr. P. S. de C., CRM 00.000-SP, a ré negou autorização para compra e aplicação do medicamento.

5. Registre-se que enquanto administrado pela falida Unimed Paulistana, o plano de saúde sempre autorizou os procedimentos ligados ao tratamento de saúde do autor, fato que, com absoluta certeza, tem garantido até o presente momento a sua sobrevivência.

6. Atendendo pedido do médico responsável pelo tratamento, o procedimento de aplicação do medicamento "rituximabe", quimioterapia, foi remarcado para o dia 00.00.0000 no Hospital do Câncer A. C. Camargo, sendo FUNDAMENTAL para a sobrevivência do autor, conforme o laudo médico citado.

7. Desnecessário, porém oportuno, registrar que a ilegal atitude da ré coloca em GRAVE RISCO a vida do autor, não restando a ele outra saída senão buscar a tutela jurisdicional por meio desta ação.

Ante o exposto, considerando que a pretensão do autor encontra arrimo nos arts. 6º, VI, e 14 da Lei 8.078/90, **requer**:

a) os benefícios da justiça gratuita, vez que se declara pobre no sentido jurídico do termo, conforme declaração anexa;

b) seja concedida liminar, em tutela provisória de urgência (art. 300 do CPC), no sentido de determinar à ré que assuma IMEDIATAMENTE os custos do tratamento de saúde do autor, autorizando o hospital responsável a comprar, sob sua responsabilidade patrimonial, e aplicar ao autor o medicamento "rituximabe", na quantidade necessária e por tantas vezes e por tanto tempo que o exigir o tratamento, sob pena de multa diária no valor de R$ 5.000,00 (cinco mil reais), cuja soma deverá ser sequestrada das contas da ré a cada 5 (cinco) dias, com escopo de custear o tratamento que, como se disse, é imprescindível para a sobrevivência do paciente; considerando a urgência da situação, estando a aplicação já remarcada para o dia 00.00.0000, requer-se ainda que a decisão judicial seja comunicada à ré e ao hospital responsável pelo tratamento por meio do e-mail informado na qualificação, assim como pelo fax 00-0000-0000;

c) a citação da ré, na pessoa de um de seus representantes legais, para que, querendo, apresente resposta no prazo legal, sob pena de sujeitar-se aos efeitos da revelia;

d) seja, no mérito, a ré condenada a arcar, com arrimo no plano de saúde firmado entre ela e o empregador do autor, com TODOS os custos do tratamento de saúde dele, fornecendo o medicamento "rituximabe", ou outro que venha a ser prescrito pelo médico responsável, pelo tempo e quantidade que se fizerem necessários, sob pena de multa diária no valo de R$ 5.000,00 (cinco mil reais), tornando definitiva a liminar concedida.

Observando que a responsabilidade da ré, na qualidade de fornecedora de serviços, é objetiva (art. 14 da Lei 8.078/90-CDC), ou seja, cabe a ela, no desiderato de se eximir de sua responsabilidade, provar alguma das excludentes previstas na norma legal, indica que provará o que for necessário, usando de todos os meios permitidos em direito, em especial pela juntada de documentos (anexos) e oitiva de testemunhas (rol anexo).

Em atenção ao que determina o art. 319, VII, do CPC, o autor registra que NÃO TEM INTERESSE na designação de audiência de conciliação, que neste momento apenas iria atrasar os procedimentos, colocando em risco a saúde do paciente.

Dá-se ao feito o valor de R$ 15.000,00 (quinze mil reais).

Termos em que,
P. Deferimento.

Mogi das Cruzes, 00 de outubro de 0000.

Gediel Claudino de Araujo Júnior
OAB/SP 000.000

32. AÇÃO DE OBRIGAÇÃO DE FAZER CONTRA PLANO DE SAÚDE EM RAZÃO DE NEGATIVA DE COBERTURA (*CRIANÇA AUTISTA TEM PEDIDO DE TRATAMENTO QUE USA O MÉTODO ABA NEGADO*)

Excelentíssimo Senhor Doutor Juiz de Direito da ___ Vara Cível do Foro de Mogi das Cruzes, São Paulo.

S. A. de A., brasileira, menor impúbere, portadora do RG 00.000.000-SSP/SP e do CPF 000.000.000-00, neste ato representada por sua genitora **J. A. de A.**, brasileira, divorciada, desempregada, titular do e-mail jaa@gsa.com.br, portadora do RG 00.000.000-SSP/SP e do CPF 000.000.000-00, residente e domiciliada na Rua José Urbano Sanchez, nº 00, Jardim Esperança, cidade de Mogi das Cruzes-SP, CEP 00000-000, por seu Advogado que esta subscreve (mandato incluso), com escritório na Rua Adelino Torquato, nº 00, sala 00, Centro, cidade de Mogi das Cruzes-SP, onde recebe intimações (e-mail: gediel@gsa.com.br), vem à presença de Vossa Excelência propor *ação de obrigação de fazer*, observando-se o procedimento comum, *com pedido liminar*, em face da empresa **B. D. Saúde S.A.**, inscrita no CNPJ nº 00.000.000/0000-00, titular do e-mail institucional bdsaude@gsa.com.br e dos telefones 00-0000-0000 e 00-0000-0000, sediada na Avenida Paulista, nº 00, Bela Vista, cidade de São Paulo-SP, CEP 00000-000, pelos motivos de fato e de direito que a seguir expõe:

Dos Fatos:

A Senhora "J" é titular do plano de saúde familiar da ré, produto nº 0000000000, desde setembro de 0000, sendo a autora dependente habilitada desde o seu nascimento, conforme fazem prova documentos anexos.

Pouco depois de completar dois anos de idade, a autora foi infelizmente diagnosticada como portadora do "transtorno do espectro autista – TEA" (CID 10 – F84).

Desde o início, a genitora da autora empenhou-se em conseguir o melhor tratamento disponível para ela, o que possibilitou pequenos progressos, embora as limitações da criança sejam grandes.

Percebendo a estagnação dos tratamentos convencionais, a médica da criança recomendou fosse ela submetida às condutas terapêuticas multidisciplinares, conhecida como "Método ABA". Neste sentido, veja-se detalhado laudo médico anexo, no qual se ressalva que o uso do referido método é o mais indicado para se buscar evolução no caso da autora.

Diante da indicação médica, a genitora da autora procurou o seu plano de saúde com escopo de obter guias de encaminhamento, contudo foi surpreendida com uma veemente negativa, sob o argumento de que a empresa não tinha profissionais habilitados para aplicar o referido método, assim como que o referido tratamento não consta entre os procedimentos obrigatórios da Agência Nacional de Saúde.

A negativa de cobertura não deixa à ré outra alternativa senão a de buscar a tutela jurisdicional.

Do Direito:

"Da aplicação do Código de Defesa do Consumidor".

A relação entre as partes é de natureza consumerista, conforme súmula do Egrégio Tribunal de Justiça do Estado de São Paulo:

> **Súmula 100: O contrato de plano/seguro saúde submete-se aos ditames do Código de Defesa do Consumidor e da Lei n. 9.656/98 ainda que a avença tenha sido celebrada antes da vigência desses diplomas legais.**

Também o Superior Tribunal de Justiça já sumulou a questão:

> **Súmula 608: Aplica-se o Código de Defesa do Consumidor aos contratos de plano de saúde, salvo os administrados por entidades de autogestão.**

"Da obrigatoriedade da ré de fornecer ou arcar com os custos do tratamento recomendado pelo médico".

Douto Magistrado, a negativa de cobertura quanto ao pedido de autorização do procedimento indicado pelo médico (laudo anexo), afronta o entendimento que a jurisprudência vem tendo sobre o tema.

A questão não é nova e já foi sumulada pelo Egrégio Tribunal e Justiça do Estado de São Paulo:

> **Súmula 102: Havendo expressa indicação médica, é abusiva a negativa de cobertura de custeio de tratamento sob o argumento da sua natureza experimental ou por não estar previsto no rol de procedimentos da ANS.**

A negativa é abusiva porque viola o objetivo primordial do plano de saúde, qual seja, garantir ao consumidor acesso aos meios necessários ao tratamento médico. Lembrando que é justamente o médico quem tem a última palavra sobre o tratamento do seu paciente, não o plano de saúde. Neste caso, o laudo médico não só indica o tratamento, mas também justifica as razões pelas quais o "Método ABA" é o mais indicado para o caso da autora, alertando para os graves prejuízos que certamente virão ao paciente, caso este seja privado do procedimento.

No mais, ao contrário do que parece crer a ré, o rol de procedimentos da ANS são meramente exemplificativos; de fato, como poderia uma portaria prever ou indicar todos os procedimentos aplicáveis a todas as doenças? Não poderia, mormente ao se considerar que os procedimentos estão sempre mudando.

Da Tutela Provisória de Urgência:

Deve ser concedida, em caráter liminar, tutela provisória de urgência (art. 300 do CPC), com escopo de que se garanta à autora acesso imediato ao tratamento conhecido como "Método ABA", devendo a ré indicar profissionais habilitados ou arcar com os custos totais de profissionais ou empresas que venham a ser escolhidos pela representante da autora ou o seu médico (pagamento direto), visto que presentes os requisitos legais, quais sejam: a fumaça do bom direito e perigo da demora.

A fumaça do bom direito se manifesta de forma muito clara na Súmula 102 do TJSP, já reproduzida nesta petição no item "do direito".

O perigo da demora se consubstancia, conforme laudo médico anexo, no fato de que o atraso no início do tratamento pode trazer prejuízos físicos e psicológicos irreparáveis ao paciente.

Dos Pedidos:

Ante o exposto, considerando que a pretensão da autora encontra arrimo nos arts. 6º, I, VIII, 14, 39, II, da Lei 8.078/90, **requer**:

a) os benefícios da justiça gratuita, vez que se declara pobre no sentido jurídico do termo, conforme declaração anexa;

b) a intimação do ilustre representante do Ministério Público com escopo de que este intervenha no feito até o seu final;

c) seja concedida liminar, em tutela provisória de urgência (art. 300 do CPC), no sentido de determinar à ré que assuma IMEDIATAMENTE os custos totais, ou seja, integrais, do tratamento de saúde da autora (a contar da intimação), garantindo à autora acesso imediato ao tratamento conhecido como "Método ABA", devendo a ré indicar profissionais habilitados ou arcar com os custos totais de profissionais ou empresas que venham a ser escolhidos pela representante da autora ou o seu médico (a conta deverá ser apresentada diretamente a ré), sob pena de multa diária no valor de R$ 1.000,00 (um mil reais), valor que deverá ser sequestrado das contas da ré a cada trinta dias, com escopo de custear o tratamento indicado em local de preferência da representante da autora;

d) a citação da ré, na pessoa de um de seus representantes legais, para que, querendo, apresente resposta no prazo legal, sob pena de sujeitar-se aos efeitos da revelia;

e) seja, no mérito, a ré condenada a arcar, com arrimo no plano de saúde firmado entre ela e a representante da autora, com TODOS os custos do tratamento de saúde dela, especialmente todos os procedimentos envolvendo o conhecido "Método ABA", conforme recomendação médica, sob pena de multa diária no valor de R$ 1.000,00 (um mil reais), tornando definitiva a liminar concedida.

Das Provas, da Audiência de Conciliação e do Valor da Causa:

Ressalvando-se que a responsabilidade da ré, na qualidade de fornecedora de serviços, é objetiva (art. 14 da Lei 8.078/90-CDC), ou seja, cabe a ela, no desiderato de se eximir de sua responsabilidade, provar alguma das excludentes previstas na norma legal, indica que provará o que for necessário, usando de todos os meios permitidos em direito, em especial pela juntada de documentos (anexos) e oitiva de testemunhas (rol anexo).

Em atenção ao que determina o art. 319, VII, do CPC, a autora registra que NÃO TEM INTERESSE na designação de audiência de conciliação, que neste momento apenas iria atrasar os procedimentos, colocando em risco a saúde da paciente.

Dá-se ao feito o valor de R$ 30.000,00 (trinta mil reais).

Termos em que,
P. Deferimento.

Mogi das Cruzes, 00 de agosto de 0000.

Gediel Claudino de Araujo Júnior
OAB/SP 000.000

33. AÇÃO DE OBRIGAÇÃO DE FAZER CONTRA PLANO DE SAÚDE EM RAZÃO DE NEGATIVA DE COBERTURA (*PEDIDO DE "FERTILIZAÇÃO IN VITRO"*)

Excelentíssimo Senhor Doutor Juiz de Direito da ___ Vara Cível do Foro de Mogi das Cruzes, São Paulo.

L. F. da S. de O., brasileira, casada, funcionária pública estadual, titular do e-mail lfso@gsa.com.br, portadora do RG 00.000.000-SSP/SP e do CPF 000.000.000-00, residente e domiciliada na Rua Capitão Amado, nº 00, casa 00, Vila Jundiaí, cidade de Mogi das Cruzes-SP, CEP 00000-000, por seu Advogado que esta subscreve (mandato incluso), com escritório na Rua Adelino Torquato, nº 00, sala 00, Centro, cidade de Mogi das Cruzes--SP, onde recebe intimações (e-mail: gediel@gsa.com.br), vem à presença de Vossa Excelência propor *ação de obrigação de fazer*, observando-se o procedimento comum, *com pedido liminar*, em face da empresa **B. D. Saúde S.A.**, inscrita no CNPJ nº 00.000.000/0000-00, titular do e-mail institucional bdsaude@gsa.com.br e dos telefones 00-0000-0000 e 00-0000-0000, sediada na Avenida Paulista, nº 00, Bela Vista, cidade de São Paulo-SP, CEP 00000-000, pelos motivos de fato e de direito que a seguir expõe:

Dos Fatos:

A autora é titular do plano de saúde da ré, produto nº 0000000000, com acomodação em apartamento, desde setembro de 0000, conforme fazem prova documentos anexos.

Recentemente a autora, que tem 36 (trinta e seis) anos de idade, foi diagnosticada como portadora da doença "endometriose profunda", que se caracteriza pela presença de lesões graves e profundas no útero, que normalmente dificultam a gravidez, além de causarem fortes dores.

Ansiosa por ter um filho, a autora se submeteu a vários procedimentos na busca de engravidar de forma espontânea, mas sem qualquer sucesso. Diante do seu quadro geral, o seu médico, Dr. D. Z., CRM 000.000, concluiu que a melhor forma de viabilizar a gravidez da autora é por meio da "fertilização *in vitro*".

Registre-se que em seu laudo (anexo), o médico responsável não só aponta a "fertilização *in vitro*" como a melhor opção para uma possível gravidez da autora, mas também indica que em razão do recente diagnóstico de ser a autora portadora da doença "endometriose profunda", este procedimento se faz urgente, visto que a cada mês diminuem as chances de se conseguir sucesso, diante da possibilidade de uma menopausa precoce; ou seja, a realização do procedimento é extremamente urgente.

Diante da recomendação médica, a autora requereu junto à ré a expedição das competentes guias, autorizando o procedimento junto a um de seus hospitais associados.

Para sua total decepção e desespero, seu pedido foi negado sob o argumento de falta de cobertura contratual. A atitude da ré não lhe deixa outra opção senão a de buscar a tutela jurisdicional.

Do Direito:

Douto Magistrado, a negativa de cobertura da ré quanto ao pedido de autorização de procedimento de "fertilização *in vitro*" afronta as normas legais sobre o tema. Com efeito, o art. 35-C da Lei 9.656/98 tornou obrigatório, além daqueles previstos no art. 10, o atendimento de urgências e emergências, bem como o de "planejamento familiar".

Pede-se vênia para citar-se expressamente a referida norma:

Art. 35-C da Lei 9.656/98: É obrigatória a cobertura do atendimento nos casos:
(...)
III – de planejamento familiar. (Incluído pela Lei nº 11.935, de 2009)

A Agência Nacional de Saúde – ANS editou a Res. 338/2013 na qual especifica as medidas incluídas no "planejamento familiar", portanto de cobertura obrigatória, *in verbis*:

Art. 7º As ações de planejamento familiar de que trata o inciso III do artigo 35-C da Lei nº 9.656, de 1998, devem envolver as atividades de educação, aconselhamento e atendimento clínico previstas nos Anexos desta Resolução, observando-se as seguintes definições:
I – planejamento familiar: conjunto de ações de regulação da fecundidade que garanta direitos iguais de constituição, limitação ou aumento da prole pela mulher, pelo homem ou pelo casal;
II– concepção: fusão de um espermatozoide com um óvulo, resultando na formação de um zigoto;

Neste particular, há que se observar que a "fertilização *in vitro*" é procedimento realizado fora do corpo da mulher, havendo a união do óvulo e do espermatozoide numa proveta; este procedimento não deve ser confundido com as técnicas de "inseminação artificial", que não são de cobertura obrigatória.

Estabelecido que a "fertilização *in vitro*" é, como se demonstrou, de cobertura obrigatória, é ilegal e abusiva a negativa de cobertura por parte da ré, assim como eventual cláusula contratual que lhe dê arrimo.

Dos Pedidos:

Ante o exposto, considerando que a pretensão da autora encontra arrimo no art. 35-C, III, da Lei 9.656/98, e nos arts 6º, I, VIII, 14, 39, II, 51, IV, da Lei 8.078/90, **requer**:

a) os benefícios da justiça gratuita, vez que se declara pobre no sentido jurídico do termo, conforme declaração anexa;

b) seja concedida liminar, em tutela provisória de urgência (art. 300 do CPC), no sentido de determinar à ré que assuma IMEDIATAMENTE os custos do tratamento de saúde da autora (a contar da intimação), emitindo as guias de encaminhamento necessário à sua rede associada autorizando todos os exames e procedimentos necessários ao imediato início do procedimento de "fertilização *in vitro*", sob pena de multa diária no valor de R$ 5.000,00 (cinco mil reais), até o limite total de R$ 100.000,00 (cem mil reais), valor que eventualmente deverá ser sequestrado das contas da ré, com escopo de custear o tratamento em hospital particular da escolha da autora;

c) a citação da ré, na pessoa de um de seus representantes legais, para que, querendo, apresente resposta no prazo legal, sob pena de sujeitar-se aos efeitos da revelia;

d) seja, no mérito, a ré condenada a arcar, com arrimo no plano de saúde firmado entre ela e a autora, com TODOS os custos do tratamento de saúde dela, especialmente todos os procedimentos e exames necessários à realização da "fertilização *in vitro*", conforme recomendação médica, até que se obtenha a esperada gravidez, sob pena de multa diária no valor de R$ 5.000,00 (cinco mil reais), tornando definitiva a liminar concedida.

Das Provas, da Audiência de Conciliação e do Valor da Causa:

Ressalvando-se que a responsabilidade da ré, na qualidade de fornecedora de serviços, é objetiva (art. 14 da Lei 8.078/90-CDC), ou seja, cabe a ela, no desiderato de se eximir de sua responsabilidade, provar alguma das excludentes previstas na norma legal, indica que provará o que for necessário, usando de todos os meios permitidos em direito, em especial pela juntada de documentos (anexos) e oitiva de testemunhas (rol anexo).

Em atenção ao que determina o art. 319, VII, do CPC, a autora registra que NÃO TEM INTERESSE na designação de audiência de conciliação, que neste momento apenas iria atrasar os procedimentos, colocando em risco a saúde da paciente.

Dá-se ao feito o valor de R$ 10.000,00 (dez mil reais).

Termos em que,
P. Deferimento.

Mogi das Cruzes, 00 de fevereiro de 0000.

Gediel Claudino de Araujo Júnior
OAB/SP 000.000

34. AÇÃO DE OBRIGAÇÃO DE FAZER CUMULADA COM REPARAÇÃO DE DANOS EM FACE DE CONSTRUTORA (*REPARAÇÃO EM IMÓVEL EM RAZÃO DE RACHADURAS E INUNDAÇÃO*)

Excelentíssimo Senhor Doutor Juiz de Direito da ___ Vara Cível do Foro de Mogi das Cruzes, São Paulo.

D. A. F. R., brasileiro, divorciado, desempregado, titular do e-mail dafr@ gsa.com.br, portador do RG 00.000.000-SSP/SP e do CPF 000.000.000-00, residente e domiciliado na Avenida Olavo Bilac, nº 00, apartamento 106, bloco K, Conjunto Bilac, Jardim Jungers, cidade de Mogi das Cruzes-SP, CEP 00000-000, por seu Advogado que esta subscreve (mandato incluso), com escritório na Rua Adelino Torquato, nº 00, sala 00, Centro, cidade de Mogi das Cruzes-SP, onde recebe intimações (e-mail: gediel@gsa.com.br), vem à presença de Vossa Excelência propor *ação de obrigação de fazer cumulada com reparação de danos*, observando-se o procedimento comum, em face da empresa **APA Engenharia e Participações S.A.**, inscrita no CNPJ nº 00.000.000/0000-00, titular do e-mail institucional apaengenharia@apaengenharia.com.br e dos telefones 00-0000-0000 e 00-0000-0000, sediada na Rua Antônio Bóz Vidal, nº 00, Jardim Bela Vista, cidade de Mogi das Cruzes-SP, CEP 00000-000, pelos motivos de fato e de direito que a seguir expõe:

1. Em março de 0000, o autor adquiriu junto à ré o apartamento onde reside, financiado pela Caixa Econômica Federal, parte de um empreendimento do programa "Minha Casa Minha Vida"; o imóvel foi entregue em 00.00.000, tendo o autor imediatamente entrado na posse (documentos anexos).

2. Passados apenas alguns meses da posse, durante período de fortes chuvas, o imóvel, que fica no térreo e na parte baixa do condomínio, foi repetidamente invadido pelas águas, provocando a perda de bens e "enormes" aborrecimentos para o autor (anexo, algumas fotos do ocorrido). Sempre após estas inundações, o autor, sua companheira e filhos se viam obrigados a passar dias na casa de vizinhos e parentes, enquanto o apartamento era limpo e novos móveis adquiridos.

3. Além dos incontáveis aborrecimentos e humilhações, o autor se viu obrigado a substituir os seguintes bens: jogo de sofá, prateleira da sala, geladeira (queimou o motor) e jogo de cama do casal. No total, o autor gastou R$ 4.378,00 (quatro mil, trezentos e setenta e oito reais), conforme provam documentos anexos.

4. Logo após a invasão de água das chuvas começaram a aparecer rachaduras nas paredes e no teto do imóvel, principalmente na parte de trás, com queda de reboco e aparecimento de mofo, colando em risco o autor e sua família, conforme provam fotos anexas.

5. Por várias vezes, o autor entrou em contato com o serviço de atendimento da ré (protocolos: 00000000 e 0000000), contudo só ouviu evasivas, desculpas e promessas que nunca foram cumpridas.

6. Os fatos e a falta de atitude da ré, responsável pela construção do imóvel, não deixam ao autor outra alternativa senão a de buscar a tutela jurisdicional.

Ante o exposto, considerando que a pretensão do autor encontra arrimo nos arts. 6º, VI, e 12 da Lei 8.078/90, **requer**:

a) os benefícios da justiça gratuita, vez que se declara pobre no sentido jurídico do termo, conforme declaração anexa;

b) a citação da ré, na pessoa de um de seus representantes legais, para que, querendo, apresente resposta no prazo legal, sob pena de sujeitar-se aos efeitos da revelia;

c) seja, no mérito, a ré condenada a realizar, no prazo máximo de 30 (trinta) dias, as obras necessárias no sistema de escoamento de águas do condomínio para evitar que o imóvel do autor seja novamente invadido por águas pluviais, assim como reparar todos os defeitos do imóvel, em especial as rachaduras nas paredes e teto e a queda de reboco perto das janelas, sob pena de multa diária no valor de R$ 1.000,00 (um mil reais);

d) seja a ré condenada a pagar indenização por danos materiais na ordem de R$ 4.378,00 (quatro mil, trezentos e setenta e oito reais), conforme notas anexas, assim como danos morais no valor de R$ 15.000,00 (quinze mil reais), em razão dos enormes abalos psicológicos impostos ao autor e sua família, que viram não só o seu lar ser invadido por águas fluviais, fato que danificou bens e os tirou de dentro de casa por dias, mas principalmente porque passaram a viver em constante estado de preocupação sempre que o céu se mostra carregado de chuva; esta inquietação e desassossego deixaram marcas duradouras na família do autor e ao adquirir o imóvel buscavam o contrário, paz e tranquilidade.

Ressalvando-se que a responsabilidade da ré, na qualidade de construtora, é objetiva (art. 12 da Lei 8.078/90-CDC), ou seja, cabe a ela, no desiderato de se eximir de sua responsabilidade, provar alguma das excludentes previstas na norma legal, indica que provará o que for necessário, usando de todos os meios permitidos em direito, em especial pela juntada de documentos (anexos), perícia técnica no imóvel e no condomínio e oitiva de testemunhas (rol anexo).

Em atenção ao que determina o art. 319, VII, do CPC, o autor registra que NÃO TEM interesse na designação de audiência de conciliação neste momento.

Dá-se ao feito o valor de R$ 19.378,00 (dezenove mil, trezentos e setenta e oito reais).

Termos em que,
P. Deferimento.

Mogi das Cruzes, 00 de janeiro de 0000.

Gediel Claudino de Araujo Júnior
OAB/SP 000.000

35. AÇÃO DE OBRIGAÇÃO DE FAZER CUMULADA COM REPARAÇÃO POR PERDAS E DANOS CONTRA PLANO DE SAÚDE EM RAZÃO DE NEGATIVA DE COBERTURA EM SITUAÇÃO DE EMERGÊNCIA (*PACIENTE ENFARTANDO*)

Excelentíssimo Senhor Doutor Juiz de Direito da ___ Vara Cível do Foro de Mogi das Cruzes, São Paulo.

J. D. da S. F., brasileiro, casado, empresário, titular do e-mail jdsf@gsa.com.br, portador do RG 00.000.000-SSP/SP e do CPF 000.000.000-00, residente e domiciliado na Rua Manoel Fernandes, nº 00, Bloco H, apartamento 32-A, Distrito de Jundiapeba, cidade de Mogi das Cruzes-SP, CEP 00000-000, por seu Advogado que esta subscreve (mandato incluso), com escritório na Rua Adelino Torquato, nº 00, sala 00, Centro, cidade de Mogi das Cruzes-SP, onde recebe intimações (e-mail: gediel@gsa.com.br), vem à presença de Vossa Excelência propor *ação de obrigação de fazer cumulada com reparação por perdas e danos*, observando-se o procedimento comum, *com pedido liminar*, em face da empresa **B. D. Saúde S.A.**, inscrita no CNPJ nº 00.000.000/0000-00, titular do e-mail institucional bdsaude@gsa.com.br e dos telefones 00-0000-0000 e 00-0000-0000, sediada na Avenida Paulista, nº 00, Bela Vista, cidade de São Paulo-SP, CEP 00000-000, pelos motivos de fato e de direito que a seguir expõe:

Dos Fatos:

O autor é titular de seguro saúde comercializado pela ré, produto nº 0000000000, com acomodação em apartamento, desde fevereiro de 0000, conforme fazem prova documentos anexos.

Desde que adquiriu o referido seguro, o autor tem estado absolutamente em dia com o pagamento do prêmio mensal (anexo os comprovantes dos últimos três meses).

No último sábado, por volta das 23h00, o autor, com fortes dores no peito, deu entrada na emergência do Hospital V. B., credenciado da ré.

De imediato a equipe médica indicou a realização de uma "angiotomografia coronariana", exame de diagnóstico rápido que possibilita a visualização de placas de gordura no interior das artérias.

Em momento tão dramático, em que a vida do autor estava em jogo, ele e a família foram surpreendidos com uma peremptória negativa da ré, que não autorizou o exame sob o argumento de que ainda não havia decorrido o prazo de carência.

Diante da urgência e da gravidade da situação, o autor, por meio de seus familiares, assumiu os custos do referido exame no valor total de R$ 1.280,00 (um mil, duzentos e oitenta reais), conforme provam documentos anexos.

Realizado o referido exame, o médico responsável pelo tratamento, Dr. T. X., CRM 000.000, constatou a necessidade da realização URGENTE de uma "angioplastia coronariana", com escopo de desobstruir algumas veias (laudo médico anexo).

Demonstrando total indiferença pela vida do paciente, novamente a ré "negou autorização" sob o mesmo argumento, qual seja, que ainda não havia decorrido o prazo de carência.

O autor e sua família não possuem meios de arcar com os altos custos do referido procedimento, razão pela qual este, enquanto aguarda internado, busca por meio desta a tutela jurisdicional, observando que, segundo o médico responsável pelo tratamento, cada minuto conta.

Do Direito:

"Da aplicação do Código de Defesa do Consumidor".

A relação entre as partes é de natureza consumerista, conforme súmula do Egrégio Tribunal de Justiça do Estado de São Paulo:

> **Súmula 100: O contrato de plano/seguro saúde submete-se aos ditames do Código de Defesa do Consumidor e da Lei n. 9.656/98 ainda que a avença tenha sido celebrada antes da vigência desses diplomas legais.**

"Da ilegalidade da cláusula contratual que prevê a negativa de cobertura em situações de emergência pessoal".

Douto Magistrado, a negativa de cobertura quanto ao pedido de autorização do procedimento de "angioplastia coronariana", em situação de emergência pessoal, é abusiva e ilegal visto que afronta não só a letra expressa da lei, como também a jurisprudência estabelecida sobre o tema.

Ilegal porque o art. 35-C da Lei 9.656/98 tornou obrigatório, além daqueles previstos no art. 10, o atendimento de urgências. Pede-se vênia para citar-se expressamente a referida norma:

> **Art. 35-C da Lei 9.656/98:**
> **É obrigatória a cobertura do atendimento nos casos:**
> **I – de emergência, como tal definidos os que implicarem risco imediato de vida ou de lesões irreparáveis para o paciente, caracterizado em declaração do médico assistente; (Redação dada pela Lei nº 11.935, de 2009)**

Abusiva porque afronta os direitos básicos do consumidor, conforme vem decidindo o Egrégio Tribunal de Justiça do Estado de São Paulo que, sobre o tema, editou a seguinte súmula:

> **Súmula 103: É abusiva a negativa de cobertura em atendimento de urgência e/ou emergência a pretexto de que está em curso período de carência que não seja o prazo de 24 horas estabelecido na Lei n. 9.656/98.**

Também o Superior Tribunal de Justiça já se manifestou de forma conclusiva sobre o tema, *in verbis*:

> **Súmula 597: A cláusula contratual de plano de saúde que prevê carência para utilização dos serviços de assistência médica nas situações de emergência ou de urgência é considerada abusiva se ultrapassado o prazo máximo de 24 horas contado da data da contratação.**

"Do dano moral".

Ao negar cobertura em situação de emergência pessoal, em que a vida do autor se encontra em grande risco, a ré causa a ele e a sua família muito mais do que um simples aborrecimento; a angústia e a incerteza do momento, agravadas pela atitude indiferente da ré estão tornando estes momentos em períodos de grande sofrimento emocional e pessoal, que com certeza deixarão marcas permanentes nos envolvidos.

Estes fatos caracterizam dano moral, conforme jurisprudência do Superior Tribunal de Justiça, *in verbis*:

> **O entendimento firmado no STJ é no sentido de que há caracterização do dano moral quando a operadora do plano de saúde se recusa à cobertura do tratamento médico emergencial ou de urgência, como no caso dos autos, não havendo que se falar em mero aborrecimento por inadimplemento contratual. (STJ – AgInt no AREsp 1396523/DF – Min. Marco Aurélio Bellizze – T3 – *DJe* 9/4/2019)**

Da Tutela Provisória de Urgência:

Deve ser concedida, em caráter liminar, tutela provisória de urgência (art. 300 do CPC) que garanta ao autor a realização imediata do procedimento indicado pelo médico responsável pelo tratamento, qual seja, "angioplastia coronariana", com escopo de desobstruir algumas veias (laudo médico anexo), visto que presentes os requisitos legais, quais sejam: a fumaça do bom direito e perigo da demora.

A fumaça do bom direito se manifesta em texto legal expresso sobre o tema, já indicado nesta petição no item "do direito", qual seja, o art. 35-C da Lei 9.656/98, no qual se indica entre os itens de cobertura obrigatória aquelas situações de emergências pessoais como esta pela qual passa o autor; assim como na jurisprudência do Egrégio Tribunal de Justiça do Estado de São Paulo e do Superior Tribunal de Justiça, também já citada nesta petição.

O perigo da demora se consubstancia, conforme laudo médico anexo, na urgência da realização do procedimento, sob pena de óbito do paciente.

Dos Pedidos:

Ante o exposto, considerando que a pretensão do autor encontra arrimo no art. 35-C, I, da Lei 9.656/98, e nos arts. 6º, I, VIII, 8º, 14, 39, II, 51, IV, da Lei 8.078/90, **requer**:

a) os benefícios da justiça gratuita, vez que se declara pobre no sentido jurídico do termo, conforme declaração anexa;

b) seja concedida liminar, em tutela provisória de urgência (art. 300 do CPC), no sentido de determinar à ré que IMEDIATAMENTE assuma toda a responsabilidade pelo tratamento do autor, expedindo as guias e autorizações necessárias, não só para o procedimento de "angioplastia coronariana", mas para todas as eventuais situações que o tratamento de saúde do paciente venham a exigir, sob pena de multa diária no valor de R$ 5.000,00 (cinco mil reais);

c) a citação da ré, na pessoa de um de seus representantes legais, para que, querendo, apresente resposta no prazo legal, sob pena de sujeitar-se aos efeitos da revelia;

d) seja, no mérito, a ré condenada a arcar, com arrimo no plano de saúde firmado entre ela e o autor, com TODOS os custos do tratamento de saúde dele, conforme recomendação médica, sob pena de multa diária no valor de R$ 5.000,00 (cinco mil reais), tornando definitiva a liminar concedida;

e) seja a ré condenada a pagar ao autor a título de danos materiais o valor de R$ 1.280,00 (um mil, duzentos e oitenta reais), referente à realização do exame de "angio-tomografia coronariana", conforme orientação médica, cuja autorização foi negada pela ré, valor a ser devidamente corrigido desde o desembolso e acrescido de juros desde a citação;

f) seja a ré condenada a pagar ao autor a título de danos morais em razão da indevida, ilegal e imoral negação de cobertura em momento tão extremo, fato que poderia e, na verdade, ainda pode levar o autor a óbito, o valor total de R$ 25.000,00 (vinte e cinco mil reais).

Das Provas, da Audiência de Conciliação e do Valor da Causa:

Ressalvando-se que a responsabilidade da ré, na qualidade de fornecedora de serviços, é objetiva (art. 14 da Lei 8.078/90-CDC), ou seja, cabe a ela, no desiderato de se eximir de sua responsabilidade, provar alguma das excludentes previstas na norma legal, indica que provará o que for necessário, usando de todos os meios permitidos em direito, em especial pela juntada de documentos (anexos) e oitiva de testemunhas (rol anexo).

Em atenção ao que determina o art. 319, VII, do CPC, o autor registra que NÃO TEM INTERESSE na designação de audiência de conciliação, que neste momento apenas iria atrasar os procedimentos, colocando em risco a saúde da paciente.

Dá-se ao feito o valor de R$ 50.000,00 (cinquenta mil reais).

Termos em que,
P. Deferimento.

Mogi das Cruzes, 00 de julho de 0000.

Gediel Claudino de Araujo Júnior
OAB/SP 000.000

36. AÇÃO DE OBRIGAÇÃO DE FAZER CUMULADA COM REPARAÇÃO POR PERDAS E DANOS CONTRA PLANO DE SAÚDE EM RAZÃO DE NEGATIVA DE COBERTURA (*NEGATIVA DE FORNECIMENTO DOS MATERIAIS NECESSÁRIOS PARA REALIZAÇÃO DE CIRURGIA NA COLUNA – HÉRNIA DE DISCO*)

Excelentíssimo Senhor Doutor Juiz de Direito da __ Vara Cível do Foro de Mogi das Cruzes, São Paulo.

T. C. R. S., brasileira, solteira, analista de sistemas, portadora do RG 00.000.000-SSP/SP e do CPF 000.000.000-00, residente e domiciliada na Rua Antônio Máximo, nº 00, Vila Suíça, cidade de Mogi das Cruzes-SP, CEP 00000-000, por seu Advogado que esta subscreve (mandato incluso), com escritório na Rua Adelino Torquato, nº 00, sala 00, Centro, cidade de Mogi das Cruzes-SP, CEP 00000-000, *onde recebe intimações* (e-mail: gediel@gsa.com.br), vem à presença de Vossa Excelência propor *ação de obrigação de fazer cumulada reparação por perdas e danos*, observando-se o procedimento comum (arts. 318 a 512, CPC), *com pedido liminar* (art. 300, CPC), em face da empresa **B. D. Saúde S.A.**, inscrita no CNPJ nº 00.000.000/0000-00, titular do e-mail institucional "bdsaude@gsa.com.br" e dos telefones 00-0000-0000 e 00-0000-0000, sediada na Avenida Paulista, nº 00, Bela Vista, cidade de São Paulo-SP, CEP 00000-000, pelos motivos de fato e de direito que a seguir expõe:

Dos Fatos:

A Senhora "T" é titular do plano de saúde familiar da ré, produto nº 0000000000, desde maio de 0000, conforme fazem prova documentos anexos.

Há alguns meses a autora foi diagnosticada como portadora de grave lombalgia (CID 00 – M00.0). Infelizmente os tratamentos convencionais não evitaram a piora do seu estado geral, causando a sua quase total incapacidade, precisando de constante auxílio para executar as atividades diárias básicas. A piora do seu estado geral exigiu, inclusive, o seu afastamento do trabalho, estando no momento encostada junto ao INSS (documentos anexos).

O médico responsável pelo tratamento, Dr. G. R., neurocirurgião, indicou, após a realização de vários exames, inclusive ressonância magnética, ser necessário a realização de "**cirurgia de artrodese de coluna lombar**", que consiste na estabilização da coluna por meio de placa fixada com parafusos no osso, com escopo de manter o alinhamento e o espaço adequado entre as vértebras.

Diante da indicação, a autora encaminhou todos os documentos para o Hospital W. B., pertencente à rede credenciada da ré, sendo a referida cirurgia pré-agendada, dependendo da autorização da ré, para o dia 00 de setembro de 0000.

Alguns dias antes da data marcada, a autora foi informada que a ré emitiu autorização parcial, ou seja, autorizou a cirurgia, mas indeferiu grande parte do material requerido pelo médico, fato que infelizmente levou ao cancelamento do procedimento médico.

O Dr. G. R., responsável pelo procedimento, emitiu novo laudo justificando a necessidade de cada um dos materiais indicados no seu requerido inicial (cópia anexa), contudo mais uma vez o pedido da autora foi negado pela ré, que, inclusive, fez constar que a decisão era final (não cabia mais recurso ou pedido de reconsideração).

O estresse da situação levou ao agravamento do estado de saúde da autora, que, por duas vezes, teve que comparecer no pronto socorro para receber tratamento emergencial intravenoso (documentos anexos).

Importante registrar que a negativa da ré não só afronta os ditames legais, como se demonstrará em item próprio nesta petição, como está mantendo a autora em estado de constante de dor, assim como colocando em risco o sucesso do próprio tratamento. Hoje, os seus dias são de puro desespero e desesperança.

A negativa de cobertura, mesmo que parcial (não fornecimento dos materiais necessários à cirurgia), obriga a autora a de buscar a tutela jurisdicional.

Do Direito:

"Da aplicação do Código de Defesa do Consumidor".

Considerando a existência de contrato entre as partes, onde em contraprestação ao pagamento de uma mensalidade a ré se obriga a prestar assistência médica integral, nos limites e no padrão acordados (plano verde 5000, acomodação em apartamento privativo), tem-se que a relação entre elas é de natureza consumerista, conforme súmula do Superior Tribunal de Justiça:

Súmula 608: Aplica-se o Código de Defesa do Consumidor aos contratos de plano de saúde, salvo os administrados por entidades de autogestão.

No mesmo sentido a jurisprudência do Egrégio Tribunal de Justiça do Estado de São, que igualmente sumulou a questão:

Súmula 100: O contrato de plano/seguro saúde submete-se aos ditames do Código de Defesa do Consumidor e da Lei n. 9.656/98 ainda que a avença tenha sido celebrada antes da vigência desses diplomas legais.

Registre-se que, não obstante as dificuldades que vem enfrentando, a autora encontra-se absolutamente em dia com suas obrigações contratuais, conforme provam os comprovantes anexos relativos às três últimas mensalidades.

"Da obrigatoriedade da ré de fornecer ou arcar com os custos do tratamento recomendado pelo médico".

Douto Magistrado, a negativa de cobertura quanto ao pedido de autorização do procedimento indicado pelo médico responsável pelo tratamento (laudo anexo), é abusiva porque viola o objetivo primordial do plano de saúde, qual seja, garantir ao consumidor acesso aos meios necessários ao tratamento da sua doença.

A questão não é nova e já foi sumulada pelo Egrégio Tribunal de Justiça do Estado de São Paulo:

> **Súmula 102: Havendo expressa indicação médica, é abusiva a negativa de cobertura de custeio de tratamento sob o argumento da sua natureza experimental ou por não estar previsto no rol de procedimentos da ANS.**

Também o Superior Tribunal de Justiça já firmou entendimento sobre o tema, conforme se vê na seguinte jurisprudência:

> **É possível que o plano de saúde estabeleça as doenças que terão cobertura, mas não o tipo de tratamento utilizado, sendo abusiva a negativa de cobertura do procedimento, tratamento, medicamento ou material considerado essencial para sua realização, de acordo com o proposto pelo médico. Precedentes. (STJ, AgInt no REsp 1904349/SP, Rel. Ministro Raul Araújo, T4, *DJe* 09/06/2021)**

Em consonância com as referidas jurisprudências, há que se ressaltar caber unicamente ao médico, juntamente com o paciente, decidir qual o tratamento deve ser adotado. Lembrando que o médico não só indicou, mas justificou detalhadamente em seu laudo a necessidade da "**cirurgia de artrodese de coluna lombar**" da autora, assim como a imprescindibilidade de todos os materiais e insumos requisitados.

Presentes os requisitos legais, a negativa da ré de fornecer os materiais necessários para a realização da cirurgia, segundo o médico responsável, Dr. G. R., é ilegal e abusiva, devendo ser afastada.

"*Do dano moral*".

O presente caso não trata de uma questão de direito que seja controvertida nos tribunais, em que a negativa da ré pudesse de alguma forma encontrar justificativa ou fundamento. Muito ao contrário, a negativa em fornecer os materiais requisitados pelo médico responsável pelo tratamento da autora é absolutamente arbitrária e sem fundamento médico ou jurídico. Decisão que tem trazido indescritível sofrimento à autora, que, enquanto aguardava os procedimentos administrativos da ré, já se viu obrigada a procurar por duas vezes o Pronto Socorro (documentos anexos), a fim de ser medicada de forma intravenosa, visto que os medicamentos ministrados por via oral não estão dando conta.

Fosse a decisão tomada por uma pessoa, se diria que ela foi simplesmente maldosa e insensível ao sofrimento da autora; tratando-se, no entanto, de uma empresa, podemos dizer que ela foi oportunista e gananciosa, com escopo de evitar ou adiar custos.

Diante da "evidente" ilegalidade da negativa do fornecimento dos materiais necessários à cirurgia da autora, que já estava inclusive pré-marcada, situação que não só aumentou em muito a aflição e dor da paciente, abalando-a psicologicamente, mas também piorou a sua já debilitada saúde, aumentando os riscos inerentes a procedimento tão delicado, impõe-se a sua condenação em danos morais, conforme item próprio no tópico "dos pedidos".

Da Tutela Provisória de Urgência:

Deve ser concedida, em caráter liminar, tutela provisória de urgência, com escopo de que se garanta à autora acesso imediato a todos os materiais e insumos requeridos pelo médico cirurgião, emitindo a ré as autorizações necessárias à imediata realização da **cirurgia de artrodese de coluna lombar**", visto que presentes os requisitos legais, quais sejam: a fumaça do bom direito e perigo da demora.

A fumaça do bom direito se manifesta de forma muito clara na jurisprudência reproduzida nesta petição no item "do direito".

O perigo da demora se consubstancia, conforme laudo médico anexo, no fato de que a demora no início do tratamento está trazendo graves prejuízos e irreparáveis à paciente, colocando em risco não só a sua saúde, mas a sua própria vida.

Dos Pedidos:

Ante o exposto, considerando que a pretensão da autora encontra arrimo nos artigos 6º, I, VIII, 14, 39, II, 51, IV, da Lei n. 8.078/90, **requer**:

a) os benefícios da justiça gratuita, vez que se declara pobre no sentido jurídico do termo, conforme declaração anexa;

b) seja concedida liminar, em tutela provisória de urgência (art. 300, CPC), no sentido de determinar à ré que assuma IMEDIATAMENTE os custos totais, ou seja, integrais, da "**cirurgia de artrodese de coluna lombar**", indicada como tratamento indispensável à saúde da autora pelo seu médico Dr. G. R., expedindo as autorizações necessárias e fornecendo TODOS os materiais, insumos e medicamentos requeridos pelo referido médico no laudo de fls. 00/00, sob pena de multa diária no valor de R$ 5.000,00 (cinco mil reais); devido à urgência da situação, a autora está em estado de absoluto sofrimento, requer-se seja a liminar imediatamente encaminha, por meio de Oficial de Justiça desta Serventia, à sede da ré ao Hospital W. B., onde se aguarda a manifestação da justiça para se dar andamento aos procedimentos;

c) a citação da ré, na pessoa de um de seus representantes legais, para que, querendo, apresente resposta no prazo legal, sob pena de sujeitar-se aos efeitos da revelia;

d) seja, no mérito, a ré condenada a arcar, com arrimo no contrato firmado entre ela e a autora, com TODOS os custos do tratamento de saúde dela, especialmente o procedimento recomendado pelo Dr. G. R., médico responsável pelo caso, consistente na realização de **"cirurgia de artrodese de coluna lombar"**, fornecendo todos os materiais, insumos e medicamentos requeridos pelo neurocirurgião, sob pena de multa diária no valor de R$ 5.000,00 (cinco mil reais), tornando definitiva a liminar concedida;

e) seja a ré, em razão da ilegal e injusta negativa de cobertura, que impediu até este momento a realização de procedimento médico destinado ao tratamento da paciente, mantendo-a em estado de constante dor, fato que fragilizou o seu estado de saúde física e mental, condenada a pagar indenização por danos morais no valor de R$ 10.000,00 (dez mil reais).

Das Provas, da Audiência de Conciliação e do Valor da Causa:

Ressalvando-se que a responsabilidade da ré, na qualidade de fornecedora de serviços, é objetiva (art. 14, Lei nº 8.078/90-CDC), ou seja, cabe a ela, no desiderato de se eximir de sua responsabilidade, provar alguma das excludentes previstas na norma legal, indica que provará o que for necessário, usando de todos os meios permitidos em direito, em especial pela juntada de documentos (anexos), perícia médica e oitiva de testemunhas (rol anexo).

Em atenção ao que determina o art. 319, VII, do CPC, a autora registra que NÃO TEM INTERESSE na designação de audiência de conciliação, que neste momento apenas iria atrasar os procedimentos, colocando em risco a saúde da paciente.

Dá-se ao feito o valor de R$ 50.000,00 (cinquenta mil reais).

Termos em que,
P. Deferimento.

Mogi das Cruzes, 00 de outubro de 0000.

Gediel Claudino de Araujo Júnior
OAB/SP 000.000

37. AÇÃO DE OBRIGAÇÃO DE FAZER CUMULADA COM REPETIÇÃO DE INDÉBITO E REPARAÇÃO POR PERDAS E DANOS (*PEDIDO NÃO ATENDIDO DE TRANSFERÊNCIA PARA NOVA RESIDÊNCIA DO SERVIÇO DE INTERNET FIBRA*)

Excelentíssimo Senhor Doutor Juiz de Direito da ___ Vara Cível do Foro de Mogi das Cruzes, São Paulo.

G. P. dos S., brasileiro, casado, professor, titular do e-mail gpdos@gsa.com.br, portador do RG 00.000.000-SSP/SP e do CPF 000.000.000-00, residente e domiciliado na Rua Alberto Edmundo Perotti, nº 00, Vila Lavínia, cidade de Mogi das Cruzes-SP, CEP 00000-000, por seu Advogado que esta subscreve (mandato incluso), com escritório na Rua Adelino Torquato, nº 00, sala 00, Centro, cidade de Mogi das Cruzes-SP, onde recebe intimações (e-mail: gediel@gsa.com.br), vem à presença de Vossa Excelência propor *ação de obrigação de fazer cumulada com repetição de indébito e reparação por perdas e danos*, observando-se o procedimento comum, *com pedido liminar*, em face da empresa **P. Telecomunicações do Brasil S.A.**, inscrita no CNPJ nº 00.000.000/0000-00, titular do e-mail institucional telecom@telecom.com.br, sediada na Rua Martiniano de Carvalho, nº 00, Bela Vista, cidade de São Paulo-SP, CEP 00000-000, pelos motivos de fato e de direito que a seguir expõe:

1. O autor é assinante dos serviços de internet fibra oferecido pela ré desde junho de 0000, ou seja, há mais de cinco anos; no momento, a mensalidade cobrada pelos serviços é no valor de R$ 129,99 (cento e vinte e nove reais e noventa e nove centavos), sendo que o valor encontra-se em débito automático, conforme provam documentos anexos.

2. Os serviços referidos estão instalados e eram prestados no antigo endereço do autor, qual seja: Rua Joaquim de Mello Freire, nº 00, casa 00, Vila Oliveira, cidade de Mogi das Cruzes-SP, CEP 00000-000. Com efeito, em meados de abril último passado, o autor e sua família se mudaram para o atual endereço, declarado na qualificação, como provam documentos anexos.

3. Uma semana antes de se mudar, o autor contatou o serviço de atendimento da ré para comunicar a sua mudança e requerer a "transferência do serviço", se possível, ou o seu cancelamento (o contato foi registrado pelo protocolo nº 000000000000). O atendente, que se identificou o "R", informou que a transferência era possível e marcou o serviço de campo para o dia 00.00.0000.

4. Inutilmente o autor esperou em sua residência pelo serviço, visto que os técnicos da ré simplesmente não compareceram.

5. Diante do não comparecimento, o autor entrou novamente em contato com o serviço de atendimento da ré (protocolo nº 000000000000), quando então nova data foi marcada para o serviço, dia 00.00.0000.

6. Pode parecer inacreditável, mas novamente os técnicos não compareceram. Novo contato com os serviços de atendimento da ré (protocolo nº 000000000000), só que desta feita, o atendente informou que não havia registro da solicitação de qualquer pedido de transferência; depois de explicar sobre o pedido e os contatos anteriores, o atendente disse que iria abrir uma reclamação para se apurar os fatos e que retornariam em alguns dias.

7. Estes "alguns dias" se transformaram em "algumas semanas", nas quais o autor ficou sem o serviço de internet cuja mensalidade continuava, pasmem, a ser debitada em sua conta-corrente já por dois meses sem efetiva prestação dos serviços (documentos anexos).

8. No dia 00 de julho de 0000, finalmente os técnicos da ré compareceram na residência do autor e lhe informaram que a transferência não seria possível visto que o serviço não estava disponível para aquele endereço; só seria possível a instalação da internet comum.

9. De nada adiantou o autor argumentar que esta impossibilidade não foi mencionada em nenhum dos contatos que tivera com o serviço de atendimento; os técnicos simplesmente foram embora, deixando o autor sem internet e ainda pagando por um serviço que não recebia há mais de três meses.

10. Diante destes fatos, não resta ao autor outra opção senão buscar a tutela jurisdicional.

Ante o exposto, considerando que a pretensão do autor encontra arrimo no art. 6º da Lei 8.987/95 e nos arts. 6º, VI, 14 e 42 da Lei 8.078/90-CDC, **requer**:

a) os benefícios da justiça gratuita, vez que se declara pobre no sentido jurídico do termo, conforme declaração anexa;

b) seja concedida liminar, em tutela provisória de urgência (art. 300 do CPC), no sentido de determinar à ré que "suspenda" a cobrança pela prestação de serviços de internet fibra até que os serviços estejam realmente sendo prestados, ou seja, até que ocorra a sua instalação na nova residência do autor;

c) a citação da ré, na pessoa de um de seus representantes legais, para que, querendo, apresente resposta no prazo legal, sob pena de sujeitar-se aos efeitos da revelia;

d) seja, no mérito, a ré condenada a obrigação de fazer, qual seja, providenciar a transferência, instalação, do serviço de internet fibra na residência do autor no prazo de 10 (dez) dias, sob pena de multa diária no valor de R$ 200,00 (duzentos reais), a incidir até o limite de R$ 10.000,00 (dez mil reais), quando então se converterá em perdas e danos pela não prestação do serviço prometido;

e) seja a ré condenada a devolver em dobro os valores cobrados a título de mensalidade por serviços efetivamente não prestados, ou seja, desde a mudança do autor, que ocorreu em 00.00.0000, até que seja de fato instalado o serviço de internet fibra na sua nova residência ou eventualmente cancelado o serviço, diante de eventual composição por perdas e danos, conforme requerido no item retro; tudo a ser apurado em liquidação de sentença;

f) considerando que o consumidor passou enorme desgaste, diante da negligência e descaso da ré, que descumpriu seus deveres de adequada informação, cooperação, lealdade e comprometimento, seja ela condenada a pagar indenização por danos morais na ordem de R$ 5.000,00 (cinco mil reais).

Ressalvando-se que a responsabilidade da ré, na qualidade de fornecedora de serviços, é objetiva (art. 14 da Lei 8.078/90-CDC), ou seja, cabe a ela, no desiderato de se eximir de sua responsabilidade, provar alguma das excludentes previstas na norma legal, indica que provará o que for necessário, usando de todos os meios permitidos em direito, em especial pela juntada de documentos (anexos), perícia técnica e oitiva de testemunhas (rol anexo).

Em atenção ao que determina o art. 319, VII, do CPC, o autor registra que NÃO TEM interesse na designação de audiência de conciliação neste momento.

Dá-se ao feito o valor de R$ 15.000,00 (quinze mil reais).

Termos em que,
P. Deferimento.

Mogi das Cruzes, 00 de agosto de 0000.

Gediel Claudino de Araujo Júnior
OAB/SP 000.000

38. AÇÃO DE REPACTUAÇÃO DE DÍVIDAS (*CONSUMIDOR SUPERENDIVIDADO APRESENTA PLANO DE PAGAMENTO COM ESCOPO DE PRESERVAR RENDA QUE SEJA BASTANTE PARA A SUA SOBREVIVÊNCIA*)[1]

Excelentíssimo Senhor Doutor Juiz de Direito da __ Vara Cível do Foro de Mogi das Cruzes, São Paulo.

R. N. de G., brasileiro, viúvo, aposentado, sem endereço eletrônico, portador do RG 00.000.000-SSP/SP e do CPF 000.000.000-00, residente e domiciliado na Rua Vicente de Carvalho, nº 00, casa 00, Jardim Cintia, cidade de Mogi das Cruzes-SP, CEP 00000-000, por seu Advogado que esta subscreve (mandato incluso), com escritório na Rua Adelino Torquato, nº 00, sala 00, Centro, cidade de Mogi das Cruzes-SP, onde recebe intimações (e-mail: gediel@gsa.com.br), vem à presença de Vossa Excelência propor *ação de repactuação de dívidas*, observando-se o procedimento comum com as alterações previstas nos arts. 104-A a 104-C da Lei 8.078/90-CDC, *com pedido liminar*, em face do **Banco G. S.A.**, inscrito no CNPJ 00.000.000/0000-00, com endereço eletrônico desconhecido, com sede na Avenida Voluntário Pinheiro Franco, nº 00, Centro, cidade de Mogi das Cruzes-RJ, CEP 00000-000, do **Banco S. S.A.**, inscrito no CNPJ 00.000.000/0000-00, com endereço eletrônico desconhecido, com sede na Rua Coronel Souza Franco, nº 00, Centro, cidade de Mogi das Cruzes-RJ, CEP 00000-000, do **Banco B. S.A.**, inscrito no CNPJ 00.000.000/0000-00, com endereço eletrônico desconhecido, com sede na Rua Doutor Paulo Frontin, nº 00, Centro, cidade de Mogi das Cruzes-RJ, CEP 00000-000, do **Banco D. S.A.**, inscrito no CNPJ 00.000.000/0000-00, com endereço eletrônico desconhecido, com sede na Avenida Riciere José Marcatto, nº 00, Vila Suíça, cidade de Mogi das Cruzes-RJ, CEP 00000-000, pelos motivos de fato e de direito que a seguir expõe:

1. O autor é servidor público aposentado, auferindo renda mensal líquida de R$ 3.786,25 (três mil, setecentos e oitenta e seis reais, vinte e cinco centavos), conforme faz prova documentos anexos.

2. Nos últimos anos o autor viu o seu passivo sofrer uma forte escalada em razão da tomada sistemática de empréstimos pessoais junto aos bancos réus; primeiramente em razão da sua própria ingenuidade, tendo acreditado nas "facilidades" prometidas nas muitas vezes em que foi abordado de forma predatória por prepostos das referidas instituições, depois, verdade seja dita, para arcar com as despesas médicas e do funeral da sua esposa e com os cuidados médicos próprios em razão da depressão de que foi e ainda é vítima após o referido fato; por último, buscando equilibrar o seu enorme passivo por meio de refinanciamentos dos seus débitos anteriores.

---

[1] Antes de elaborar a sua petição inicial sobre o tema, recomendo ao colega que confira os anexos da Recomendação 125/2021 do CNJ, visto que ali é possível identificar informações que o judiciário pode vir a considerar necessárias (você deve incluí-las na sua exordial ou no plano de pagamento).

3. Em resumo, o autor deve aos réus um total mensal de R$ 2.417,04 (dois mil, quatrocentos e dezessete reais, quatro centavos), assim divididos: (I) ao banco "G", 26 (vinte e seis) parcelas mensais de R$ 622,03 (seiscentos e vinte e dois reais, três centavos), mediante desconto diretamente junto ao benefício do devedor; (II) ao banco "S", 34 (trinta e quatro) parcelas mensais de R$ 699,31 (seiscentos e noventa e nove reais, trinta e um centavos), mediante desconto diretamente junto ao benefício do devedor; (III) ao banco "B", 45 (quarenta e cinco) parcelas mensais de R$ 510,40 (quinhentos e dez reais, quarenta centavos), mediante débito em conta-corrente; (IV) ao banco "D", 32 (trinta e duas) parcelas mensais de R$ 585,30 (quinhentos e oitenta e cinco reais, trinta centavos), mediante débito em conta-corrente.

4. Os compromissos financeiros descritos no item anterior consomem quase 64% (sessenta e quatro por cento) da renda líquida do autor, pessoa idosa, hoje ele tem 78 (setenta e oito) anos, e muito doente; ele, segundo documentos anexos, toma medicamentos e/ou faz tratamento para hipertensão arterial, diabetes, artrite e depressão. Obviamente que ele não mais consegue arcar com os custos mensais da sua manutenção, dependendo da ajuda de entidades públicas, familiares e amigos.

5. O autor tem muita vergonha de se encontrar nesta situação, mas, sempre que buscava um dos réus para discutir a sua situação, acabava "convencido" a fazer um novo refinanciamento com alguma "sobra", fato que lhe trazia algum "descanso" por dois ou três meses, contudo no final a situação foi apenas piorando até que suas dívidas tornaram totalmente impossível a sua sobrevivência; isso mesmo, hoje é a "vida" do autor que se encontra em grande risco, visto que há semanas em que consegue os seus medicamentos, noutras fica sem eles; em outras semanas compra os seus alimentos, noutras se socorre de lugares públicos para comer ou da ajuda de vizinhos; alguns meses paga a sua conta de luz e água, noutros fica em débito (hodiernamente está em atraso de dois meses, correndo o risco de corte, fato que poderá custar a sua vida).

6. Diante de situação tão extrema, a última esperança do autor é conseguir, por meio deste feito, a "repactuação" de suas dívidas, com escopo de limitar todos os pagamentos devidos aos réus a 35% (trinta e cinco por cento) de seus rendimentos líquidos mensais. Com escopo de atender ao determinado no *caput* do art. 104-A do Código de Defesa do Consumidor, apresenta, em anexo, "plano de pagamento",[2] observando que a sua urgente implantação é fundamental para a sua sobrevivência, a fim de preservar renda bastante para arcar com as suas despesas básicas: entre elas: luz, água, aluguel, telefone, internet, alimentos, vestuário, transporte, medicamentos (veja-se tabela detalhada anexa).

Ante o exposto, considerando que a pretensão do autor encontra arrimo nos arts. 6º, XI, XII, 54-A a 54-G, 104-A a 104-C, da Lei 8.078/90-CDC, **requer:**

---

[2] Segundo o CDC, o plano de pagamento deve respeitar prazo máximo de 5 (cinco) anos e preservar o "mínimo existencial", ou seja, o valor de R$ 303,00 (trezentos e três reais), o que, *data venia*, é absolutamente ridículo. Como se vê no presente exemplo, esse valor não pagaria nem os medicamentos do consumidor idoso claramente ludibriado e abusado pelas instituições financeiras. Espero que a jurisprudência tenha o bom senso de reservar ao consumidor ao menos 65% (sessenta e cinco por cento) da sua renda, caso contrário, toda a legislação sobre superendividamento se tornará letra morta, desperdício de tempo e dinheiro público.

a) os benefícios da justiça gratuita, vez que se declara pobre no sentido jurídico do termo, conforme declaração anexa;

b) a prioridade na tramitação do feito, conforme permissivo do art. 1.048, I, do CPC;

c) a concessão de tutela provisória, com escopo de determinar a todos os réus que apresentem nos autos todos os contratos que dão arrimo aos débitos cobrados do autor, assim como extrato atualizado que indique não só o débito em aberto, mas também tudo que foi pago pelo consumidor, seja a título de parcelas ou a título de taxas e custos gerais dos referidos contratos;

d) a citação dos réus, na pessoa de um de seus representantes legais, para que, querendo, compareçam em "audiência de conciliação" (art. 104-A, CDC), com escopo de discutir e aprovar o plano de pagamento elaborado pelo devedor;

e) a conversão do processo de repactuação de dívida em "processo de superendividamento" (art. 104-B, CDC), quanto aos débitos sobre os quais eventualmente não haja acordo de repactuação, com escopo de que estes sejam judicialmente integrados e revistos mediante plano judicial compulsório, que respeite os limites que garantam a sobrevivência do devedor, conforme provado nos muitos documentos anexos.

Ressalvando-se que a responsabilidade dos réus, na qualidade de fornecedores de serviços e bens, é objetiva (art. 14, Lei nº 8.078/90-CDC), considerando ademais a extrema vulnerabilidade do consumidor idoso em face dos réus, REQUER-SE a inversão do ônus da prova (art. 6º, VIII, CDC), mormente quanto à apresentação dos contratos de financiamento e extratos atualizados (negados ao devedor), indicando, no mais, que provará o que for necessário, usando de todos os meios permitidos em direito, em especial pela juntada de documentos (anexos), perícia médica e oitiva de testemunhas (rol anexo).

Considerando que não obteve extrato atualizado do débito total dos contratos, dá-se ao feito o valor aproximado de R$ 81.646,92 (oitenta e um mil, seiscentos e quarenta e seis reais, noventa e dois centavos).

Termos em que,

P. deferimento.

Mogi das Cruzes, 00 de outubro de 0000.

Gediel Claudino de Araujo Júnior

OAB/SP 000.000

39. AÇÃO DE REPETIÇÃO DE INDÉBITO (*PEDIDO DE DEVOLUÇÃO DE VALOR PAGO A TÍTULO DE "ASSESSORIA TÉCNICA IMOBILIÁRIA – SATI"*)

Excelentíssimo Senhor Doutor Juiz de Direito da ___ Vara Cível do Foro de Mogi das Cruzes, São Paulo.

P. R, brasileiro, casado, empresário, titular do e-mail pr@gsa.com.br, portador do RG 00.000.000-SSP/SP e do CPF 000.000.000-00, e sua mulher **M. R. R.**, brasileira, casada, empresária, titular do e-mail mrr@gsa.com.br, portadora do RG 00.000.000-SSP/SP e do CPF 000.000.000-00, ambos residentes e domiciliados na Rua Januário da Cunha Barbosa, nº 00, Jardim Cintia, cidade de Mogi das Cruzes-SP, CEP 00000-000, por seu Advogado que esta subscreve (mandato incluso), com escritório na Rua Adelino Torquato, nº 00, sala 00, Centro, cidade de Mogi das Cruzes-SP, onde recebe intimações (e-mail: gediel@gsa.com. br), vem à presença de Vossa Excelência propor *ação de repetição de indébito*, observando--se o procedimento comum, em face de **H. Empreendimentos Imobiliários S.A.**, inscrita no CNPJ nº 00.000.000/0000-00, com endereço eletrônico desconhecido, com sede na Avenida Voluntário Fernando Pinheiro Franco, nº 00, Centro, cidade de Mogi das Cruzes-SP, CEP 00000-000, pelos motivos de fato e de direito que a seguir expõem:

Dos Fatos:

Atraídos por empreendimento imobiliário anunciado pela ré de nome "A. do I. M.", os autores compareceram em 00 de novembro de 0000 no "*stand* de vendas", onde foram atendidos por uma corretora, Sra. H. J., e, diante de uma maquete e plantas, acabaram por fechar compromisso de compra e venda da unidade 053, bloco B, Crystal, pelo valor de R$ 330.000,00 (trezentos e trinta mil reais), com prazo de entrega de 30 (trinta) meses, conforme provam documentos anexos.

Além do valor do imóvel, os autores aceitaram assumir os valores devidos pela corretagem num total de R$ 18.800,00 (dezoito mil e oitocentos reais), assim como por "serviços de assessoria técnica imobiliária – SATI" no valor de R$ 3.125,00 (três mil, cento e vinte cinco reais). Estes valores foram pagos à vista, quando do fechamento do contrato, conforme provam documentos anexos.

Embora tenham concordado em assumir os encargos com a corretagem, que normalmente é de obrigação do vendedor, em nenhum momento os autores pediram os serviços de uma assessoria técnica imobiliária – SATI, valor que lhes foi cobrado de forma impositiva e sem esclarecimentos.

Devidamente informados da natureza da SATI, os requerentes solicitaram formalmente a sua devolução, fato que lhes foi negado sob o argumento de a contratação de tal serviço ser obrigatória.

Diante da clara ilegalidade da cobrança, os autores resolveram buscar a tutela jurisdicional, como única forma de se fazer justiça.

Do Direito:

No julgamento de "recursos repetitivos", tema 939, o Superior Tribunal de Justiça decidiu sobre a ilegalidade da cobrança da SATI:

"Abusividade da cobrança pelo promitente-vendedor do serviço de assessoria técnico-imobiliária (**SATI**), ou atividade congênere, vinculado à celebração de promessa de compra e venda de imóvel" (tese firmada no julgamento do REsp 1.599.511/SP).

A clareza da disposição expedida pelo Egrégio Superior Tribunal de Justiça dispensa maiores discussões sobre o tema, apenas confirmando o que o CDC, no seu art. 39, inciso I, já declara sobre o tema das práticas abusivas: "condicionar o fornecimento de produto ou de serviço ao fornecimento de outro produto ou serviço, bem como, sem justa causa, a limites quantitativos".

Prática ilegal e abusiva demanda reparação, o que se busca por meio desta.

Dos Pedidos:

Ante o exposto, considerando que a pretensão dos autores encontra arrimo nos arts. 6º, VI, 14, 39, I, da Lei 8.078/90-CDC, **requer**:

a) a citação da ré, na pessoa de um de seus representantes legais, para que, querendo, apresente resposta no prazo legal, sob pena de sujeitar-se aos efeitos da revelia;

b) seja reconhecida a abusividade da cobrança da SATI, condenando-se a ré a devolver o valor total de R$ 3.125,00 (três mil, cento e vinte cinco reais), regularmente corrigidos a partir do efetivo desembolso e acrescidos de juros a partir da citação.

Das Provas, da Audiência de Conciliação e do Valor da Causa:

Ressalvando-se que a responsabilidade da ré, na qualidade de fornecedora de serviços, é objetiva (art. 14 da Lei 8.078/90-CDC), ou seja, cabe a ela, no desiderato de se eximir de sua responsabilidade, provar alguma das excludentes previstas na norma legal, indica que provará o que for necessário, usando de todos os meios permitidos em direito, em especial pela juntada de documentos (anexos) e oitiva de testemunhas (rol anexo).

Em atenção ao que determina o art. 319, VII, do CPC, os autores registram que NÃO TÊM interesse na designação de audiência de conciliação neste momento.

Dão ao pleito o valor de R$ 3.125,00 (três mil, cento e vinte cinco reais).

Termos em que,
P. Deferimento.

Mogi das Cruzes, 00 de fevereiro de 0000.

Gediel Claudino de Araujo Júnior
OAB/SP 000.000

Cap. VI • Modelos 297

40. AÇÃO DE REPETIÇÃO DE INDÉBITO (*PEDIDO DE DEVOLUÇÃO DE VALORES COBRADOS INDEVIDAMENTE A TÍTULO DE "TARIFA DE CADASTRO, AVALIAÇÃO DE BENS E REGISTRO DE CONTRATO"*)

Excelentíssimo Senhor Doutor Juiz de Direito da ___ Vara Cível do Foro de Mogi das Cruzes, São Paulo.

A. L. da S. F., brasileiro, casado, analista de sistemas, titular do e-mail alsf@gsa.com.br, portador do RG 00.000.000-SSP/SP e do CPF 000.000.000-00, residente e domiciliado na Rua Felipe Abud, nº 00, Conjunto Residencial Cocuera, cidade de Mogi das Cruzes-SP, CEP 00000-000, por seu Advogado que esta subscreve (mandato incluso), com escritório na Rua Adelino Torquato, nº 00, sala 00, Centro, cidade de Mogi das Cruzes-SP, onde recebe intimações (e-mail: gediel@gsa.com.br), vem à presença de Vossa Excelência propor *ação de repetição de indébito*, observando-se o procedimento comum, em face de **Banco G. S.A.**, inscrito no CNPJ nº 00.000.000/0000-00, com endereço eletrônico desconhecido, com sede na Avenida Voluntário Fernando Pinheiro Franco, nº 00, Centro, cidade de Mogi das Cruzes-SP, CEP 00000-000, pelos motivos de fato e de direito que a seguir expõe:

Dos Fatos:

Em 00 de setembro de 0000, o autor celebrou com o réu um contrato de financiamento pessoal, garantido pela alienação fidejussória do veículo VW FOX 1.0 4P TRENDLINE FLEX VERMELHO, placa 000-0000, RENAVAM 00000000000, no valor de R$ 25.000,00 (vinte e cinco mil reais), conforme provam documentos anexos.

Além do valor necessário para a aquisição do veículo, o banco réu acrescentou no valor total financiado a cobrança das seguintes tarifas: (I) R$ 750,00 (setecentos e cinquenta reais), a título de tarifa de cadastro – TAC; (II) R$ 350,00 (trezentos e cinquenta reais), a título de tarifa de "avaliação de bens"; (III) R$ 84,50 (oitenta e quatro reais e cinquenta centavos), a título de "registro de contrato".

A cobrança destes valores não foi negociada com o autor, nem ele autorizou a sua inclusão no valor total do financiamento.

Na verdade, o autor requereu o crédito no valor necessário para a aquisição do veículo, ou seja, R$ 25.000,00 (vinte e cinco mil reais), e concordou com o valor mensal da prestação, qual seja, R$ 725,83 (setecentos e vinte e cinco reais e oitenta e três centavos), sem saber, como se disse, que o banco réu acrescentou ao valor financiado a cobrança das referidas taxas.

Do Direito:

"Da abusividade da cobrança da tarifa de cadastro por parte da instituição bancária que já tem relacionamento com interessado".

No geral, a jurisprudência tem apontado a legalidade da cobrança de uma "tarifa de cadastro", desde que, é claro, a relação entre as partes seja nova. Com efeito, não há qualquer sentido na cobrança de uma tarifa de abertura de cadastro se o interessado já tem cadastro na referida instituição. Neste sentido, a lição do ilustre **Desembargador Melo Colombi** que, no julgamento da Apelação Cível 1009051-46.2016.8.26.0361, declara que *"a tarifa de cadastro só pode ser exigida se o contrato em questão foi o elemento desencadeador do relacionamento entre as partes; ou seja, se o autor já era cliente da instituição financeira, não poderia haver cobrança de cadastro, pois só pode ser cobrada no início do relacionamento entre o consumidor e a casa bancária".*

Como se pode comprovar dos documentos que se anexa, o autor já é cliente antigo do banco réu, tendo conta-corrente junto à agência 0000; na verdade, este nem mesmo é o primeiro contrato de financiamento entre as partes.

Não sendo o contrato objeto desta ação o elemento desencadeador do relacionamento entre as partes, a cobrança da "tarifa de cadastro" é absolutamente abusiva.

"Da abusividade da cobrança das tarifas por serviços não efetivamente prestados".

Embora a cobrança de tarifa por serviços de terceiros seja legítima, ela se torna abusiva quando o serviço tarifado não é efetivamente prestado. Sobre este assunto, o Superior Tribunal de Justiça já se manifestou, em sede de recurso repetitivo, tema 958:

> **TESES FIXADAS PARA OS FINS DO ART. 1.040 DO CPC/2015: 2.1. Abusividade da cláusula que prevê a cobrança de ressarcimento de serviços prestados por terceiros, sem a especificação do serviço a ser efetivamente prestado; 2.2. Abusividade da cláusula que prevê o ressarcimento pelo consumidor da comissão do correspondente bancário, em contratos celebrados a partir de 25/02/2011, data de entrada em vigor da Res.-CMN 3.954/2011, sendo válida a cláusula no período anterior a essa resolução, ressalvado o controle da onerosidade excessiva; 2.3. Validade da tarifa de avaliação do bem dado em garantia, bem como da cláusula que prevê o ressarcimento de despesa com o registro do contrato, ressalvadas a: 2.3.1.** *abusividade da cobrança por serviço não efetivamente prestado;* **e a 2.3.2. possibilidade de controle da onerosidade excessiva, em cada caso concreto. (STJ – Julgamento de Recurso Repetitivo – Tema 958 – REsp 1578553/SP – Min. Paulo de Tarso Sanseverino (1144) – S2 –** *DJe* **6/12/2018) (grifo nosso)**

A situação apontada no acórdão é justamente aquela que se traz a lume nesta petição, qual seja, o banco réu cobrou do autor por uma "avaliação de bem" que efetivamente nunca ocorreu; veja, o veículo dado em garantia fiduciária sempre esteve na posse do autor e este nunca foi procurado por prepostos do réu para permitir fosse efetuada uma avaliação nele. Da mesma forma, o contrato firmado pelas partes não foi levado a registro em nenhuma repartição pública.

A cobrança por serviços hipotéticos viola os direitos básicos do consumidor, constituindo, como apontado pelo STJ, como "prática abusiva".

"Da nulidade das cláusulas abusivas no contrato firmado entre as partes".

Embora o contrato firmado entre as partes preveja expressamente a cobrança dos valores impugnados, estas cláusulas são nulas visto que "abusivas".

Com efeito, o art. 51 do CDC declara que *"são nulas de pleno direito, entre outras, as cláusulas contratuais relativas ao fornecimento de produtos e serviços que: (...) IV – estabeleçam obrigações consideradas iníquas, abusivas, que coloquem o consumidor em desvantagem exagerada, ou sejam incompatíveis com a boa-fé ou a equidade".*

A cobrança de tarifas por abertura de cadastro que já tinha e por serviços que na verdade nunca nem sequer pretendeu prestar são "obviamente" abusivas, conforme já reconheceu o próprio Superior Tribunal de Justiça nos acórdãos anteriormente citados, daí que nulas e sem nenhum valor.

"Da devolução em dobro dos valores indevidamente cobrados".

Informa parágrafo único do art. 42 do Código de Defesa do Consumidor que *"o consumidor cobrado em quantia indevida tem direito à repetição do indébito, por valor igual ao dobro do que pagou em excesso, acrescido de correção monetária e juros legais".*

No caso em apreço, a ré agiu claramente de má-fé, visto que embutiu os referidos valores no valor total financiado sem dar expresso conhecimento ao consumidor de sua cobrança.

Dos Pedidos:

Ante o exposto, considerando que a pretensão do autor encontra arrimo nos arts. 6º, VI, 14, 42, parágrafo único, 51, IV, da Lei 8.078/90-CDC, **requer:**

a) a citação da ré, na pessoa de um de seus representantes legais, para que, querendo, apresente resposta no prazo legal, sob pena de sujeitar-se aos efeitos da revelia;

b) seja reconhecida, no caso concreto, a nulidade, por abusividade, da cobrança dos valores a título de tarifa de abertura de cadastro, de avaliação de bens e de registro de contrato, determinando ao banco réu que faça o recálculo do valor mensal da prestação do financiamento, considerando, para tanto, apenas o valor realmente financiado, qual seja, R$ 25.000,00 (vinte e cinco mil reais), determinando a DEVOLUÇÃO EM DOBRO de todos os valores "indevidamente" pagos, regularmente corrigidos desde a data do efetivo pagamento e acrescidos de juros desde a citação (valores estes a serem apurados em liquidação de sentença).

Das Provas, da Audiência de Conciliação e do Valor da Causa:

Ressalvando-se que a responsabilidade da ré, na qualidade de fornecedora de serviços, é objetiva (art. 14 da Lei 8.078/90-CDC), ou seja, cabe a ela, no desiderato de se eximir de sua responsabilidade, provar alguma das excludentes previstas na norma legal, indica que provará o que for necessário, usando de todos os meios permitidos em direito, em especial pela juntada de documentos (anexos), perícia técnica e oitiva de testemunhas (rol anexo).

Em atenção ao que determina o art. 319, VII, do CPC, o autor registra que NÃO TEM interesse na designação de audiência de conciliação neste momento.

Dá-se ao pleito o valor de R$ 1.184,50 (um mil, cento e oitenta e quatro reais e cinquenta centavos).

Termos em que,
P. Deferimento.

Mogi das Cruzes, 00 de dezembro de 0000.

Gediel Claudino de Araujo Júnior
OAB/SP 000.000

41. AÇÃO DE RESCISÃO DE COMPROMISSO DE COMPRA E VENDA CUMULADA COM DEVOLUÇÃO DE VALORES (*PEDIDO DE RESCISÃO E DEVOLUÇÃO DE VALORES EM RAZÃO DE "DESISTÊNCIA" DO NEGÓCIO POR PARTE DO CONSUMIDOR*)

Excelentíssimo Senhor Doutor Juiz de Direito da ___ Vara Cível do Foro de Mogi das Cruzes, São Paulo.

J. V. S. de M., brasileiro, casado, contador, titular do e-mail jvsdem@gsa. com.br, portador do RG 00.000.000-SSP/SP e do CPF 000.000.000-00, e **A. L. de M.**, brasileira, casada, desempregada, titular do e-mail aldem@gsa.com.br, portadora do RG 00.000.000-SSP/SP e do CPF 000.000.000-00, ambos residentes e domiciliados na Rua Antônio Moretti, nº 00, Distrito de Brás Cubas, cidade de Mogi das Cruzes-SP, CEP 00000-000, por seu Advogado que esta subscreve (mandato incluso), com escritório na Rua Adelino Torquato, nº 00, sala 00, Centro, cidade de Mogi das Cruzes-SP, onde recebe intimações (e-mail: gediel@gsa. com.br), vêm à presença de Vossa Excelência propor *ação de rescisão de contrato de compra e venda cumulada com devolução de valores*, observando-se o procedimento comum, em face de **S. R. Empreendimentos Imobiliários Ltda.**, inscrita no CNPJ nº 00.000.000/0000-00, com endereço eletrônico desconhecido, sediada na Rua Sérgio Plaza, nº 00, Centro, cidade de Mogi das Cruzes-SP, CEP 00000-000, pelos motivos de fato e de direito que a seguir expõem:

Dos Fatos:

Em 00.00.0000, os autores firmaram com a ré "instrumento particular de promessa de venda e compra de bem imóvel", tendo como objeto o lote 18, da quadra F, do loteamento denominado Portal das Flores, situado no perímetro urbano desta Cidade, com entrada principal pela Avenida Getúlio Vargas, nº 00, Vila Santista, medindo 7 (sete) metros de frente para a rua nove, mais vinte metros da frente aos fundos, ambos os lados, fazendo limite nos fundos com o lote 24.

Segundo o referido contrato, o valor total a ser pago pelo terreno é de R$ 210.000,00 (duzentos e dez mil reais), sendo que R$ 21.000,00 (vinte e um mil reais) foram pagos à vista, no momento da assinatura do contrato; o restante deveria ser pago em 90 (noventa) parcelas mensais e consecutivas no valor de R$ 2.100,00 (dois mil e cem reais), com vencimento para todo dia 30 (trinta) de cada mês, iniciando-se em 00.00.0000. Neste sentido, vejam-se os documentos anexos.

Embora satisfeitos com o negócio, os autores, após terem pagado pontualmente 18 (dezoito) parcelas, se viram forçados em razão de problemas pessoais, em especial o desemprego da Senhora "A", a buscar a desistência do negócio (resilição unilateral). Para tanto, procederam à "notificação extrajudicial" da ré, que ocorreu efetivamente no dia 00.00.0000 (documentos anexos), onde davam o contrato por rescindindo unilateralmente, passando imediatamente a posse do bem para a compromissária vendedora e requerendo a devolução de 90% (noventa por cento) do valor total pago até então no prazo de 30 (trinta) dias.

No total, os autores desembolsaram pela compra do imóvel a importância de R$ 58.800,00 (cinquenta e oito mil e oitocentos reais), conforme provam documentos anexos.

Registre-se que durante o período em que tiveram a posse do bem, ou seja, até a data da efetiva notificação da ré, os autores não fizeram nele qualquer benfeitoria, assim como cumpriram com todas as obrigações acessórias, quais sejam, quitaram todas as parcelas do IPTU e pagaram todos os valores cobrados a título de taxa condominial (documentos anexos).

Decorrido o prazo dado por meio da notificação extrajudicial, a ré quedou-se inerte, ou seja, não manifestou concordância com o pedido dos autores, nem procedeu à devolução dos valores pagos, não deixando aos autores outro caminho senão o de buscar a tutela jurisdicional para fazer valer os seus direitos.

Do Direito:

Como qualquer contratante, o consumidor tem direito de requerer a resilição do contrato, respeitados os ditames legais, sendo nulas eventuais cláusulas que busquem impedir o exercício deste direito, como a cláusula 5.6.2 do contrato firmado entre as partes, que menciona ser o negócio irretratável e irrenunciável, assim como a cláusula 8.2.1 que prevê duras penalidades aos autores, na medida em que indica a perda de quase 60% (sessenta por cento) dos valores pagos até o pedido de resilição unilateral.

Neste sentido, o Código de Defesa do Consumidor (Lei 8.078/90):

> **Art. 6º São direitos básicos do consumidor: (...) IV** – *a proteção contra a publicidade enganosa e abusiva, métodos comerciais coercitivos ou desleais, bem como contra práticas e cláusulas abusivas ou impostas no fornecimento de produtos e serviços;*
> **Art. 39. É vedado ao fornecedor de produtos ou serviços, dentre outras práticas abusivas: (...) V** – *exigir do consumidor vantagem manifestamente excessiva;*
> **Art. 51. São nulas de pleno direito, entre outras, as cláusulas contratuais relativas ao fornecimento de produtos e serviços que: (...) II** – *subtraiam ao consumidor a opção de reembolso da quantia já paga, nos casos previstos neste Código;* **IV** – *estabeleçam obrigações consideradas iníquas, abusivas, que coloquem o consumidor em desvantagem exagerada, ou sejam incompatíveis com a boa-fé ou a equidade;*
> **Art. 53. Nos contratos de compra e venda de móveis ou imóveis mediante pagamento em prestações, bem como nas alienações fiduciárias em garantia,** *consideram-se nulas de pleno direito as cláusulas que estabeleçam a perda total das prestações pagas em benefício do credor que,* **em razão do inadimplemento, pleitear a resolução do contrato e a retomada do produto alienado.**

> **(grifos nossos)**

No mesmo sentido, a jurisprudência do Egrégio Tribunal de Justiça do Estado de São Paulo, como se pode ver da sua Súmula 01:

> **O Compromissário comprador de imóvel, mesmo inadimplente, pode pedir a rescisão do contrato e reaver as quantias pagas, admitida a compensação com gastos próprios de administração e propaganda feitos pelo compromissário vendedor, assim como com o valor que se arbitrar pelo tempo de ocupação do bem.**

Já a jurisprudência do Superior Tribunal de Justiça fixou como parâmetros, a depender do caso prático, o limite de devolução entre 10% e 25%, como se vê a seguir:

> **A jurisprudência do Superior Tribunal de Justiça é no sentido de que, nas hipóteses de rescisão de contrato de promessa de compra e venda de imóvel por inadimplemento do comprador, tem admitido a flutuação do percentual de retenção pelo vendedor entre 10% e 25% do total da quantia paga. Precedentes. (STJ – AgInt no AREsp 1121909/SP – Min. Lázaro Guimarães – T4 – *DJe* 28/2/2018)**

Seguindo os parâmetros do STJ, a jurisprudência do TJSP tem sido no sentido de fixar porcentual próximo a 10% (dez por cento), como se vê da seguinte ementa:

> **APELAÇÃO. COMPROMISSO DE COMPRA E VENDA. RESCISÃO CONTRATUAL. RETENÇÃO DE VALORES. Percentual de 12% sobre os valores pagos que se afigura escorreita e obedece aos parâmetros fixados pelo E. Superior Tribunal de Justiça. SUCUMBÊNCIA. Decaimento de ambas as partes. Manutenção da sucumbência recíproca. RECURSO PARCIALMENTE PROVIDO. (TJSP – Apelação Cível 1000085-57.2018.8.26.0189 – Rel. Rosangela Telles – 2ª Câmara de Direito Privado – Foro de Fernandópolis – 3ª Vara Cível – j. 28/5/2012 – Data de Registro: 17/5/2019)**

Douto Magistrado, no caso concreto nada justifica a retenção de valor superior a 10% (dez por cento), visto que os autores nunca tiveram efetivamente a posse do bem, sendo que "nenhuma benfeitoria" foi feita no imóvel, que se encontra exatamente como no dia da venda; também os compradores quitaram pontualmente o imposto predial e as taxas de condomínio; ou seja, a devolução do bem acontece da melhor forma possível, possibilitando que a ré o coloque no mercado de imediato, sem qualquer restrição. Ressalte-se ainda que quando do fechamento do contrato, os autores assumiram todas as despesas, ou seja, pagaram pelos reconhecimentos de firmas, pelo registro do contrato e por assessoria técnica.

Se de um lado a retenção deve fixar na porcentagem mínima permitida pelo STJ, a devolução de noventa por cento dos valores pagos deve ser feita de forma imediata e na sua totalidade, sem parcelas, conforme jurisprudência do TJSP, que já sumulou a questão, como se vê:

Súmula 2: A devolução das quantias pagas em contrato de compromisso de compra e venda de imóvel deve ser feita de uma só vez, não se sujeitando à forma de parcelamento prevista para a aquisição.

Também o Superior Tribunal de Justiça, em sede de "recurso repetitivo", tema 577, reconheceu a abusividades das cláusulas contratuais que preveem a devolução parcelada dos valores pagos, *in verbis*:

> **Para efeitos do art. 543-C do CPC: em contratos submetidos ao Código de Defesa do Consumidor, é abusiva a cláusula contratual que determina a restituição dos valores devidos somente ao término da obra ou de forma parcelada, na hipótese de resolução de contrato de promessa de compra e venda de imóvel, por culpa de quaisquer contratantes. *Em tais avenças, deve ocorrer a imediata restituição das parcelas pagas pelo promitente comprador – integralmente, em caso de culpa exclusiva do promitente vendedor/construtor, ou parcialmente, caso tenha sido o comprador quem deu causa ao desfazimento.* (STJ – REsp 1300418/SC – Min. Luis Felipe Salomão – S2 – *DJe* 10/12/2013) (grifo nosso)**

Dos Pedidos:

Ante o exposto, considerando que a pretensão dos autores encontra fundamento no Código de Defesa do Consumidor e na jurisprudência do TJSP e do STJ, como indicado em item próprio retro, **requerem**:

a) a citação da ré, na pessoa de um de seus representantes legais, para que, querendo, apresente resposta no prazo legal, sob pena de sujeitar-se aos efeitos da revelia;

b) a rescisão unilateral do compromisso de compra e venda firmado entre as partes, consolidando a posse da ré quanto ao bem imóvel indicado, qual seja, o lote 18, da quadra F, do loteamento denominado Portal das Flores, situado no perímetro urbano desta Cidade, com entrada principal pela Avenida Getúlio Vargas, nº 00, Vila Santista, determinando que proceda com a devolução total e imediata de 90% (noventa por cento) do valor pago, qual seja, R$ 52.920,00 (cinquenta e dois mil, novecentos e vinte mil reais), em "parcela única", devidamente corrigido a partir da distribuição do feito e acrescido de juros a partir da citação.

Das Provas, da Audiência de Conciliação e do Valor da Causa:

Quanto às provas, REQUER, considerando a notória hipossuficiência técnica e financeira dos autores em comparação com a ré, a "inversão do ônus das provas", conforme previsto no art. 6º, inciso VIII, da Lei 8.078/90-CDC; no mais, com a ressalva retro, indica que provará o que for necessário, usando de todos os meios permitidos em direito, em especial pela juntada de documentos (anexos) e oitiva de testemunhas (rol anexo).

Em atenção ao que determina o art. 319, VII, do CPC, os autores registram que NÃO TÊM INTERESSE, neste momento, na designação de audiência de conciliação, com escopo de evitar-se atraso no processamento do feito, sendo notório que a ré, em casos como este, não faz acordo que envolva a devolução dos valores pagos.

Dão ao feito o valor de R$ 52.920,00 (cinquenta e dois mil, novecentos e vinte mil reais).

Termos em que,
P. Deferimento.

Mogi das Cruzes, 00 de março de 0000.

Gediel Claudino de Araujo Júnior
OAB/SP 000.000

42. AÇÃO DE RESCISÃO DE COMPROMISSO DE COMPRA E VENDA CUMULADA COM DEVOLUÇÃO DE VALORES E REPARAÇÃO POR PERDAS E DANOS (*RESCISÃO DE CONTRATO DE COMPRA E VENDA DE IMÓVEL NA PLANTA POR ATRASO NA ENTREGA – JUSTA CAUSA*)

Excelentíssimo Senhor Doutor Juiz de Direito da ___ Vara Cível do Foro de Mogi das Cruzes, São Paulo.

H. E. T., brasileiro, casado, farmacêutico, titular do e-mail het@gsa.com. br, portador do RG 00.000.000-SSP/SP e do CPF 000.000.000-00, e **J. S. de S. T.**, brasileira, casada, vendedora, titular do e-mail jsst@gsa.com.br, portadora do RG 00.000.000-SSP/SP e do CPF 000.000.000-00, ambos residentes e domiciliados na Rua José Malozze, nº 00, apartamento 00, cidade de Mogi das Cruzes-SP, CEP 00000-000, por seu Advogado que esta subscreve (mandato incluso), com escritório na Rua Adelino Torquato, nº 00, sala 00, Centro, cidade de Mogi das Cruzes-SP, onde recebe intimações (e-mail: gediel@gsa.com.br), vêm à presença de Vossa Excelência propor *ação de rescisão de contrato de compra e venda cumulada com devolução de valores e reparação por perdas e danos*, observando-se o procedimento comum, *com pedido liminar*, em face de **QMF Empreendimentos Imobiliários Ltda.**, inscrita no CNPJ nº 00.000.000/0000-00, com endereço eletrônico desconhecido, sediada na Rua Sérgio Plaza, nº 00, Centro, cidade de Mogi das Cruzes-SP, CEP 00000-000, pelos motivos de fato e de direito que a seguir expõem:

1. Em 00.00.0000, os autores firmaram com a ré "instrumento particular de promessa de venda e compra de bem imóvel", tendo como objeto o apartamento 51, quinto andar, do empreendimento residencial denominado simplesmente de "Condomínio Cisne Azul", com prazo de conclusão para abril de 0000, com cláusula de tolerância de 180 (cento e oitenta) dias, estabelecendo-se o prazo final para entrega do imóvel para outubro de 0000.

2. Segundo o referido contrato, o valor total do imóvel seria de R$ 324.138,50 (trezentos e vinte e quatro mil reais, cento e trinta e oito reais e cinquenta centavos), sendo que R$ 40.000,00 (quarenta mil reais) foram pagos à vista, no momento da assinatura do contrato, estabelecendo-se ainda o pagamento de parcelas intermediárias até a efetiva entrega das chaves (boletos a serem emitidos pela ré), quando então o valor total deveria ser quitado diretamente pelos compradores, que poderiam ainda financiar junto à Caixa Econômica Federal o saldo remanescente (documentos anexos).

3. Registre-se, desde já, que os autores sempre cumpriram pontualmente suas obrigações financeiras.

4. Infelizmente, o prazo para a conclusão da obra não foi cumprido. Encerrado o prazo, a ré enviou correspondência informando que a conclusão ocorreria em setembro de 0000, ou seja, quase um ano após a data limite para a entrega, já se considerando o prazo de tolerância de 180 (cento e oitenta) dias. Mais uma vez o prazo não foi cumprido; desta feita o adiamento foi de mais seis meses.

5. Novamente não se cumpriu o prazo para a entrega do bem (agora já falam em novo prazo). No total, os autores já aguardam pelo imóvel há mais de dois anos e, francamente, chegaram a seu limite, ou seja, NÃO MAIS DESEJAM MANTER o referido acordo, visto que a ré vem de forma reiterada "descumprimento" a sua parte do negócio. Em resumo, desejam a rescisão do contrato por justa causa (culpa exclusiva da construtora).

6. Assim decididos, os autores procuraram os representantes da ré que, sem qualquer vergonha, informaram que aceitavam fazer o distrato amigável com devolução de apenas 50% (cinquenta por cento) do que foi pago. Veja-se, não houve pedido de desculpas, não se apresentaram justificativas, apenas maliciosamente tentaram impor ao casal que já aguarda por seu imóvel há mais de dois anos, uma penalidade ainda maior.

7. Não só os planos e sonhos do casal foram aviltados pela ré, mas principalmente eles foram ludibriados financeiramente, visto que permanecem pagando aluguel no valor de R$ 800,00 (oitocentos reais por mês), conforme provam recibos anexos; ou seja, há 26 (vinte e seis) meses, os autores deveriam estar morando em imóvel da sua propriedade.

8. No total, os autores pagaram até o momento o valor de R$ 164.567,21 (cento e sessenta e quatro mil, quinhentos e sessenta e sete reais e vinte e um centavos), conforme documentos anexos.

Ante o exposto, considerando que a pretensão dos autores encontra arrimo nos arts. 6º, VI, e 35, III, da Lei 8.078/90-CDC, **requerem:**

a) a concessão de liminar, em tutela provisória de urgência, autorizando os autores a "suspender" o pagamento das parcelas do compromisso de compra e venda firmado com a ré, que deverá se abster de emitir novos boletos contra os autores, assim como negativar os seus nomes junto às instituições de proteção ao crédito;

b) a citação da ré para que, querendo, apresente resposta no prazo legal, sob pena de sujeitar-se aos efeitos da revelia;

c) a rescisão, por justa causa, do compromisso de compra e venda firmado entre as partes (culpa exclusiva da ré), determinando que esta proceda à devolução do valor total de R$ 164.567,21 (cento e sessenta e quatro mil, quinhentos e sessenta e sete reais e vinte e um centavos), ou seja, 100% (cem por cento) de tudo o que foi pago até então, valor este que deve ser corrigido e acrescido de juros desde o efetivo desembolso;

d) a condenação da ré ao pagamento de indenização por danos materiais na proporção de R$ 800,00 (oitocentos reais) por mês, referente ao valor do aluguel que os autores ainda pagam, a partir do mês de novembro de 0000 (mês seguinte ao prazo máximo para a entrega do imóvel) até que ocorra efetivamente a devolução de todos os valores pagos pelos autores, fato que lhes permitirá então buscar outro negócio.

Quanto às provas, REQUER, considerando a notória hipossuficiência técnica e financeira dos autores em comparação com a ré, a "inversão do ônus das provas", conforme previsto no art. 6º, inciso VIII, da Lei 8.078/90-CDC; no mais, com a ressalva retro, indica que provará o que for necessário, usando de todos os meios permitidos em direito, em especial pela juntada de documentos (anexos) e oitiva de testemunhas (rol anexo).

Em atenção ao que determina o art. 319, VII, do CPC, os autores registram que NÃO TÊM interesse na designação de audiência de conciliação neste momento.

Dão ao feito o valor de R$ 324.138,50 (trezentos e vinte e quatro mil, cento e trinta e oito reais e cinquenta centavos).

Termos em que,
P. Deferimento.

Mogi das Cruzes, 00 de maio de 0000.

Gediel Claudino de Araujo Júnior
OAB/SP 000.000

43. AÇÃO DE RESCISÃO DE CONTRATO CUMULADA COM DEVOLUÇÃO DE VALORES E REPARAÇÃO POR PERDAS E DANOS (*EMPRESA DE MÓVEIS PLANEJADOS FECHOU AS PORTAS SEM CUMPRIR O CONTRATO – AÇÃO CONTRA FRANQUEADO E FRANQUEADOR*)

Excelentíssimo Senhor Doutor Juiz de Direito da ___ Vara Cível do Foro de Mogi das Cruzes, São Paulo.

R. F. dos S., brasileiro, solteiro, representante comercial, titular do e-mail rfs@gsa.com.br, portador do RG 00.000.000-SSP/SP e do CPF 000.000.000-00, residente e domiciliado na Rua Sete de Setembro, nº 00, Conjunto Habitacional Brás Cubas, cidade de Mogi das Cruzes-SP, CEP 00000-000, por seu Advogado que esta subscreve (mandato incluso), com escritório na Rua Adelino Torquato, nº 00, sala 00, Centro, cidade de Mogi das Cruzes-SP, onde recebe intimações (e-mail: gediel@gsa.com.br), vem à presença de Vossa Excelência propor *ação de rescisão de contrato cumulada com devolução de valores e reparação por perdas e danos*, observando-se o procedimento comum, em face de **O. S. Móveis Planejados Ltda.**, inscrita no CNPJ nº 00.000.000/0000-00, com endereço eletrônico desconhecido, sediada na Rua Doutor Deodato, nº 00, Centro, cidade de Mogi das Cruzes-SP, CEP 00000-000, e em face de **G. V. Ambientes Ltda.**, também conhecida pelo nome fantasia "G. Ambientes", inscrita no CNPJ nº 00.000.000/0000-00, com endereço eletrônico desconhecido, sediada na Rodovia "E", Km 00, Zona Rural, cidade de Flores da Cunha-RS, CEP 00000-000, pelos motivos de fato e de direito que a seguir expõe:

1. Após adquirir um apartamento na planta, o autor se dirigiu à loja da ré "O", franqueada da segunda ré, com escopo de adquirir móveis planejados.

2. Elaborado uma planta (fornecimento de móveis planejados para todos os ambientes do apartamento – cozinha, sala, banheiro e quarto), acordou-se que a entrega dos móveis ocorreria em até 60 (sessenta dias) após o autor receber as chaves do imóvel; segundo o acordo, todos os móveis deveriam ser fabricados pela segunda ré, marca famosa por sua excelência e precisão.

3. Conforme provam documentos anexos, o valor total do contrato foi de R$ 26.400,00 (vinte e seis mil e quatrocentos reais), a serem quitados da seguinte forma: R$ 6.400,00 (seis mil e quatrocentos reais) à vista, pagos no ato; R$ 20.000,00 (vinte mil reais) em 10 (dez) parcelas de R$ 2.000,00 (dois mil reais).

4. O autor cumpriu a sua parte no contrato, o valor total do contrato foi quitado (recibos anexos).

5. Quando finalmente recebeu a chave do imóvel, o autor se dirigiu à loja da ré "O" para acertar a entrega dos móveis. Todavia, qual não foi a sua surpresa, quando descobriu que a empresa tinha fechado repentinamente, sendo que os seus proprietários tinham desaparecido.

6. Após lavrar boletim de ocorrência (cópia anexa), o autor entrou em contato direto, via e-mail, com a ré "G. Ambientes", lhes informando o que tinha ocorrido com o seu franqueado. Para surpresa e desespero do autor, a ré, ignorando a legislação consumerista e a jurisprudência sobre o tema, negou ter qualquer responsabilidade quanto aos fatos e as obrigações assumidas pela ré "O", seu franqueado, como se disse.

7. Neste momento, há que se registrar que o fato de a ré "O" ser franqueada da ré "G. Ambientes" foi fundamental na escolha do autor quanto ao local onde encomendar seus móveis.

8. Douto Magistrado, a inadimplência do contrato não só foi causa de enorme frustação para o autor, causando-lhe aborrecimentos de todos os tipos, assim como o impediu até a presente data de se mudar para o seu novo apartamento, visto que não possui condições de contratar outra empresa para fazer os móveis, forçando-o a continuar a pagar aluguel (documentos anexos), além, é claro, de ainda ter que assumir as despesas de condomínio do seu imóvel, sem que possa efetivamente usá-lo.

9. Os fatos e a inércia das rés não deixam ao autor outra alternativa senão a de buscar a tutela jurisdicional, com escopo de recuperar os valores que dispendeu, assim como ser indenizado por seus muitos prejuízos morais e materiais.

Ante o exposto, considerando que a pretensão do autor encontra fundamento nos arts. 6º, VI, 18, 19, 30, 35, III, do CDC, **requer**:

a) a citação das rés, na pessoa de um de seus representantes legais, para que, querendo, apresentem resposta no prazo legal, sob pena de sujeitarem-se aos efeitos da revelia;

b) a rescisão do contrato de compra e venda firmado entre as partes, determinando-se a devolução integral de todos os valores pagos pelo autor, devidamente corrigidos a partir data do desembolso e acrescido de juros legais a partir da citação;

c) a condenação solidária das rés ao pagamento de danos materiais a serem apurados em liquidação de sentença, tendo como parâmetro o valor pago de aluguel pelo autor a partir da data em que os móveis deveriam ter sido entregues até a data em que ocorra a efetiva devolução de todos os valores pagos pelo autor, fato que lhe permitirá adquirir novos móveis para o seu apartamento;

d) considerando que os transtornos e dissabores vivenciados pelo autor em razão da inadimplência das rés vão muito além de meros aborrecimentos, sejam elas condenadas ao pagamento de danos morais no valor de R$ 10.000,00 (dez mil reais).

Quanto às provas, REQUER, considerando a notória hipossuficiência técnica e financeira do autor em comparação com as rés, em especial em relação a ré "G. Ambientes", gigante do ramo de móveis planejados, a "inversão do ônus das provas", conforme previsto no art. 6º, inciso VIII, da Lei 8.078/90-CDC; no mais, com a ressalva retro, indica que provará o que for necessário, usando de todos os meios permitidos em direito, em especial pela juntada de documentos (anexos) e oitiva de testemunhas (rol anexo).

Em atenção ao que determina o art. 319, VII, do CPC, o autor registra que NÃO TÊM INTERESSE, neste momento, na designação de audiência de conciliação, com escopo de evitar-se atraso no processamento do feito.

Dão ao feito o valor de R$ 50.000,00 (cinquenta mil reais).

Termos em que,
P. Deferimento.

Mogi das Cruzes, 00 de outubro de 0000.

Gediel Claudino de Araujo Júnior
OAB/SP 000.000

44. AÇÃO DE RESCISÃO DE CONTRATO DE COMPRA E VENDA CUMULADA COM REPARAÇÃO POR PERDAS E DANOS (*LOJA NÃO ENTREGA MÓVEIS NO PRAZO ACORDADO*)

Excelentíssimo Senhor Doutor Juiz de Direito da ___ Vara Cível do Foro de Mogi das Cruzes, São Paulo.

R. C. B. N., brasileiro, casado, dentista, titular do e-mail rcbn@gsa.com.br, portador do RG 00.000.000-SSP/SP e do CPF 000.000.000-00, residente e domiciliado na Rua Francisco Urizzi, nº 00, casa 00, Mogi Moderno, cidade de Mogi das Cruzes-SP, CEP 00000-000, por seu Advogado que esta subscreve (mandato incluso), com escritório na Rua Adelino Torquato, nº 00, sala 00, Centro, cidade de Mogi das Cruzes-SP, onde recebe intimações (e-mail: gediel@gsa.com.br), vem à presença de Vossa Excelência propor ***ação de rescisão de contrato de compra e venda cumulada com reparação por perdas e danos***, observando-se o procedimento comum, em face de **Lojas G. S. Comércio em Geral Ltda.**, inscrita no CNPJ nº 00.000.000/0000-00, com endereço eletrônico desconhecido, com filial na Avenida Voluntário Fernando Pinheiro Franco, nº 00, Centro, cidade de Mogi das Cruzes-SP, CEP 00000-000, pelos motivos de fato e de direito que a seguir expõe:

1. Convidado para padrinho de casamento do seu sobrinho ("A" e "P" – convite anexo), o autor concordou em presentear o casal com um jogo de quarto (cama de casal, colchão e guarda-roupa). Imbuído deste intuito, no dia 00 de abril próximo passado, dirigiu-se à loja da ré, onde acabou por comprar um conjunto denominado "quarto de casal clássico".

2. Neste dia, também foram acertados outros detalhes, principalmente a data da entrega e da montagem, que ficou acordada para o dia 00 de maio, ou seja, quinze dias antes do casamento, dando assim tempo ao feliz casal de fazer a mudança de suas coisas para a nova residência.

3. Importante registrar que o autor fez constar na nota de compra e venda a data da entrega, explicando a sua importância em razão de se tratar de presente de casamento.

4. Os móveis custaram um total de R$ 2.744,50 (dois mil, setecentos e quarenta e quatro reais e cinquenta centavos), pagos com cartão de crédito (documentos anexos).

5. Em vão os noivos esperaram pelos móveis na data acordada. Informado, o autor entrou em contato telefônico com o vendedor, Senhor "M", que ficou de verificar o que tinha ocorrido. Ele retornou a ligação algumas horas depois e disse que tinha havido algum contratempo na fabricação do conjunto, mas que a entrega seria feita impreterivelmente nos próximos 7 (sete) dias. Nesta oportunidade, o autor mais uma vez explicou que os móveis eram um presente de casamento e que não poderia mais haver atrasos.

6. Tudo ficou "novamente" acertado, mas só que mais uma vez a ré descumpriu o acordo e, veja, não tiveram sequer a "decência" de telefonar e avisar dos novos problemas; ou seja, mais uma vez o casal de noivos ficou esperando a entrega.

7. É impossível traduzir em palavras a frustação, a raiva e o dessabor do autor; mais uma vez teve que ligar para a loja da ré, desta feita falou com o gerente que destilou uma enorme serie de "desculpas", embora nunca tenha de fato pedido "desculpa". Depois de escutar um monte de bobagens que tentavam explicar o que de fato era inexplicável, o autor informou que não tinha mais interesse nos móveis visto que os prazos não haviam sido cumpridos; mesmo acuado, o gerente não aceitou fazer um distrato amigável.

8. Sem o dinheiro e sem os móveis, o autor chamou o seu sobrinho e explicou a situação; o noivo concordou em procurar outra loja que tivesse um jogo de quarto para entrega imediata. Felizmente ele encontrou e tudo, neste aspecto, ficou acertado. Garantida a entrega, o autor pagou a nova compra à vista, no débito; de última hora, teve também que pagar bem mais caro pelo presente, ou seja, o segundo conjunto que era em tudo muito parecido com o primeiro custou o total de R$ 4.199,90 (quatro mil, cento e noventa e nove reais e noventa centavos), como demonstram documentos anexos.

9. O descumprimento do contrato de compra e venda pela ré, os prejuízos materiais e morais do autor, assim como a falta de disposição da ré para um distrato amigável não deixam ao autor outra alternativa senão buscar a tutela jurisdicional.

Ante o exposto, considerando que a pretensão do autor encontra fundamento nos arts. 6º, VI, 18, 35, III, do CDC, **requer**:

a) a citação da ré, na pessoa de um de seus representantes legais, para que, querendo, apresentem resposta no prazo legal, sob pena de sujeitar-se aos efeitos da revelia;

b) a rescisão do contrato de compra e venda firmado entre as partes, condenando-se a ré a devolver o valor total de R$ 2.744,50 (dois mil, setecentos e quarenta e quatro reais e cinquenta centavos), devidamente corrigidos a partir data do desembolso e acrescido de juros legais a partir da citação, referente ao preço pago pelos móveis;

c) a condenação da ré ao pagamento de danos materiais no importe de R$ 1.455,40 (um mil, quatrocentos e cinquenta e cinco reais e quarenta centavos), devidamente corrigidos a partir data do desembolso e acrescido de juros legais a partir da citação, referente à diferença a maior que o autor pagou pelo conjunto de quarto de casal clássico (note-se das fotos anexas a semelhança dos móveis); ou seja, o valor a maior que pagou o autor deveu-se unicamente à ação da ré, que acabou por forçar o autor a comprar simplesmente onde tinha disponível o bem.

Quanto às provas, REQUER, considerando a notória hipossuficiência técnica e financeira do autor em comparação à ré, gigante do ramo do comércio de bens, a "inversão do ônus das provas", conforme previsto no art. 6º, inciso VIII, da Lei 8.078/90-CDC; no mais, com a ressalva retro, indica que provará o que for necessário, usando de todos os meios permitidos em direito, em especial pela juntada de documentos (anexos) e oitiva de testemunhas (rol anexo).

Em atenção ao que determina o art. 319, VII, do CPC, o autor registra que NÃO TÊM INTERESSE, neste momento, na designação de audiência de conciliação, com escopo de evitar-se atraso no processamento do feito.

Dá ao feito o valor de R$ 4.199,90 (quatro mil, cento e noventa e nove reais e noventa centavos).

Termos em que,
P. Deferimento.

Mogi das Cruzes, 00 de junho de 0000.

Gediel Claudino de Araujo Júnior
OAB/SP 000.000

45. AÇÃO ESTIMATÓRIA (*PEDIDO DE ABATIMENTO NO VALOR PAGO POR VEÍCULO EM RAZÃO DE ADULTERAÇÃO DA QUILOMETRAGEM*)

Excelentíssimo Senhor Doutor Juiz de Direito da ___ Vara Cível do Foro de Mogi das Cruzes, São Paulo.

V. S. F. R., brasileira, casada, industriária, sem endereço eletrônico, portadora do RG 00.000.000-SSP/SP e do CPF 000.000.000-00, residente e domiciliada na Rua Antônio Pinheiro Nobre, nº 00, Distrito e Taiaçupeba, cidade de Mogi das Cruzes-SP, CEP 00000-000, por seu Advogado que esta subscreve (mandato incluso), com escritório na Rua Adelino Torquato, nº 00, sala 00, Centro, cidade de Mogi das Cruzes-SP, onde recebe intimações (e-mail: gediel@gsa.com.br), vem à presença de Vossa Excelência propor *ação estimatória*, observando-se o procedimento comum, em face de **M. P. Veículos Ltda.**, inscrita no CNPJ nº 00.000.000/0000-00, com endereço eletrônico desconhecido, com sede na Avenida Presidente Getúlio Vargas, nº 00, Mogi Moderno, cidade de Mogi das Cruzes-SP, CEP 00000-000, pelos motivos de fato e de direito que a seguir expõe:

1. Em 00 de agosto de 0000, a autora adquiriu junto à ré um veículo FIAT/UNO 1.4 SPORTING BRANCO FLEX, placa 000-0000, RENAVAM 0000000000, ano 0000, pelo valor total de R$ 21.890,00 (vinte e um mil, oitocentos e noventa reais), sendo R$ 8.000,00 (oito mil reais) pagos à vista e o restante por meio de financiamento junto ao B. B., conforme provam documentos anexos.

2. O veículo foi entregue em bom estado de conservação, registrando quilometragem de apenas 46.885 (documentos anexos).

3. Alguns meses depois, mais precisamente em 00.00.0000, quando o veículo chegou perto da revisão dos 50.000, a autora resolveu levar o carro para uma revisão junto à concessionária FIAT local, onde, para sua surpresa, foi informada de que havia registro de que o carro já passara da revisão dos cinquenta mil há vários anos; na verdade, a última revisão feita fora a dos 70.000.

4. A concessionária entregou cópia dos documentos referentes às revisões do carro (anexos).

5. Um dos fatores que levaram a autora a pagar um pouco acima do valor de mercado pelo carro (na época, a tabela indicava que o carro valia em torno de R$ 18.000,00) foi justamente a sua baixa quilometragem; claro que a negociação teria sido bem outra, caso tivesse sido informada de que o carro tinha, como tem, bem mais de 80.000 (oitenta mil) quilômetros rodados.

6. Diante da clara evidência de que foi vítima de um crime, a autora lavrou boletim de ocorrência (cópia anexa).

316 Prática no Direito do Consumidor • Araujo Júnior

7. Não obstante tais fatos, a autora está satisfeita com o veículo e, conforme lhe permite a legislação, deseja manter a sua posse e propriedade, contudo, o valor pago deve ser revisto. Com esta intenção, procurou o Senhor "F" proprietário da ré, contudo este se recusou a qualquer acordo, não deixando à autora outro caminho que não o ajuizamento da presente demanda, com escopo de defender os seus direitos.

Ante o exposto, considerando que a pretensão da autora encontra arrimo nos arts. 6º, VI, 18, § 1º, III, da Lei 8.078/90, **requer**:

a) a citação da ré, na pessoa de um de seus representantes legais, para que, querendo, apresente resposta no prazo legal, sob pena de sujeitar-se aos efeitos da revelia;

b) seja concedido abatimento no valor geral do negócio na ordem de 25% (vinte e cinco por cento), ou seja, seja a ré condenada a pagar à autora a título de abatimento o valor total de R$ 5.472,25 (cinco mil, quatrocentos e setenta e dois reais e vinte e cinco centavos), à vista, devidamente corrigidos desde o desembolso e acrescidos de juros a partir do ajuizamento da presente demanda.

Quanto às provas, REQUER, considerando a notória hipossuficiência técnica e financeira da autora em comparação com a ré, a "inversão do ônus das provas", conforme permissivo do art. 6º, inciso VIII, da Lei 8.078/90-CDC. No mais, com a ressalva retro, indica que provará o que for necessário, usando de todos os meios permitidos em direito, em especial pela juntada de documentos (anexos), perícia técnica no veículo, oitiva de testemunhas (rol anexo) e depoimento pessoal do proprietário da ré.

Em atenção ao que determina o art. 319, VII, do CPC, a autora registra que NÃO TEM interesse na designação de audiência de conciliação neste momento.

Dá-se ao feito o valor de R$ 5.472,25 (cinco mil, quatrocentos e setenta e dois reais e vinte e cinco centavos).

Termos em que,
P. Deferimento.

Mogi das Cruzes, 00 de dezembro de 0000.

Gediel Claudino de Araujo Júnior
OAB/SP 000.000

46. AÇÃO REDIBITÓRIA CUMULADA COM PERDAS E DANOS (*RESCISÃO DE CONTRATO DE COMPRA E VENDA DE UM "APARELHO DE TELEVISÃO" EM RAZÃO DE VÍCIO OCULTO NÃO REPARADO NO PRAZO DE TRINTA DIAS*)

Excelentíssimo Senhor Doutor Juiz de Direito da ___ Vara Cível do Foro de Mogi das Cruzes, São Paulo.

N. L. de R., brasileira, casada, médica, portadora do RG 00.000.000-SSP/SP e do CPF 000.000.000-00, titular do e-mail saa@gsa.com.br, residente e domiciliada na Rua João Alfredo, nº 00, Distrito de Sabaúna, cidade de Mogi das Cruzes-SP, CEP 00000-000, por seu Advogado que esta subscreve (mandato incluso), com escritório na Rua Adelino Torquato, nº 00, sala 00, Centro, cidade de Mogi das Cruzes-SP, onde recebe intimações (e-mail: gediel@gsa.com.br), vem à presença de Vossa Excelência propor *ação redibitória cumulada com perdas e danos*, observando-se o procedimento comum, *com pedido liminar*, em face da **M. Comércio de Bens S.A.**, inscrita no CNPJ nº 00.000.000/0000-00, com endereço eletrônico mcomerciodebens@zcomerciodebens.com.br, sediada na Avenida Francisco Ferreira Lopes, nº 00, Vila Lavínia, cidade de Mogi das Cruzes-SP, CEP 00000-000, e de **L. Eletrônica S. A.**, inscrita no CNPJ nº 00.000.000/0000-00, com endereço eletrônico letronica@letronica.com.br, sediada na Avenida das Nações Unidas, nº 00, cidade de São Paulo-SP, CEP 00000-000, pelos motivos de fato e de direito que a seguir expõe:

1. No último dia 00 de abril, a autora adquiriu à vista junto à ré "M" um aparelho de televisão marca "L", 55 polegadas 4K SMART TV, tendo pagado o valor total de R$ 3.085,00 (três mil e oitenta e cinco reais), conforme provam documentos anexos.

2. Algumas semanas após receber o produto, este simplesmente parou de funcionar.

3. A autora entrou em contato com o Serviço de Atendimento ao Consumidor da ré "L", sendo orientada a entregar o aparelho numa loja autorizada para reparos. Ela assim procedeu, conforme documentos anexos.

4. Após 30 (trinta) dias, a autora entrou em contato com o serviço autorizado, sendo informada que o serviço ainda estava pendente por falta de uma peça.

5. Considerando que a autorizada falhou em encontrar o vício e resolver o problema dentro do prazo legal, considerando ainda que tais fatos trouxeram enormes aborrecimentos à autora e sua família, ela NÃO MAIS DESEJA FICAR COM O BEM, ou seja, ela deseja rejeitar o bem, rescindindo o contrato de compra e venda, com escopo de reaver o valor que pagou acrescido de juros e correção monetária deste o desembolso.

6. Firmemente decidida, a autora informou sua decisão à ré "M" que, por meio do seu gerente "R", disse que não seria possível desfazer o negócio, mas que eles tentariam resolver o problema.

7. A atitude da empresa não deixa à autora outra alternativa senão buscar a tutela jurisdicional.

Ante o exposto, considerando que a pretensão da requerente encontra arrimo nos arts. 18 a 25 da Lei 8.078/90-CDC, **requer**:

a) a citação das rés para que, querendo, apresentem resposta no prazo legal, sob pena de sujeitarem-se aos efeitos da revelia;

b) a rescisão do contrato de compra e venda do aparelho de televisão marca "L", 55 polegadas 4K SMART TV, condenando-se de forma solidária as rés a devolverem o valor integral pago, regularmente corrigido a partir do efetivo dispêndio, assim como juros legais a partir da citação.

Quanto às provas, REQUER, considerando a notória hipossuficiência técnica e financeira da autora em comparação com as rés, a "inversão do ônus das provas", conforme previsto no art. 6º, inciso VIII, da Lei 8.078/90-CDC; no mais, com a ressalva retro, indica que provará o que for necessário, usando de todos os meios permitidos em direito, em especial pela juntada de documentos (anexos) e oitiva de testemunhas (rol anexo).

Em atenção ao que determina o art. 319, VII, do CPC, a autora registra que NÃO TEM interesse na designação de audiência de conciliação neste momento.

Dá ao pleito o valor de R$ 3.085,00 (três mil e oitenta e cinco reais).

Termos em que,
P. Deferimento.

Mogi das Cruzes, 00 de julho de 0000.

Gediel Claudino de Araujo Júnior
OAB/SP 000.000

Cap. VI • Modelos **319**

47. AÇÃO REDIBITÓRIA CUMULADA COM PERDAS E DANOS (*RESCISÃO DE CONTRATO DE COMPRA E VENDA DE "VEÍCULO ZERO QUILÔMETRO" EM RAZÃO DE VÍCIO OCULTO NÃO REPARADO NO PRAZO DE TRINTA DIAS*)

Excelentíssimo Senhor Doutor Juiz de Direito da ___ Vara Cível do Foro de Mogi das Cruzes, São Paulo.

N. L. de R., brasileira, casada, professora, portadora do RG 00.000.000-SSP/SP e do CPF 000.000.000-00, titular do e-mail saa@gsa.com.br, residente e domiciliada na Rua João Alfredo, nº 00, Distrito de Sabaúna, cidade de Mogi das Cruzes-SP, CEP 00000-000, por seu Advogado que esta subscreve (mandato incluso), com escritório na Rua Adelino Torquato, nº 00, sala 00, Centro, cidade de Mogi das Cruzes-SP, onde recebe intimações (e-mail: gediel@gsa.com.br), vem à presença de Vossa Excelência propor *ação redibitória cumulada com perdas e danos*, observando-se o procedimento comum, *com pedido liminar*, em face da **Z. Comércio de Automóveis Ltda.**, inscrita no CNPJ nº 00.000.000/0000-00, com endereço eletrônico zcomercioautomóveis@zcomercioautomóveis.com.br, sediada na Avenida Francisco Ferreira Lopes, nº 00, Vila Lavínia, cidade de Mogi das Cruzes-SP, CEP 00000-000, e de **G. M. do Brasil S. A.**, inscrita no CNPJ nº 00.000.000/0000-00, com endereço eletrônico gmbrasil@gmbrasil.com.br, sediada na Avenida General Motors, nº 00, Taboão, cidade de Mogi das Cruzes-SP, CEP 00000-000, pelos motivos de fato e de direito que a seguir expõe:

1. No último dia 00 de abril, a autora comprou à vista junto à ré "Z" um automóvel zero, marca CHEVROLET ONIX MPFI LT 8V 1.0, azul, placa 0000, RENAVAM 00000000000, tendo pagado o valor total de R$ 35.990,00 (trinta e cinco mil, novecentos e noventa reais), conforme provam documentos anexos.

2. Algumas semanas após receber o carro, mais precisamente no dia 00 de maio, a autora estava dirigindo para o seu trabalho quando o veículo novo simplesmente "parou"; com a ajuda do reboque, o veículo foi levado para a ré "Z", onde ficou por quatro semanas, visto que estavam encontrando dificuldades para identificar o problema.

3. Exatamente trinta dias depois do problema, o veículo foi devolvido, tendo um preposto da ré "Z" informado que o problema seria na injeção eletrônica; disse ainda, que era um problema raro de acontecer e que várias peças haviam sido trocadas (documentos anexos).

4. Apesar de todas as promessas e afirmações, infelizmente o veículo parou novamente no dia seguinte, sendo novamente entregue para a concessionária "Z", onde se encontra (documento anexo).

5. Considerando que a concessionária falhou em encontrar o vício e resolver o problema dentro do prazo legal, considerando ainda que tais fatos trouxeram enormes aborrecimentos à autora e sua família, ela que comprou um veículo zero justamente para fugir de problemas mecânicos e ter sossego na condução dele, NÃO MAIS DESEJA FICAR COM O BEM, ou seja, ela quer rejeitar o bem, rescindindo o contrato de compra e venda, assim como cobrar os enormes prejuízos que lhe advieram e estão a advir neste período.

6. Firmemente decidida, a autora informou sua decisão à ré "Z" que, por meio do seu gerente "V", disse que não seria possível desfazer o negócio, mas que eles tentariam resolver o problema do carro, fato que, como se disse, não mais interessa à autora.

7. A atitude da empresa não deixa à autora outra alternativa do que buscar a tutela jurisdicional.

8. Registre, outrossim, que sem o seu bem, a autora se viu obrigada a socorrer-se do uso de táxi e do aplicativo "U"; até o momento, já gastou o valor total de R$ 487,00 (quatrocentos e oitenta e sete reais), conforme provam documentos anexos.

9. No momento, a autora não tem dinheiro para comprar um novo veículo, o que a mantém refém desta horrível situação. Qual seja: sem o bem, que não mais quer (impossível voltar a confiar no referido veículo); sem dinheiro para buscar outro negócio; sem meios de locomoção que atinge diretamente não só a sua vida profissional, mas também a sua vida pessoal, visto que não pode levar os filhos para passear, não pode visitar amigos etc.

Ante o exposto, considerando que a pretensão do requerente encontra arrimo nos arts. 18 a 25 da Lei 8.078/90-CDC, **requer**:

a) seja concedida liminar, em tutela provisória de urgência (art. 300 do CPC), no sentido de determinar às rés que "aluguem" em 48 (quarenta e oito) horas um veículo de igual qualidade à autora, sob pena de multa diária de 1/2 (meio) salário mínimo nacional; veículo que deverá ficar à disposição dela até que receba a integralidade do valor que pagou pelo bem rejeitado;

b) a citação das rés para que, querendo, apresentem resposta no prazo legal, sob pena de sujeitarem-se aos efeitos da revelia;

c) a rescisão do contrato de compra e venda do veículo CHEVROLET ONIX MPFI LT 8V 1.0, azul, placa 0000, RENAVAM 00000000000, condenando-se de forma solidária as rés a devolverem o valor integral pago, regularmente corrigido a partir do efetivo dispêndio, mais juros legais a partir da citação;

d) sejam as rés solidariamente condenadas ao pagamento dos danos materiais sofridos pela autora, consistente nas despesas de locomoção durante o período que se viu privada do mencionado veículo até a data da efetiva devolução do valor pago por ele (o valor total das despesas será demonstrado em liquidação de sentença);

e) sejam as rés solidariamente condenadas ao pagamento de danos morais no valor de R$ 10.000,00 (dez mil reais), em razão dos aborrecimentos e transtornos causados pelo vício do produto e pela negativa de cumprirem faculdade concedida ao consumidor de forma expressa pelo próprio CDC (neste último caso, a indenização tem natureza educativa e punitiva).

Quanto às provas, REQUER, considerando a notória hipossuficiência técnica e financeira da autora em comparação com as rés, a "inversão do ônus das provas", conforme previsto no art. 6º, inciso VIII, da Lei 8.078/90-CDC; no mais, com a ressalva retro, indica que provará o que for necessário, usando de todos os meios permitidos em direito, em especial pela juntada de documentos (anexos) e oitiva de testemunhas (rol anexo).

Em atenção ao que determina o art. 319, VII, do CPC, a autora registra que NÃO TEM interesse na designação de audiência de conciliação neste momento.

Dá ao pleito o valor de R$ 46.477,00 (quarenta e seis mil, quatrocentos e setenta e sete reais).

Termos em que,
P. Deferimento.

Mogi das Cruzes, 00 de julho de 0000.

Gediel Claudino de Araujo Júnior
OAB/SP 000.000

Bibliografia

ARAUJO JÚNIOR, Gediel Claudino de. *Código de Processo Civil Anotado*. São Paulo: Atlas, 2018.

BRAGA NETTO, Felipe. *Manual de Direito do Consumidor*: à Luz da Jurisprudência do STJ. 14. ed. São Paulo: JusPodivm, 2019.

GRINOVER, Ada Pelegrini; FINK, Daniel Roberto; FILOMENO, José Geraldo Brito; WATANABE, Kazuo; NERY JUNIOR, Nelson; DENARI, Zelmo. *Código Brasileiro de Defesa do Consumidor*. 12. ed. Rio de Janeiro: Forense Universitária, 2018.

MARQUES, Claudia Lima; BENJAMIN, Antônio Herman de Vasconcellos; MIRAGEM, Bruno. *Comentários ao Código de Defesa do Consumidor*. 6. ed. São Paulo: RT, 2019.

MARQUES, Claudia Lima; BENJAMIN, Antônio Herman de Vasconcellos; BESSA, Leonardo Roscoe. *Manual do Direito do Consumidor*. São Paulo: RT, 2017.

MIRAGEM, Bruno. *Curso de Direito do Consumidor*. 7. ed. São Paulo: RT, 2018.

NUNES, Rizzatto. *Comentários ao Código de Defesa do Consumidor*. 7. ed. São Paulo: Saraiva, 2013.

NUNES, Rizzatto. *Curso de Direito do Consumidor*. 13. ed. São Paulo: Saraiva, 2019.

TARTUCE, Flávio; NEVES, Daniel Amorim Assumpção. *Manual de Direito do Consumidor*. 8. ed. Rio de Janeiro: Método, 2019.

THEODORO JÚNIOR, Humberto. *Direitos do Consumidor*. 9. ed. Rio de Janeiro: Forense, 2017.